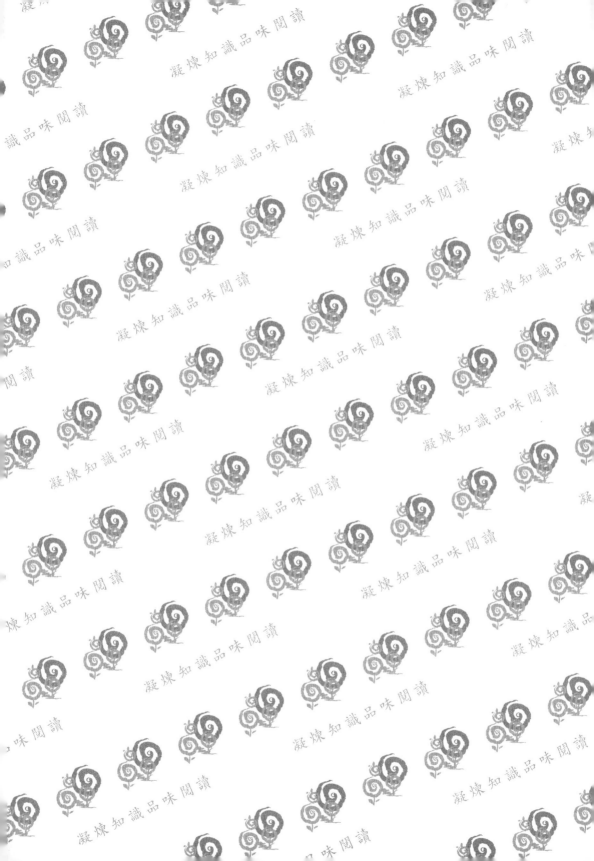

·施顯烇　著

情緒與行爲問題

——兒童與青少年所面臨與呈現的挑戰——·

五南圖書出版公司　印行

　　近二十年來，跟隨著社會結構、經濟發展、生活型態、以及價值觀念的急速變化，國內外兒童與青少年的情緒與行爲問題日益嚴重；不但孩子本身爲問題所困而讓悲劇一再重演，學校、家庭、以及整個社會都有憂心忡忡和束手無策之慨。根據最保守的估計，至少有百分之十的兒童和青少年面臨著嚴重的情緒與行爲問題，需要專業人員的診斷和治療。這項估計尚不包括那些偶而出現人際關係衝突或是生活適應困難的孩子。有些情況特殊的社會環境中，學校老師竟然發現將近半數的學生或多或少都有值得關切的行爲問題。這些駭人聽聞的統計數目呈現一個相當嚴重的教育問題，也向社會提出一個嚴重的挑戰；不但父母與老師日日掙扎於孩子惱人的行爲問題，整個社會也面臨著安全的威脅和無窮的禍患。

　　「情緒與行爲問題──兒童與青少年所面臨與呈現的挑戰」一書用意在於喚起社會對此問題的重視；促進父母與老師對孩子情緒與行爲挑戰的了解；以及激發讀者對此問題的思考，進而結合各方面的力量，致力於研究發展，建立一個有效的預防與治療系統。我們必須了解，孩子呈現情緒與行爲問題固然給四周圍的人帶來困擾，甚至加害於別人而使直接受害者咬牙切齒，旁觀者感到寢食不安；事實上，孩子本身更是受害者，有的爲此一生痛苦潦倒，有的身陷囹圄遺憾終身。無論從人道的立場來分析問題的性質；從社會價值的觀點來判斷問題的來龍去脈；從教育的眼光來看問題的處理，在在都要借助於教育的力量與心理治療的功能，給孩子提供行爲的支援，以適當的行爲取代不良的行爲。本書期能建立一個重要的觀念：我們面對孩子給家庭、學校、社會所帶來的挑戰，必須從解決孩子本身所面臨的問題著手，而且愈早著手愈好；甚至於在問題未發生之前就防範於未然。

I

兒童與青少年情緒與行為問題千頭萬緒，而且彼此交錯重疊，我們平常所能注意到的可能只是冰山一角。本書不但舉出幾個常見的問題如恐懼、違抗、攻擊行為、過動、以及違規行為，更要發掘一些殊少人知的兒童行為痼疾如憂鬱、精神症狀、自殺、自我摧殘、自我傷害、飲食異常，以及藥物濫用等等。毫無疑問的，本書無法把孩子所有的行為問題一網打盡，但就十項較嚴重的犖犖大者，從行為症狀的界定、肇因的分析、行為的評量與診斷，以及治療策略的設計，做廣角度的分析與介紹。

　　本書以大膽的嘗試，把多種相關的資料做綜合性的陳述，期能給心理專家、精神科和普通科醫師、社會工作人員、治安與司法人員、青少年輔導人員等等提供專業的參考資料。同時給父母、老師，以及一般對行為科學有興趣的讀者提供一些基本的概念，期能敏銳地了解孩子的問題，明智地解決問題，或是適時地尋求專業人員的協助，共同迎接挑戰。

施顯烇

於美國明尼蘇達劍城養護中心

一九九七年七月

目錄

第一章

緒　論・

父母經常這樣問：我們家的老二總是茶飯無心，有時還會和同學打架滋事，這個孩子到底是不是有行為問題？學校老師會問心理專家：這個孩子為什麼終日鬱鬱寡歡，而且動不動就大發脾氣，到底我要怎樣度量這種行為？絞盡腦汁的心理專家遇到特別棘手的個案時也會問：這個孩子成天與同學打得鼻青眼腫，有沒有更好的策略來協助他渡過難關？本書希望能對這些問題提供圓滿的答案；本章則就行為問題的界定、肇因、評量以及處理的策略做概略的介紹。

壹　情緒與行為問題的界定

孩子呈現情緒與行為問題，父母、老師、或一般社會大眾往往不明究理的給他冠上「問題兒童」或「不良青少年」的頭銜，甚至含糊籠統的稱之為「壞孩子」、「古怪的孩子」、「莫名其妙的孩子」、或是「少年罪犯」等等。這種膚淺而具有傷害性的命名不但於事無補，甚至把孩子推入萬劫不復的深淵中。「情緒困障」（Emotionally Disturbed）和「行為症狀」（Behaviorally Disordered）則是比較合適的名稱，經常出現在正式的文獻中。本書使用「情緒與行為問題」（Emotional and Behavioral Problems）與情緒困障和行為症狀並無二致。名稱有別，內涵則一。

情緒問題或情緒困障是指孩子內在有根深蒂固的心理症狀，這種

症狀有賴於專業人員的心理治療；行爲問題或行爲症狀是指觀察得到，容易鑑別的外在行爲表現，這些症狀往往可以經由受過特別訓練的老師和父母在學校和家中加以處理。從廣泛的意義而言，情緒問題與行爲問題是一而二二而一，相互影響，彼此助長。

情緒與行爲問題的界定和診斷標準見仁見智；專家學者往往各說各話。因此，本書所提各種問題，都引用美國精神病協會（American Psychiatric Association）1994年修訂的「心理症狀診斷統計手册第四版」（Diagnostic and Statistic Manual of Mental Disorders－Forth Edition，簡稱DSM－IV）的診斷標準，然後參酌其他專家的意見，對情緒與行爲問題加以界定。根據DSM－IV的診斷標準，構成情緒與行爲症狀有三個決定性的條件：第一是情緒與行爲的困障已干擾到這個孩子的日常生活、社會人際關係、以及學校的學習活動（年紀較大的青少年則干擾到職業上的表現）；第二是問題的出現已有一段歷史，通常是指超過六個月；第三是問題已演變爲固定的模式而且經常發生，亦即這個孩子在某種情況中這種固定的行爲模式會經常出現。

情緒與行爲問題在DSM－IV中雖有明確而詳盡的界定，但在觀念上依然模稜兩可，因此臨床診治上仍需費心斟酌，莎麗和傑米就是兩個截然不同的例子：

莎麗是一個相當得人緣的女孩子。她長得嬌小可愛，言行舉止端莊合宜，功課總是名列前茅。她喜歡坐在教室的前排，面對著老師常展露可掬的笑容，適時地回答問題，而且熱心地參與小組討論。她是個獨生女，父母對她寄予重望，特別關切她的學業和品德。莎麗和她母親尤其親密，母女無所不談。不幸的是莎麗才升上五年級的時候，母親在車禍中喪生。從此她變得鬱鬱寡歡，而且不再與人來往。她父親起初以爲這是喪親之痛的自然現象，事情過去就會恢復正常，因此也不特別留意。兩個星期過去，莎麗的孤立行爲並無好轉，父親於是決定把她送回學校上課，期能驅除憂鬱的情緒。莎麗回到學校後不聲

不響的把座位移到教室的最後一排。老師明白莎麗對母親的深情和懷念，因此對她的功課和社會關係也不特別緊逼，只是在課餘一有空檔就儘力給予輔導並且屢次好言相勸，希望她恢復往日的求學態度，積極參與課內課外的學習活動。但是兩個月過去，莎麗的情況毫無好轉。學校當局經過討論協商，決定讓她暫時留在原來的班級，希望有一天能恢復「正常」的學習活動。

傑米成天調皮搗蛋，每一個與他打過交道的人都曾經嚐過苦頭。他上學時總是蓬頭垢面。不但舉止粗野、做事懶散，功課更是一塌糊塗，上課中老師幾乎無時不在糾正他的行為。他的母親原先還和老師保持連繫，到後來對老師所面臨的困境完全相應不理。她告訴校長，傑米在家的行為已經把她弄得焦頭爛額，實在沒有心思也沒有精力來管他在學校中的種種問題。傑米的父親終日為事業奔波，對他的行為問題根本無暇過問。更不幸的是傑米的母親突然病逝，一向與母親較有話說的傑米突然失去了心理的依偎，從此他的行為問題變本加厲，整整一個星期的時間，終日暴跳如雷。他的父親認為這是一時悲痛所致，時過境遷就會好轉，也不以為意。在這一個星期的喪假期間，他完全無法和傑米溝通。喪事過後，傑米回校上學。他一回到教室就大發雷霆，把課桌椅踢得東倒西歪，把同學的書籍簿本撕得碎爛，把人家的東西亂丟亂摔，並且尖聲叫嚷：「我恨死她！她為什麼就走了？我恨她！我恨她！」老師想盡辦法都無法控制他的情緒和行為。經過學校當局的緊急商議決定，立刻把傑米送進醫院，讓專家協助處理。

莎麗和傑米都是學齡的兒童。但情緒與行為問題可能發生在學齡前的兒童，更可能發生在青少年的身上。因此本書所提兒童與青少年是指十八歲以下的孩子。

貳 情緒與行為問題的肇因

孩子呈現情緒與行為問題，父母、老師，以及關切此問題的親友一般都會相當納悶：這個孩子為什麼會變成這樣子？這是一個事關緊要的實際問題。它不但涉及父母老師的疑惑，更與治療的成敗有舉足輕重的關係。近十幾年來由於行為科學的日新月異，對行為的發生與發展有嶄新的解釋；更由於對問題肇因的剝繭抽絲，帶動了觀念的轉變與處理策略的革新。尋找情緒與行為問題的來龍去脈不是在指責誰是誰非，而是在找出問題的根源，盡可能地斬草除根，或是在無法改變根源時，依據實際情況設計因應措施。更重要的是了解問題的肇因，可以預先防範，免蹈覆轍。

情緒與行為之演變為陳年痼疾，其來有自；其根源往往錯綜複雜，因此生物心理社會的模式（Biopsychosocial Model）應運而生。這個廣受接納的理論指出孩子情緒與行為出問題主要來自生物化學的不平衡，加上心理上的困障，一旦受到環境和社會情況的衝擊，問題油然而生。

從生理的角度來看，每一個人的一言一行多多少少都受到生物化學因素的影響；這些因素甚至會造成情緒與行為問題。就以神經系統而言，由於中樞神經的損傷，或是腦中化學因素的不平衡，都會導致行為異常。其他常被忽略的生理因素如營養不良、生理疾病，以及特殊的生理狀況都會使孩子容易受到外來的衝擊而發生問題。這些生化因素有的來自先天的遺傳，也有來自後天的傷害和失調。當然，這些生化因素不一定會造成行為症狀，就如很多長期臥病的孩子並不出現行為問題。但是，孩子具有這種生理上的症狀，如果加上心理與環境的因素，危險性就大為增加。

心理的因素對情緒與行為的發展自然環環相扣。最近二十年來，

認知歪曲對情緒與行為的影響已經昭然若揭。我們也發現有些孩子生而具有特殊的人格特質、行為的傾向以及智慧與氣質。這些心理因素大多源自遺傳，加上幼年經驗的累積，默默地左右一個人的情緒與行為。

後天環境給個人帶來的壓力和衝擊無可諱言的是情緒與行為問題的導火線。孩子在家中、在學校裡、在鄰里社區的活動中，一而再地遭到外來的壓力，諸如家庭財務的困難、父母離婚或死亡致使孩子流離失所、父母本身情緒與行為的困障、孩子在學校中鄰里間處處受到排斥、屢次在競爭中遭遇挫折失敗，以及社會歪風的影響和誘惑，往往把原先生化與心理上不平衡的孩子推入情緒與行為問題的深淵中。

生物心理社會的模式給我們一個深切的啟示：孩子情緒與行為痼疾醞釀由來已久，其肇因絕非源自單一因素，而是各種根源糾纏結合，相互影響。基於這個認識，多重治療的模式成為目前治療和處理情緒與行為問題的良方。本書以生物心理社會的模式為基礎，廣泛的從孩子的生理狀況、病理與醫藥、遺傳因素、制約的歷史、認知與心理發展以及環境的因素，逐層地剝繭抽絲，期能探討問題的來龍去脈，直搗問題的根源。

叁 情緒與行為的評量與症狀的診斷

情緒與行為的評量是診斷心理症狀的基石；症狀的診斷則是治療當中不可或缺的一環。評量與診斷的工作相當艱鉅、瑣碎，而且費時費事，因此常被忽略、遺漏或草率從事。事實上，這是治療成敗最重要的關鍵，不可等閒視之。評量與診斷的主要目的是了解孩子的行為特性、心理狀態、生理情況，以及他面對外在世界所持的獨特看法和反應，從而設計最適當的處理與治療策略。

情緒與行為評量最基本的步驟是父母和老師在自然的環境中敏銳

地觀察孩子情緒與行為的特殊情況和需要。一旦覺察有異，能儘快地尋求專家的協助，做進一步的評量和診斷，包括各種標準化和半標準化的心理測驗、環境的評量、醫療上的生理檢查、情緒與行為的直接觀察與記錄、行為的功能分析以及肇因的假設。

本書第二章對行為與環境的評量有詳盡的介紹，其他九章則分別就特殊的問題介紹特殊的評量工具。由於篇幅的限制，只能提供測量工具的名稱和簡單的介紹，做為專家的參考。至於行為與環境的評量，除第二章外，其他各章不再重複介紹。

肆 情緒與行為問題的治療與處理

面對著孩子嚴重的行為挑戰，父母、老師，以及專業人員不但職在消減問題的嚴重性，更要以改善孩子的生活品質為標的；站在人道的立場，提供行為支援，協助孩子解決行為問題，渡過難關。既然情緒與行為問題的癥結層層疊疊，處理問題必須採取多重治療的策略，結合教育的力量，從事生態的操縱、行為分析與行為改變、心理治療以及醫藥的控制來挽回孩子的一生，也解決家庭、學校以及社會所面臨的問題。

生態的操縱是指改變或排除孩子生活環境中不利於身心發展的因素，同時緩和或療癒孩子本身生理心理上的創傷。另一方面，父母和老師務必洞徹行為的基本原理原則，在自然的環境中靈活地應用行為分析的技術，建立孩子適當的行為模式，取代不良的行為。專業人員提供的心理治療旨在讓孩子體會到本身所面臨與呈現的情緒與行為問題，並透過理性的途徑做適當的發洩。本書特別強調認知與行為治療，從改造孩子歪曲的認知與信念著手，扭轉病態的行為模式。以藥品來控制孩子的情緒與行為是最後不得已的一招。由於藥品的使用可能會引起嚴重的副作用，在使用前使用中必須把利弊得失做深入的分

析，然後權衡輕重，審慎地決定取捨。本書對藥品只做簡略的介紹，其實際使用有賴於精神科醫師的診斷和處方。

孩子在情緒與行為上發生問題，最理想的辦法還是讓他們成長在自然的環境中，由父母在家中，老師在學校中給予適當的輔導與處理。在這種情況下，父母和老師要學習一套專門的知識和技能來處理孩子的問題。如果老師和父母感到無能為力，則需要專家直接介入，和父母老師攜手合作，共同解決孩子的問題。萬不得已時，孩子短期住院治療，在學校中轉入特殊班級或資源教室也是可行的辦法。要是孩子的自然環境完全不適合孩子的成長，或是孩子的行為問題已嚴重地危害到四周環境的安全，長期的隔離治療變成最後不得已的選擇；但是治療的目標還是讓孩子儘快地回到自然的環境中。

伍 結語

近二十年來，兒童與青少年的情緒與行為問題愈演愈烈。相對的，行為科學與醫藥科技的突飛猛進，從問題的了解、肇因的分析、行為的評量以及症狀的治療，都有嶄新的發現，在觀念上更有重大的突破。這給深陷在行為問題中的孩子以及感到束手無策的老師和父母帶來了一線曙光。

情緒與行為問題的治療與處理到目前為止還是在成長的階段；相關的文獻推陳出新，本書所提各節都摘自經過科學驗證的文獻。當然，行為科學不如自然科學的精密。這些文獻所提供的理論與實際策略絕非天衣無縫，在科學驗證上也並非毫無瑕疵，在應用上更無絕對把握可以萬無一失地解決所有行為問題。但希望讀者能活用其原理原則，依據孩子特殊的情況設計可行而有效的策略。

本書從第二到十一章分別介紹十種情緒與行為問題。除了第五章和第十章外，每章分為五節，記述症狀的界定、肇因的分析、評量與

診斷以及治療與處理。最後就各節所述加以綜合，或以實例做爲結語。第五章則分六節，分別介紹七種焦慮與恐懼症狀以及認知與行爲的治療；每一節再細分爲五個小節，分別介紹症狀、肇因、評量以及治療的策略，第十章分四節介紹四種飲食異常的症狀。

　　每一種情緒與行爲問題都有其獨特之處。處理的策略自然要因人因症狀的不同而有差別。然而，各種症狀之間常有相似與交錯之處，處理策略自然會有雷同。本書各章之間如有雷同之處儘量不重複介紹，以減少篇幅。因此，讀者最好能研讀全書以鳥瞰全貌，然後決定取捨。再者，由於篇幅的關係，無法觸及每一細節，尤其行爲分析與行爲改變的基本原理原則事關緊要，卻無法細述。國內這方面的書籍和專文相當豐富，讀者最好能在這方面打下基礎，才能進一步從事情緒與行爲的處理。

第二章

不順從與違抗・

　　孩子偶而不聽話是常事也無傷大雅。但是，如果不聽話變成固定的行為模式，甚至節節升高為公然違抗，向大人挑釁，就是一種惱人的行為問題。這個問題之所以引起廣泛的注意，是因為這種行為本身不但造成人際關係的決裂，如果不及時糾正，很容易引發更嚴重的行為問題如攻擊行為、擾亂的行為以及反社會行為等等。當然，學校課業的荒廢、身心健康的損壞等等更是不在話下。

壹．不順從與違抗的界定

　　大多數的孩子都會順從大人的指示，在一個合理的期限內完成大人交代的事。根據庫金斯基等人（Kuczynski et al., 1987）的報告，甚至幼齡的孩子百分之六十到八十的時間會順從大人的指示。史垂恩等人（Strain et al., 1983）則進一步研究規矩的孩子與適應不良孩子在順從方面的差異。他們發現規矩的孩子百分之九十的時間會照老師的話做事；乖張的孩子只有百分之七十二的時間會聽老師的話。

一、不順從的界定

　　史郭恩（Schoen, 1986）給不順從（Noncompliance）所下的定義是：大人發出一個指示、一個命令或是一個要求，要孩子從事某一

件事，而孩子積極的「拒絕」順服這個指示、命令或要求。他進一步解釋所謂「拒絕」是指：孩子沒有立即採取行動的跡象；在一個合理的期限內（一般是指五到十秒鐘），孩子沒有出現適當的反應；或是孩子從事一些不相關或未經大人指示的活動。摩根和堅遜（Morgan & Jenson, 1988）對此加以補充說明。他們認為有些孩子的反應不能達到大人預期的行為表現，而這種表現應該是在他們的能力範圍之內，這種反應也算是不順從。有些人把不遵守規定如違反校規認定是不順從的行為；但一般心理學家把不順從的行為界定在父母與子女、老師與學生、指令與反應的關係中。這一章自然也是以大人與孩子之間的關係為討論的對象。

二、請求、命令、要求的界定。

孩子是不是順從與大人發號施令的方式有密切的關係。請求（Requests）是指大人以發問的方式來表示一種願望或請求，而且給孩子一個選擇的餘地，孩子不一定要遵行。命令（Commands）則顯示出大人的權威，這種指令直接了當且不容有其他的選擇，發佈命令具有威嚴和控制的意味。要求（Demands）則是指強烈而具有威脅的指令，意味著不容拒絕或躲避。大人提出要求往往帶有迫使孩子馴服的決心和貫徹到底的把握。大人之所以提出要求往往是在孩子不順從請求或命令時，不得不以高壓的手段迫使孩子就範。但是，如果孩子還是不賣帳，不順從的行為會演變為違抗和挑釁。

三、不順從的類別

父母與孩子之間，老師與學生之間，最常見的不順從可以分為四類。庫金斯基等人（Kuczynski et al., 1987）把這四種行為分別加以界定為：

1. **充耳不聞消極抵制**（Passive Noncompliance）。大人的指令孩子聽不懂，或是聽懂指令但假裝不知道。這是消極的不聽話，孩子並不顯示敵意，也不發脾氣。

2. **置之不理拒絕服從**（Simple Refusal）。孩子承認他聽到了指令但不照指令去做，甚至以體態和語言來表示他不願意照指令行事。這種拒絕不帶有敵意，也不製造正面衝突。但是大人如果進一步追究或施加壓力，孩子可能會公然反抗。

3. **直接抗命顯示敵意**（Direct Defiance）。孩子不但把大人的指令置之度外，而且向大人顯示敵意，向權威挑戰。這種情形往往會爆發為雙方正面衝突。這種公然違抗的行為使大人與孩子的關係一再惡化，如果不及早收拾，彼此的關係可能完全決裂。

4. **討價還價迂迴躲避**（Negotiation）。孩子對大人的指令討價還價，提出問題來打岔，轉移大人的目標，或是找藉口來逃脫責任。這種不順從的方式較為狡滑而且容易使大人上當。

四、違抗的界定

孩子公然違抗大人的旨意是不順從行為中最嚴重的一種。美國精神病協會甚至把反抗叛逆症（Oppositional Defiant Disorder）列為心理症狀的一種。根據DSM－IV的診斷標準，反抗叛逆症要符合下列四種情況：

1. 一種反抗、敵意和背道而馳的行為模式。這種行為持續六個月以上，而在這期間下列情況出現四種以上：

(1)經常大發雷霆。

(2)經常和大人吵嘴。

(3)經常公然反叛或是不聽從大人的指示或規定。

(4)經常故意觸怒別人。

(5)經常把自己的過錯或不良行為歸咎於別人。

(6)經常顯得暴躁易怒。

(7)經常生氣或顯示憎恨的態度。

(8)經常懷恨在心或存有報復的心理。

2.這種行為障礙對人際關係、學校功課、或在工作上造成相當的損傷。

3.這種行為的發生並不是來自精神失常或是情緒障礙。

4.這種行為並沒有達到反社會行為的診斷標準；如果是十八歲以上，其行為沒有達到反社會型人格異常的標準。

五、不順從與違抗的後果

孩子違拗大人的旨意自然給父母添加不少白髮，也給老師帶來無限的困擾。這種行為長期而經常的發生使學校教育與家庭的教養陷入困境，更使孩子本身造成學校課業的荒廢、人際關係的惡化、正常生活秩序的紊亂，甚至造成未來職業上的困難。不但如此，不順從的行為如果不及早糾正，很容易演變為更嚴重的行為問題如哭鬧、攻擊行為、破壞行為以及自我傷害的行為。根據配得遜和邊克（Patterson & Bank, 1986）發表的論文，不順從和違抗往往會節節升高而造成異常的行為，甚至導致反社會和少年犯罪的行為型態。

當然，順從並不是盲從或是被人牽著鼻子走。瓦克等人（Walker et al., 1987）認為孩子應該培養分辨是非的能力，該聽話的時侯才順從；要是別人唆使為非作歹如吸毒、偷竊或破壞的舉動，孩子應能嚴辭堅拒，以獨立的思考，作明智的決定。

貳　不順從與違抗的形成

一般孩子在二、三足歲以後，就會漸漸聽從父母的指令，完成一

些簡單的工作。事實上，大部份的孩子都想替父母和老師做事來討大人的喜歡，得到大人的疼愛。然而，有些孩子三歲以後也逐漸的顯示出不聽話甚至違抗的傾向。這種行為的形成，可以從過去的經驗和歷史的因素、認知和態度的因素，以及情況和環境的因素來探討。由於這三種因素交互影響的結果，孩子學會以不順從和違抗的行為來抵制外在的權威、控制和影響。

一、過去的經驗與制約的因素

從行為發展和孩子成長的觀點，可以清楚的看出來不順從與違抗的形成，乃是來自經年累月的經驗，逐步建立一種固定、廣泛而且難以改變的行為模式。孩子二、三歲之後逐漸地了解父母的語言和意願，並且有基本的技能來達成父母所交代的使命。同時，父母的教養方式也逐漸以口語代替行動，從直接控制邁入間接的管教。例如兩歲以前的孩子尿在褲子裡，媽媽可能一言不發把孩子帶入浴室幫他弄乾淨並換上清潔的衣服。對三歲以上的孩子媽媽可能會幫他弄乾淨，然後叫他自己換上清潔的衣服。這種父母與子女交往的轉型給孩子更多獨立自主的機會，但也製造一些孩子不順從的行為。不幸的是有些父母與子女之間從未建立良好的關係，在父母的命令和子女的聽話之間出現裂痕，而且愈演愈烈，終於變成孩子的行為問題。霍漢和邁克面（Forehand & McMahon, 1981）以及配得遜（Patterson, 1982）認為這種磨擦的啓端往往是來自孩子難以駕馭的性格，情緒不穩定，或是父母能力有限，以高壓的手段而招致孩子的反感。其他學者如庫金斯基等人（Kuczynski et al., 1987）則認為孩子能力不夠無法達成父母交代的任務，或是父母不合理的要求使孩子生厭生煩，迫使他們以不順從來對付父母的壓力。孩子上學以後，依然會如法泡製，把老師的指令當做耳邊風。要是孩子遇到訓練有素且有經驗的老師，說話算話而且執行到底，孩子自然沒有脫逃的機會，不順從的惡習在學校中

就會改善。

　　配得遜和邊克（Patterson & Bank, 1986）認為孩子不順從甚至公然違抗自然與孩子的氣質和行為傾向有關，但是父母教養方式不當也是一個重要的因素。他們在一項孩子違抗與父母教養方法的研究中，發現孩子有不聽話的傾向時，如果父母採取說服、論理或是教訓的方法，孩子雖然不順從，但會使用置之不理或討價還價的策略；相反的，如果父母採取高壓、強制或是懲罰的手段，孩子則容易出現公然違抗、迂迴躲避或是挑釁的行為。

　　從行為分析的觀點來看，孩子不聽話的行為往往是因為父母一再地增強這種行為，致使孩子日日坐大。同樣的道理，父母親的撤除要求或採取高壓的手段也會得到孩子的增強。配得遜（Patterson, 1982）解釋這種現象的形成是因為孩子和父母都是為了省麻煩，彼此勾心鬥角，結果彼此都在增長對方的不良行為；亦即孩子不聽話和父母軟弱退縮或強制壓抑都得到對方的負增強。下列行為交往的序列可看出彼此負增強的過程：

　　1. 父母給孩子一個命令。例如媽媽叫四歲的小華把小狗熊玩具還給七歲的姊姊。

　　2. 小華認為媽媽不公平，而且把玩具還給姊姊是很心痛的事，他自然不想放棄這個得來不易的玩具。因此他開始哭鬧、叫喊，甚至躺在地上打滾。

　　3. 媽媽遇到這種情形有兩種可能的措施：(1)因為小華哭鬧的行為太吵人，尤其是有客人來訪時把場面弄得很尷尬，媽媽只好放棄要小華把玩具還給姊姊的要求，以息事寧人；(2)媽媽以高壓的手段指示小華把玩具還給姊姊。所謂高壓手段包括大聲喊叫，以威脅的口吻苛責小華，或是強行奪取小狗熊。

　　4. 母子兩人在這些情況中有幾個可能的反應：(1)媽媽因為小華以哭鬧來拒絕退還玩具，只好撤回退還玩具的指令，小華不聽話的行為得到了媽媽的負增強；(2)媽媽的疾言厲斥不但使小華停止哭鬧，而且

把玩具退還給姊姊，於是媽媽提高嗓門的策略得到小華停止哭鬧的負增強；(3)由於媽媽採取高壓手段，小華不但不退還玩具，而且開始摔東西，打姊姊或是自己以頭撞壁。這種激烈的不良行為迫使媽媽撤回原來的要求，或是至少延緩退還玩具的要求。小華的違抗節節升高。

上述小華與媽媽過招的情形在普通家庭中屢見不鮮。經過仔細的分析就可以發現父母親往往掉入孩子的陷阱而不自知，以為很明智的教養孩子，事實上是給孩子未來違抗和不聽話的行為種下根深蒂固的根源。這種互動方式日復一日，孩子愈長愈大，革除的可能卻愈來愈小。

二、認知與態度的因素

孩子的認知和社會態度深深影響他對大人指令的抗拒。要是孩子對大人懷有敵意，認為老師、父母的好言相勸是向他找麻煩，把大人的諄諄善誘解釋為有意刁難，那麼要求孩子聽從指令就相當困難。就以小華和他母親的玩具風波為例，小華拿走或搶走他姊姊的玩具並不覺得有什麼不對，不對的是他媽媽要他放棄這個玩具，把它還給姊姊。在認知的層次上他並沒有物權的觀念，他把媽媽的介入解釋為媽媽對姊姊的偏袒，自然要起而反抗。張先生要他十五歲的兒子小張關掉電視開始做功課；規定晚上外出一定在十點半以前回家；禁止他抽煙以及和那些不三不四的朋友來往。他兒子認為爸爸管得太多太緊；什麼壞朋友、抽煙、幾點回家、什麼時候做功課看電視都是故意刁難，這種事誰都管不著。小張上個月離家出走以後把父母弄得茶飯無心，他就知道他的父母已經無可奈何。這是他對父子關係的看法，也是他對父親種種指令的解釋。雖然他父親三申五令，他母親威脅利誘，他照常和朋友成羣出遊，在外抽煙喝酒整夜不回家。捷革和土利爾（Geiger & Turiel, 1983）認為子女和父母的立場從完全一致到完全對抗之間有各種不同的等級。採取對抗的態度是孩子不順從和違抗

的主要原因。這種對抗是指孩子對於一般的規定或權威人物的要求視若無睹，甚至採取完全相反的立場。這種立場、態度或是認知，顯示出這個孩子與大人之間人際關係的磨擦，其實際的行為表現則是把父母或老師的要求完全當成耳邊風，甚至藉此來引發衝突，製造糾紛。

捷革和土利爾找出兩組十三歲到十五歲的中學生，以整整一年的時間來研究這些孩子在校行為與社會態度的關係。第一組二十二個孩子有違反校規，擾亂教室秩序，以及違抗老師等不良行為；另一組二十個孩子並沒有這些不良的行為。根據學校輔導人員的報告，以及班級老師的行為記錄，這兩組學生的行為問題和他們對社會情況的看法息息相關。第一組孩子之中只有一個對權威人物具有認同感，其他二十一個都是與老師唱反調，顯示違抗的行為。相反的，另一組沒有不良行為的孩子中，並沒有指責學校的作法，更沒有違抗和不順從的行為。根據這個研究的結果，他們認為要改變孩子違抗的行為，必須從認知的改造著手，根本的改變他們負面的看法和態度，糾正事事往壞處想的認知型態，才能真正的革除不聽話和違抗的行為。

三、情況與環境的因素

有經驗的父母和老師都知道：有些孩子無法貫徹大人的指令實在是「不能也而非不為也」；另有一些孩子根本不了解大人的指令，又何從照大人的意思來主導自己的行為。這些情況發生最多的是中重度智障、注意力渙散、過動、情緒困障與自閉症的孩子。他們缺乏適當的行為能力來完成指定的工作，或是理解能力較差，注意力無法集中，自然無法把指令聽進去。遇到這種情況自然要先從建立淺顯易懂的溝通系統著手，同時從事工作分析（Task Analysis），然後提出適合於他們能力的命令和要求。另一種情況是孩子完全了解大人的意思，也有能力執行大人所交付的任務，都是執意不聽指令。遇到這種情形大人與孩子雙方都要適當的修正彼此溝通的方式和社會關係。

威廉斯和霍翰（Williams & Forehand, 1984）特別研究五十六對到心理診所求教的母子，分析這些孩子不順從的前事（Antecedent Events），亦即研究引發不順從的因素。他們發現阿爾法（Alpha）的指令最能引起孩子的順從，而貝達（Beta）的指令則容易引起孩子不順從的行為。所謂阿爾法的指令是指大人的命令清晰具體，直接了當，不會嘮叨囉嗦，而且明白的指示出合理的時間，讓孩子從容的完成指定的工作。貝達的指令則含糊籠統，一個命令併發為數個要求，對行為的要求更沒有適當的標準，時間上則是含糊不清，甚至附加一大堆的解釋，有時則以責問和威脅的口吻提出要求。貝達的指令很容易引起孩子的迷惑，導致無所適從，或是增加孩子鑽漏洞的機會。

　　以下是幾個阿爾法指令的例子：

　　‧「小華，你吃過晚飯後就要把明天遠足所要帶的東西整理好。」

　　‧「小民，你今天準備什麼時候練鋼琴？」

　　‧「建華，你立刻去導師辦公室，向你導師解釋上課遲到二十分鐘的理由。」

　　以下是幾個貝達指令的例子：

　　‧「小華，你來看看你的房間，這成什麼體統？難道颱風在你房間過境了？你要到什麼時候才能把房間整理乾淨？我又不是你的傭人，難道我要侍侯你一輩子？」

　　‧「小民，不要再跟小英講話。這是教室又不是菜市場，一點規矩都沒有。我不是告訴過你們，功課寫好了才可以講話嗎？你如果再跟小英講話，我就要把你趕出去。」

　　‧「建華，立刻把電視機關掉，開始做功課。電視看那麼多眼睛不會發酸？你看上次月考以後拿回來什麼成績？如果再被我捉到偷看電視，我就要給你好看。」

　　指令的品質會影響順從的行為；指令的數量也有直接的關係。史卡布羅和霍翰（Scarboro & Forehand, 1975）發現在一個短時間內給

予的指令愈多，順從的行為愈少。史垂恩等人（Strain et al., 1983）研究十九位老師給學生指令的次數和性質。他們發現十九位老師中，每分鐘發號施令的次數在0.2到2.5次之間。如果照此比例計算，每分鐘2.5次，一天總共有六百次指令；每分鐘0.2次，一天總共有四十八次。他們發現一天發出六百次指令的老師實在沒有多少心神和時間來考察到底學生是不是照吩咐去做，學生順從的比率自然大打折扣。

毫無疑問的，指令下達的時機也是聽從與違抗之間一個重要的關鍵。孩子心情不好時、玩得正在開心時、與大人關係瀕臨決裂的邊緣時，要是大人強行介入指定不適時的任務，就很容易引起衝突。

大人與孩子之間的關係是順從與否最主要的因素。要是孩子受到大人的歧視和排斥，受到大人過份的管束而喪失獨立自主和自由選擇的機會，或是父母帶有不合理的期望，孩子因反感而反叛是自然的現象。如果確有這種現象，大人應有自我檢討的必要。如果這種人際關係的造成是來自孩子錯誤的信念或是認知的扭曲，則認知和信念的改變是改善關係的先決條件。

叁 不順從與違抗的評量

一個紮實的行為評量相當費工夫，但一分耕耘一分收穫；唯有對孩子、孩子的環境以及不順從與違抗行為有充分的了解，才能設計周全的行為處理策略，否則設計出來的計畫可能會流於形式，甚至找錯了對象，採用錯誤的方法，延誤時日，到頭來毫無功效。有關不順從與違抗的評量，包括孩子個人的背景資料、環境的背景資料、其他相關行為問題的調查、不順從與違抗行為的直接評量，以及行為的功能分析。這五個評量的基本架構也適用於本書其他九種情緒與行為問題的評量。但是為了節省篇幅，除了在此做較詳盡的介紹外，其他各章不再重複。

一、孩子個人的背景資料

行為評量不單單是在搜集行為的資料，而且要對孩子本身身心發展的情況有深入的了解。背景資料的搜集相當瑣碎而枯燥，但是如果無法了解這個孩子，自然無法了解他的行為問題。孩子個人的背景資料可以從七個角度來搜集與分析。

(一)認知和學習的能力

要是這個孩子從未有過智力測驗，最好能正式測量其認知的功能，尤其是智障或有自閉症的傾向要能儘快診斷出來。接下來要了解他讀、寫、算的基本能力以及一般日常生活的學習能力。孩子能力的高低與了解大人指示，解釋指令的意義，以及執行大人的指令息息相關。如果大人的指令超出孩子的能力範圍，這些指令應該有修正的必要。

(二)情緒的變化

一個人的行為表現和情緒的變化唇齒相關，我們最好能分辨出孩子不聽話時的情緒與平常的情緒有什麼不一樣。這個孩子是不是有情緒不穩定的現象？他的喜怒哀樂是否顯得太誇張或是深藏不露？他的情緒表現是否與外界實際發生的情況相吻合？他會不會借題發揮？他會不會顯得很害怕？怕的又是什麼？他喜歡什麼事物？又討厭什麼事物？他的違抗與他的好惡有多少關係？他會不會表示親情？如何表示？是不是得體？如果別人對他表示親情他又如何反應？深入的了解孩子情緒的變化後，也許會發現孩子的違抗不見得是針對大人的指令，而是發自本身情緒的障礙，大人的指令只不過是觸發的因素。如果確有這個情形，處理孩子的情緒問題，解除他的困擾才是當務之急。

㈢健康與醫藥

孩子生病時會顯得暴躁易怒或是焦慮憂傷，這是短期的現象，但有些孩子病癒之後卻留下行為問題的禍根。因此，我們要了解目前和過去孩子身心健康和醫藥的使用，尤其與行為問題有關的生理狀況，必須鉅細靡遺地查清楚。這包括一般身體檢查的報告如心臟和血液循環的問題、呼吸和消化器官的問題、排泄的問題、以及聽覺視覺的問題，其他特殊的檢查包括神經上的問題如癲癇、手腳麻痺、腦波不正常、以及身體手腳不由自主的顫動等等。再如糖尿病、甲狀腺分泌過多過少、肌肉與骨骼的病痛、皮膚病，以及過敏症都要調查出來。就以癲癇為例，它會直接影響行為表現，使用抗癲癇的藥更會造成不少行為事端。因此，我們要了解這個孩子現在和過去癲癇的歷史、發作的次數、什麼性質的癲癇、嚴重性如何、其發作有沒有外來刺激的因素、是否用藥品來控制、用的是那種藥、藥量如何，以及副作用對行為有何特殊影響等等。透過生理的醫療，排除生理上的因素是一個重大的關鍵。

㈣溝通的能力

首先我們要了解這個孩子如何表達他的意願，他表達的方法是不是有效？他使用語言是自動自發還是需要別人的提示？他有沒有自由發言的機會？他的意願是不是得到大人的尊重？接下來要了解這個孩子對別人語言溝通的了解程度。例如經過解釋後可以完成一連串的工作，或是只能給一個命令做一個動作。別人講話時他會不會注意聽？是不是需要別人用手語和身體姿態來補充？最後要了解這個孩子如果有口語能力，他如何用口語來磋商、辯解、或是抗議不合理的期望？一個人溝通的方法千奇百怪，除了口語和姿態以外，要追問這個孩子是不是用一些不適當的方法來達成溝通的目的，例如以不聽話和違抗的行為來表示對大人的不滿。

㈤社會的能力

我們首先要了解這個孩子一般待人接物的態度和作法。接著要查詢他與別人交往的情形，尤其是和父母老師相處的情形要能瞭若指掌。他有沒有和別人建立良好關係的意願和能力？有沒有使人感到厭惡的社會特性？他對誰最不順從？爲什麼對這個人特別不順從？他們的關係如何？他對誰最順從？爲什麼對這個人特別順從？他們的關係又如何？改善孩子不聽話的行爲往往要從改善彼此的關係著手。這要由大人採取主動，並積極地培養孩子的社會能力和技巧，建立和諧而親密的人際關係。

㈥體能的活動

在這裡要了解這個孩子一般肢體的活動。如果和同年齡的孩子相比較，他是不是顯得很活動？坐立不安？東碰西撞沒頭沒腦？他的注意力能不能集中？能持續集中多久？在那種情況下會平靜而且集中精神？那些情況下又會特別活動和容易分神？這個孩子會不會有臉皮抽動、眨眼睛、吸指頭、搖擺身體、搖頭幌腦、作手勢、或是東摸西摸的行爲？如果孩子有很多自己無法控制的肢體活動，聽話的行爲必須經過特殊的訓練和大人的支援才能迅速的建立並持之以恆。

㈦學校的學習活動與家中的生活能力

功課太難或家中雜事負荷太重是孩子違抗和逃避的一大泉源。這方面我們要了解這個孩子是不是喜歡上學？如果不喜歡，問題在那裡？那些功課較喜歡，那些較不喜歡？原因在那裡？在家是否有自我照顧的能力？是否需要別人的提醒或安排？是否能料理自己的事物？或是要大人的關照？室內和戶外有什麼適當的休閒活動？有沒有自己安排休閒活動和自由出入的機會？或是事事受人控制？家中責任與權利的安排是否適當？工作與休閒活動是否有適當的比例？家居的生活

方式由誰做決定？這個孩子有沒有自做決定的自由？或是有選擇的餘地？

二、環境的背景資料

一個人的行為是個人與外界環境交互作用的產物。我們花費不少心血搜集孩子的背景資料後，還要深入的探詢這個孩子四周環境的狀況。

㈠家庭的結構

在這裡要了解家庭的組成，尤其是父母的職業、教育程度、與孩子接觸的程度，對一般事物的看法和作法，以及對孩子不聽話的行為持什麼態度？我們也要了解這個家庭有沒有什麼特別的問題？財務上、工作上、家庭生活上有沒有特殊的困難？接著我們要了解父母對這個孩子食衣住行的照顧是不是週到？孩子在生活中享有多少自由？是否受到別人的控制？父母是否能傾聽孩子的苦衷？父母是否會適時地表示親情和衷心的讚美？這個孩子與兄弟姊妹或其他家庭成員的關係如何？這些人對這個孩子行為的發展有什麼特別的影響？

㈡學校的環境

我們需要了解孩子在學校與班級的歷史。他是不是經常換學校換班級？在目前這個班級有多久？這是什麼性質的班級？這個班級的學生有沒有特殊的問題？老師對班級的教學和學生行為問題的處理有什麼特殊的訓練？同學之間的關係如何？學校有沒有長遠的教育計劃？課程和教材的內容如何？是否適合孩子的興趣和能力？是否具有實用的價值？整個教學環境是否適合這個孩子各方面的平衡發展？

(三)教養方法的分析

　　父母和老師都是孩子行為的塑造者，也是孩子四周環境中的核心人物。我們要特別了解大人對這個孩子的教養方法：到底是過份放縱，還是過份嚴謹？是使用正面的鼓勵還是負面的指責？父母和老師是不是容易動怒？他們如何處理孩子不聽話的行為？在家中或教室中是不是訂有常規？孩子是否了解這種常規？父母和老師在教養的過程中是否有特別的阻力和外來的干擾？家中的氣氛是否溫暖？學校班級中師生相處是不是融洽？孩子有沒有機會和能力適當的表達對大人教養方法的意見？

三、其他行為問題的調查

　　對孩子的背景有了充分的了解，對四周環境和關鍵人物也有了相當齊全的資料，接著就要清查他的行為問題。我們所關切的自然是不順從和違抗的行為，但是其他的行為問題可能與這個目標行為環環相扣，甚至牽一髮而動全身。因此，要把這個孩子所有行為問題鉅細靡遺地清查出來。加州行為分析諮詢中心（The Institute for Applied Behavior Analysis）把行為問題分為十五類，每類又分為十幾項。這些行為問題包括：飲食問題、大小便問題、惡夢和睡眠問題、肌肉筋骨和體能的問題、自我刺激的行為、自我傷害的行為、吵鬧發脾氣、破壞行為、攻擊行為、注意力和工作的問題、與性有關的行為問題、偷竊或縱火的行為、反抗的行為、恐懼的行為，以及其他零碎不易歸類的行為。（詳細內容請見「嚴重行為問題的處理」施顯烇，五南圖書出版公司，1995）。我們不但要清查各種行為問題，還要把發生的次數或時間長短、發生的強度，以及行為的嚴重性一一度量出來。從一個行為清單中也許會發現這個孩子行為問題層層疊疊，不一而足。乍看之下眼花撩亂，不知如何是好。事實上，清理出一長串的行為問

題不一定要處理每一個問題；抓住幾個重點加以處理，其他問題往往會跟著冰消瓦解。或許在清理行為問題當中會發現幾個比不聽話更嚴重更需要即刻處理的問題。遇到這種情形，必須轉移目標處理更迫切的行為。有時這些更嚴重的行為問題解決後，不聽話的情形會自然消失。從另一個角度來看，如果不聽話的行為與其他行為問題息息相關，則一併處理是一個可行的策略。

四、不順從與違抗的評量

一旦整理出各種行為問題的輕重緩急，決定不順從或違抗是目前急須處理的對象，就該對此行為做進一步的評量。

㈠行為的特性

我們先要具體描繪出不順從和違抗的行為模樣。例如這個孩子對大人的指令充耳不聞、置之不理、顯示敵意或是迂迴躲避。接下來要把這個行為用可觀察可度量的方式描述出來。例如小華向母親顯示敵意是大聲叫嚷而且摔東西撕破衣物；小明把母親的指令置之不理是他口口聲聲答應要帶小狗出去大小便，但小狗已急得不得了而小明卻毫無動身的跡象。

㈡不聽話的週期性

透過仔細的觀察記錄也許會發現小華不聽話發脾氣都是在過年過節，或是在月考期考的時侯；小明的問題都發生在早上上學以前，晚上吃晚飯的時候；小金每在經期或是在週末特別會和父母頂嘴違抗。如果孩子的行為有週期性，就有蛛絲馬跡可尋，也容易找出防範的對策。

㈢行為發生的過程

孩子的行為從不聽話節節升高為公然反抗叫囂對罵，其過程往往有固定的順序。最好能了解和掌握這個過程，在情況未發展為火爆的場面之前，就要設法把它冷卻下來。如果公然違抗是所要處理的目標行為，不聽話則是目標行為的先兆（Precursor）。這個先兆給我們一個警告，好做處理的準備，或是設想處理的策略。

㈣不順從與違抗的強度

觀察記錄行為問題最常使用的度量方法是記錄行為發生的次數。但是對不聽話和違抗的行為最好換算為指令與目標行為的比例。例如大人發號十個指令，孩子有三次不順從，其中有兩次甚至引發為違抗的行為。接著要了解行為的發生持續多久。例如母親一天交代十件事，小章平均要經過十五分鐘才動手做母親交代的事，其中兩次有違抗的現象，每次要花一小時的脾氣。我們當然也要了解行為的嚴重性。例如這個孩子發脾氣時打破了兩個玻璃杯、咬破自己的手腕、在地上打滾等等。我們還要了解這個孩子要經過幾次提醒才會動手去做大人吩咐的工作？是否要勞師動眾他才會服從？他在違抗大發作的時候能不能聽從大人的勸止？或是要動用人力才能壓制行為的繼續發展？要是孩子嚴重的違抗持續不斷，而且有一段長久的歷史，這種行為問題要由專家根據DSM－Ⅳ的診斷標準加以診斷，做為今後處理和治療的依據。

㈤行為問題的歷史

行為問題的歷史愈長久，處理的過程愈複雜，所需要的時間和精神也愈繁重。行為的歷史包括長遠和近期的歷史。長遠的歷史要追溯到這種違抗行為開始出現的時候，例如十五歲的小江從一年級開始就不聽父母和老師的話，陸陸續續已經有八、九年的歷史。這種歷史的

追查比較費工夫，但對行為問題肇因的探究有很大的幫助。短期的歷史是指最近一年來或是過去幾個月行為特殊的變化。我們可以連帶查一查過去這一段時間中這個孩子四周圍有什麼特殊的變化如學校放暑假、父母離異、代課老師管理比較鬆弛，或是孩子住院動手術等等。

五、行為的功能分析

了解孩子不順從和違抗的行為之後，還要進一步整理出這個孩子與環境交互影響的關係，以及他的行為問題在這複雜的關係中到底扮演著什麼角色。行為的功能分析（Functional Analysis of Behavior）是評量行為的前事（Antecedent）和後果（Consequence）與行為的關係。亦即調查這個孩子不順從與違抗的增強歷史（一般而言，這種逃避的行為都是得到負增強），行為的動機，以及四周環境中足以引發不順從和違抗的刺激因素。

㈠前事的分析

我們首先要問，大人下指令時，到底是傾向於阿爾法或是貝達的指令。接著要了解外界環境的觸發因素，如在何時、何地、何種情況下、何人發出指令時，這種行為問題最有可能會出現，或是最少出現。下列六種情況是引發孩子行為問題的主要導火線，可做為前事分析的參考：

1. 大人對孩子嚴詞苛責；指定他感到困難或不願做的事。

2. 情況有變遷但孩子事先毫無心理準備，包括從某種活動轉換到另外一種活動，或從某一種情況改換為另外一種情況。例如父母要孩子關掉電視上床睡覺、準備出遠門，或是假日無所事事等。

3. 孩子受到外界的干擾，必須暫停正在進行中的活動，或是活動的進行被人打斷。

4. 外界的刺激太強或太擾人，如太吵鬧、人太多太擠、活動太多

而窮於應付。

5.外界的刺激太弱太單調，例如沒有人理會、工作太單調、生活太無聊等等。

6.外界的控制太多，支援太少，使人無法建立安全感或喪失自主權。

(二)後果的分析

一旦發現孩子不順從和違抗的行為一而再再而三的發生，就要找出這種問題行為的增強力量在那裡。從孩子的觀點來看，他違拗大人的旨意，到底得到了什麼好處？或是這種行為的發生使他躲過了什麼不愉快的事？相反的，我們也要找出那一種行為後果最容易阻止或減少這種行為的發生？一般人在孩子問題行為發生後會採用下列十四種方法中的一種或數種。我們要了解大人對這個孩子的不聽話和違抗到底是採用那些方法？其效果又如何？

1.不理睬。

2.發一頓脾氣。

3.好言相勸。

4.順從孩子的意思，使他安靜下來。

5.討價還價尋求折衷的辦法或相互協調。

6.給予好處，如提供玩具糖果以轉移其注意力，息事寧人。

7.和他一起玩，逗他發笑。

8.有時不理睬，有時發頓脾氣。

9.叫更有權威的人來處理。

10.撤除原來的指令。

11.處罰這個孩子，如罰站，不准外出等等。

12.採取保護措施如抓住雙手，抱住身體等。

13.不知所措，任其為所欲為。

14.其他的方法。

(三)功能分析的問題

　　除了仔細的調查在何時、何地、何種情況、何種人在場時這個孩子最容易出現和最不容易出現不順從和違抗之外，下列七個問題如果有完整的答案，對行為問題的處理自然有很大的幫助：

　　1. 在不順從和違抗的行為剛剛發生之前之後，有什麼事情發生？

　　2. 在這個行為發生之前之後數小時，有什麼事情發生？

　　3. 在這個行為發生之前，這個孩子的生理和情緒有沒有什麼特殊變化？有沒有其他非比尋常的行為發生？

　　4. 什麼事，什麼東西這個孩子最喜歡？他如何得到這些事物？他是不是透過這種問題行為來獲得他喜歡的事物？

　　5. 什麼事物這個孩子最討厭？他是不是透過這種問題行為來躲避這種事物？

　　6. 根據個人的判斷，這個孩子不順從和違抗的原因何在？

　　7. 根據個人的經驗，那一種方法最能有效而徹底地處理這個孩子不順從和違抗的行為？

　　透過行為的功能分析，把孩子不順從和違抗的前因後果加以抽絲剝繭後，可以對其行為的形成提出各種假設，然後設計和執行處理的策略，以解決問題，也印證這些假設是否能夠成立。

肆. 不順從與違抗的處理

　　過去處理不順從和違抗的唯一法寶是處罰壓制這種不適當的行為。適度的處罰如暫停增強、不予理會、罰勞役等等行為改變的策略原無可厚非。但是，單單靠處罰不但效果不彰，而且會引起反效果或是副作用。相反的，增強獎勵順從和合作的行為顯然是更積極、更有效、也更富有教育意義的作法。處罰不順從和增強順從合作都是行為

後果的控制。近年來處理不順從和違抗的重點更從後果的控制轉移到前事的操縱和行為的訓練。這一節要介紹四種處理的策略：前事的操縱、增進孩子的順從合作、減少孩子的違抗，以及順從的訓練。最後要提出幾個父母在家中以及老師在學校裡處理孩子不順從和違抗的指南。

一、前事的操縱

前事的操縱（Manipulating Antecedents）是指大人在下達命令時要控制和修改行為的前事。前事包括命令下達的方式、命令的內容、兩個命令之間的時間距離、命令下達時的客觀情況、大人和孩子情緒的狀態等等。把這些因素事先加以控制和修改，可以增加孩子順從的可能性。

㈠命令下達前的考慮因素

霍翰和邁可面（Forehand & McMahon, 1981）設計一套特殊的教材，用來訓練父母處理孩子不順從和違抗的行為問題。他們認為遇到不聽話的孩子，在下達命令之前，要自問三個問題：

1.在目前的情況中我要不要下達這種命令？也就是說現在有沒有必要向孩子提出要求以解決目前的問題？

2.我是不是可以用就事論事而不以耀武揚威的方式來下達命令？

3.我有沒有充分的準備，能夠貫徹命令，要孩子徹底服從？

他們兩人特別強調，命令的下達必須基於目前情況中確實的需要，而不是大人隨心所欲不分青紅皂白的指使孩子。如果父母和老師隨意指揮孩子，表示家中和教室中雜亂而無章法，這很容易引起孩子的反彈。他們同時指出：大人下達命令時，要把這種命令給孩子帶來的困擾和嫌惡的感覺減到最低的程度。一旦命令下達，大人要有充分的把握能執行到底。另外有一點要特別注意的是所謂不順從是指孩子

有意違拗大人的旨意而不是因為孩子不了解大人的指令，或是沒有能力完成大人交代的任務。

他們認為學校班級要有適當的校規，家中要有家規，而且老師和父母要把這些行為規則和行為的期望向孩子解釋得清清楚楚。這些校規和家規最重要的一點是不容許孩子從不聽話演變為公然違抗。有了這種支援的系統大人才能掌握大局，否則孩子一旦公然違抗就迫使大人束手無策，不但使大人的威信掃地，將來處理會更加困難，孩子的行為問題日日坐大，終至不可收拾。

㈡命令的下達

霍翰和邁可面把命令的下達分為阿爾法和貝達兩大類。貝達的指令含糊籠統，往往使孩子摸不著頭腦，不知何去何從；或是留下漏洞，使孩子有機可乘，不是置之不理就是迂迴躲避。下列指令的方式要儘量避免：

1.**鎖鏈式的命令**。這種指令包含無數個命令，一個接著一個有如連珠砲。例如媽媽告訴小華：「現在已經五點多了，快把小白（他們家的狗）帶出去大小便，順便到小張的雜貨店買一瓶醬油和半斤油炒花生。回來的時候順便去告訴三姨丈今天三姨加班不回家做飯，他可以去外面吃或到我們家吃晚飯。看看有沒有信？如果是宣傳品就送去給小張包東西。」這一大串的指令可能把七歲的小華搞得暈頭轉向，就是有心要幫媽媽，也沒有辦法一一記住。況且帶一條狗到菜市場去很不方便甚至有危險性。這種情況常會使孩子無法也不願聽從指令。

2.**模糊不清的命令**。這種指令並未把孩子所要做的事交代得很明確，所以孩子是不是聽從指示實際上很難做判斷。例如：「做功課要專心」、「仔細的聽我講」、「別人講話的時候你要聽清楚」，或是「要愛護你的弟弟」。這種指令要進一步用具體的行為界定出來。例如「仔細的聽我講」應該改為：「我講話的時候，眼睛看著我，如果聽不懂要馬上問清楚，而且要點點頭或是告訴我你已聽懂我的意

思。」

3. **發問式的命令**。大人以發問的方式來下達命令很容易使孩子把「命令」解釋為「請求」；他自然可以照大人的意思去做，也可以拒絕服從或是顧左右而言他。例如父親告訴小華：「快要吃飯了，是不是可以把玩具收起來？」這種命令的下達不但軟弱無力而且使孩子有機可乘；除非他真是肚子餓了想快去吃飯，否則他可以置之不理或是說他還想再玩一會兒。這自然很難怪小華不聽話。要是父親沒有「請示」孩子的意思，最好是直截了當的告訴小華：「快要吃飯了，立刻把玩具收起來。」有時候大人用責問的方式下達指令，常會引起孩子的反感，直接造成孩子的抗命。例如父親問小華：「飯都快涼了，你到底要不要來吃飯啊？」或是說：「你為什麼還不來吃飯啊？」對這種發問式的命令，孩子可以提出一大堆理由來回答，但就是不來吃飯。

4. **「我們來」的命令**。大人使用「我們來」的指令時，字面上往往是說大人和孩子一起來做一件事，而事實上大人是要孩子做這件事。例如父親告訴小華：「我們來把汽車洗一洗。」如果小華才七歲，父親自然是要他幫幫忙，如果小華已經十七歲，父親的意思可能是說「我要把車子開出來，你來替我洗車子。」大人最好把真意直接講出來，否則到頭來十七歲的小華認為他已盡了責任，父親則認為孩子敷衍塞責，雙方面鬧得不愉快。

5. **大人下達命令後追加一連串理由來解釋為什麼有這個要求**。如果大人的命令對孩子來講會帶來不愉快的感覺，大人自然可以解釋為什麼在這個時候提出這種命令或要求。但是，這種解釋應該在下達命令以前提出，而不應在下達命令之後才拖一條長尾巴。這條長尾巴的壞處是容易使孩子有迂迴躲避的機會。他可以藉此和大人論理而拖延命令的執行；大人與孩子交談的重心從命令的執行轉移到命令是否適當，這很容易造成不順從和違抗的現象。孩子就算有意照大人的意思去做，但是聽了一大堆的解釋之後，反而忘掉了命令的內容，雙方面

都無法達成目標。

基於上述的顧慮，霍翰和邁可面提出改用阿爾法指令的三個要點：

1.先引起孩子的注意；而且命令的內容簡潔明瞭。首先要孩子注意聽大人的指令，尤其孩子較小或是有注意力渙散的情形，最好是先叫他的名字，建立彼此視線接觸，然後用堅定而懇切的語調，告訴孩子他該做什麼。使用的語言必須使孩子能夠完全了解，而且要確定孩子已完全了解這個指令。最好是要孩子「去做」某一件事而避免叫孩子「不去做」某一件事。最好是當面授命而避免隔牆喧囂。

2.要求一個命令一個動作。要是大人有一連串的事要交代孩子去做，而孩子能力有限，或是不耐煩一下子做那麼多的事，大人最好一個命令只交付一個或兩個工作。等到孩子圓滿達成任務再交代其他的工作。

3.給予適當的反應時間。大人下達命令之後，至少給予五秒鐘的緩衝時間。在這個時間內，不要解釋、提醒、或是追加其他的指令。

摩根和堅遜（Morgan & Jenson, 1988）對於指令的下達提出幾個綜合的補充：

1.下達命令的語言必須清晰易懂，並用肯定的語調來指示孩子到底是該做什麼。

2.一般而言，大人最好給孩子五秒到十五秒的時間來對大人的指令產生反應。在這個期間中，不要重覆這個指令，不要發布其他的指令，如果沒有絕對必要，不要提供協助。同樣的道理，大人要避免和孩子發生爭論，避免強迫或唆使孩子聽從指令。

3.如果合理的期限已過（超過十五秒鐘），重覆一次指令：「你必須……」但這是最後一次指示。如果這還無法使孩子順從，大人應該在孩子出現抗爭的行為之前施以輕微的處罰如罰站或是取消孩子的特權（看電視或週末外出）。

4.面對面給予指令，避免隔著一段距離粗聲叫喊。在教室中，老

師自然要大聲向全班學生交代功課或活動，但如果一兩個學生特別不聽話，老師最好走到這個孩子的面前，就事論事的把指令交代清楚。這一方面是增進孩子聽話的機會，也減少公然違抗的可能性。

以簡單明瞭的阿爾法指令來取代模糊不清的貝達命令是塑造孩子順從合作的重要步驟。這種前事的操縱如果做得徹底而成功，自然不必費心思去處理不順從的問題。當然，我們也要考慮到指令的性質、下達的時機以及下達的方式。但是，最重要的一點還是父母與孩子之間的關係。如果彼此尊重，維持一個和諧的關係，孩子自然較會聽話。因此，大人平時對孩子的言行舉止要多加觀察注意，找出他們的優點，適時的給予鼓勵和增強，對彼此的關係自然有很大的幫助。

㈢違抗的預防

孩子不聽從大人的指令是相當惱人的事；要是不聽話演變為公然違抗則是一個嚴重的行為問題。不幸的是很多父母和老師不知不覺的捲入孩子違抗的風暴中，不但一事無成，而且給家庭和學校帶來無限的困擾。寇文（Colvin, 1988）精心設計一套預料和預防孩子違抗的策略。這個策略的兩個重點是情況的分析和前事的操縱。

1. **情況的分析。**寇文認為孩子對大人的違抗涉及一連串的事件，彼此糾纏而成為一個行為的鎖鏈。這個鎖鏈的啓端往往是一些無關緊要的瑣事如孩子的質疑或是彼此鬥嘴。這些小事累積起來終於成為嚴重的行為問題。例如孩子哭鬧，彼此出口威脅恐嚇，甚至破口大罵，大打出手。處理這種情況的上上策是大人事先能夠預料行為鎖鏈的形成和發展，而且在情形未惡化到不可收拾之前，亦即行為鎖鏈剛剛在啓端的階段就要控制整個局勢，大事化小，小事化無。寇文認為一般的違抗鎖鏈都是起因於孩子處於暴躁的情緒中，亦即他在大人未發號施令前，已經很生氣、很感挫折、甚至對大人懷有敵意。在這個情況中大人一提出指令，孩子自然採取對立的立場，擺出質問或是置之不理的姿態。一旦雙方針鋒相對，大人和孩子都會陷入「權力的鬥爭」

中，彼此都想壓制對方，而且很快的昇高爲爆炸式的違抗行爲。

2. **前事的操縱**。寇文認爲遇到由小爭執引發爲孩子公然反抗的事端，下列四個原則可以派上用場：

(1)當孩子顯得暴躁易怒的時候，不要火上加油，提出要求。最好是稍微等候，看孩子情緒的風暴已經過去才發號命令。孩子在氣頭上，大人的指令往往變成對孩子的挑釁或是嫌惡的刺激。在這種情況下，大人可以問他有什麼需要協助的地方，如果能替他解決問題更好。但是大人切忌質問和要求一起來。

(2)在孩子提出質問和爭論的話題時，大人儘量不要捲入孩子的爭論中。對於孩子提出的問題和評論可以置之不理，尤其不可以和孩子爭辯。但是可重覆一次指令，並告訴他，等到他完成指定的事後，再來討論這些問題。如果孩子繼續不順從，可以完全不理會他，等到他冷靜下來才重新提出指令。

(3)如果孩子堅持不聽大人的話，不要逼迫他。譬如一再地守候在他的身邊、口頭說教、怒目相視、出言威脅將來要如何處罰等等。絕對不要動手去拉孩子或是強制他去做交代的事。如果這個孩子違反了校規或家規而必須處罰，大人可以根據這些規則執行該有的處罰如罰站和褫奪權利等等。在處罰當中，還是就事論事，彼此交談爭論的情形能免則免。如果沒有處罰孩子的必要，大人可以暫時離開現場，等雙方都冷靜下來再解決未了的問題。

(4)儘量地找出這個孩子不順從和違抗內在外在的觸發因素。一旦找出問題的根源和發展的過程，就要設法打斷行爲的鎖鏈，而且愈早愈有效。如果這個孩子經常動怒，並且借題發揮，那麼解決的根本辦法是透過輔導的途徑來協助他控制自己的情緒，或是做適當的宣洩，而不該在大人提出指令時小題大作，公然違抗。

二、增進孩子的順從和合作

如果前述前事的操縱已經試過再試，孩子不聽話的情形依然故我，就要考慮到如何增進孩子的順從合作。這種策略的運用是把發號命令之前和之後的情況做適當的修正。唯有如此雙管齊下才能收到最好的效果。不過，在設法增進孩子順從合作之前，有兩個大前提必須兼顧到，那就是孩子的不順從是「不為也而非不能也」，而且要注意到孩子是不是有順從的強烈動機。

㈠處理和控制孩子暴躁的情緒

暴躁（Agitation）是指一種紛亂不穩的情緒。孩子在這種情緒中經常會顯出忿怒、有挫折感或對別人懷有敵意。有經驗的父母和老師都會從孩子的語言和舉止體態看出來他是不是在一種暴躁的情緒中。孩子處於這種心理狀態中，對大人的一言一行大多會愛理不理，對大人的請求、命令或要求更是置之度外。一般大人遇到孩子這種心態都會讓他三分以便息事寧人，但久而久之這個孩子學會了以這種行為來抵制大人的要求，不但可以「逍遙法外」而且用以控制別人以及周圍的環境。長此以往，這個孩子經常陷入暴躁的情緒中，他的日常生活、學校課業和人際關係都會受到嚴重的傷害。因此，如何教他控制自己的情緒和改變自己行為的型態就成為重要的課題。

要是孩子暴躁的情緒表現變成家常便飯，這種問題通常要找心理專家做心理治療。不過，父母或老師也可試試在自然的情境中從事行為的輔導。大人可以開誠佈公的和孩子談他暴躁的情緒。但是大人必須放棄權威或是威脅的姿態，間接的試探孩子對自己暴躁的行為模式認識有多少？他知不知道這種情緒的來源？他有沒有想到發脾氣時對別人有什麼影響？其最終目標是一再提醒他要學習自我控制，不要讓這種情緒蠶食他的心靈。父母老師本身也要設法傾聽孩子的心聲，對

他的苦衷表示體諒，並儘量提供必要的協助，讓孩子有適當的途徑來發洩心中的苦悶。

瓦克和瓦克（Walker & Walker, 1991）認為心理治療和行為輔導之外，還可以由大人和孩子本身共同給孩子的行為打分數。如果有進步，就可以得到父母或老師的獎賞。要是這個打分數的制度設想客觀而週到，應該可以精確的度量孩子行為的變化。在很多情況中孩子看到自己有進步就是很大的增強和鼓舞。一旦有了轉機，行為自然會漸漸好轉。

寇文認為減除暴躁的情緒可以從下列幾方面著手：

1.在家中在學校裡，大人提供充分的機會讓孩子選擇課業和課餘的活動。

2.提供一個安靜祥和的氣氛，且讓孩子有獨處的機會。

3.學校的課業和家中的雜務要有合理的分配。如果負擔太沉重必須做適當的調整。

4.孩子的生活起居可以給予適度的自主權，提供選擇的餘地，同時減少大人的干預和控制。

5.大人和孩子找時間坐下來談談彼此的想法和看法。如果孩子有問題，可以共商解決的辦法。

6.大人設法找出孩子脾氣暴躁的根源。如果這是來自大人不合理的教養方式，大人應該虛懷若谷地檢討並速謀改善。

不過，寇文特別提醒父母和老師，不可為了怕孩子生氣而委曲求全，結果孩子以暴躁的行為來操縱大人，不但逃避自己的責任，到頭來會一事無成。

㈡監督和檢討引發不順從的情況

有些孩子已經把不順從和違抗當成家常便飯；說不定他有這種習慣而不自知。遇到這種情形，大人和孩子可以共同監督不聽話的現象以及造成這種現象的環境因素。大人可以把孩子不順從和違抗的情況

記錄下來，並把指令內容、指令方式、指令下達的時機以及大人小孩的情緒狀況寫下來。經過一段時間的觀察記錄，亦即透過行為的功能分析，就可能會發現一些蛛絲馬跡。例如老師每次要小明做代數時，父親叫他清理房間時，他都會顯得很無奈、很挫折、很煩躁、甚至會發脾氣。一旦有了行為的線索，大人和孩子找個時間，共同檢討這些情況，並共商改進這些情況以及修正孩子對這些情況中的反應。例如小明可能需要特別的教學才能趕上代數的進度；爸爸可以規定他每天把房間整理好，但什麼時候整理，由小明自己選擇；小明對老師和父親的要求不可以惡臉相向或置之不理，而應協商一個彼此能夠接受的行為條件。如果情形比較嚴重，可能天天要找出幾分鐘來共同檢討引發不順從的情況。如果有了進步，或是情況輕微，一星期會商一次或兩次即可。在很多的實例中，單單例行的監督和檢討不順從和違抗的行為，就會造成相當多的改進。

（三）社會技能的訓練和變通的辦法

有些孩子不聽話是因為他們不知道如何和大人相處，或是無法掌握自己的情緒，一有挫折就完全爆發出來。社會技能的訓練是一種治本的處理策略，在家中在學校中積極培養孩子與人相處的技能和信心，用以取代動輒發脾氣的惡習。社會技能的訓練包括接受指導、忿怒的控制、自我處理以及適當的表露情緒等等。這種訓練的教材教法俯拾皆是，老師和父母可以擷取使用。接下來各章會重覆介紹社會技能的訓練和變通的表達方法，在此不做深入介紹。

（四）大人的注意和讚譽

很多孩子不聽話是因為他們照大人的話去做，大人不但不加鼓勵，反而是一番批評或譏諷。區別性的注意和讚譽是大人下一個命令，如果孩子順從，立刻表示關切注意，並對其行為表現給予適當的讚揚。例如：「小華，你一下子就把地掃好了，而且掃得很乾淨，奶

奶等一會來我們家一定會說你很能幹。」這種注意和讚譽在開始改變孩子的行為時要徹底實施。孩子有了長足的進步後，可以改為間歇性的增強，亦即不一定每次聽從指令就要大大誇獎。相對的，要是孩子不順從，大人可以不予理會，甚至離開現場，不去管他。這種不予理會的策略對幼小的孩子，尤其是喜歡以不順從和違抗來引起大人注意的孩子才有效。如果不聽話的情形很嚴重，或是孩子以此行為來避開大人的注意，則不予理會的策略對孩子來講是正中下懷，反而是對壞行為的增強。

(五)實質的獎賞

在有系統有計畫的行為改變當中，實質的獎賞是一個相當重要的策略。孩子聽話時，老師給予加分，父母給予額外的零用錢，或是安排特殊的活動，如上街看電影、週末特准晚一個小時上床等等很有實質的增強作用。有些老師和父母甚至和孩子簽定行為的契約（Behavior Contract），把孩子的行為標準和獎賞的內容具體而微的列出來，雙方簽名蓋章，並照章行事。一旦孩子聽話的行為有進步，這種行為契約和金錢獎賞的策略可以用比較自然而合適的獎勵來取代。但是，不管給予實質獎賞或口頭讚譽，大人都要針對孩子聽話的行為給予正面的評價。

(六)順從的訓練

孩子順從的行為必須儘早訓練。一個孩子到五歲以後，還顯示出乖張不服從的行為，不可任其坐大，否則行為的處理一日比一日艱難。艾伯格和巴格斯（Eyberg & Boggs, 1989）發表一篇專文，教父母親如何對學齡前的兒童做順從的訓練。他們是採取親子相互交往治療法（Parent－child Interaction Therapy）的模式，用以建立一個溫暖、可親、相互信賴、相互增強的關係。以這種關係為基礎，孩子會自然而然的順從父母和老師的指令。他們強調幼齡孩子的新行為應

該在遊戲的情境中建立起來。他們發現一般的孩子大都是在遊戲當中學習新的技能，解決身邊的問題。同時，在遊戲當中父母可以敞開溝通的管道，比較能夠輕易的控制和影響孩子的一舉一動。在遊戲的情境中，有兩個基本的治療模式，艾伯格和巴格斯把他們稱爲孩子主導的相互交往（Child–directed Interaction，簡稱CDI），以及父母主導的相互交往（Parent–directed Interaction，簡稱PDI）。

1.CDI的主要用意在於建立父母與孩子之間親信而鞏固的關係，並把彼此的隔閡、對立、和挫折感減到最低程度。父母親在CDI中完全是扮演「追隨孩子領導」的角色。要扮演這種角色父母先要儘量的避免向孩子提出問題或發號施令。當孩子取得領導的地位後，反抗和對立的態度自然會煙消霧散，同時讓父母自由自在的和孩子一起玩，並專心注意孩子適當的言行舉止和遊戲的活動。在這種交往中，父母要模仿和說出來孩子到底在做什麼遊戲，回答孩子的問題，協助孩子從事他所喜歡的活動，並誇獎孩子適當的行爲。如果在CDI的期間孩子有不規矩的舉動，父母不要理會，也儘量避免指責批評；不過，如果孩子製造出傷害或破壞等越軌的行爲，父母可以宣布CDI的活動必須因此而中止。一般而言，CDI每次大約五分鐘。在這期間內，父親或母親要做二十五次以上行爲的陳述或是孩子口語的複述（最好是一半一半），十五次以上口頭獎勵（至少有八次要指出孩子的好行爲），以及零次問題、命令或批評。一旦父母親學會這一套CDI的交往並達到固定的標準（五分鐘，二十五次陳述，十五次獎勵，零次命令或批評），就可進入PDI的訓練，表2–1是CDI的範例：

CDI是一種相當特殊的訓練方法。不但用來訓練孩子，更可用以訓練大人。無論是學校老師或父母做這種訓練時，起初一定要有另外一個人從旁觀察記錄，看看是不是符合「五分鐘有二十五次行爲陳述，十五次口頭獎勵，但零次問題、命令或批評」的標準。大人經過幾次體驗，確實能達到這個標準，才可單獨放手去做。最後拿CDI和父母主導的相互交往（PDI）一併實施。

表 2 - 1　孩子主導的相互交往（CDI）

規　則	理　由	實　例
1. 陳述孩子適當的行為	・讓孩子採取主導的地位 ・對孩子遊戲的活動表示興趣 ・訓練孩子建立觀念 ・給孩子做語言示範 ・維護孩子的注意力 ・組織孩子遊戲活動的思考	・這是一塊紅色積木 ・你在蓋一個塔 ・你畫一個可愛的笑臉 ・這個牛仔看起來很快樂
2. 模仿孩子適當的遊戲活動	・讓孩子採取主動 ・贊同孩子對遊戲活動的選擇 ・對孩子表示父母熱心的參與他的活動 ・教孩子如何和別人一起玩 ・鼓勵孩子模仿別人的活動	・孩子：我要把娃娃放在床上 ・媽媽：我也要把妹妹放在床上 ・孩子：我要在天空裡畫一個太陽 ・媽媽：我也要在我的圖上畫個太陽
3. 傾聽孩子適當的談話	・不要控制孩子的交談 ・向孩子表示你真的傾聽他的談話 ・表示聽懂而且接受他的談話 ・改進孩子的語言 ・增進語言的溝通	・孩子：我做了一個小星星 ・媽媽：對，你做了一個小星星 ・孩子：這隻駱駝背上有一個大皮球 ・媽媽：這隻駱駝背上有一個駝峯 ・孩子：我最喜歡玩城堡的遊戲 ・媽媽：這個城堡真的很好玩
4. 讚美適當的行為	・增強適當行為的滋長 ・讓孩子知道父母喜歡的是什麼行為 ・增進孩子的自信自尊 ・增進親情和密切的關係 ・使大人孩子皆大歡喜	・你算得很準確！ ・你安安靜靜的玩我最高興 ・你畫這張圖的想法真好 ・你說話這麼有禮貌真是個好孩子 ・你這個房子蓋得真好 ・你把顏色都找出來了，謝謝你喔！
5. 除非是真正危險的行為；其他不適當的行為都不予理會。亦即靜靜地把頭轉移他處、不看他、不皺眉頭、也不對他笑。每次都不予理會。剛開始的時候孩子不適當的行為可能會增加。	・避免不良行為的滋長 ・用以減少一些不適當的行為 ・協助孩子分辨出來大人對孩子好行為與壞行為的不同反應	・孩子對媽媽無禮莽撞但把地上的玩具撿起來 ・媽媽對孩子的無禮莽撞不予理會但誇獎孩子把玩具收起來 ・孩子用手打媽媽，媽媽說我不再和你玩。（這種打人的行為不可以「不予理會」）

表2-1 孩子主導的相互交往（CDI）（續）

規　則	理　由	實　例
6. 不要發號命令	・發號命令會妨礙孩子主導的遊戲 ・遊戲中發號命令可能造成彼此不悅 ・孩子的服從留待PDI才專門訓練	・間接的命令如：「是不是可以把那張紙拿來給我？」或是「是不是可以告訴我這個字怎麼唸？」 ・直接的命令如：「看看這個圖畫。」「把鞋帶繫好。」「來和我坐在一起。」
7. 不要發問	・發問是在引導談話而不是追隨談話 ・很多問題會變成命令或是強要孩子回答 ・發問看起來好像大人不聽孩子談話或是不同意孩子的說法	・這是一個藍色的積木，對不對？ ・這個球是什麼顏色？ ・這個小汽車好不好玩？ ・你要來玩棒球嗎？
8. 不要批評	・批評不會減少壞的行為 ・批評某種壞行為反使這種行為一再滋長 ・可能會損傷孩子的自信和自尊 ・製造一個不愉快的氣氛和不友善的關係	・你怎麼這麼調皮？你頂嘴媽媽最不高興 ・不要在紙上亂塗 ・不可以這個樣子；這樣子好看嗎？ ・這種設計難看死了

　　2. PDI的主要用意是在增進孩子適當的社會行為並減少不可容忍的壞行為。根據艾伯格和巴格斯所設計的課程，在這種PDI的交往中，大人還是要對孩子適當的行為表示注意，並且對不適當的行為完全不予理會。不過，在這個期間裡，大人不但要對孩子的遊戲有所反應，而且要採取主導的地位，亦即大人這個時候要發號施令，並對孩子順從與不順從採取必要的行動。

　　首先，大人要把PDI的遊戲規則向孩子解釋得清清楚楚，也就是孩子對自己在這期間所應有的行為表現要有充分的了解。在這種先決條件之下，大人才能合理的提出要求並執行要求。大人在這期間提出指令時，要完全符合阿爾法命令的標準，不可使用含糊籠統的貝達命

令。譬如媽媽告訴小冬：「把臘筆放在桌子上。」「把紅色的積木拿過來給我。」但不要這樣下指令：「要乖才和你玩。」「我們來畫圖。」或是「是不是可以坐下來把桌子清理好啊！」大人給指令的時候，同時要注意三點：第一，指令必須是正面而直接。例如：「把圖畫在紙上。」而不要說：「不要在桌子上畫圖。」第二，指令的內容必須是在孩子的能力範圍之內，否則不但白費口舌，反給孩子造成挫折感；第三，一個命令一個動作。如果一個命令含有數個動作，孩子往往無所適從，大人也難以確定到底要增強順從或處罰不順從。

一旦大人提出指令，就要切切實實的執行交代的工作。孩子這個時候如果出現與指令無關的不良行為，大人完全不予理會，但專心的注意他是不是照大人的指令去做，亦即大人要專心的處理順從的行為。如果孩子照大人的指令做，大人立刻聲明這種順從行為的好處並予口頭獎勵，然後移到CDI的遊戲，一直到大人發號另外一個指令為止。要是孩子不照指令去做，大人立刻實施處罰。艾伯格和巴格斯認為孩子不順從主要是孩子逃避了大人的指令，這種壞行為如果不予處理，會一再得到負增強而日日坐大。因此，在PDI的訓練當中，不順從的行為不可「不予理會」。對學齡前孩子不順從行為的處罰可以按照三個順序，亦即從口頭警告開始，然後罰孩子坐在隔離的椅子，再不聽話就打屁股。

(1)口頭警告：孩子第一次不遵照大人的命令去做，大人就提出口頭警告。這種警告是：「假使你不（提出原來的命令），你就要去坐在牆角的椅子上。」假使這個孩子聽從指令，完成指定的工作，亦即服從了口頭警告，大人立刻給予口頭獎勵，並恢復CDI遊戲的活動。

(2)隔離的椅子：假使孩子不服從口頭警告，大人立刻冷靜地把孩子帶到角落的椅子上，然後告訴孩子：「我告訴你（提出原來的命令），但是你不照我的意思去做，所以你要罰坐在椅子上，一直到我叫你起來你才可以起來。」這一番簡短的提示是向孩子解釋處罰的理由，並提醒他不聽話會得到什麼結果。最後一句是顯示大人對孩子行

為的控制，他必須坐在椅子上，不可隨便離開。孩子在椅子上如有不良行為，大人不予理會，否則節外生枝，命令一層又一層，雙方都會迷失方向。一般情形是孩子要在椅子上坐三分鐘再加上五秒鐘規矩安靜的行為才可離開。一旦孩子坐了三分鐘又有五秒鐘安份守己的行為，大人走到孩子的身邊，並問孩子：「你現在是不是要回去（重新提出原來的命令）？」如果大人判斷孩子的回答是「不」，那麼大人就說：「好，你再坐在椅子上，我告訴你起來你才可以起來。」然後離開這個角落，重覆三分鐘和五秒鐘的程序。假如大人判斷孩子的回答是「是」，那麼可以把孩子帶回遊戲的地方，如有必要再重覆一次原來的命令。一般而言，這時候孩子都會照大人的意思去做。如有少數孩子頑強抵制，堅持不服從，大人再提起：「我告訴你（提出原來的命令），你還是不照我的意思去做，所以你要回去坐在椅子上，一直到我叫你起來你才可以起來。」然後重覆同樣的步驟。如果孩子坐過椅子，又遵從大人的命令，大人可以說聲：「謝謝！」但不必特別誇獎他的服從，因為他到底是經過處罰才會服從。下一次大人給予命令時，孩子學過一次乖，自然會比較快就服從命令，這時再大大誇獎一番。這樣做讓孩子體會了聽話與不聽話之間會有完全不同的行為後果。

(3)打屁股：孩子不一定會乖乖的走到椅子的角落，更有可能時間未到就隨意離開椅子。遇到這種情形，大人可以把孩子抱到角落裡，並把他放在椅子上，然後提出「打屁股的警告」。這個警告是：「我還沒有叫你起來你就起來；如果再隨便離開椅子，就要打屁股。」這種警告只能提出一次。一般的孩子到這個程度已經知道大人並不好惹，所以一經警告就會乖乖坐回去。有少數孩子可能會試探大人的虛實，堅持要隨意離開椅子，遇到這種情形時，大人立刻把孩子帶回椅子的角落，以堅定的口吻告訴孩子：「我還沒有叫你起來，你就自己起來，要打屁股。」然後用手指在孩子的屁股上打兩下，再把孩子帶回到椅子上，告訴孩子：「坐在椅子上，我叫你起來你才可以起來。」接著依循三分鐘和五秒鐘的程序。有一點要特別注意的是，孩

子隨便離開椅子才打屁股；其他不良的行為不可用打屁股來處罰。打屁股的用意是在建立椅子的權威和處罰效率，所以大人不必訴諸其他處罰的方式。

艾伯格和巴格斯認為CDI和PDI的相互使用，一個星期實施幾次，對孩子的順從有很大的效果。但是大人事先必須在別人的指導下反覆練習才能得心應手，收到訓練的效果。

三、減少不順從與違抗

從前事的操縱到各種策略的運用來增進孩子的順從和合作，不一定會有立竿見影的效果；在這些策略運用的同時，不順從和違抗的行為照常發生。遇到這種情形時，史卡布羅和霍翰（Scarboro & Fore-hand, 1975）認為對這種頑劣的行為有採取處罰策略的必要。他們主張採用行為分析最基本的三種策略來處理。這些策略是不予理會、暫停增強以及反應的代價。

㈠不予理會（Ignoring）

有些孩子製造不良的行為旨在引起大人的注意，他們不順從或是違抗的行為有可能是在試探大人的反應。要是大人為此而反覆下指令、出言威脅、甚至暴跳如雷，正是中了孩子的圈套，不但無法減少這種壞行為，甚至助長這種行為綿延不斷的發生。要是經過功能分析，發現孩子不順從果真是在引起大人的注意和反應，最好的辦法是對此行為完全不予理會，亦即大人下達命令，孩子不遵照命令行事，大人即一言不發的轉頭照顧其他事物或立刻離開現場。孩子的壞行為得不到大人的注意，自然會慢慢的消滅。不過，單單使用這種策略效果不彰。第一是因為完全不予理會很難做到，孩子可能製造其他事端來引起大人的注意，或是其他人會不知覺的插手介入，結果還是對此行為給予增強；第二個更重要的原因是孩子不順從的行為通常不在引

起大人的注意，而是在躲避大人的注意。單單使用不予理會的策略會顯得軟弱無力。因此，最好能加上暫停增強或反應代價的策略。有一點值得一提的是，如果孩子不聽話，大人一再嘮叨，不但沒有效果而且會造成反作用。

(二)暫停增強（Time－out from Positive Reinforcement，簡稱Time－out）

暫停增強是行為改變當中使用最普遍的行為後果，這種策略的基本原則是把孩子從一個增強的環境移送到一個得不到正增強的地方或情況。例如孩子看電視或吃點心時不守規矩，可以叫他離開現場幾分鐘，當做一種處罰。孩子不順從或有違抗的行為，這種策略自然可以如法泡製。使用暫停增強時，下列幾個原則要列入考慮：

1.一般的暫停增強是五到十分鐘再加上十五秒規矩而安靜的行為。要是孩子在釋放前十五秒內有吵鬧現象，可延長一分鐘，做為額外懲戒。

2.孩子離開原先具有增強的現場後，可以指定他到壁角、他自己的房間、教室外面、或是面牆靜思。有一個重要的考慮是如果把孩子遣送到一個更有誘惑力的地方去，正是得其所哉。例如孩子在教室裡做數學已經感到不耐煩，如果老師因為他不聽話而把他趕出教室，他反可在外面看一場籃球比賽，這種辦法反而會使他更不聽話。

3.如果孩子拒絕到別的地方去，不必強行拖拉。最好以其他辦法如反應的代價等等來加以控制。

4.暫停增強的時間一滿，大人要帶他回到增強的現場。如果在暫停增強中孩子行為表現優良，就針對其優良的表現給予口頭獎勵。

(三)反應的代價（Response Cost）

反應的代價與開車違規被警察罰款的道理相近，也與學校老師給學生加分扣分的辦法相似。在行為改變的策略中，大人與孩子可以如

此約定：孩子有好的行爲表現，大人按照預先規定的標準給予代幣或計點，一般稱之爲代幣系統或代幣法（Token System 或 Token Economy）。在這個系統中可以附加一項：如果孩子聽話，一次可以得一分；不聽話則一次扣一分。一個星期要是累積到某數量的分數，或是得到多少代幣，可以換取各種不同的獎品，或從事特別的活動。這種有組織有系統的策略必須把好的行爲和壞的行爲明確的界定出來，獎與罰的標準也要約定得清清楚楚。無論是給獎或是扣分都要在目標行爲發生後立刻實施，而且每次都是如此，毫無例外。這種系統不容有爭執，孩子也不可以有疑問，大人則要執法如山，不可偏倚或是感情用事。

㈣其他策略

有些孩子雖然會聽話，但是從大人發號施令到孩子採取適當的行動之間，拖延太久。遇到這種情形，最好對時間距離有詳盡的行爲記錄，然後逐步的增強反應時間減短的行爲。例如小春在媽媽下達洗澡的指令後，通常要等三十分鐘才動身，但一洗就是一個小時。媽媽告訴他：「如果在二十分鐘內動身，而且四十分鐘內就洗好，一次各可以得到一分。一個星期累積十分可以上一次電影院。」行爲有了進步，就逐漸把標準提高，時間縮短，一直到合理的時間長短使雙方都能滿意爲止。另一個更積極的辦法是增強孩子口頭答應的行爲。例如小多聽到媽媽的指示，就會說：「好的」、「我一定會把地掃乾淨」，或是「我馬上就來。」等等。當然，小多要得到獎賞，必須言出必行，不但要口頭答應，還要迅速的做好指定的事物。

四、多重模式的處理

不順從與違抗是相當棘手的問題，其牽涉的因素既深且廣。一個完整的處理計劃最好能包羅各種不同的策略，才不致顧此失彼。除了

上述三個主要的重點之外，還有幾個值得考慮的原則。

1. 無論是在家中或教室裡，大人對孩子的行為期望或是固定的規則雙方面要有徹底的了解。大人不必每次提出指令都要大費口舌，甚至引起爭論。每天的例行公事最好不要輕易變動。如真有變動的需要，最好經過雙方的酌商決定，至少也要讓孩子及早知道，因此有心理準備。

2. 大人與孩子之間的關係對孩子順從與否有舉足輕重的影響。雙方要能建立一個相互支援的基本態度；在這中間大人要採取寬容的態度，讓孩子贏，讓孩子成功，讓孩子有自做主張的機會，並衷心的給予讚美。對一些衝突的情況或是孩子公然的違抗，儘量的避免危機的升高；有時候幽默可以沖淡疑雲，哈哈一笑可以把嚴重的問題淡然處之。

3. 大人有時要放棄己見，用心去傾聽孩子的心聲，設法去了解他們的痛苦和氣憤。也許孩子有比違抗更嚴重的情緒問題，只有充分的了解體諒孩子的苦衷才能解決不聽話的問題。

4. 不順從往往與攻擊行為、反社會行為，以及其他違規行為互為因果。遇到這種錯綜複雜的關係，處理更加棘手。瓦克與瓦克（Walker & Walker, 1991）認為對這種行為問題，大人應該找專家來協助。無論是老師或父母，如果獨當一面，往往會把情況愈處理愈糟糕。不過，他們認為下列幾個教養的原則父母和老師都要遵守：

(1)不要虛張聲勢。做不到的事絕對不可提出來向孩子威脅恐嚇，一旦假面具被他揭穿，後果就很難收拾。如果大人認為某些情況或要求一定要執行，否則無法控制情況，那麼大人一定要說做就做，而且要執行到底。例如老師說要通知家長，一定要通知；說是要把孩子送到訓導處，一定要送；爸爸說要叫警察，一定要叫，而且要有把握警察會來協助（對於具有危險行為的青少年，父母可以和治安機構事先協商，必要時可尋求協助）。

(2)大人平常就決定那些事絕無通融的餘地，什麼事可以睜一隻眼

閉一隻眼。例如一個學生在教室中坐姿不正、故意斜眼瞪人、顯得無精打采，老師看來很不順眼，但是這個孩子並不公開搗亂。類似這種情況，大人如果強行要求其改正上課的行為，很可能遭到拒絕，甚至引發違抗。因此，這位老師上課中最好不予理會，等到下課後，再私下和他檢討這種舉止。

(3)大人經過仔細的觀察和判斷才決定是不是要堅持孩子順從到底。大人只要留意孩子的舉止、體態、眼神、表情，就可以看出孩子是不是處在暴躁、忿怒或是情緒相當不穩定的狀態中；如果大人堅持孩子要順從到底，可能爆發嚴重的場面。大人和孩子各忍一時之氣，可能有長期化解危機的效果。

(4)大人有時候要滿足於孩子部份的順從，不必要求孩子順從到底。例如兩兄弟爭論對罵，彼此都已面紅耳赤，隨時都有大打出手的可能。這時父親大聲介入：「不要再吵。」然後加上第二個命令：「立刻回到房間去做功課。」在這種情況中，兩兄弟可能沉默下來不再吵架，但也不回到房間去做功課。他們順從第一個命令，但把第二個命令置之不理。這時兩個孩子都還在氣頭上，不但無心去做功課，父親第二個指令根本聽不進去。在這種情況中大人似乎不必太在乎孩子是不是去做功課。

(5)大人避免捲入孩子的爭端，避免動怒，也避免提高嗓門。有些兒童和青少年往往藉不順從來激起大人的憤怒。如果大人為此動怒，反而陷入孩子的圈套，雙方情緒節節升高而至不可收拾。再者，大人大聲和孩子爭論不但沒有教育價值，反給孩子提供一個壞榜樣。要是孩子有意借故挑釁，大人要冷靜以待，用和平的手段平息怒火。

(6)大人儘量避免讓第三者捲入大人與孩子的紛爭。大人設法獨自解決目前的爭執，除非爭執已昇高成危機，媽媽不要叫爸爸出面，父母不要叫警察出面，老師不要叫家長或訓導人員出面。第三者的介入只能用來化解一時的危機，但是對大人與孩子之間的關係可能會造成難以彌補的裂痕，將來違抗的行為會愈演愈烈。

伍.結語.

　　大人與孩子發生磨擦在所難免；孩子不聽話更是所在多有。問題是孩子不順從變成一種行為痼疾，甚至把公然違抗視為家常便飯，給大人帶來無限的困擾；從孩子的立場來看，他們往往也有很多無法傾訴的苦衷。

　　面對這個惱人的行為問題，大人首先要了解問題的性質、問題的形成以及可能的引發因素，然後從事前事的操縱。例如建立和諧而親密的關係，使孩子樂意為大人做事；同時大人也要檢討命令的內容、下達的方式和時機。只有合理的要求才能得到適當的反應。

　　增進孩子的順從合作是一個正面而積極的辦法。除了從事孩子順從的訓練之外，其他的技術包括處理和控制孩子暴躁的情緒、監督和檢討引發不順從的情況、社會與溝通技能的訓練，以及大人口頭的獎勵與實質的增強。

　　處罰不順從和違抗是不得已的手段，因為這種方法窒礙難行之處在所難免，而且執行起來經常漏洞百出；更主要的原因是處罰的策略很容易產生副作用，破壞大人與孩子之間的關係，使孩子更不聽話。最常用的處罰是暫時停止增強和反應的代價。但這兩種策略還是建立在增強孩子的好行為的基礎上，否則無從實施。故意不予理會也是常用的策略，但其效果如何要根據孩子不順從和違抗的性質而定。

第三章

忿怒與攻擊行為・

　　一般人在傷心、失望或是生氣時，自然要把一股氣傾吐出來。岳飛在震怒時寫下永垂不朽的滿江紅、赫魯雪夫在聯合國大會上脫掉鞋子猛敲桌子表示憤怒、小明被人欺負就向老師哭訴，都是明顯的例子。我們所關切的是：孩子情緒的發洩是透過適當的途徑來表達，還是由此製造一連串的行為問題。小華哭鬧一場後把魚缸打破、小南一氣之下用刀子刺傷了鄰座的同學，都是在忿怒失去控制時，以攻擊行為來表達內心的氣憤，製造相當嚴重的行為問題。

　　近年來國內外少年犯罪的案件年年增加，暴力事件肇事者的年齡則年年降低，這是一個愈來愈嚴重的社會問題。再者，這個問題如果在小學階段沒有適當的處理，進入青少年時人高馬大，父母和老師更無法完全控制。忿怒是一種相當激烈的情緒，它涉及人格異常、精神症狀、生理的狀況，以及學習與制約的結果。攻擊行為大多是忿怒的產物，因為這種行為構成對他人安全的嚴重威脅，大部分的社會都視為絕對禁忌，我們自然不可等閒視之。

壹 忿怒與攻擊行為的界定

　　忿怒（Anger）是一種極端不愉快的感受；一個人在忿怒的情緒中，不但感到憤慨和激昂，而且對忿怒的對象產生敵意和憎恨。孩子在心理上受到了傷害，對事物感到失望、挫折、困惑；在人際關係上

受到排斥、壓力和衝突時，這種情緒自然而然的湧上心頭，也會用盡辦法來宣洩心頭的忿怒。同樣的道理，父母老師面對著一個暴跳如雷的孩子，自然怒氣沖天，想要好好的「教訓」他一頓，或是把他驅逐出境，眼不見為淨。不幸的是，孩子不一定會屈服在大人的權威中，反而會因大人的敵意而火上加油。大人面對此火龍似的孩子感到無能為力，也因此更為生氣。這種忿怒的交互影響，幾乎存在於每一個家庭中，古今中外皆然，而且代代相傳，孩子長大成人以後，依然以忿怒來處理自己子女的忿怒。

忿怒並不完全是家庭和學校問題的罪魁禍首，只要大人充分認識和了解這種情緒的來龍去脈，想辦法來控制這種情緒的擴散，讓它透過適當的途徑，做合理的發洩，忿怒並不如想像中的可怕。問題是孩子對情緒的控制如果未經特殊的訓練，自己完全無能為力，我們也不能期望孩子獨自建立新的模式來取代家庭中相傳的行為模式。如果孩子的忿怒變成情緒問題，大權和責任完全落在父母老師的肩上，大人要學習並建立一套健康的新模式來處理大人與孩子之間情緒的高漲和關係的惡化。事實上，伊斯特門（Eastman, 1994）認為忿怒是改變現狀的原動力，如果處理得當，忿怒可以促進大人與孩子了解彼此的需要，用來發洩緊張的情緒，改正自己的過錯。更重要的是使大人與孩子不斷的成長成熟，彼此適應，彼此把關係帶入一個建設性的結構中。

一、忿怒變成情緒問題

我們必須了解的是每一個孩子都有脾氣，他以忿怒來表達他的恐懼、困惑、困擾、傷心、挫折應該是正常的過程。但是，孩子把這種情緒當成家常便飯，甚至昇高為大發雷霆、攻擊行為或是暴力的行為，就是一個情緒的問題。伊斯特門認為忿怒如有下列情形時，就要大人的介預：

- 忿怒的發生太頻繁。
- 忿怒的發生太激烈。
- 忿怒的發生持續太久。
- 忿怒引發攻擊行為。
- 忿怒掩蓋其他的情緒。
- 忿怒干擾了家庭生活、學校的學習活動或是職業場所的工作。
- 忿怒造成一種破壞性的循環，大人難以控制。
- 忿怒傷害到別人的心理或身體。
- 忿怒的發展造成進一步的衝突，且無法和平解決。
- 忿怒完全超出孩子本身控制的能力之外。

二、忿怒的孩子與忿怒的父母或老師

　　伊斯特門認為下列十五個項目可以用來判斷一個孩子是不是有忿怒的問題，逐項核對打勾就可評出問題大概。
- 累積壓力之後讓火氣爆發開來。
- 無法處理變遷和緊張的情況。
- 每當痛苦、傷心、挫折、失望或感到有所失落時，就會大發脾氣。
- 把忿怒用哭鬧、大發脾氣或攻擊行為來表達。
- 一旦發脾氣就無法平靜下來。
- 經常和人打鬥。
- 用語言威脅別人或用粗話罵人。
- 責怪別人的不是。
- 存心報復。
- 對自己的過錯不負責任。
- 缺乏自我控制。
- 缺乏自信。

・不尊重別人的權益，不在乎別人的感受。

・不願意和別人折衝協調。

・無法和別人談判磋商。

下列十七個項目則用來判斷大人本身是不是有忿怒的問題，逐項打勾就可評出問題大概。

・感到在家中或學校班級中的衝突情況永遠沒有休止的一天。

・一點點口角或緊張的氣氛就按捺不住。

・對外來的要求和壓力感到手足無措。

・不知如何或是沒有機會把緊繃的情緒放鬆下來。

・不知道什麼是正常的忿怒、什麼是適當的發洩；因為自己就是在一個以忿怒壓制忿怒的環境中長大的。

・在孩子成長的過程中，不知道那個階段應該有那一種情緒和行為的表現或期望。

・孩子一發脾氣，大人更會動怒。

・孩子一發脾氣，大人就驚慌失措或癱瘓無助。

・為孩子的問題與其他人發生爭執。

・不承認自己犯了錯誤。

・為了面子不肯向人道歉。

・不願意和別人折衝協調。

・對孩子的舉止扮演裁判或警察的角色。

・採用處罰的方法而不去了解孩子的問題，或和孩子討論問題。

・維護自己的權威而不採取彼此尊重的態度。

・對問題的解決不抱希望。

・無法在家中或學校班級中建立和平相處的氣氛。

三、忿怒的發洩

發脾氣、攻擊行為與暴力行為是發洩忿怒時三種最常見的行為，

在此有稍加區別的必要。

(一)發脾氣（Temper Tantrums）

孩子哭泣、吵鬧或是鬧彆扭表示他的忿怒已經無法控制；他已經無法應付內在外在的挫折。這種行為會擾亂四周環境，影響他人的情緒；但對他人的安全並無威脅，大人可以不加理會。事實上，大人不理會孩子的哭鬧往往是最好的策略；只要沒有觀眾，戲唱不成，這種行為久而久之就會消失。孩子發脾氣的另一個可能是以此行為來操縱他的環境，迫使大人讓步，滿足他的慾望。如果是屬於後者，除了不予理會，還要留意不讓孩子因為發一頓脾氣而得到好處；更要防範由哭鬧引發為攻擊行為。

(二)攻擊行為（Aggression）

孩子打人、咬人、把人推倒在地，顯示出他已經無法控制忿怒的情緒；無法應付內在外在的挫折。這種行為對別人的安全直接構成威脅，一旦發生大人不可等閒視之。不予理會的辦法對此行不通，因為不加約束這種行為會日日坐大。很多孩子也會用這種行為來迫使別人就範，從中取得好處。這行為有必要做進一步的界定。有一點必須指出的是如果孩子以攻擊別人來操縱環境，大人不可屈服而任其為所欲為，有效的處理策略必須加以使用。

(三)暴力行為（Violence）

有些孩子以兇猛的行為如兇殺或持械打鬥等不法舉動來攻擊他所懷恨的對象。這往往超出行為問題範圍而觸犯了法令，會受到法律的制裁。其行為的目的不但在發洩氣憤，而且是存心致人於死地或造成嚴重的傷害。其攻擊的對象自然是他們心目中的敵人。事實上，很多受害者都是關心他的人包括父母、老師、兄弟姊妹或是要好的朋友。有關暴力的行為請參見第八章社會行為症狀。

四、攻擊行爲的界定

到底什麼是攻擊行爲，各種敎育與心理學家往往各說各話。有的人從廣義的角度來解釋，認爲所有擾亂環境的行爲從最輕微的吵鬧到暴力逞兇都算是攻擊行爲；有人則把攻擊行爲侷限於造成他人身體疼痛的行爲。卓恩慈和辛浦遜（Zionts & Simpson, 1988）把攻擊行爲分爲輕微和嚴重兩大類，輕微的攻擊行爲包括嘲笑、戲弄、恃強凌弱、造謠、發脾氣、威脅要傷害別人等。嚴重的攻擊行爲包括對別人身體上的攻擊、破壞物品以及對動物殘暴的舉動。

梅爾門，雪佛和蔲芬（Millman, Schaefer & Cohen, 1980）經過廣泛的比較研究把攻擊行爲界定爲：未經挑釁而加害於他人的舉止。身體的攻擊包括打人、推人、踢人、咬人、抓人頭髮、用東西打人等等；語言的攻擊包括罵人、威脅他人的安全、支使別人、戲弄別人等等。他們認爲一般孩子攻擊別人時，並沒有傷害別人的意圖，而是一種滿足本身意願或是發洩忿怒的衝動。這完全是以自我爲中心，把別人的權益置之不顧。有人把自我傷害的行爲也列入攻擊行爲，因爲這種行爲也是加害於身體的舉止，只是攻擊的對象是自己。自我傷害的行爲在第九章另行論述，在此不多做解釋。

根據DSM－Ⅳ的診斷標準，攻擊行爲是在過去十二個月中下列情況當中出現三種以上，或是過去六個月當中出現一種以上：

・經常欺凌弱小，威脅或恐嚇別人。

・經常引起打鬥。

・使用武器傷害別人。武器包括木棒、磚塊、打破的玻璃瓶、刀子和槍械等等。

・對別人施加殘酷的暴行。

・對動物施加殘酷的暴行。

・搶劫、勒索、偷竊等不法行爲。

・迫使他人屈從而參與性活動。

・蓄意縱火。

・蓄意破壞他人的物品。

貳 忿怒與攻擊行為的肇因

對某些孩子而言，星星之火可以燎原，稍一觸怒就一發不可收拾。要了解孩子忿怒與攻擊行為的肇因，最好從孩子內在或先天的因素，以及外在或環境的因素兩方面來抽絲剝繭，了解孩子本身為什麼會容易動怒，並找出外界情況的引發因素。

一、孩子本身的因素

伊斯特門（Eastman, 1994）把容易動怒的孩子譬喻為一條火龍。根據他的整理分析，忿怒的情緒與攻擊的行為可以從孩子本身五個方面來分析。

(一)孩子的氣質（Temperament）

我們經常聽見父母說他們的老大最好哭，而且一天吵到晚，有時半夜三更還會醒來哭叫一番；他們的老二最好養，一早醒來就是笑嘻嘻，吃飽了就乖乖自己玩，而且一覺睡到天亮，一點也不要大人操心；老三可說是一個小精靈，不但精力充沛，整天忙個不停，而且經常要這要那，有時覺得很好玩，有時又覺得很煩人。同樣的父母卻生了三個氣質迥異的孩子。這種天生的氣質是孩子的人格傾向，也是他們情緒與行為的特質。這些特質往往會影響他們的一生，更會左右他們的忿怒。伊斯特門把孩子的氣質分為四種類型，每一類型的孩子都會出現忿怒的情緒，但其忿怒發洩的過程以及對大人的影響卻有相當

的差別。

1. 乖孩子。這種孩子有平易近人的氣質，他們很冷靜，不會輕易激動，對新的事物處之泰然，和人容易相處，注意力集中而持久，有不如意的事也不會冒然大發脾氣。這種孩子處事具有彈性而且容易適應新的情況。他們會體諒別人的處境和感受，因此也容易控制自己的情緒，行為問題自然也就很少見。就算有時候會出現情緒和行為問題，但是會接納大人的指導，很快的化險為夷，甚至會自己平息下來。年紀漸漸長大後，會顯得獨立自主而不依賴別人。

2. 難纏的孩子。有些孩子生來就是很難對付。他們在日常生活中遇到一點點壓力就有過度的反應，而且不容易安撫。他們容易緊張，性情暴躁，而且事事都不順遂。對新事物和新認識的人，不但不會適應或引以為樂，反而會抨擊和反叛。這種孩子長大以後很難體諒別人的感受和需要，大人要教這種孩子控制自己憤怒的火焰就會相當困難。他們從小脾氣一發不可收拾，長大後依然要靠別人百般勸慰才能平靜下來；但他們又無法信任大人，總是排斥和拒絕大人的好言相勸。因為雙方長年的衝突和深度的裂痕，更使他們火上加油，怒氣沖天。

3. 活躍的孩子。這種孩子經常精力充沛，一天忙到晚，沒有片刻安寧。他們容易衝動，無法集中注意力，也很難控制自己的行為，大人很難管束他們的行動，把他們帶入一個固定而例行的生活型態中。他們無法容忍挫折的情況，而且看來事事都不會滿意。他們經常暴跳如雷，而且不會聽大人的指導，不過，他們的脾氣往往很快的恢復平靜。他們的行動往往未經深思熟慮，也可說是他們的思考一直無法趕上他們的行動，所以常有無心的冒犯或違規。由於他們的舉止行動雜亂無章，常會和同學或朋友格格不入。這些情形會變成惡性循環，使他們更易忿怒，也更無法和人相處。

4. 緊張的孩子。有些孩子遇到新的情況就會緊張、焦慮、畏縮、甚至出現擾亂的行為。不過，假以時日這種孩子還是會慢慢的適應新

的情況。例如從喝奶到吃固體食物，開始上學，結交新朋友等等，都要經過長時間的適應。對這種孩子，大人必須耐心地等待其慢慢的習以為常；如果逼迫太緊太急，這個孩子可能會大發脾氣，拒絕新的事物，甚至產生極端的恐懼。這種孩子和活躍的孩子剛好相反，他們要三思而後行，要經過長時間的適應才能安於新的事物。如果大人不逼迫、不批評、不施加壓力，他們倒是樂意聽從大人的指導，渡過情緒上的難關。

(二)孩子的心理因素

在家中、在學校，甚至在遊樂場所中，同樣一件非比尋常的事件發生，有的孩子可以泰然處之，有的會張惶失措，更有的則會暴跳如雷。這種情緒的反應與孩子的心理因素有密切的關係。這些心理因素可能來自先天的氣質，可能來自過去的經驗和制約的因素，也受到生化作用和生理健康的影響，更與外界環境息息相關。根據伊斯特門的分析，下列六種心理因素深深的影響孩子忿怒的引發和發展：

1. **情緒不穩定與精神症狀**。有些孩子情緒的變化來去無蹤，雖然外面世界平安無事，孩子卻空穴來風發一頓大脾氣。他們可能會覺得傷心、失望、自卑、被人遺棄，或是感到外面的壓力實在無法消受。這種情緒的產生與發展並無客觀的事實根據而純是主觀的感受。這也有可能是孩子被妄念幻覺所困，知覺到別人對他不利，別人利用他、陷害他。這些感覺和知覺很容易把孩子帶入暴躁的情緒中，甚至造成攻擊行為。

2. **情緒的衝動**。有些孩子生來就是精力旺盛，做事卻是不假思索，所以到處惹是生非。另一方面，他們期望大人有求必應，而且說要就要，完全不能耐心等待；一旦有挫折就大哭大鬧或是打人出氣。在家中學校中會變得一事無成，而且給大人帶來無限的困擾。這種孩子行為的表現是幼稚不成熟、無法和朋友一起玩、沒有辦法體會別人的感受、一旦發生衝突就以拳頭解決糾紛而不設法溝通討論、完全以

自己的利益和自己的觀點爲中心，無法控制怒火而使情況一再地惡化。

3. 缺乏自尊和自信。一個孩子對自己，對家中的親人，對學校老師和同學如果感到很滿足，會使他們順利地成長並渡過難關。例如受到委屈、考試失敗或與人發生衝突，他會設法檢討自己，找人吐苦水，適當地處理不愉快的情緒和經驗。相反的，缺乏自尊自信的孩子遇到同樣的情形時則會批評、歸罪或是攻擊別人來洩恨。結果他本人和被他攻擊的人都受到身心的傷害。另一方面，有些孩子以忿怒來掩蓋憂鬱的情緒，以攻擊別人來彌補心中的創傷。

4. 嫉妒的心理。學齡中的孩子嫉妒是他們的標誌。在家中兄弟姊妹之間，在班級中同學之間，孩子抱怨最多的是父母或老師不公平。不管大人再公正，孩子都會怪別人對他偏心。有的孩子特別會吃醋，他們一直認爲大人不喜歡他，好的事情輪不到他，吃苦的事則有他的份。別人佔了他的便宜，搶走了他的機會等等。爲此，他們會處在一種鬥爭和備戰的心理狀態中。發脾氣和攻擊行爲如果能使他們佔上風，他們自然會找藉口，一再地發動攻擊。

5. 孤獨無助的心理。根據伊斯特門的研究，孤獨無助的心理與攻擊行爲往往會互爲因果。過份活躍或是難纏的孩子往往無法與人合作，不遵守規定，而且常與人打鬥。這些行爲往往把同學朋友拒於千里之外，因而變得孤單無助；也因爲孤單更容易動怒，結果造成了惡性循環。另一方面，有些孩子有特別渴望親情的傾向；另有些孩子的確也得不到父母的親情或同學的友情，這種孤單的心理很容易演變成敵意和忿怒。

6. 焦慮與煩躁的心理。過份敏感的孩子稍爲風吹草動，就有草木皆兵的感覺，隨時隨地都處在緊張戒備的狀態中。因爲煩躁而變得容易動怒，因爲煩躁而放棄努力，結果也是以忿怒和攻擊來防禦自己的失敗和恐懼。這種孩子常會掩飾內心眞正的感受和需要，以忿怒來發洩；做出超越能力範圍之外的事或是放棄所有的希望，逃避團體的活

動，避免與人接觸；變得特別小心謹慎，處處防備。這種孩子愈焦慮愈煩躁，也就愈會失去控制。

㈢孩子成長中必經的過程

孩子在各種不同的成長階段中，為了適應生理上不斷的變化，思考與情緒的轉變，以及生活中有增無減的壓力，特別會感到適應的艱難和怒火的燃燒。訓練有素的學校老師自然了解各種年齡層的孩子有各種不同的問題，沒有經驗的父母則要不斷地調整以適應孩子的成長。在這適應的過程中，權力的衝突在所難免。既然有衝突，雙方也難免會動氣。從另一個角度來看，孩子在成長過程中，該漸漸地學習控制自己的情緒，才能與別人和平相處。但有些孩子在這方面卻不隨著年齡的增加而更趨成熟，他們一直沿襲舊日暴跳如雷的方式來應付目前的情況。他們學會一個基本的原理：動怒是獲得滿足的捷徑。他們的觀念是：什麼事都是我第一，而且拳頭可以取勝。大人必須了解一個事實：孩子在成長與適應的過程中產生忿怒的情緒是正常的；孩子停留在原始的方法，以哭鬧或拳頭來解決衝突的情況才是真正的問題。

㈣認知的錯誤

孩子感到傷心、憂慮、嫉妒、孤單，並且從而產生忿怒的情緒，甚至有攻擊行為，這些情緒的產生有可能是別人排斥他、對他不公平、自己一再地體驗挫折失敗，或是無法適應新的事物。但這些肇因事實上不一定存在，而是來自孩子本身認知的錯誤。這種孩子可能對外界的刺激或情況做歪曲的解釋，並由此建立無理性的信念，因此把雞毛蒜皮的小事看成天大災難，好似世界末日就要來到。他把父母老師的關切解釋為無謂的干擾，把朋友善意的建議解釋為惡意的批評。同樣的道理，他發脾氣時加在別人身上的精神壓力或是攻擊行為對別人造成的傷害，他都認為這是別人罪有應得。因此，他對自己的所做

所為毫無悔意，也沒有改善的意圖。與此有關的是有些孩子社會價值和道德觀念低落，為了滿足本身的慾望，可以不擇手段。如果以哭叫和拳頭可以解決問題、可以使別人屈服、可以從中獲利，他就會一再地應用。所謂道德不道德，完全是看他自己能不能得到愉快的刺激和避免不愉快的刺激來做判斷。

(五)社會與語言技能的缺乏

孩子受到委曲卻無處投訴，或不知如何投訴，於是以哭鬧和攻擊行為來表達心中的憤怒。大部份的孩子從小看到父母或老師生氣時以罵人打人來洩恨。孩子心中有數，大人美其名為教育孩子，但罵人打人都是他們生氣時用來對付孩子的方法。大部份的大人都認為孩子不應該生氣，卻從來不教孩子生氣時要怎樣處理。適當的發洩氣憤有賴於語言溝通的能力和理直氣壯的行為或稱為「果敢的行為」（Asser-tive Behavior）。我們從小就聽到大人一再告誡，凡事要大事化小，讓人三分，認為能忍氣吞聲才是美德，能夠吃得眼前虧方能成大業。但是孩子在忍無可忍時就完全爆發開來，讓別人來忍他讓他，或是由大人採取高壓手段來壓制他。這兩個極端都無法解決孩子情緒與行為問題。理直氣壯的行為是教孩子在遇到不合理的情況時，能夠果敢的提出口頭申訴，以保衛自己的權益。這種高度的社會技巧要做到完美成熟，必須有適當的訓練才能防衛自己但不冒犯別人。例如在電影院中前排座位有人私語不止，一種方法是忍氣吞聲，但憋著一股窩囊氣；或是大聲叫罵把他們教訓一頓；更可以用理直氣壯的行為，輕聲告訴他們，這種不停的私語妨害了別人對電影的欣賞，請他們靜靜地觀看。

從另一個角度來看，孩子受人排擠，處處碰壁，感到孤單落寞，都與社會技能缺乏有關。例如溝通不良而會錯意；無法察言觀色或表露情感因而沒有辦法建立親密的人際關係；為了討好別人，任人支使控制而致怨恨氣惱，都會間接的造成忿怒和攻擊的行為。

二、外界情境的因素

孩子不一定天生就是一條火龍。外在環境的因素,尤其大人教養孩子的方式對這條火龍的成長有舉足輕重的影響力。外界情境的因素有些是養成這條火龍的壯大,有些則是引發火龍的逞暴。伊斯特門在這方面提供五個可能的因素。

㈠日常生活中累積的壓力

從孩子的立場來看,他們從小每天都在承受著重重壓力。首先是父母趕著他們,要他們快吃飯、快去洗澡、快把電視關掉好上床睡覺。再者,孩子本身怕玩昏了頭、怕把褲子尿濕、怕把花瓶打破,因此隨時隨地都要戰戰兢兢。孩子上學後功課和考試變成最大的壓力,孩子要和別人競爭,又恐怕會失敗,更怕同學朋友的排擠、欺侮,或在同學之間惹是生非。上了中學以後,壓力愈來愈多。他們開始留意自己的服飾髮型,擔心自己是否能被同伴接納,又怕和其他孩子「同流合污」會觸怒父母。男孩女孩的關係在這個時候會帶來期望、疑惑和無限的徬徨。這些層層疊疊的壓力如果能得到大人的指導、支援和諒解,應該可以渡過重重難關。但是孩子的能力無法滿足本身的期望與外界的要求,或是他已感到無法應付,就如達到飽和的蒸氣,只好往外噴射出來。忿怒發脾氣是孩子釋放壓力不得已的方法。不幸的是孩子使用這種破壞性的發洩方式反而會累積更多的壓力,在日常生活中加上一層憂慮。孩子把精力和心思用來處理這些困擾的情緒,也就更無法應付日常生活的壓力。要是父母老師眼見孩子暴躁易怒,也是怒氣沖天,自然無法冷靜地分析孩子發脾氣的來龍去脈,甚至給孩子添加一層壓力。結果大人和孩子都無法解決問題,反使壓力日益膨脹,氣焰爭相提高。孩子處在這種壓力有增無減的情況中,火爆場面一觸即發。例如父母離異,親近的家人或朋友的死亡,或是學校課業

的挫折，往往把孩子推入氣沖牛斗的情況中。

(二)衝突的情況

有人的地方就會有衝突。在家中兄弟姊妹相互爭風吃醋，在父母面前告狀挑撥；學校裡的孩子照樣會爭寵，期望在同伴中獲得優勢。同樣的道理，大人的要求與孩子的想法不一定相符，甚至孩子本身的期望與自己的表現大有出入。孩子面臨著衝突與挫折，困在緊張的氣氛當中。要是大人與孩子不能相互讓步，共同尋求折衷的辦法來解決衝突的情況，忿怒自然發生。要是雙方都想壓過對方，結果必然是兩敗俱傷。根據伊斯特門的研究，學齡前的兒童大都沈醉在自我的世界中，自認爲他才是宇宙的主人翁。他所想到的只有「我、我和我」。這個階段的孩子衝突都是有關他的勢力範圍和他擁有的事物。「這是我的」、「我爸爸比你爸爸還能幹」、「你要聽我的，我才會和你交朋友」等等幼兒的言談證明「我」就是這個世界。要是他的領域受到侵犯，或是他不能隨心所欲，就大鬧一場了事。學齡的孩子比較重視交情，他們需要友伴的支援，但還要保持自己獨特的個性。他們會開始成羣結黨，團結一致來對付外來的侵犯，但也在小團體裡面勾心鬥角。一到青少年的階段，他們會慢慢的獨立。但本身的自由與大人的控制之間會引發更多的衝突；在親情與分離之間造成更多的徬徨，這種衝突與徬徨變成青少年惱怒暴躁的根源。

多少孩子因爲得不到父母的親情，在家中得不到溫暖，在學校中得不到老師的指引和支援，在同伴中被人排斥。他們在孤單無助的情況中，把全世界的人都視爲大敵。另有些孩子因爲無法忍受羞辱，或是在競爭中慘敗下來，往往會以蠻橫的舉動來發洩。電視上常見身經百戰的職業棒球球員在被人三振出局之後，憤而把球棒折斷，就是一個明顯的例子。

㈢大人教養方法的不當

孩子發脾氣不一定是他們的過錯；大人教養方法不當卻是一個重大的因素。有些父母或老師無法接納孩子的申辯；與孩子意見相左時，甚至認為孩子沒有表示意見的權利。溝通不良是整個教育過程中的絆腳石，也是激發忿怒情緒的導火線。溝通的管道往往操在大人的手中，當他們與孩子發生衝突時，經常切斷這個管道，使問題的解決完全失去希望。再者，很多大人無法用他們的心去傾聽孩子的心聲。當孩子有苦衷時，大人往往是板起面孔來責問誰是罪魁禍首，一味的教訓，或是顯示權威來控制情況；很少有人會放開心胸傾聽孩子的苦衷，了解他們的心聲。這使孩子更加感到挫折和委曲，也因而更氣憤。

教養方法上最常犯的錯誤是缺乏常規，大人對孩子獎懲的標準變換無常，父親與母親態度不一致，家長與老師不合作，老師與老師之間相互背道而馳。這種現象使孩子無所適從，或是因此學會鑽漏洞。要是孩子成長在破碎的家庭中，父母酗酒或吸毒，情緒不穩或有心理病態，他們教養孩子完全是靠心血來潮，控制支使完全靠自己的好惡。孩子的行為問題顯然是來自不健全的家庭結構和不當的教養方法。

一般父母甚至受過訓練的老師會犯一個無心的錯誤，那就是孩子有好的行為表現時，認為這是理所當然，無須大驚小怪，也不必獎勵或增強；相反的，孩子大發雷霆時才大張旗鼓來給予教訓。事實上，這種教訓對孩子而言是正中下懷。要是孩子平常得不到大人的關切，這種教訓反而增強發脾氣的行為。從行為分析的另一個角度來看，孩子口頭的要求不一定受到尊重；相反的，他們發脾氣或攻擊別人反而容易得逞，獲得他們所需要的事物或是逃避不愉快的事物。最明顯的是孩子哭鬧時，父母給糖果或零用錢來「打發」哭鬧的孩子。孩子很快就學會以這一套辦法來操縱他的環境，擺佈他四周圍的人，只因為他的哭鬧一再地獲得增強。

一旦孩子變成一條火龍，大人不從基本上改變教養的策略，不教

孩子適當的社會技能，共同協商解決問題，卻以高壓手段處罰孩子發脾氣或攻擊行為。表面上這種方法收到了短暫的效果，但從長遠的利弊得失來分析，孩子的忿怒加深，攻擊行為愈頻繁，孩子由畏生恨，將來長大以後，照樣以暴虐的手段來教養自己的子女，如此代代相傳，無休無止。

四不良的榜樣

根據伊斯特門的觀察，孩子成長在兇暴的環境中，將來長大成人，很有可能會出現兇暴的行為。他認為孩子在這種處境中，對於大人的兇暴完全無能為力，只好和這種大人認同，學習大人的榜樣來處理身邊的問題。同時，因為沒有人教他以互助合作的方式來解決問題，於是暴怒、復仇，或是兇暴的行為變成唯一洩恨的途徑。無論在家中在學校中，孩子必須學習到一個重要的行為準則，那就是兇暴的行為絕對不容存在。最重要的關鍵是大人要建立一個非暴力的榜樣來處理暴力的行為，因此打斷週而復始的惡性循環，這也就是本章的重點。

五忿怒與攻擊行為的觸發因素

一個飽經辛酸的孩子，其情緒呈現極端不穩。在這種狀況中，忿怒與攻擊行為一觸即發。伊斯特門認為下列的觸發因素大人最好能設想週全的處理策略：

1. 孩子有求未遂。
2. 幼齡的孩子新的技能未成熟，有挫折感。
3. 對大人有所要求，但無從表達。
4. 心理受到創傷。
5. 困惑失望。
6. 大人不了解或無法即時滿足他的需求。
7. 父母不信任孩子，日常生活一手包辦。

孩子忿怒與攻擊行為的肇因錯綜複雜，但綜括而言，這包括孩子

本身先天的氣質或行為的傾向，加上社會行為的學習，在刺激與反應之間，在個人與環境之間交互作用，建立制約，變成固定的行為模式。無可諱言的，這種情緒與行為的發展還有一些不可忽略的潛在因素，如精神症狀、人格異常、情緒障礙、腦部受傷、藥物的反應等，都有可能引起異常的忿怒和攻擊的行為。

叁 忿怒與攻擊行為的評量

評量忿怒與攻擊行為不但要就行為本身做正確的觀察記錄，對孩子的背景以及四周的環境也要深入調查，才能真正了解這三者之間的關係，也才能對症下藥，設計完整有效的處理策略。

一、忿怒與攻擊行為形態的度量

忿怒是一種內在的情緒，我們很難客觀地觀察情緒的變化。但我們可以用可觀察得到、可測量出來的行為來界定和度量。例如觀察記錄孩子哭鬧、大聲吼叫、摔東西，甚至攻擊別人的行為。就以發脾氣而言，大人可以記錄孩子一天發幾次脾氣，但更重要的是記錄每次發脾氣的時間長度（Duration Recording）。除此之外，還可以用等級的評量（Rating Scale）來記錄發脾氣的強度。例如：(1)代表細聲哭泣；(2)代表大聲叫嚷；(3)代表大聲用粗話罵人或用語言威脅別人的安全；(4)代表大聲叫罵又動手打人或破壞物品；(5)代表有人受到傷害或物品受到重大損壞。單純攻擊行為的度量一般是使用次數的計算（Frequency Count）。例如打人和踢人等等攻擊行為都有明顯的起頭和收尾，觀察行為時可以用筆把發生的行為用「卌」或「正」的方法記錄下來。表示這種行為發生五次，然後我們可以換算為行為頻率。例如平均一天打人八次，一個月打破玻璃兩次等等。當然，我們

也要度量攻擊行為的強度。例如：(1)代表輕碰他人的身體；(2)代表重擊他人的身體但沒有明顯的傷害；(3)代表打人的行為造成他人皮膚的紅腫；(4)代表打人的行為致使他人頭破血流；(5)代表打人的行為造成嚴重的傷害必須送醫院救護。只有對行為的狀態有清楚的了解，有詳盡而客觀的行為資料，在行為處理過程中才能評鑑處理策略的功效，並進一步決定繼續實施或要改弦更張。

　　伊斯特門特別設計了一種忿怒的「溫度計」（見表3-1）。他認為父母或老師可以和孩子共同設計這種溫度計，甚至要孩子在最上面畫一條火龍，在最下面畫一個大人與孩子相安無事的景象。每天大人和孩子共同討論，並給大人和孩子的情緒和行為打分數，比較每天溫度的升降。他認為某些輕微的忿怒情緒，單單檢討這個溫度計的升降，彼此得到回饋，行為就有很大的轉機。

表 3-1　忿怒的溫度計

父田或老師		孩　子
情緒爆炸！（火龍噴火）		
爸爸大聲叫罵媽媽哭泣	10	小明丟東西、踢人、哭叫
爸爸揮拳猛拍桌子	9	小明用力關門
爸媽大聲指責小明	8	小明尖叫、罵人、頓足
爸媽怒視小明	7	小明心想：「我就是不去。」
爸媽大聲說：「不可以。」	6	小明和父母爭辯
爸媽重複：「不可以。」	5	小明堅持要看電視
危險關頭！（溫度偏高）		
爸媽還是說：「不可以。」	4	小明問爸媽為什麼不可以
爸媽說這樣不好	3	小明一再要求
爸媽尊重孩子的意見	2	小明得到爸媽的許可
相安無事！（父田與孩子相安無事）		
爸媽看小明的勞作作品	1	小明說他得了甲等

二、行為背景的調查

行為的背景最主要是評量這個孩子本身一般智能、行為態度以及他的人際關係。接下來我們要了解他的家庭和學校環境，包括物質和精神的生活、教材教法，以及父母和老師教養的態度和方法。我們自然要了解這個孩子是不是有其他不良行為，甚至是否有比忿怒更緊急迫切的情緒和行為問題。提到忿怒與攻擊行為本身，我們要設法了解這個問題的歷史以及週期性，同時從事行為的功能分析，進一步了解忿怒與攻擊行為的觸發因素以及維持這種行為的後果或增強因素。（有關行為背景的評量請參見第二章）。

三、個人與外界情況交互影響的評量

根據郭斯坦和卡勒（Goldstein & Keller, 1987）的意見，要設計週全的處理策略，並決定何時何地由誰介預孩子的行為問題，必須花費一番心血，廣泛地搜集資料，諸如內在外在的觸發事件，孩子本身情緒與行為的變化，以及這個孩子與外界情況的交互影響，都要鉅細靡遺的評量。郭斯坦和卡勒把孩子與外界交互影響的評量分為六類。

㈠對外界刺激的解釋(Interpretation of External Stimuli)

這是一種認知評量的方法。在孩子產生一連串忿怒和攻擊行為的反應中，要了解這個孩子對外界的刺激做何解釋。在此我們不是要找出引發忿怒的情況，而是在於了解他的認知過程和內容。他是不是把外界發生的情況解釋為對他個人有重大的傷害。因而造成極大的震撼，因為認知的活動是屬於內在的思考和想像，只能採用間接訪問的方法。

1.父母、老師或是處理情緒問題的心理專家和孩子一起檢討最近

發生的震怒事件，或是彼此討論一序列引起孩子暴怒的情況。大人可以問孩子他對這種事件做何解釋，或是當他大發雷霆時對這件事到底抱持那一種想法？例如他是不是把別人的言行看成是對他的侮辱、威脅、挑釁或是有意中傷，甚至是蓄意對他的身體造成重大的傷害？大人可以進一步詢問，他做這種解釋有沒有事實的根據？他的暴怒和攻擊行為有沒有適當的理由？如果處於某種衝突的情況中，他該設想解除衝突的辦法，或是用拳頭來解決問題？如果是父母與青少年階段的孩子引起嚴重的衝突，大人可以問這個孩子，他是不是認為父母管得太緊？他對父母管理的方式是不是滿意？這是一個關鍵性的問題，因為青少年的忿怒往往起因於他們認為父母管束太多太緊。

2.思考的抽樣是肯多和闊格斯基（Kendall & Korgeski, 1979）所提供的方法。這種不拘形式的評量是提供孩子一張紙一枝筆，要他把引起忿怒和攻擊行為可能的原因寫下來。同時寫下在這個事件中，別人這麼做有什麼特別的意圖？在這個事件中，他自己對自己講了些什麼話？例如「這個大混蛋想把我的手指扭斷，我非把他的狗腿打斷不可。」對於沒有書寫能力的孩子，可以要孩子把發生的事件，以及他對這個事件的感受畫在紙上。如有必要可以要他們口頭解釋這些圖畫。

3.孩子自我評估也是評量情緒與認知的有效工具。伊斯特門特別推薦兩種評量的工具：兒童行動傾向等級量表（Children's Action Tendency Scale; Deluty, 1979）評量的對象是六到十二歲的孩子。這個量表包括三十個問題的情況，孩子要對每一種情況選擇一種反應，亦即他到底要攻擊他人的身體，用語言傷害別人，用果敢的行為理直氣壯的表示意見，還是屈從別人的控制。另一種是情緒的問卷（Affect Questionnaire; Garrison & Stolberg, 1983）。這種問卷包括五十三種引發激動情緒的情況，每一種情況都用一段小故事呈現出來。大人把故事唸完後，要問孩子如果他在這種情況中，他有什麼想法或感覺？例如害怕、生氣、快樂、或是傷心等等。

4. 最後一項認知的評量是用來測量孩子是不是有基本思考的能力，可以接受忿怒控制的訓練。這種訓練是減除忿怒和攻擊行為最常用的策略。我們先要了解這個孩子能否理解忿怒控制的步驟，記得這些步驟，並且有能力照這些步驟去做。例如孩子要有適當的口語能力，所以能夠使用自我教導（Self-instruction）的方法；要有想像力才能設想引起忿怒的情況，然後控制自己的情緒。要是缺乏這些基本的能力，就要設法做基本的訓練或使用輔助的工具。

二高漲的情緒（Heightened Affective Arousal）

我們在此要找出什麼情況或事件會造成孩子激動的情緒，尤其是忿怒和敵意的激動。當然，孩子顯出不高興、緊張或挫折的情緒時，也要找出引發的情況。這種評量大多還是使用孩子自我評估或是由別人代為評估的方法，廣泛的尋找引起孩子高漲情緒的來源。

1. 伊斯特門還是認為兒童行動傾向等級量表和情緒問卷是很適當的工具，另外四種常用的工具包括兒童忿怒量表（Children's Inventory of Anger; Finch & Eastman, 1983）、外在攻擊行為等級量表（Overt Aggression Scale; Yudotsky, Silver, Jackson, Endicott & Williams, 1986）、巴斯杜基敵意量表（Buss Durkee Hostility Inventory; Kazdin, Esveldt-Dawson, Unis, & Rancurrello, 1983），以及青少年反社會行為檢核表（Adolescent Antisocial Behavior Checklist; Ostrou, Marohn, Offer, Curtiss, & Feczko, 1980）。這些評量工具不一定適用於每一個孩子，但可根據孩子的個別需要，選取適當的項目，或是模仿這些工具，設計適當的評量方法。這種工具的使用、修訂或結果的解釋和分析往往要受過專業訓練的專家來做，才不會有誤導的現象。

2. 達基和麻費（Dodge & Murphy, 1984）提倡採用行為的分析模式（Behavior-analytic Model）。這種方法是根據實驗驗證的分析，先把實際發生的問題情況綜合起來，然後一個個具體的條列出

來，用來試探孩子對這種情況的反應。這種驗證的分析可以分為三個步驟。第一步是情況的分析，亦即調查學校中或心理衛生機構，看那一些情況最容易引起孩子的忿怒。對個別的孩子，可以直接訪問他或是探問他最熟悉的人，到底那些是真正的問題情況。第二步是列舉孩子對這些問題情況的反應，亦即孩子對第一步中所條列出來的每一種問題情況都要列出一連串不同的反應。反應的調查可以用個別訪問，也可以採用團體調查的方式。最後一步是反應的評鑑，這一步要老師或心理衛生機構的工作人員和孩子們共同討論評鑑這些反應，到底那些反應最常出現，那些是忿怒和攻擊行為的反應，那些又是適當而且有建設性的反應。

3. 從行為分析的觀點來著手，做前事的分析，亦即在每次忿怒的情緒或攻擊行為出現時，不但記錄行為的發生，而且要登記行為發生之前什麼事情發生？攻擊行為在什麼時候、在那裡發生？經過長期的觀察記錄，可以得到相當寶貴的資料，了解這個孩子在何時、何地、何人面前、做何事時最容易發怒或有攻擊行為；在何時、何地、何人面前、做何種事時最不容易發怒或有攻擊行為。

(三)溝通不良（Mal－communication）

孩子與父母無法溝通，或是溝通不良是導致忿怒與攻擊行為的重要因素。溝通不良的評量主要用意在於斷定大人與孩子的溝通方式以及雙方溝通出軌的行為模式。

1. 最間接的方式是使用量表來測量大人與孩子衝突的情況以及彼此溝通的技能。衝突策略等級量表（Conflict Tactics Scale; Straus, 1979）是度量家中發生衝突的情況時，到底採用下列三種主要處理策略的那一種：理性的分析、口頭攻擊對方、以及兇暴的動作。使用這種量表時，先要了解家中每一個人到底有什麼衝突存在？每一個人採用三種主要策略中的那一種或那幾種？在過去一年中使用這種策略有多少次？另一個類似的量表是父母與青少年溝通量表（Parent－ado-

lescent Communication Scale; Barnes & Olson, 1982）。

2.戞特門和拉門遜（Gottman & Levenson, 1986）則強調直接觀察的重要性，尤其是大人與孩子的溝通或其他家庭成員的交往，需要直接的觀察記錄。父母與孩子雙方交互作用的代號系統（Dyadic Parent – child Interaction Coding System；Robinson & Eyberg, 1981）可以用在自然環境中做直接觀察。這個系統共有二十九種行為：大人的行為分為讚美、批評、發佈命令以及沒有機會表示意見等；孩子方面的行為則包括違抗和不順從等。行為評量包括觀察雙方面來來往往的關係以及彼此溝通的系統。

3.衝突行為的問卷（Conflict Behavior Questionnaire; Prinz, 1979）特別用來評量青少年與父母的衝突與語言的交談情況。測量青少年共有七十三項，測量父母方面共有七十五項。問卷共分為青少年對父母的評論、父母對孩子的評審、青少年對彼此關係的評價以及父母對彼此關係的評價四大類。問題檢核表（Issues Checklist; Prinz, 1979）用在評量父母和孩子在家中對特殊問題共同討論的次數與深度、對特殊問題歧見的深度，以及青少年對父母管束的反感度。作成決定問卷（Decision – making Questionnaire; Prinz, 1979）則用來評量父母與孩子雙方權力均衡的情況、雙方作決定的評量，以及青少年對父母所作決定的反感度。這些評量工具主要是在評量父母與子女之間正面友善的交談，或是負面敵意的指責；對問題解決的策略以及這些策略使用的效果。

四行為後果處理不當(Mismanagement of Contingencies)

孩子攻擊行為或發脾氣的情緒之所以綿延不斷，一個重要的因素是不良的行為發生後，這種行為一再的得到增強。換句話說，一個孩子打人後可以得到他所期望的後果（正增強）或是避免他所厭惡的後果（負增強），就顯示出大人對其行為後果處理不當以致壞行為日日壯大。評量大人對孩子行為後果處理不當是採用行為分析的步驟，鑑

定這個孩子的生活環境中有那些事件會增強或維持這種不良行為的存在，或是有那些事件會阻礙孩子使用其他替代的行為。

1. 我們不單單要觀察孩子發脾氣攻擊別人的行為，還要注意到有沒有其他適當的行為可以把它取而代之。這種評量可以直接觀察記錄孩子行為問題發生後，到底那一種情況會發生。例如小明每次大發脾氣，全家其他的人都會讓他三分，他則每每以哭鬧來從中取利；再如母親要小明去洗澡時，他就開始哭鬧打人，結果洗澡的事就不了了之。這種功能分析的結果顯示他的哭鬧打人不但得到正增強，也是一種逃避的作用，得到了負增強。間接的訪問也是可行的辦法。在訪問當中，可以問大人和孩子，在最近發生的哭鬧事件中，孩子如何控制他的忿怒，孩子如何從衝突的情況演變為攻擊行為，或是孩子受到處罰的細微末節。有時候，可以要大人和孩子分別想像一種衝突的情況，並把這個事件的前因後果做詳盡的描述。

2. 等級的評估也是間接的評量方法，前述衝突策略等級量表在此亦可使用。孩子行為檢核表（Child Behavior Checklist; Achenbach & Edelbrock, 1983）廣泛的評量攻擊行為和其他無法控制的行為，以及過份控制的行為如畏縮和焦慮等等。攻擊與畏縮是兩個極端的行為，但如一個孩子這兩種行為兼而有之處理上就相當棘手。因此，目標行為與相關的問題要一併調查評量才能設計完整的處理策略。

3. 配得遜和邊克（Patterson & Bank, 1986）主張評量父母管教孩子的方式以了解行為後果處理不當的現象。父母對孩子管教疏忽是指孩子在外面有不良行為發生，父母對此毫無所知；或是知道有此事件卻不相信自己的子女會做這種事。這也可以說父母對孩子在外面的行為不聞不問而且認為孩子在外面的行為沒有督導的必要。有些父母與孩子的興趣背道而馳，對孩子的活動殊少參與。如果分別訪問父母和孩子過去這一個星期有什麼特殊的活動，結果雙方面的報告牛頭不對馬嘴，就表示父母有失察的現象。在管教方面，最重要的是評量管教的一致性。例如父親和母親的立場是否吻合？學校和家庭的態度是

不是一致。不適當的管教包括對孩子大小過錯都是嚴厲責罵、兇猛的體罰、嘮叨不休，或是時冷時熱全憑大人的情緒；另一方面，對孩子良好的行為卻是視若無睹，從未獎勵。在賞罰不分的教養方式中，好行為漸漸消失，壞行為卻日日滋長。

㈤利社會技能的缺陷（Prosocial Skill Deficiencies）

利社會技能意指一個人有適當的言行舉止以促進人與人之間和諧而美滿的社會關係。這種技能是否適當，往往因人、因時、因地以及特殊情況而定。這種技能的評量旨在鑑定個人社會技能的長處與短處。

1.達基和麻費還是採用行為分析的模式來評量孩子利社會技能的缺陷。他們把社會技能區分為個人對社會情況的了解，以及以適當的技能圓滿的完成社會任務兩大項。評量的重點是呈現一種相當頭痛的社會任務，例如父親指示小明取消朋友的約會。面對此難題，小明是如何解釋他父親的指令，權衡他與朋友的關係，然後尋找可能的反應，並對這些反應一一加以衡量斟酌，最後決定使用那一種反應，並採取必要的行動。他要有適當語言和行動的技能把自己的決定付諸實現，並有自我視察的能力和修正行為模式的判斷力。

這種行為評量可以直接觀察孩子的反應，或是間接的訪問這個孩子或對孩子相當熟悉的人。達基和麻費認為這種特殊的評量可以採取七個主要的步驟：

(1)對這個孩子一般智能和行為有初步的了解。如果有人認為這個孩子的社會能力有缺陷，這個人是誰？他作此判斷的根據在那裡？

(2)調查這個孩子所要完成的社會任務，他對這些社會任務的分析判斷、反應的產生，以及反應的評鑑與選擇。這種調查可以直接問孩子，也可問對他熟悉的人。但調查內容愈詳盡愈好。

(3)認定在那些情況中這個孩子最容易呈現社會能力缺陷。這包括找出那些任務在那些情況中，或是某種任務中的某些部份使這個孩子

感到爲難。這種評量可以問孩子，但孩子往往摸不著頭腦，所以還是由熟悉的人來回答最好。

(4)評量那些技能，以及某種技能中那些部份這個孩子有缺陷。或是孩子在處理這個任務的過程中，那些部份顯示出困難和差錯。

(5)編製出一個社會技能長處與短處的對照表。

(6)設計一個個別化的社會技能訓練計劃。

(7)評鑑這種計劃實施的成效。

2.角色扮演是可行而且有效的評量方法。這種方法無法廣泛地評量所有社會情況，但在社會技能訓練之前以及訓練之後，以此做爲比較評鑑卻是實際而可靠的辦法。一般社會技能的訓練重在靈活的運用；經過一番苦心教導和訓練，大人可以設想不同的社會情況，交待不同難度的社會任務，然後實際觀察孩子在這些情況中，是否能活用新的技能，處理新的情況？

3.利社會技能的等級評量俯拾皆是。其中適用於兒童的工具包括教室調適等級評量（ Classroom Adjustment Rating Scale; Lorion, Cowen, & Coldwell, 1975 ）以及兒童果敢行爲等級量表——教師用（ Children's Assertiveness Behavior Scale – Teacher ; Shapiro, Lentz, & Sofman, 1985 ）。這兩種都相當簡潔，可廣泛的用來鑑定社會技能較差的孩子，然後進一步做深入的行爲評量。學生技能檢核表和老師技能檢核表（ Student Skill Checklists and Teacher Skill Checklists; Goldstein, Sprafkin, Gershaw, & Klein, 1980 ）可用來初步評量靑少年社會技能的缺陷。這種社會能力包括教室裡的行爲舉止、交遊的能力、感情處理的能力、處理壓力的能力，以及攻擊與忿怒的替代行爲。

4.經過初步的評量，如果認定孩子確有社會技能缺陷，下列幾個評量的工具可供深入的評量。兒童有問題的社會情況的分類（ Taxonomy of Problematic Social Situation for Children ; Dodge et al., 1985 ）是供老師評量學童之用。這個評量分爲四十四個項目總括爲六

項社會因素：加入同學的小圈子、向同學挑釁、對失敗的反應、對成功的反應、人際關係的期望以及對老師的期望。這種分類的調查方法可以斷定孩子有問題的社會情況以及孩子在這種情況中應對技能的缺陷。梅特遜兒童社會技能評鑑（Matson Evaluation of Social Skills with Youngsters; Matson, Rotatori, & Helsel, 1983）分為六十二個項目及六十四個項目兩種，前一種是由學生自己作答，後一種是由老師做評鑑。學生自己作答的評量包括不適當的社會技能、不適當的口語攻擊、衝動的行為、過份自信以及嫉妒或畏縮等五個社會因素；老師的評鑑則分為適當與不適當兩種社會行為。對青少年技能的評量分為男女兩種。青少年問題量表（Adolescent Problem Inventory; Freeman et al., 1978）分為四十四個項目，用來評量男生的行為問題；青少年女生問題量表（Problem Inventory for Adolescent Girls; Gaffney & McFall, 1989）分為五十二個項目，用來評量女生的行為問題。

㈥利社會價值的缺陷（Prosocial Value Deficiencies）

大部份的攻擊行為與忿怒有關，但有些孩子欺凌弱小來顯示他的威權，另有些孩子以虐待動物或破壞他人物品取樂。這些攻擊行為不一定由忿怒引發出來，但都與利社會價值的缺陷有關，亦即這種孩子缺乏道德觀念，對別人所受到的禍害無動於衷，對自己的行為更是毫無悔意。利社會價值觀念的理論乃源自柯博格（Kohlberg, 1969）所倡導的道德發展學說。他認為一個人的道德思考可以分為六個階段：第一個階段最原始，第六個階段是道德觀念的最高層次。一個人隨著年齡的增長，認知和教育的增進，道德的思考也順序從低的階段一步步的提升到更高的階段。利社會價值缺陷的評量是在斷定這個孩子目前道德思考是在那一個階段，然後依此設計道德訓練的課程，把孩子的道德觀念提升到更高的境界。

1.社會道德反映的度量（Sociomoral Reflections Measure; Gibbs & Widaman, 1982）曾廣泛地用來評量個人道德思考的階段。這種評量是告訴孩子兩個在道德上進退維谷的情況，然後要孩子設身處地的思考，如果身處這種情況中他要怎麼辦。這種評量不但可以度量孩子道德的思考，也可以看出他是否有反社會行為或有攻擊他人的傾向。另一個比較簡潔的評量工具是由卡羅和雷斯特（Carroll & Rest, 1981）所設計的道德判斷評量。這個量表總共提出四十個道德的忠告，前四個階段各有八個忠告，最後兩個階段共有八個忠告。評量時先告訴孩子四個道德上進退維谷的故事，每個故事有兩個忠告，孩子可以接受這種忠告，也可以拒絕這種忠告。根據孩子的思考方式可以斷定他們的道德思考是屬於那一個階段。

2.下一節提到道德思考的訓練時，會詳細的介紹道德思考的六個階段以及進退維谷的道德情況。在訓練當中，訓練人員還要定時地評量孩子是否提升到更高的思考境界。

肆 忿怒與攻擊行為的處理

防洪的上上策是疏導。同樣的道理，處理忿怒和攻擊行為最忌諱的是壓制忿怒的情緒。我們應該開創適當的管道，把這種情緒引導到可以接受的表達方式。在這一節所要介紹的處理策略包括：控制忿怒的訓練、放鬆的訓練、溝通技能訓練、磋商與契約的訓練、行為後果的處理、利社會行為技能的訓練，以及以認知的策略促進道德觀念的培養。

一、控制忿怒的訓練

我們都能了解，並不是所有的攻擊行為都是源自忿怒，忿怒也不一定會引發攻擊。但是，忿怒常常是攻擊行為的前奏；如果能在怒火

未完全激發為暴行之前著手介預，撲滅怒火，嚴重的結果就不會發生。控制忿怒的訓練旨在傳授孩子自我教導的技能，用以平息自己的激怒。

(一)自我教導的訓練

根據羅里亞（Luria, 1961）的研究，孩子在各個階段的成長過程中，都是用內在的語言來控制外在的行為。所謂自我控制是要孩子以內在語言把行為引導到適當的方向。這種策略用在過動的孩子、衝動易怒的孩子，或是言行不得體的孩子，有很大的效果。根據羅里亞的理論，米慶榜（Meichenbaum, 1977）設計一套自我教導（Self–instruction）的訓練方法。他把這種訓練分為六個步驟：

1. 大人從事某一件工作，並大聲的自我教導。孩子在旁觀看。
2. 孩子學著做同樣的工作，並一面大聲的自我教導。
3. 大人從事某一件工作，並細聲的自我教導，孩子在旁觀看。
4. 孩子學著做同樣的工作，並一面細聲的自我教導。
5. 大人從事某一件工作，並口不出聲的自我教導，但有時停頓下來做思考狀，例如眼睛看天花板，摸摸下額等動作。
6. 孩子用內在的自我教導來完成工作。

米慶榜認為教導孩子自我控制時，隨時提醒他們，要「停下來，看一看，聽一聽」然後再做下一步的事。

肯多（Kendall, 1977）進一步指出下列的訓練是自我控制的關鍵：

1. 問題的界定。例如孩子自己問：「我到底要做什麼才對？」
2. 問題的接觸。例如孩子自己告訴自己：「我要好好的研究這個迷津，然後想辦法走到迷陣的終點。」
3. 注意力集中。例如孩子自我教導：「我要往前推進才對，否則我就會掉入陷阱。」
4. 應付的指導。例如孩子自我教導：「嗯！這條路行不通，如果

我一直走下去一定會卡住。趕快回頭，走另外一條路。」

5.自我增強。例如孩子自我獎勵：「嘿！還不錯！我走得滿快的。」

訓練孩子自我教導的策略很多，米慶榜與肯多的方法較常出現在研究文獻的報告上。我們可以依據其主要的原理原則來訓練孩子，更把訓練的結果應用在忿怒的控制上。

㈡以自我教導的訓練來控制孩子的忿怒

諾梅蔻（Novaco, 1975）應用自我教導的訓練來協助孩子控制自己的忿怒，有相當好的效果。他認為忿怒是外來壓力造成的情緒反應，亦即忿怒與激動是對外界嫌惡性的要求的心理反應。這種反應也包括生理上和認知上的激動。至於外界的要求是否具有嫌惡性或有挑釁的意味；這種要求會不會引起忿怒，往往要看個人的解釋，亦即看這個孩子如何指導自己去反應。

1.諾梅蔻把控制忿怒的訓練分為三個階段。第一個階段是認知的準備，亦即告訴孩子在生氣時，要注意到自己的思考、生理的變化、言行舉止的動態，以及這些身心反應正面與反面的功能。當然，孩子也要留意忿怒之前到底有什麼事情發生，他對這件事又如何解釋。第二個階段是應付技能的培養，尤其是遇到外來激怒的情況時，如何以變通的想法把忿怒的反應取而代之，這一步是自我教導的關鍵所在。最後一個階段是應用與實踐，亦即用想像和角色扮演的方式來呈現各種不同外來激怒的情況，要孩子設想和使用有效的應付策略。

2.使用自我教導的方法來控制忿怒時，諾梅蔻把這種應付的技能分為四個步驟：下列是這四個步驟和自我教導的例子。

(1)對外來激忿情況的心理準備：

「這種事最惹我生氣，但是現在我已經能夠對付它。」

「我可以設想一個對策來應付這件事。」

「這種事不需要大驚小怪，更不必爭吵動怒。」

「來一個深呼吸，把肌肉放鬆。我知道如何放鬆下來。」

「把事情看開，不要忘了幽默，這件事可以一笑置之。」

(2)衝擊與緩衝：

「保持鎮靜，只要保持放鬆就沒事。」

「把事情往好處想，在事情未弄清楚以前不可動怒。」

「他這種作法實在可恥，但我不會和他一般見識。」

「他這樣大發脾氣，自然有他的理由，他一定氣壞了。」

「我對自己要有信心，不管他怎麼罵人，我還是我。」

(3)對激動情緒的應付：

「我的心跳加快，肌肉也繃緊了，我應該趕快使用放鬆技術。」

「對這件事要就事論事，不要傷了他的心。」

「我們要採取合作的態度，說不定我們兩人都對。」

「說不定他故意要看我生氣鬧笑話，我才不會上當。」

「我的忿怒已給我一個信號，我要開始自我教導。」

(4)對外來激動事件的反應：

A‧衝突無法解決時：

「把這種窩囊事忘了算了，否則會愈想愈氣。」

「這種事本來就要一笑置之，想起來也沒什麼了不起。」

「這是相當複雜的問題，要大家慢慢來解決。」

B‧衝突化解，應付成功時：

「這件事我處理得不錯，這種方法真的有效。」

「對這件事我始終沒有發脾氣，看來我愈來愈有修養了。」

「只要把事情看淡，大小事情都可以解決。」

諾梅蔻的訓練方法一直廣受重視，芬得勒、瑪莉奧得以及愛瓦達（Feindler, Marriott & Iwata, 1984）等人更把這種訓練推進一步。他們不但傳授這些認知的應付技能，而且要孩子回家做「作業」，把煩悶的事件記錄下來，然後和老師共同討論。孩子的家庭作業是把這

種事件分下列九項一一記錄下來：發生在何處？到底發生什麼事件？誰是肇事者？你本身做了什麼說了什麼？結果如何？你對這個事件處理是不是妥當？你有沒有生氣？如果有，火氣發到什麼程度？下次類似的事情發生時你該怎麼辦？

3.針對孩子日日掙扎於煩悶的情況中，大人要協助他們把忿怒的關節裏裏外外的剖析出來，讓他們了解整個環節，並以扮演角色的方式來演練如何控制內在外在的刺激。芬得勒等人把忿怒的控制看成一串鎖鏈，其中有五個重要的環節，必須一一教導訓練孩子。

(1)引發事件（Triggers）是指外在發生的事件以及內在思考對這個事件的評審和解釋；由於這個解釋而造成激動忿怒。因此，忿怒控制的訓練應該把重點放在這個孩子如何解釋外在的事件。亦即一件事情發生之後，這個孩子如何告訴他自己，這件事給他帶來多少傷害。例如小宏的朋友在學校見面時沒有和他打招呼，他就一口咬定這個朋友無緣無故地生他的氣，使自己很沒面子，明天看到他的時候一定要給他難看。

(2)提示（Cues）是指生理上或是肌肉上的感覺。訓練的重點是教孩子在震怒時注意到自己生理上的變化如臉色發紅、身體發熱、心跳加速、胃不舒服、雙手握拳等等。有些容易衝動的孩子一看到事情不對立刻就發火；教他們注意自己生理的變化可做緩衝之用。再者，注意生理上的變化可以協助孩子了解到自己情緒的變化，從而提醒自己及早使用自我教導的方法。

(3)提醒（Reminders）是一種自我教導的方法，用來改變和控制自己激動的情緒。提醒的方法有兩種，一種是在忿怒當中一般性的自我提醒。例如告訴自己：「冷靜下來」、「不可太衝動」、「停下來想一想才做」。另一種是針對內在外在引發的事件來提醒自己。例如：「小華沒有和我打招呼一定是沒有看到我，我明天來問他到底是怎麼一回事。」

(4)減低忿怒的方法（Reducers）是提醒的延伸，旨在訓練孩子使

情緒與行為問題

用一些簡單的方法來減低或清除忿怒。例如做幾次深呼吸，想像一個安寧平靜的景色，或是倒數一百等等。年紀比較大，攻擊行為比較嚴重的孩子可教他們想像他攻擊別人的長遠結果。例如告訴自己：「我如果動手打他，他一定會找人來揍我一頓」、「我會被學校開除」、「我會被警察捉去」等等。

(5)自我評鑑（Self－evaluation）是整個鎖鏈的最後一環。做過上述四個環節之後，要一個個自我檢討；做得好的地方要自我增強，做不好的地方要力求改善。改善的途徑很多，例如做放鬆的訓練、果敢行為的訓練、促進溝通與磋商，以及解決問題能力的培養等等，都是可行的辦法。

二、放鬆的訓練

放鬆的基本理論是肌肉的緊張與情緒的高漲有密切的關係；如果肌肉放鬆下來，內心的激動和緊張也會隨著煙消雲散。放鬆的訓練是行之幾十年的老方法。握泊（Wolpe, 1969）早在三十幾年前就開始撰文倡導。他把這種治療的方法稱為漸進的肌肉放鬆法（Progressive Muscle Relaxation）。郭斯坦和卡勒（Goldstein & Keller, 1987）分兩個部份把放鬆的訓練用在處理忿怒的情緒上。第一部份是基本放鬆的訓練，第二部份是使用放鬆的技術協助孩子把激動的情緒緩和下來。

(一)基本的訓練

放鬆肌肉最好的方法是依照固定的順序，逐步的拉緊再放鬆每一個隨意肌，一直到全身的肌肉都有鬆懈的機會。一旦肌肉鬆懈下來，一個人的怒氣也消失，並進入一個平靜安祥的心境。基本的訓練又分為三個步驟：

1.做放鬆訓練以前先向孩子解釋生理變化與心情的關係。一個人

感到惱怒、憂慮、緊張時，全身的肌肉都會繃緊起來，因此感到更加不舒服。如果設法把肌肉放鬆下來，往往會得到心平氣和的效果。經過解釋後，要孩子舒服的坐在沙發上，做一個深呼吸，亦即深深吸進一口氣再徐徐的把空氣呼出來。然後要孩子拉緊和放鬆第一組肌肉：「現在伸出雙臂，儘量往前伸直，雙手握成拳頭，握得很緊很緊。你可以感覺到手和手指都很不舒服，心情也緊張起來。這都是因爲你握拳太緊的關係。」大概十秒鐘的拉緊後，再給孩子進一步指示：「現在，你聽到我說『放鬆』的時候，你的雙手要『掉』在你的雙腿上，就像一個鉛球掉下來一樣。好，『放鬆』。」所謂要讓雙手「掉」下來是表示這個孩子已經完全放鬆；如果孩子把雙手「放」下來表示還沒有完全放鬆。孩子懂得拉緊再放鬆的要領後，再提醒孩子放鬆肌肉後那種輕鬆愉快的感覺。有的孩子放鬆時，還會鬆下一口氣。每次做放鬆的練習，要按照拉緊十秒鐘，放鬆十到十五秒的步驟，一一拉緊和放鬆下列十四組肌肉：雙手、上臂、肩膀、頸部、口（張得愈大愈好）、舌頭（伸得愈長愈好）、眼睛（把眼睛閉起來，想像在遙望遠方的景色大約三分鐘）、呼吸（先吸氣再徐徐吐氣；把氣吐光，再慢慢吸氣）、背部、臀部、大腿、腹部、小腿和腳部、腳趾。

2. 一旦孩子學會逐步把全身肌肉拉緊再放鬆的要領之後，就要進入只有放鬆而不拉緊的步驟。這個時候要孩子把注意力集中在自己的肌肉上，而且要把十四組肌肉一組一組的放鬆下來。訓練時要一再提醒孩子，絕對不要把肌肉拉緊。每一組肌肉放鬆三十秒，而且要注意放鬆時的感覺。

3. 整個放鬆訓練的最終目的是要一個人完全進入深酣的放鬆情況中。因此，第三個步驟是訓練孩子全身的肌肉都要完全放鬆下來。這個時候可以教孩子口中輕念「安靜」或「放鬆」，或要他閉起眼睛，想像遠山近水或是怡人的景色，然後使用聽覺、視覺、嗅覺以及觸覺的想像，把孩子帶入一個世外桃源的遐想世界。要是播放一些海邊潮水拍岸的浪潮聲，配上緩慢的背景音樂，可以很快的把人帶入安祥寧

靜的境界。大約三到五分鐘完全放鬆，對心境的安寧有很大的幫助。

　　基本訓練最好是一個星期做四到六次，每次大約卅分鐘，每一步驟訓練兩個星期。如果這個孩子能夠駕輕就熟，可以跳過第一個步驟，直接做放鬆而不拉緊，然後進入深酣放鬆的地步，每天十分鐘左右。例行的放鬆訓練不但可以修身養性，如果遇到火氣上升的情況，可以自然的用來撲滅怒火。

㈡應用放鬆的方法來平息孩子的忿怒

　　消除攻擊行為最好的策略是在忿怒的情緒還未全面爆發以前，儘快地撲滅怒火。如果孩子學會自我教導的方法來控制自己的情緒自然是功德圓滿，但在嚴重衝突的情況中，自我控制忿怒談何容易。遇到這種情勢，大人可先自我控制，然後運用平時所學的放鬆技術，把孩子帶入心平氣和的情況中。郭斯坦和羅先榜（Goldstein & Rosenbaum, 1982）認為應用放鬆的方法來平息孩子的忿怒，應該遵守下列六個原則：

　　1. 示範平靜的言行。孩子的忿怒往往是耳濡目染的結果；同樣的道理，大人要孩子平靜下來，自己要先示範平靜的言行。面部的表情、身體的姿態、語言的內容、音調和音量等等都要顯示出和平而不帶有威脅的姿態。在舉止上，最好坐下來，兩手垂放在身體兩邊，手掌放開，動作緩慢而自然，頭部、頸部和雙肩都放鬆下來。來個深呼吸，清清喉嚨，也整理一下思緒。這種言行可能很快地改變緊張的氣氛。

　　2. 鼓勵交談。找機會讓孩子傾吐心中的感受。大人可以用一般性的問題問孩子：他認為彼此要怎麼做才能建設性地化解危機而不必動武？他有什麼期望？大人要用「心」聽孩子的傾訴，表示對他的了解以及共同解決問題的決心，並鼓勵孩子以慢條斯理的方法來細訴。

　　3. 顯示傾聽的襟懷。當孩子傾訴心聲時，大人要表示關心和注意。例如孩子說話時，注視孩子的臉部，點頭表示聽進去，身體傾向

孩子，但切忌中途插入，打斷孩子的談吐和思緒。

4.**表示對孩子的了解**。大人可以把孩子所講的重點複述一次，頻頻告訴孩子：「我懂你的意思。」「這件事我了解。」等等。但最重要的是大人要反映孩子的感受。例如孩子說：「×××，他把我的手錶拿走了。」大人說：「你想小華把你的手錶騙走了。」大人可以再加情緒的反映：「他騙了你，你真的氣壞了。」幫孩子把氣消出來是協助他放鬆和避免情況惡化的好辦法。

5.**保證和平解決的辦法**。孩子怒火燃燒時，往往思考不會周到，解決問題的途徑很狹窄，於是愈感挫折，也愈難撲滅怒火。因此，大人可以冷靜地提出一些和平的解決辦法供孩子選擇，而且保證這種辦法一定比攻擊行為更有效，更能達成他的願望。大人要顯示誠懇的態度，如果孩子有平靜的跡象，可以進一步表示會盡力協助他以和平的辦法來解決衝突。以溫和的眼光看孩子，拍拍他的肩膀，可能有化暴戾為祥和的功能。

6.**顧及孩子的面子問題**。提供孩子一個下台階是重要的關鍵。在大人與孩子討價還價當中，最好不要有觀眾，否則孩子會為面子問題堅持到底。替孩子設想和平解決問題的理由，並做出讓步和妥協的姿態。如對孩子有要求不可逼得太緊，提供雙方都是贏家的折衷方案。

㈢其他放鬆與平息忿怒的策略

控制忿怒的訓練和放鬆的訓練都需要孩子有適當的認知和活用的能力；對幼小的孩子，或是能力較差的孩子，這兩種方法做起來窒礙難行之處可想而知。針對這個問題伊斯特門（Eastman, 1994）提出幾個變通的策略。

1.對於學齡前的兒童，大人可以使用下列方法來平息孩子的忿怒：

(1)孩子為一點小事開始耍脾氣時，大人可以哼個小調唱個歌來引開他的注意力，同時鼓勵他安安靜靜的想辦法自己解決問題。

(2)孩子日常生活中挫折失望的事所在多有，大人平時要鼓勵孩子解決自己的問題。

(3)大人可提供協助和指引，但不可替孩子做他自己份內的事，否則挫折會愈多，自然也愈會生氣。

(4)保持鎮定和放鬆，大人一生氣，等於給孩子火上加油。

(5)用和平的語調和生氣的孩子談話。大人可以告訴孩子：「我有時候也會生氣，但是靜下來想一想，我就會想出好的辦法。」然後邀他來加入放鬆的陣容。

(6)設法引開孩子的注意力。例如講一段小故事，或是告訴他他的小狗熊看他生氣會傷心。暫時把孩子的注意力從挫折的情況中挪開來是一個平息怒火的有效辦法。

(7)不要用糖果餅干等東西來平息孩子的哭鬧，這實在是在增強孩子的壞行為，雖得一時的安寧，卻留下長久的禍患。

2.對於年紀較小的孩子，使用放鬆的體能活動是一個可行的代替辦法。例如翻滾、跳繩、體操或球類運動，可收發洩氣憤的功效。伊斯特門認為大人如果多動腦筋，幼小的孩子依然可做放鬆的訓練。例如開個假想的慶生會，要孩子深深吸一口氣，再慢慢把蛋糕上的蠟燭吹熄，然後閉起眼睛，許一個願：想像在一個快樂的慶生會中用力吹氣球；在汪洋中盪舟；或是在樹蔭下喝汽水等令人心曠神怡的情景。這種想像也會有放鬆的效果。

三、溝通、磋商與契約的訓練

孩子由情緒激動進入忿怒而致產生攻擊行為，往往是因為溝通阻塞或是層層誤會造成打不開的心結。溝通與磋商的訓練旨在化解衝突情況並用建設性的方法來解決大人與孩子的問題。

㈠溝通的訓練

打開溝通的管道可以促進大人與孩子彼此自由自在地表達正面與負面的感受，從而了解問題，解決問題，化解衝突，消除怒氣和敵意。郭斯坦與羅先榜認爲打開溝通的管道大人與孩子都要遵守下列的步驟：

1. **重新訂定溝通的目標**。大人與孩子在衝突的情況中，必須把溝通的主題從壓制對方，使對方認錯服輸的老套轉移爲共同合作解決問題的態度。這種態度的用意在於使用建設性的溝通策略，使雙方都能得勝而沒有輸家。溝通當中必須考慮到本身的立場和需要，更要考慮到別人的看法和願望，雙方攜手尋找適當的辦法來滿足彼此的需要。因此，由一場輸贏的爭論變成雙贏的溝通。

2. **溝通的準備工作**。在開始正式溝通討論問題以前，大人與孩子都要從事心理與談判的準備。這包括下列三項主要的工作：

(1)準備一次解決一個問題。衝突的情況往往是各種因素重重疊疊，如果要一網打盡，不但無濟於事，更會造成彼此的挫折和忿怒。最好的辦法，是把各種問題順序排列起來，一個一個來討論，共商對策。

(2)選擇適當的時間和地點。爭論的雙方要考慮到時間地點對談論的影響。一般來講，雙方的溝通要避免有觀衆，而且打岔或騷擾的情況要減少到最低程度。最好是找一個和諧而愉快的時間地點，有了詳和的氣氛才有建設性的溝通。

(3)考慮本身的談判計劃。大人與孩子事先要週詳地考慮到自己的立場、感受以及對溝通所抱持的願望。雙方都要冷靜地思考他爲什麼有這種想法？爲什麼要別人這樣做？要如何才能達到雙方都是贏家的目的？

3. **建設性溝通的規則**。溝通的訓練最後一項是大人與孩子都要在這種化解衝突解決問題的溝通中，遵守下列規則：

(1)承認自己的主觀性。要建立一個和諧的談判氣氛，排除攻擊和防禦的談判方式，大人與孩子都要敞開胸懷，承認自己有強烈的主觀和偏見。因為在衝突爭辯當中，雙方都會指責對方懷有偏見和主觀；為了避免這種對立的態度，雙方都要承認自己的主觀性，並盡量以客觀的態度來分析問題，提供意見。例如說：「我想……」、「我相信……」等等用辭表示自己的主觀性。

(2)要有理性。雙方在談判當中所提出的觀點要合乎邏輯而且前後連貫。為了達到全面溝通的目的，要能把自己的想法、對事情的解釋、所持的理由，以及觀念的廓清都要解釋得清清楚楚才不會引起誤會。

(3)要直接。呈現自己的觀點時要直接而不含敵意。不要拐彎抹角。把自己的需要、感覺、用意和期望直截了當地講出來，解釋愈清楚愈好。

(4)核對溝通的內容。為了避免誤解，要不厭其煩地解釋，鼓勵對方發問，並確保對方已經完全了解自己的意思。

(5)把注意力集中在行為上。雙方討論的主題應該是彼此的行動，討論何時何地什麼事發生？如何發生？或是將來該在何時何地發生？避免談到抽象的事物如道德、信念、人格、動機等等看不到摸不著的事物。

(6)互惠的原則。為了達成「雙贏」的目的，大人與孩子不但要顧及自己的利益，還要注意對方的意念，更要有改變自己行為以成全大局的雅量。

(7)開誠佈公的襟懷。自我表白而無隱瞞是溝通的基本要件。沒有保留的真誠相待才能建立信賴而親密的關係。

(8)將心比心的修養。對於別人的想法和處境要能設法了解。讓孩子知道自己也是過來人，對他的情況有深入的了解和同情。這種用心和行動很能贏得對方的親近，並使雙方對目前的窘狀能釋然於懷。

(9)澄清疑問。如果對對方的觀點有存疑的地方，要追問清楚，或

從對方的舉止動作做判斷。但不可讓疑慮阻礙雙方的溝通。

⑽注意對方非語言的溝通。從對方的姿勢、體態、面部表情、臉色、眼神、呼吸速度等情況來判斷或核對對方語言的內容，從而評量溝通的進行或決定必須轉移方向。

⑾避免溝通的障礙。除了上述溝通的規則要遵守以外，有些溝通的障礙也要儘量避免。這些障礙包括威脅對方、提出無理的要求、打斷別人的談話、譏諷、羞辱、怒罵、大聲吼叫、反唇相譏等等都屬不智之舉。其他溝通方式如誇大其辭、不理會對方、指責對方不是、隨便提建議、嘮叨說教、說話顛三倒四或是言詞使對方感到無地自容等都要設法避免。

⑵磋商的訓練

磋商的基本要素是大人與孩子在衝突的情況中，雙方都要達成某種程度的滿足，但也願意承受某種程度的委曲以達成對方的願望。為了達成「雙贏」的目的，磋商的訓練要傳授施與受的基本技能，因而彼此能夠讓步，達成共同的願望。伊斯特門把這種訓練分四個方面來討論。

1. *從事磋商的準備*。大人與孩子雙方都要認識彼此都有火氣，甚至瀕臨爆發的邊緣，因此雙方都要保持冷靜，有時候還要用放鬆的技術先把怒氣緩和下來。接著要確定磋商的方向。例如怎麼才會公平？磋商的範圍要多大？大約多久或幾次磋商才能達成彼此的願望？磋商之後如何收場或執行議定的事項？雙方會遇到什麼困難？大家願意冒多少危險？接下來要議定什麼時候在那裡進行談判，用什麼方式談判等細節問題。

2. *磋商的程序應該包括五個步驟*。首先是提出各自的立場；然後要表示了解對方的立場；接著雙方要核對彼此的立場；而最重要的是虛心地傾聽對方的看法和意見而且要經過三思才開口講話；最後是尋求折衷的方案，相互協調讓步。一旦彼此達成協議，磋商的工作就算

功德圓滿，至少暫時化解了一場危機。

3.**打破僵局**。磋商的工作並不如想像中的單純。在要求與讓步之間進退維谷的情況所在多有。磋商陷入僵局時，亦即雙方都不肯再讓步時，有幾個方法可以用來打破僵局。為了恢復談判，彼此可以把所要達成的目標稍微降低標準，設想變通的辦法，修改達成目標的期限，或是增加一點冒險性。有些僵局的形成是為了面子問題；因此給對方一點面子，找個下台階，對磋商內容並無實質的改變，但會使對方比較容易欣然接受。有時候休息一下，或改期再磋商可以提供冷靜思考的機會，所以恢復談判時常會發現原來的問題根本不成問題。如果雙方真的僵持不下，找個中間人來評議也是可行的辦法。當然，這個人必須經過雙方同意。中間協調的人最主要的工作是促成雙方冷靜客觀的思考，把雙方的期望和要求弄清楚，分析僵局的形成，鼓勵公開公平的提出建設性的建議。這個人可能是一個朋友、親戚、老師等等，但要保持公平不倚的立場，並有能力做正確的判斷。

4.**磋商的障礙**。溝通不良是磋商最大的絆腳石；猜疑則是最大的通病。有人懷疑對方會得寸進尺，說話不算話，因此存心保留而不能開誠佈公。大人用動武的方式加害於人則會使磋商的結果胎死腹中。要是有一方採用挑釁的姿態，提出完全不合理的要求，或是說法前後不一，往往會使對方心灰意冷而使談判功敗垂成。有的人認為讓步是丟臉的事，是弱者的行為，所以沒有折衷的彈性，自然談不到磋商。更有人會節外生枝，甚至為了一些細微末節爭得面紅耳赤，反而把主題丟在腦後。遇到這些障礙時，雙方都要重新接受訓練，認清問題，誠心誠意的解決問題。

㈢行為契約

經過磋商達成的協議往往會因為口說無憑而無法實現，或在實現後有人變卦，結果是衝突再起，怒火也死灰復燃。為了達成永久有效的協定，可以把大人與孩子達成的協議寫成白紙黑字，雙方簽名蓋

章，然後彼此照契約行事。行為契約的建立和實施一般要遵守下列幾個原則：契約上要註明生效的日期，結束的日期，甚至有定期檢討和修正的規定。雙方的行為，尤其是孩子的行為以及大人對孩子行為的期望和改進的目標要具體而清楚的寫下來。孩子行為增強物的量與質以及增強的時間要詳細的記載。相反的，孩子的行為觸犯了協議的事項，就要照章受到懲罰。契約付諸實施之後，雙方要定期檢討利弊得失，並儘速修正或彌補不週全的地方。有關增強與懲罰的策略請見「四、行為後果的處理」。

㈣與幼齡兒童溝通的技術

上述溝通與磋商的策略需要孩子具備相當語言與認知的能力。與幼齡的孩子溝通時，要用淺顯易懂的方法來控制孩子的忿怒。伊斯特門認為下列幾個原則可供參考：

1. 三歲的小孩就會問：「為什麼？」但大人如果問孩子為什麼大發脾氣，他會無言以對，或是怪大人惹他生氣，結果會更生氣。學齡前的孩子理解力不夠，問他為什麼或是要和他理論往往是白費口舌甚至會帶來反效果。

2. 提示孩子使用適當的溝通工具。例如告訴孩子：「你這樣大哭大叫我怎麼知道你在講什麼？」「你要輕聲的講我才會聽。」或是「你發脾氣我就不會陪你玩。」等等。

3. 鼓勵孩子用語言解決問題。孩子日常生活中遇到的問題屈指難數，大人最好是鼓勵孩子獨立地處理自己的問題。萬不得已時也只能從旁協助，切忌冒然插手其間。如果孩子有問題要求協助，最好等待孩子安靜下來才予理會，並鼓勵他用語言來表示心裡的感受或提出要求。當然，大人最大的鼓勵是用心地傾聽孩子的細述。

四、行爲後果的處理與前事的操縱

前述忿怒的控制、放鬆、溝通的訓練，以及接下來要介紹的社會技能訓練與道德觀念的培養都是治本的策略。行爲的訓練與觀念的建立相當耗費時日。行爲後果的處理與前事的操縱則是用操作制約與行爲分析的原理原則，直接處理忿怒與攻擊行爲。這是一種治標的策略；但如果方法用對，常有立竿見影之效。

㈠行爲資料的建立

行爲分析是一種科學化的行爲改變方法。我們不單要控制行爲，還要了解行爲的動向，隨時修正使用的策略，期能以最快最有效的方法來達成行爲改變的目標。基於這種需求，行爲資料的建立是不可或缺的一環。

1. **行爲的界定**。所謂發脾氣、哭鬧、攻擊行爲等等目標行爲要用可「觀察」可「度量」的用語來界定。例如發脾氣界定爲大聲哭叫、摔東西、頓足、撕破書本等等；哭鬧界定爲哭聲在十公尺外可以清楚的聽到，哭聲中兼帶有叫罵的語言等等；攻擊行爲界定爲打人、咬人、推人、用東西丟在別人身上等等。

2. **行爲的觀察、度量與記錄**。孩子的行爲要用直接觀察的方式來度量，並以數目字表示觀察的結果。行爲度量的方法很多種，哭鬧似乎是以度量持續的長度最恰當；攻擊行爲以次數的度量最合適。經過一段時間（一個星期或一個月）的觀察記錄，我們發現小章平均一天哭鬧45分鐘，小華平均一個星期打人五次。這些數目字都可用來代表行爲的頻率。

3. **基準資料與行爲目標的建立**。在著手處理忿怒與攻擊行爲之前，花一段時間做行爲的觀察與記錄，即可做爲基準資料。例如小章平均一天哭鬧45分鐘；小華平均一個星期打人五次等等。有了這個行

為資料，我們可以建立所要達成的行為目標。例如兩個月後小章的哭鬧要減到平均每天十分鐘以內；兩個月後小華不會再打人。基準資料可做為行為改變成果的比較；行為目標則給我們一個預期的方向，根據這兩個基本的資料，我們可以隨時檢討，改弦更張。

4. ABC三個因果關係的分析。完整的行為功能分析對行為處理的功效有舉足輕重的影響。我們先要深入了解小章哭鬧之前發生什麼事。哭鬧當中或之後四周環境中又發生什麼事。對「前事」A（Antecedents）和「後果」C（Consequences）與「行為」B（Behaviors）的三角關係有深入的分析，才能從事後果的處理與前事的操縱。

(二)行為的增強

控制和消除不良行為最積極的辦法是建立並增強好的替代行為，或是當孩子沒有出現忿怒與攻擊行為時，適時給予獎勵。

1. **區別性的增強替代的行為**（Differential Reinforcement of Alternative Behaviors）是指孩子不如意時如果一反過去以哭鬧或攻擊行為來表示忿怒，改以口頭陳述，使用放鬆的方法來平息忿怒，或是把不如意的事件做正面的解釋而化險為夷，大人要立刻給予口頭和實質的增強。久而久之，適當的行為即可把攻擊行為取而代之。

2. **區別性的增強其他行為**（Differential Reinforcement of Other Behaviors）是指在一個特定的時間內，如果不發生哭鬧和攻擊行為，這個孩子就可得到增強。例如小華的基準資料顯示他一個星期打人五次，大人可以和他約法三章，甚至寫在行為契約中，如果他一天當中不打人，這一天他可以得到一個小星星；他一個星期之中累積五個小星星就可以看一場電影，吃麥當勞，或是買一頂新帽子。

(三)行為的消弱或處罰

一旦孩子出現我們所要消弱的目標行為，體罰似是唯一的辦法；

但是經過深入探究，消弱行為的方法相當多，而且遠比體罰有效。

1. **故意不予理會**。如果孩子的哭鬧發脾氣意在引起大人的注意或故意惹人生氣，大人對此行為可以完全不予理會，甚至掉頭就走；但是，孩子一安靜下來，或是平時有好的行為表現應該多表關切。故意不予理會的策略要持之以恒而且要貫徹到底才有效果。要是孩子由哭鬧轉入傷害別人或傷害自己，大人必須干預，這個辦法就會失效。再者，如果孩子發脾氣不在於引起別人的注意，這種方法則完全沒有用處。

2. **暫停增強**（Time－out from Positive Reinforcement）簡稱為暫停（Time－out）。一旦孩子出現攻擊行為或是嚴重的擾亂行為，大人可以命令孩子離開現場做短暫的隔離。例如孩子看電視時用力敲打電視機，可以叫他到自己房間去，或到牆角罰站五分鐘。這種方式不但把肇事者調離現場，而且給予輕微的處罰。有一點必須注意的是「現場」要有增強的因素。例如小明根本不想吃飯，在飯桌上擾亂別人的飲食，他媽媽把他趕到客廳去，他剛好可以去看電視。飯桌現場對小明而言沒有增強因素，把他調開不是處罰反是一種增強。再者，大人使用暫停增強要有徹底執行的決心和能力；如果孩子不聽從，不但大人威信掃地，孩子更會興風作浪。

3. **反應的代價**（Response Cost）。這種策略與違反交通規則會被交通警察開罰單的道理相近；孩子出現哭鬧或打人的行為，大人可以要回早先給予的增強物。例如小華今天上午打人一次，他不但今天得不到一個星星，昨天得到的星星要扣繳回來，以為懲罰。這種策略往往與籌碼或代幣的系統相互配合。亦即孩子有好行為可以得到代幣，但如有目標行為出現，所得到的代幣要照規定扣回。

4. **口頭申誡、回歸原狀、撤除增強**。這些方法帶有懲罰的意味，但做起來自然而簡便。口頭申誡不但命令孩子停止不當的行為，並口頭表示對此行為的不悅。這種方法的使用要簡潔有力，切忌嘮叨和漫罵。回歸原狀是指目標行為對環境產生輕微的擾亂時，要孩子負責恢

復原來的形狀。例如開口罵人要向人道歉，把果汁潑在地上要負責把地板清洗乾淨。暫時撤除增強是指目標行為發生時，孩子不能繼續獲得增強。例如小明看電視時大聲吵鬧，媽媽把電視機關掉；他吃飯時和姊姊吵嘴，兩個孩子的碗筷都收掉，但這種增強的撤除通常都在兩分鐘以內就恢復原狀。

5. 過度糾正（Overcorrection）。這是一種處罰的策略，用來消弱不良行為。恢復原狀的過度糾正（Restitutional Overcorrection）是指孩子的行為破壞了環境的現況，他不但要負責恢復原狀，而且要以數倍以上的功夫來改進這個環境。例如小基故意踢翻他的課桌椅，他不但要把他們恢復原狀，而且要負責把整個教室的課桌椅排列得整整齊齊，或是把他課桌椅裡裡外外洗得乾乾淨淨。另一種叫正面練習的過度糾正（Positive－practice Overcorrection）。這種處罰的方法是要孩子反覆從事與目標行為相似卻是正面的行為。例如小雷吃點心時拿了別人的餅乾，他不但要把餅乾歸還給原主，而且要把自己的餅乾有禮貌的分送給其他小朋友；小山寫錯字要罰寫一百次，道理相通，都是處罰的策略。

(四)行為前事的操縱

無風不起浪，風平浪就靜；這種大自然的現象也存在於人類的行為中。如果我們從行為的功能分析中理出前事與行為之間的關係，並把前事做妥善的安排，因此防止哭鬧與攻擊行為的發生，自然可以省去很多心神。行為前事的操縱海闊天空，諸如人際關係的改善、行為的支援、給予自由選擇的機會等等都是有效的辦法，但在此僅提出兩個經常引用的策略。

1. 簡化教學和日常生活的要求以減少問題行為發生的可能性。老師或父母教孩子新的知識和技能，要孩子做功課、清理房間、洗臉刷牙，結果哭鬧摔東西的行為隨之而來。這種行為是對大人的抗議，也是藉此逃避老師或父母所安排的學習活動或是指定的工作。我們必須

正確地估量孩子的能力，並把教學或工作簡化到他可以輕易勝任的程度，所以他從學習和工作中能夠嚐到成功的滋味，這種成就對其學習和工作是最有力的增強。

2. **生活起居的重新調整以減少磨擦與衝突**。一天二十四小時當中，要是費點心思把生活環境和活動的順序稍加調整，對預防忿怒與攻擊行為有意想不到的效果。兄弟姊妹吵吵鬧鬧不足為奇，但如果給他們劃出一個空間的界線，互不侵犯，必然更能和平相處。鼓勵孩子建立獨立自主的習慣，大人只是從旁提供必要的協助往往會增進大人與孩子之間的關係。要是我們敏銳地觀察一個人的生活環境，有很多細節可加以調整而帶動行為的改變。

五、利社會技能的訓練

毫無疑問的，缺乏適當的社會技能，因而無從建立良好的人際關係是導致磨擦衝突的主因，也是忿怒與攻擊行為的根源。一個孩子忿怒與攻擊行為變成家常便飯，冰凍三尺絕非一日之寒，如果單靠處罰，顯然是隔靴搔癢，往往無濟於事。社會技能的訓練是一個重要的關鍵。這種工作相當耗費時日，但唯有如此才能根本的解決問題。

㈠利社會技能的課程

郭斯坦和卡勒認為兒童與青少年應當具備下列基本社會技能，如果孩子在這五十個項目中有缺失的地方，要儘速謀求補救：

1. **基礎的社會技能**：
   ・傾聽。
   ・啓開對談。
   ・從事對談。
   ・發問。
   ・說：「謝謝」。

- ·自我介紹。
- ·介紹別人。
- ·稱讚別人。

2. 一般的社會技能：
- ·請求別人的幫忙。
- ·參與別人的活動。
- ·指示或教導別人。
- ·接受指示或教導。
- ·向人道歉。
- ·說服別人。

3. 處理感受的技能：
- ·認識自己的感受。
- ·表達自己的感受。
- ·了解別人的感受。
- ·處理別人的忿怒。
- ·處理恐懼。
- ·自我獎賞。
- ·表露感情。

4. 替代攻擊行為的技能：
- ·請求大人的許可。
- ·和別人共享某種事物。
- ·幫助別人。
- ·磋商協調。
- ·自我控制。
- ·保衛自己的權利。
- ·對付別人的嘲弄。
- ·避免與人引起衝突。
- ·避免和人打鬥。

5.處理壓力的技能：

　　‧向人提出抱怨。

　　‧對別人的抱怨做適當的回覆。

　　‧顯示運動精神。

　　‧處理尷尬的場面。

　　‧處理被人冷落的情況。

　　‧爲朋友出氣。

　　‧回覆別人的勸說。

　　‧處理失敗挫折的經驗。

　　‧處理矛盾與衝突。

　　‧處理別人的指控。

　　‧準備對付一場艱難的談話。

　　‧處理外來集體的壓力。

6.計劃的技能：

　　‧策劃要做什麼事。

　　‧判斷問題的肇因。

　　‧設立一個目標。

　　‧判斷自己的能力。

　　‧搜集有關的消息。

　　‧安排問題的先後順序。

　　‧做成決定。

　　‧集中精神從事某項工作。

㈡訓練與忿怒和攻擊行爲有關的社會技能

　　有些社會技能不但可以直接替代攻擊行爲，也可間接防止攻擊行
爲的發生。郭斯坦和卡勒認爲下列八十六種與忿怒和攻擊行爲有特殊
關係的社會技能要一一加以訓練：

1. 請求別人的幫助：
   ・決定問題在那裡。
   ・決定是不是眞的要請人幫忙。
   ・找定可以幫忙的人。
   ・從中選取適當的人。
   ・告訴這個人需要幫忙的地方。

2. 指示或敎導別人：
   ・決定應該做什麼事以及誰來做這件事。
   ・告訴這個人他應做的事，並告訴他爲什麼要他做這件事。
   ・明確地告訴這個人他應該如何完成這件事。
   ・問他的想法或反應。
   ・考察他的反應，如有必要該把原來的指示加以修正。

3. 表露感情：
   ・斷定自己對另外一個人有溫暖而友好的感覺。
   ・斷定這個人的確想聽到這種感覺。
   ・決定用什麼方法最能表達這種情意。
   ・選擇適當的時間和地點來表達這種情意。
   ・以溫暖而友好的方式向別人表示情意。

4. 表示不滿：
   ・界定問題所在並決定誰該對此負責。
   ・斷定這個問題要如何解決。
   ・告訴這個人問題所在以及解決的辦法。
   ・詢問對方的反應。
   ・表示對他的感受有相當了解。
   ・雙方就彼此該做的事或解決的步驟達成協議。

5. 說服別人：
   ・確定自己的立場並考慮別人可能的立場。
   ・把自己的立場清楚而完整的告訴對方。

・說出對方的立場。

・重覆自己的立場，強調自己的立場比對方的立場好。

・建議對方認真地考慮採用自己的意見，但在做決定之前要慎重地考慮。

6. **對別人的感受有所反應：**

・觀察別人的語言和動作。

・判斷別人有什麼感受，這種感受有多強烈。

・決定告訴對方自己對他的感受有所了解。

・以誠懇的態度告訴對方，自己對他的感受有所了解。

7. **遵從指示和教導：**

・別人給予指示時專心地聽講。

・對這種指示提出反應。

・重覆這種指示。

・遵從這個指示，並照指示去做。

8. **對別人勸說的反應：**

・對別人的立場虛心地傾聽。

・考慮到別人採取這種立場的理由。

・對別人的勸說如有不盡了解的地方要提出來，要求做進一步的解釋。

・比較別人與自己的立場，並分析彼此的優劣點。

・以自己長遠的好處為根據做成決定，並照此決定去做。

9. **對失敗挫折的反應：**

・判定自己是不是真的失敗了。

・考慮到本身的因素以及外在情境的因素，決定失敗的原因在那裡。

・判定下次遇到相同的情況時要怎麼做才不會重蹈覆轍。

・決定是不是要再嘗試一次。

・如果情境許可，以重新設想出來的辦法再試一次。

10. 對矛盾衝突的情況有適當的反應：

　‧注意到自己身體的信號，了解到自己已陷入情緒的陷阱。

　‧觀察別人的語言和動作，決定這些言行造成自己的困擾。

　‧判定這個人的語言和行動有否矛盾的地方。

　‧判定向這個人指出矛盾之處是否對事情有所幫助。

　‧要求別人解釋這種矛盾衝突到底是怎麼一回事。

11. 對別人的抱怨有所反應：

　‧虛心地傾聽別人的抱怨。

　‧如果對抱怨有不了解的地方，請對方加以解釋。

　‧表示對這個人的想法和感受有所了解。

　‧告訴對方自己的想法和感受；如有需要，要表示對情況負責。

　‧綜合雙方應該做的事或該採取的步驟。

12. 準備從事一個非常情況的會談：

　‧想像自己處身在一個緊張的情況中。

　‧想像自己在此情況中的感覺，為什麼會有此感覺。

　‧想像別人也處身在這種緊張的情況中。想像這個人會有什麼感覺，為什麼會有這種感覺。

　‧想像在告訴別人自己想要說的話。

　‧想像別人對這些話可能的反應。

　‧反覆上述五個步驟，但每次用各種不同的角度來完成這些步驟。

　‧從所設想出來各種角度，選出最好的一種，準備應付未來的會談。

13. 決定對事件負責：

　‧判定問題的性質。

　‧考慮到問題的可能肇因。

　‧決定那個或那些肇因最有可能性。

・採取行動試探什麼是眞正的肇因，並糾正錯誤。

14. **對別人忿怒的反應：**

  ・對別人忿怒的指控虛心傾聽。

  ・表示對他的感受有所了解。

  ・對別人所提的指控有不了解的地方要請求解釋。

  ・表示了解他爲什麼會大發脾氣。

  ・如果適當的話，對這個情況表示自己的想法和感受。

15. **安排問題的先後順序：**

  ・把目前遭遇到的問題一一列舉出來。

  ・從最迫切到最不要緊的順序，把問題一一排列出來。

  ・除了目前最迫切的問題之外，其他問題暫時刪除、擱置或延後。

  ・集中精神處理最迫切的問題。

16. **處理被人冷落的情況：**

  ・判定自己的確被人冷落或排斥。

  ・想一想別人爲什麼會把自己置之不理。

  ・決定如何處理這種情況。例如稍微等候、離開現場、告訴這個人或這些人自己的感受，或是把這種情況告訴知己的朋友。

  ・選擇最適當的方法來處理。

17. **對付別人的控訴：**

  ・想想別人指控的是什麼事，考量這種指控的正確性，決定這種指控是惡意中傷還是善意批評。

  ・設想別人指控自己的理由，判定是自己侵犯了別人的權益或財物。

  ・設想回答指控的方法。例如否認、解釋自己的行爲、糾正別人的想法、向人道歉或是謀求補救。

  ・選擇最適當的方法來處理。

18. 處理集體的壓力：

- 考量別人要自己做的事，他們為什麼要自己做這種事。例如聽他們的口氣，判斷其意圖。
- 決定自己要怎麼做。例如順從、抵制、拖延或是磋商。
- 決定要如何告訴他們自己要怎麼做。例如解釋自己為什麼決定這樣做或理直氣壯嚴辭拒絕。
- 選擇最適當的方法來處理。

解決問題技能的訓練

面對著人際關係的衝突情況，火氣上升與懷恨的心理自然不可避免。解決問題的技能旨在消除衝突，化解不愉快的感受。訓練這種技能的第一步是教導雙方避免把問題的責任推諉到別人身上，責備對方是肇事者；相反的雙方都要忘記舊嫌，移目往前看，設想種種不同的辦法，而不局限於「對」的方法或是「我」的方法。伊斯特門把一般問題解決的模式加以改編，以九個步驟訓練大人與孩子以解決問題的特殊技能來化解忿怒的危機。

1. 界定問題。選定一個問題，把雙方對此問題的看法提出來討論，然後給問題下個定義。這個定義要簡單明瞭而且要保持積極正面的意義。

2. 設想各種解決的途徑。雙方都要動腦筋絞腦汁，設想辦法愈多愈好，至少要有三個可能的方案。在這個時候不必急於評論辦法的好壞，只要想出來就行。

3. 評鑑設想出來的方法。每個人都對每一個方法就正反兩面提出自己的看法。彼此不必爭論、說服或是討價還價，但只集中精神考慮到每個方案是否符合雙方都是贏家的原則。

4. 捨棄不適當的方法。有些方法負面的評價太多，或是不切實際，乾脆刪除不用。

5. 選擇可行的方案。在各種可能的途徑當中，找出正面評價最多

負面評價最少的方案，做爲實施的指針。如果選不出好的方案，就要回到第二步，設想更多解決的途徑。

6. **把所選擇的方案寫下來**。這包括誰在什麼時候做什麼事？如何斷定這個方案是否有效？如果無效要如何修正？如果有人不照方案行事要如何處理？如果方案有效雙方要如何行賞？這些要點要清清楚楚的寫下來。

7. **在雙方同意的方案上簽名蓋章表示負責**。這個方案甚至可以懸掛起來，以示鄭重。

8. **給予充分的時間**。雙方依照所選定的方案去實施後，不必急就章。只要有充裕的時間，解決問題的方法都會有效果。

9. **慶祝問題圓滿的解決**。在定期檢討中，如果發現有瑕疵，雙方要重新協商，共同提出修正的方案。一旦圓滿達成預期的目標，雙方都要自我鼓勵也感謝對方的合作。然後轉移到另外一個問題。

㈣社會技能訓練的方法

社會技能的訓練往往要大人與孩子一起接受。大人如果胸有成竹，自然也可以訓練孩子新的社會技能。

1. **講解示範**。在上述社會技能課程中，每一種技能都要依照孩子個別的能力和需要，分解爲數個小步驟或具體的行爲。訓練的人按照順序一步步的講解，並以實際行動來示範如何處理人與人之間的事物。受訓的人不但要專心的觀察，模仿適當的言行舉止，並且要討論如何把這些新的技能應用在日常生活中。

2. **角色的扮演**。如果大人與孩子同時接受訓練，兩人可以扮演對方的角色，由訓練人員從中指導和鼓勵。如果大人訓練孩子，可以找另外一個孩子來扮演這個孩子的角色。因此，在訓練當中不但學習新的技能，更能體會到彼此的立場。

3. **講評**。每一個步驟排練後，都要有簡短的講評，讓受訓的人知道自己的言行是否符合要求。受訓的人自然也可以提出自己的意見和

觀感。有一點必須注意的是社會技能並無絕對的標準，訓練當中必須保持彈性；只要不太離譜並無所謂對與錯。甚至利用這種彈性化的訓練來培養受訓的人察言觀色的能力，知所進退。在訓練當中，充分的獎勵與增強是一個要訣。

4. 技能的移轉。社會技能訓練的最終用意是把新的技能活用在實際的社交活動中。因此，訓練當中要注意一般性的行為原則；而且要把各種技能演練得滾瓜爛熟，不必思考即可舉止中的。有時訓練應該在實際的場合演練，並在自然的場合中，以自然的結果來增強新的技能和行為。

六、道德觀念的培養

有些孩子發脾氣甚至對人發動攻擊，不一定是因為受到委曲挫折而引起忿怒；他們的行為可能是以此為利器，操縱情況，滿足自己的慾望，卻把別人的權益完全置之度外。遇到這種孩子，道德觀念的培養是一個重要的課題。根據約多門和郭斯坦（Edelman & Goldstein, 1981）的解釋，道德是指一個人的價值判斷和行為的技能。他們認為道德包括三個主要的因素：(1)對問題的解決和事情的決定能做理性的思考；(2)能夠了解、關切和照顧別人的需要、利益和感受；(3)在問題的情況中或是人際關係的衝突中能夠產生建設性的行為，使自己和他人都可以獲得利益。道德的教育旨在培養一個人理性的判斷與適當的行為能力，期以滿足本身與別人的共同利益。在此要簡單介紹柯博格（Kohlberg, 1976）道德思考的培養以及伊斯特門的道德行為訓練。

㈠道德思考的發展

道德思考的培養或道德教育的新模式最先是由柯博格所提倡。早在一九六〇年代他以認知的理論來解釋人類思考與道德的發展。他把道德的發展分為六個階段；一個人在不同的成長階段中對事物的看

法、道德的認識以及推理的能力都有顯著不同。道德教育的主要用意是把一個人的道德思考提升到更高的境界。柯博格道德思考的六個階段是：

1. **前習俗道德期**（Preconventional Level）。孩子在這個程度對習俗常規有所反應，也對行為的好壞對錯有所知覺。但是對錯與好壞往往是根據行為到底產生什麼結果來判斷。例如壞行為得到處罰好行為得到獎勵等；或是看權威人物如何執行行為的結果來做判斷。這個時期的道德思考又分為兩個階段。第一階段：避罰服從取向（Punishment and Obedience Orientation）。孩子判斷行為的好壞是根據這種言行所帶來實質的結果而不在乎它對人生有什麼意義或價值。孩子尊重大人並不是他認為這是應當遵守的道德規範，而是在避免處罰。第二階段：相對功利取向（Instrumental Relativist Orientation）。孩子所謂好的行為是因為這種言行給自己帶來好處，或是偶而也能滿足別人的需要，人類彼此之間的關係猶如菜市場的交易，包括公平、互惠以及彼此共享的原則。不過，這些原則的解釋和應用只限於物質和實際的效應，並未考慮到忠誠、感恩或公正無私的道德理念。孩子所謂的互惠原則是：「你抓抓我的背，我也會幫你抓抓背。」

2. **習俗道德期**（Conventional Level）。孩子到這個程度會維護家庭、團體或社會對他行為上的期望，而不太計較行為會產生什麼立即而具體的結果。他的行為和態度不但要符合個人與社會的期望，而且考慮忠誠服從，並與周遭的人採取一致的立場。這個程度的道德思考也分為兩個階段。第三階段：尋求認可取向（Interpersonal Concordance）。這也是好孩子的認識與適應，所謂的好行為是使別人高興、幫助別人或是獲得別人讚賞的言行。換句話說，個人的行為要符合大多數人所採行的行為規範。行為的對與錯往往要從他的「用心」來判斷。這時候孩子了解到「無心的錯誤」是什麼意思；他想只要對人「好」就能贏得別人的歡心。第四階段：遵守法規取向（Law and

Order Orientation）。個人對權威、法令規則以及社會秩序的維持有充分的了解而且遵從這些旣定的常規。所謂好的行爲是善盡自己的責任和義務、對權威的尊重，並遵守固定的社會規則。

3. **後習俗道德期**（Post－conventional, Autonomous, or Principled Level）。一個人的道德思考發展到這種程度，他會獨立地考量道德觀念和行爲準則到底有什麼眞正應用價値？其正確性與有效性又在那裡？所謂獨立地考量是這個人的思考已超越傳統權威、集體制定的規範，或是個人的利害關係，而以超脫的態度對目前的道德觀念和實踐重新地檢討和創導。這個程度的道德思考也分爲兩個階段。第五階段：社會法制取向（Social－contract Legalistic Orientation）。所謂好的行爲是指維護個人權益，並且符合整個社會道德的言行。一個人的道德思考發展到這個階段會把道德的價値看成相對論斷：一方面要考慮到法律規章的遵守，一方面要顧及個人的價値觀念。因此，一個人不但要守法，還應透過民主的途徑修正不合時宜的法律，以符合大衆的利益和個人的人性尊嚴。第六階段：普遍倫理取向（Universal Ethical－principle Orientation）。所謂好的行爲完全根據自己的良知來解釋，也是根據個人自我選擇的道德標準來考量；這種標準要符合全面的、邏輯的以及人道的原則。但是，這種道德思考不在制定一套具體的法則或禁忌，而是依據公正的原則，維護人類的權益和人性尊嚴，在人與人之間建立互助互惠的行爲型態。根據柯博格的看法，甚至成人也很少達到第五和第六階段，這是屬於先知先覺的道德領導人物。道德教育用在處理忿怒與攻擊行爲主要在於把孩子的道德思考提升到第四個階段的程度。

㈡道德思考的培養

柯博格和他的學生不但強調道德思考的發展階段，更把這種理論延伸爲道德觀念的培養。他們認爲道德教育的目標是指導孩子集體討論一些具有刺激性且進退兩難的道德情況，以促進他們道德的思考和

推理。在這種道德上具有矛盾衝突的情況中，孩子要解釋他會如何處理這種情況？他主張用這種方法的理由何在？每個孩子在小組討論中可以遇到各種不同的情況，更可以體會到別人的想法和推理，亦即孩子可以聽到各種階段的道德思考。當一個孩子聽到別人的道德思考比自己高出一個階段時，自己會產生困惑的感覺。這種感覺柯博格稱之為「認知的衝突或不平衡」。一再地體驗到別人更高一層的道德推理，孩子也會漸漸的把自己的思考提升到更高的階段。

在把孩子組合為討論小組以前，要把各人道德思考的階段評量出來。道德判斷訪問（Moral Judgement Interview; Goldstein et al., 1986）和社會道德反映問卷（Sociomoral Reflections Questionnaire; Gibbs & Widaman, 1982）是兩個常用的評量工具。一旦道德思考的小組組成以後，老師或其他大人就可提出進退兩難的道德情況讓孩子思考並發表意見。老師只是從旁提供問題和情況，刺激孩子的推理和發言。所謂進退兩難的道德情況是有關人生的價值、個人的財物、法令規章、真理、人與人之間的歸屬關係、權威、契約、良知以及處罰等等。

進退兩難的道德情況可以由老師自己編，也可以採用現成的道德情況。一個經常使用的道德情況是漢慈的兩難問題（Heinz's Dilemma）：「在歐洲，有一位婦女已進入癌症末期，瀕臨死亡；有一種特效藥醫生認為可用來救她的命。這種藥是屬於鐳素，最近才由一個藥劑師發現。這種藥製造成本很高，但這個藥劑師趁機敲竹槓，索取十倍於製造成本的代價否則他不肯出售這種藥。這個婦女的丈夫叫漢慈。他找遍了所有的親友，但只能借到這種藥費的半數而已。漢慈向這個藥劑師求情，希望先把藥以半價賣給他，不足的藥費以後分期付清，否則他的太太會死掉。但是這個藥劑師告訴漢慈：『不行！我發明這種藥，我一定要賺些錢。』因此，漢慈能夠取得這種藥的唯一方法是到這個藥店去把藥偷出來，救他太太的命。遇到這種情況漢慈到底要怎麼辦？」

選擇或設計進退兩難的道德情況，要能給孩子產生認知的衝突，引起他們的興趣，熱烈的討論。這種情況並沒有一定的答案，所以孩子可以海闊天空的思索和發表意見。這種情況要符合孩子的年齡和理解能力，但也要製造矛盾衝突，所以可以從不同的角度和立場來看問題。

(三)道德行為的訓練

柯博格道德思考的培養是否能用來控制忿怒和攻擊行為要看孩子是否能從思考的轉變帶動行為的改善。伊斯特門主張依孩子成長的過程，直接從事基本的道德訓練。他認為孩子的體能、智慧和情緒逐漸成熟，道德行為也不斷的改變。行為的訓練必須依照成長過程中的特質來著手才有效果。他發現學齡前的兒童完全以自己為中心，他們發脾氣或攻擊別人往往是用來獲得立即的滿足。學齡的兒童則學會遵從各種規則或是人與人相處不成文的規定，為的是求得別人的贊同。青少年時期的孩子開始了解到人與人之間相處的彈性化，不但要保護自己的權益，還要尊重別人的看法和利益。伊斯特門對孩子道德行為的訓練提出八個重要的原則。

1. **大人應該以身作則**。大人以鐵腕壓制火龍的方式往往會產生反效果。孩子以不適當的方法來表達忿怒自然要糾正，但訓練孩子時，大人本身要保持冷靜，控制自己的怒火；對孩子要體諒和支援而不是挑剔批評；要有彈性而不是呆板嚴厲。做給孩子看比說給孩子聽有效。因此，孩子可以建立一個新的想法：「不要大聲吼叫，我要好好的和爸媽（或老師、朋友）講，看能不能幫我（讓我）做這件事？」

2. **教幼齡的孩子摒棄什麼都是我第一的想法**。小孩子往往無法看到本身以外的世界，只要無法立刻滿足自己的願望就發脾氣。遇到這種情形父母親要給他劃定一個行為的界線，讓他了解除了他自己的需要以外，還要尊重他人的需要。他只有在這個界線內才能得到滿足，超出這個範圍之外忿怒的行為會受到處罰。

3.建立共享與互助合作的習慣。大人可以要求孩子共同完成一件工作。這不但增加大人與孩子共處的機會，並藉以建立一些共事的規則。同時，讓孩子取得領導的地位，使他了解到互助合作，聽話服從的重要性。

4.積極地培養自尊和體諒別人的品格。容易忿怒的孩子一再受到責備處罰，自然產生羞辱和自責，這更會引發怒火。大人儘量尋找機會增強獎勵孩子的好行為，尤其製造機會讓孩子照顧和關切別人的福祉，並一再地鼓勵這種美德。以自尊自愛來控制自己的情緒是最上乘的辦法。

5.對學齡的孩子要培養尊重規則的習慣。無論是學校的校規、家庭的常規，或是朋友之間相處的慣例，孩子都要能夠遵守。尊重規則表示一種共同分享的意念，這種意念可以消除人與人之間的磨擦和衝突。規則的制定最好有孩子參與，所以他對此有歸屬感。同時，大人也要遵守既定的規則，才能給孩子一個好的行為榜樣。因此，規則的形成要避免單方獨裁的制定或有雙重標準；只讓大人享有例外的特權，孩子則要照章行事。有了「民主」與「公平」的規則，就要賞罰分明而且前後一致。孩子應該有權對不合理的規則提出修正的要求，但不管修正與否，照規定辦理的先決條件不可輕易放鬆。

6.避免孩子說謊的習慣。孩子說謊有兩個用途，一是用來自我炫耀，一是用來逃避別人的指責處罰。但不管用途如何，都會引起孩子本身的內疚和自責。大人要是經常嚴厲苛責，會使孩子更渴望別人的讚賞，也更需要逃避責備，結果孩子更會說謊。面對此說謊的習慣大人不必設法探試真偽，也不必追究問題發生時的罪魁禍首。相反的，大人把重點放在如何解決目前的問題，化解衝突和危機。因此，孩子不必擔心一點點小差錯會造成滿城風雨，更不會有人指責他是一個肇事的壞蛋。他不必說謊，更不會去造謠生事。

7.建立孩子為別人設想的襟懷。孩子要學習如何去了解別人的想法、感受和權益，從而建立和諧的人際關係。在這方面大人可以協助

孩子，或與孩子共同訂定明確而一貫的行為法則，然後讓孩子有機會去體會差錯與美德的區別。最後由孩子和別人依據這種法則共同解決人際關係間的問題，亦即彼此磋商來達成共同的協議。從這些經驗孩子可以體驗到別人的存在以及和平相處的密訣。

8.建立青少年的道德行為。在日常生活中大人以自己的實例來告訴孩子每天在人與人之間如何保衛本身的權益，但絕不侵犯別人的權益。道德行為的選擇並不容易，大人與孩子都會面臨徘徊的十字路口。遇到這種情形大人可以藉此徵求孩子的意見和建議，或是坐下來一起分析各種情況，研商何去何從才合乎道德的規範。另一方面，孩子遇到對與錯之間混淆不清的情況時，大人可以從旁協助，擴展孩子的思路，找出各種不同的解決途徑，並指導他從中選取最適當的途徑。但大人切忌為文制肘、過份干預，以免引起反感和反叛。孩子要培養自我控制、自我選擇和自我做決定的能力，才能迎接生活中的挑戰。

伍 結語

孩子發脾氣吵吵鬧鬧自然擾人，以攻擊行為來發洩忿怒更是一般社會所不容。不幸的是：目前老師或父母都感到孩子的管教一日難於一日；社會上暴力的案件日日增加，肇事者的年齡年年降低。近二十年來教育與心理專家得到一個深切的教訓：以暴制暴的方法不但無效，反使行為問題愈演愈烈。有些孩子會暫時屈服在大人的威嚴之下，但情況一過去馬上死灰復燃，有的則把行為症狀轉移到其他問題，使大人窮於應付，甚至放棄管教而造成嚴重的社會問題。

孩子忿怒與攻擊行為的發生有各種不同的肇因。有的是因為認知的錯誤，凡事都是往壞處想因而造成情緒的激動；有的純屬情緒容易失去控制，天生就有紙包不住火的行為傾向；有的是因為行為技能的

缺乏，如溝通不良和無法建立和諧的人際關係；也有來自道德觀念的低落或心理因素的作祟如嫉妒、自卑和焦慮等等；更有可能來自外在環境的因素如教養方法不當、大人提供忿怒與攻擊行為的榜樣，以及孩子處身在壓力重重的生活環境中，以攻擊行為來表示對現狀的不滿。

面對著一條火龍日日成長，如果拖延時日，情況往往日益惡化終至不可收拾。因此，早期發現早期處理是最好的策略。在未處理之前，完整而深入的行為評量是必經的步驟。要是孩子忿怒與攻擊行為已經相當嚴重，應當求助於行為專家，從事行為的評量和行為處理策略的設計。處理孩子忿怒與攻擊行為最常使用的幾個基本策略包括忿怒的控制、放鬆的訓練、溝通技能的訓練與行為契約、行為後果的處理與前事的操縱、社會技能的訓練，以及道德思考與道德行為的培養。

對一些忿怒完全失去控制，而且以極端暴力來發洩忿怒的孩子，可能辦法用盡，行為問題依然故我。遇到這種複雜的陳年痼疾，使用藥物的處理是最後不得已的一招。在情緒極端高漲時使用鎮定劑如Ativan或Valium有暫時化險為夷的功能。Inderal原是調整心律和血壓的藥品，但也有緩和忿怒的效果。抗精神病藥（Antipsychotic）如Mellaril、Haldol和Clozaril等也常使用。但是使用藥物處理行為問題時，其副作用既深且遠，用藥務須相當小心。

第四章

憂鬱與自殺•────

天眞無邪是孩子的本性，快樂童年是他們的特權。殊不知百分之四到八的孩子卻深鎖在愁城中，不見天日，沒有歡笑，更可能沒有明天。一般人對兒童和青少年憂鬱症所知不多，但它卻默默地蠶食著千千萬萬孩子的心靈。更使人感到震驚的是有些兩三歲的孩子已經患了這種心理疾病。這種心病不但騷擾孩子天眞的心靈，使他們活在一個無底的黑洞中，日日感到生活的艱苦；如果不及時治療，這種孩子在學校中、在家中、在同伴之間格格不入，有的甚至不堪其苦而走上絕路。就算他們苟活痛苦的一生，也往往在成年後以吸毒或酗酒來麻醉一生。

壹. 憂鬱症的症狀.

一般人往往只注意到成年人的憂鬱症。事實上患有這種心理病態的孩子爲數不少。兒童憂鬱症狀的覺察相當困難，主要是孩子無法把內心的感受講出來，更無法辨認出心理壓力來自何處。他們所造成的行爲問題並不特別明顯，也常被誤認爲是其他行爲問題。大人往往不會去追問孩子：爲什麼總是會空穴來風地悶悶不樂？到底爲什麼會傷心那麼久？大部份的父母認爲雨過天晴孩子的憂傷會自然而然的煙消雲散。甚至孩子時有抱怨，大人卻無法傾聽孩子的心聲，也否認問題的存在。

一、DSM－IV的診斷標準

孩子考試不如理想或打破心愛的玩具，自然會傷心洩氣。但是如果無緣無故感到憂傷，過去不幸的事件長期縈繞於懷，因此對人生完全喪失希望，進而嚴重的妨礙人際關係、學校的課業、甚至日常生活，就有心理病態的可能。DSM－IV把憂鬱症分爲兩個主要的部份：

(一)主要憂鬱症（Major Depression Disorder）

1. 在下列心理症狀之中，至少出現五種以上。這些症狀同時出現在兩個星期之中，而且顯示出這個孩子的行爲功能有重大的改變。這種改變至少有一種症狀是憂鬱的情緒或是喪失了興趣和歡樂。

(1)一天當中大部份的時間都有憂鬱的情緒，而且每一天都是如此。這種情形可能是孩子主觀的敍述，如感到悲傷或空洞，或是別人旁觀所得的印象，如兩眼淚汪汪等。孩子不一定會顯示愁容，但可能有性急易怒的現象。

(2)對大部份甚至全部的活動失去興趣，一天當中大部份的時間都是如此，而且天天如此。這種情形或許是孩子主觀的敍述，或是別人旁觀所得的印象。

(3)體重減輕或是發育不良，食慾減少或是增加。這種現象天天出現。

(4)天天失眠或睡眠過多。

(5)每天都有心理性動作激動或遲鈍的現象。這不但是孩子自覺動作和心智遲緩或是煩躁不安，而且別人的查覺也是如此。

(6)每天都有疲憊和精力不足的現象。

(7)每天都會覺得自己一無是處，而且有不當的歉疚感。這種歉疚感可能是來自妄念。

(8)每天感到注意力和思考能力一再減退，而且無法做決定。這可能是主觀的報告，也可能是別人旁觀的印象。

(9)不斷湧現死亡的念頭。有的孩子有自殺的念頭卻沒有實際行動的計劃，有的孩子會有自殺的計劃，更有孩子會產生實際自殺的企圖。

2. 上述症狀不能用精神症狀來解釋。

3. 這個孩子從未有過躁症（Manic Disorder）。

㈡憂鬱的神經症（Depressive Neurosis）或胸腺功能失常（Dysthymic Disorder）

1. 這是指輕度但長期的憂鬱。這種孩子一天當中大部份的時間有憂鬱的情緒，而且幾乎天天如此。這種心理狀態可能是主觀的敍述，也可能是別人觀察所得到的印象。這種情緒持續一年以上。情緒的表現可能暴躁易怒。

2. 憂鬱的情況出現時，下列心理症狀中至少出現兩種以上：

(1)食慾增加或減少。

(2)失眠或是睡眠過多。

(3)精力不足、疲憊不堪。

(4)缺乏自尊自信。

(5)精神不易集中、不能做決定。

(6)覺得毫無希望。

3. 在一年當中，這個孩子從未有兩個月的時間，1.和2.的情況不會出現。

4. 主要憂鬱症症狀未曾出現。

5. 這種症狀並非來自長期的精神病態。

6. 這種症狀並非來自生理或醫藥的情況，如吸毒或甲狀腺分泌不足的現象。

7. 這種症狀造成人際關係的破裂或學校功課的退步。

㈢其他有關的心理和情緒問題，包括分離焦慮症（Separation Anxiety Disorder）、適應困難症（Adjustment Disorder），以及傷慟的情緒（Bereavement）。

二、憂鬱症的徵候

除了DSM－IV所提的症狀供專家做為診斷的標準外，父母和老師要特別注意下列憂鬱症的徵候。如果孩子出現這些症狀中的數種，應當儘快找專家做進一步的診斷。這些症狀是根據姆斯（Muse, 1990）和內爾遜（Nelson, 1994）所提供的資料綜合整理而來。

㈠憂鬱的情緒

百分之九十七的憂鬱患者都有沉悶無望的情緒。年紀較大且有語言能力的孩子會告訴父母或老師，雖然外面晴空萬里，內心卻是一片漆黑；他們似乎是沈淪在一個無底的黑洞中，一再地往下沈。有的小孩不會顯示出愁容，但行為上表現得暴躁易怒。在偶然的機會也會展露短暫的笑容，但很快的又恢復到沒有生氣或是冷冰冰的面容。

㈡對日常事物失去興趣

原來這個孩子趨之若鶩的事物，突然失去興趣，而且看來他什麼事都不想做。例如這個孩子一向喜歡和小朋友打棒球，現在突然不想去打球，這已經發出一個危險的信號。有時候行為的改變可能沒有這麼顯著，例如他還是出去打棒球，但回家以後已經不再興高采烈地大談他有幾支安打。有些孩子漸漸地迴避與別人接觸，例如參加球類比賽、與朋友出去郊遊，或是做團體的遊戲。有的孩子雖然勉為其難地參加這些活動，但會經常抱怨說這些活動最無聊，那些孩子又笨又壞，下次不想再去了。更嚴重的孩子索性什麼也不做，甚至原來最喜歡的電視節目、集郵、音樂、游泳等都毫無興趣。

㈢社交的中斷

憂鬱的孩子不但對事失去興趣，對人也一再地疏遠。他們不再和朋友一道出去，不再邀朋友來家裡玩。有的孩子會抱怨朋友或同學對他不友善，他也討厭他們。這表示人際關係的決裂，若從好的角度看這可能是過去交了壞朋友現在要中途撤退，但更有可能是自己憂鬱而暴躁的情緒把人拒於千里之外。有的孩子開始把友情移轉到貓、狗、魚、鳥等不需社會技能的「朋友」，也有孩子會走另外一個極端，把自己心愛的東西拿去送人以收買友情。有些青少年可能會增加性活動，尤其女孩子以性活動來獲取感情，甚至未婚生子來填補人際關係上的空虛。

㈣胃口減低，發育不良

大人坐困愁城日日消瘦是自然的結果，孩子患有憂鬱症大都會胃口減低；不一定體重減少，但會有成長減慢和發育不良的情形。有的孩子會出現厭食和挑食的現象或是對一日三餐百般挑剔。憂鬱的成人會借酒消愁，甚至吸毒嫖賭，揮霍無度。孩子沒有這種機會，但有少數孩子可能會顯得食慾大增，似有以吃消愁的味道。

㈤睡眠不正常

與情緒變化關係最密切的是睡眠。孩子情緒有困擾，可能整夜輾轉反側，無法成眠。這一點如果孩子獨房睡覺，父母可能懵然不知。但是，父母或老師可能會覺察到這個孩子早上起不來，上課時打瞌睡，或是精神恍惚甚麼也記不得。大人往往會責怪孩子忽然變成懶惰蟲。孩子本身也可能無法了解自己掙扎在失眠的情況中，只是覺得早上起來睏憊不堪。有時晚上會惡夢連連，甚至把別人驚醒。這顯示其憂鬱之外還有焦慮與緊張的情緒。相反的，有些孩子日夜臥床不起也是憂鬱的徵兆。孩子每天睡眠超過十小時就顯示出他無法面對現實生

活中不愉快的困境，還是眼不見爲淨。

㈥精力衰退活動減少

一般憂鬱症的孩子主觀上會覺得疲勞過度，身心的活動也因此緩慢下來，甚至一天睡了二十個小時還是疲憊不堪，什麼也不想做。感到過度疲勞的另一方面是喪失自制的能力。因此，孩子會顯得過動，做事漫不經心，或是一事未做完又開始另外一件事，結果什麼也無法完成。有些孩子還是循規蹈矩，並不顯示什麼行爲問題；看來也相當用功，但是功課一落千丈。有的孩子可以從外表明顯的看出來，他的動作相當遲緩，走路、吃飯、說話、甚至遊戲，都變得慢條斯理。體態也會變得彎腰駝背，毫無生氣。

㈦注意力渙散

孩子既然心思重重，注意力自然無法集中很久。大人觀察孩子注意力渙散可以看他是否能完成交代的工作，或是做事錯誤百出。例如孩子經常忘記帶便當、書本、書包、作業等等。看來這個孩子笨手笨腳且粗心大意，殊不知他是掙扎在生死邊緣，那有心思去注意到便當和書包？有的小孩看來相當專注，例如獨自安靜地看書，但幾個小時下來依然停留在同一頁。如不細察，大人很容易被瞞騙。

㈧自尊心受到損傷

孩子有憂鬱的情緒，自尊自信會受到極大的傷害。這種心理狀態在外表上可能顯得很羞澀，例如遇到新的情況會裹足不前，怕在別人面前丟面子。有的孩子會對自己有負面的評價，例如數學考八十五分還嫌自己頭腦不好，用功不夠；稍有一點差錯就垂頭喪氣，產生完美主義的想法，如果不是每次都考第一就自認是蠢材。他們以直覺來判斷自己的功過而完全拋棄邏輯的思考。有的孩子因爲自尊心太低，遇有恭維或讚賞時反會受寵若驚，甚至否認自己的成就。例如老師獎勵

情緒與行爲問題

他這次月考成績大有進步，但他還是會往幾科不如理想的地方去鑽牛角尖，對老師的鼓舞視若無睹。更有的孩子認為自己一文不值，甚至不配有那些美好的東西，所以往往把自己的東西分送給人，一方面用來收買友情，一方面是因為自慚和內疚的想法，認為不該獨享這些東西。有些女孩未成年就把貞操「奉獻」，這往往與自尊心受損有關。有的孩子受人欺侮也忍氣吞聲，不敢反抗，不敢伸張。

(九)希望的幻滅

一般人都有希望、有慾望，更對未來寄以無限的期望。因此，一個人可以忍受目前的煎熬，但期待著美好的明天。對一個患有憂鬱症的孩子而言，明天比今天更陰寒淒涼，未來比現在更黯淡沈重。他對自己、對整個世界、對現在、對未來都認為毫無希望。不管客觀的環境再美好，都認為是痛苦難挨，生不如死。這種孩子被困在愁城中，掙扎於日日的煎熬，很少憧憬雨過天晴的一天。極端憂鬱的孩子會沈溺於死亡的思考，尤其是遇到親人的死亡或心愛物的失落，會推波助瀾地把孩子推入自殺的邊緣。

(十)其他徵候

憂鬱的孩子愁容不展，舉止緩慢，動作笨拙是明顯的標誌。他們的語言毫無生氣；別人向他提出問題時也是一兩字敷衍了事，有的孩子突然出現尿床現象甚至在床上排解大便。更值得注意的是孩子經常發生意外，這有可能是因為心事重重，注意力無法集中，再加上動作遲鈍，受傷的機會自然較大。不過，有些意外並非真的意外。有的孩子可能對自己的身體毫不在乎，或是有自殺的企圖。遇到這種情形必須查明真象，不可等閒視之。總而言之，孩子的行為已經出現異狀，大人要請求專家的協助。要是有自殺的傾向，更是不容拖延。

三、心理與生理的重疊症狀

孩子與成人患有單純憂鬱症的情形為數不多，除了上述十個主要的徵候之外，大多數的人都兼帶有其他的病症。

1.憂鬱症與其他心理疾病同時發生的比率相當高。羅德等人（Rohde et al., 1991）的統計資料顯示：患有憂鬱症的青少年之中，百分之四十二也帶有其他的心理病態。胡拉明等人（Fleming et al., 1989）發現患有憂鬱症的孩子中，高達百分之九十六的孩子同時有其他的問題，如少年犯罪、過動、情緒困障或是生理上的症狀。一般而言，憂鬱症的孩子很容易出現焦慮症、違抗、注意力渙散、精神症狀、青少年犯罪以及藥物濫用等等問題。

2.憂鬱症與生理問題同時出現的情形也相當普遍。根據格伯、吉門和瓦克（Garber, Zeman & Walker, 1990）的統計，孩子肚子痛的現象往往與憂鬱和焦慮有關。他們發現這些孩子肚子的問題都沒有生理上的依據。巴克等人（Burke et al., 1990）發現孩子患有便秘或瀉肚的毛病與憂鬱的情緒有連帶的關係。這兩者可能互為因果，也可能是其他生活中的壓力逼出情緒問題也傷害了腸胃。憂鬱症的孩子患有頭痛的症狀更加普遍。早期的研究發現，孩子使用抗鬱劑後，不但這個心理桎梏獲得解脫，頭痛的現象也消除，證明這兩者之間的確是脣齒相關。

四、自殺與自殺前的徵兆

兒童與青少年自殺是一個重大的悲劇，這是孩子個人和家庭的損失，更是學校與社會的嚴重問題。不幸的是很多憂鬱症的孩子選擇自殺一途來結束痛苦的一生。根據內爾遜的報告，在1986年中，自殺是兒童與青少年十大死亡原因中的第三位。全美國這一年中總共有

2,151位兒童和青少年自殺死亡，五到十四歲的兒童佔其中的百分之十二。兒童所佔比率比青少年低主要是因爲他們所採用的方法大都造成自殺未遂，因此都未列入統計。同樣的道理，女孩子自殺企圖的比例是三倍於男生，但男孩子自殺致死的數目四倍於女生。這是因爲男生比較衝動而且採取致命的手段。根據費佛（Pfeffer, 1992）的統計，兒童與青少年自殺最常使用的方法是從高處跳下、飲用毒藥、上吊、用刀刺殺以及衝入街道被車撞死。姆斯（Muse, 1990）特別指出下列幾個孩子瀕臨自殺邊緣的行爲徵兆，父母和老師觀察到這些情況時，嚴密的戒備已刻不容緩。

1. 有人提到未來的事情時，這個孩子似乎不願涉及，給人一個沒有明天的感覺。有的孩子向人說再見卻有永遠告別的意味，或是一再提示他走了以後的後事。有的孩子會提到自殺的事，一旦他不再提及此事，表示危機已迫在眉睫。孩子眞正下決心要結束自己的生命，就不會再輕易談及此事，尤其不願別人知道自殺的時間、地點和方法以免被人阻擋。遇到這種情形大人要特別注意行爲的蛛絲馬跡，期能防範於未然。

2. 一個積鬱既久且深的孩子突然開朗起來，顯得悠然自得，這往往是最危險的徵兆。有些孩子長期沈思在自盡的計謀中，又顧慮到家庭學校和親友的立場，往往痛苦加上矛盾，因此更加愁眉深鎖。一旦下定決心而且有了完密的計劃，似乎是找到了最大的解脫，更感到如釋重負，他所需要的是等待時機成熟就可執行自殺的計劃。有些父母或老師誤以爲孩子有了轉機，也隨著放鬆戒備，結果鑄成大錯。

3. 有的孩子開始把自己最珍貴的東西如玩具或紀念品分送給他人。這似乎是在料理他的後事，替這些最心愛的東西找到新的主人。有時孩子會向親人或知己表示歉意和內疚，期望把身前的人情債務一筆還淸。同樣的，看到此預兆大人可能要採取緊急措施，極力挽救。

4. 孩子可能會一再地出現意外的傷害。事實上這不一定是意外，而是有自殺的意圖。有些靑少年一再酒醉開車肇事，或是把危險情況

視爲兒戲，可能是憂鬱的結果，把生死完全置之度外。有些年紀較大的孩子吞食大量的抗癲癇藥、抗生素或鎮定劑，或是「誤飲」清潔劑，都值得調查追蹤。

貳 憂鬱症的病因

憂鬱症有如長期的氣喘或是慢性的咳嗽，驅之不去，揮之不掉。這種情緒的病態深植在一個人的心中，其病因錯綜複雜，一般專家都認爲這是多重因素造成的結果。這些病因包括遺傳、社會環境以及心理的因素。這些因素會使一個人容易感染憂鬱症，也會造成個人心理症狀的發作。

一、心理的因素

孩子對於外界事物的解釋，經年累月親身的體驗，以及這些心理因素給他個人帶來的衝擊，可能使他一蹶不振，退縮到一個自我關閉的世界中。

㈠認知與行爲的模式

認知的理論佔據相當重要的地位，不但用以解釋憂鬱症的病因，在治療上更有不可磨滅的貢獻。認知與行爲的模式可分爲五方面來探討。

1. *習得無助感*（Learned Helplessness）。錫爾格門（Seligman, 1975）早在二十年前就從動物的實驗中，建立「習得無助感」的理論。他把狗放入籠子裡，一再給予電擊，卻全無逃脫的機會，久而久之這隻狗就是有機會逃脫或是中止電擊，牠還是會任其擺佈。相反的，另一隻狗如果一開始就有逃脫的機會，情況就完全不一樣；電力

再強牠都不會屈服在電擊中，牠會設法逃脫或中止電擊。錫爾格門認為有些人患了憂鬱症也是因為一再地遭受打擊而無逃脫的機會，因此在認知上建立一個強烈的信念：不管自己如何掙扎，外在的情況遠遠超出自己能力所能控制的範圍；不愉快的事件或重大的災難完全無法避免。由於這種認知和信念，這個人完全失去信心，毫無鬥志，缺乏求變的動機，甚至在言行舉止上都顯得遲鈍笨拙。

2.**黯然無光的感覺**。貝克（Beck, 1976）建立的認知理論到現在依然廣受引用，他認為患有憂鬱症的人「對自己」、「對整個世界」，以及「對未來」都覺得黯然無光。他說一個人自動的想法會左右他對事物的解釋和推論。患有憂鬱症的人總是把事情往壞處想，其幼年心理的創傷往往是這種認知的始作俑者。以後他每次遇到類似的情況，都會喚起創傷的回憶和負面的認知。因此，外界的事物不會造成憂鬱，此事件對這個人的特殊意義才是憂鬱的真正來源。

3.**缺乏社會增強**。一個人積極的反應得不到外界的支援，憂鬱的行為反而得到增強。李文森（Lewinson, 1974）認為憂鬱是因為個人的行為得不到支持所致。他進一步指出，缺乏增強不單是這個人的環境中少有正面的刺激，也是因為這個人無法從事適當的行為來獲得外界的讚賞。例如缺乏適當的社會技能就難以建立和諧的人際關係，既然人緣不佳，就少有人會給予社會的支援和增強。更不幸的是患有憂鬱症的人安於離群索居，自然得不到親情與鼓舞，也因此更缺乏社會接觸。兩方面互為因果，也變成惡性循環。

4.**認知的歪曲**。患有憂鬱症的孩子有負面的自我評價。卡斯羅、雷恩和西果（Kaslow, Rehm & Siegel, 1984）發現這種孩子容易有自我處罰的現象。他們的自尊心偏低而且有無助和無望的感覺。在他們的記憶中，盡是痛苦的追憶而少有愉快的意念。

5.**社會認知**。根據蔻爾（Cole, 1991）的解釋，憂鬱的孩子拿自己和別人比較來做自我評鑑時，覺得自己低人一截。另有些孩子很少從家庭、父母或同伴得到正面的回饋，往往產生自我貶低的社會認

知，尤其遇到不如意或是重大的壓力時，憂鬱的症狀油然而生。這種社會認知又與缺乏社會技能有密切的關係。憂鬱的孩子承受不住外來的壓力，有的變成暴躁易怒，有的借酒澆愁，有的離家出走，結果招來更多的排斥和處罰，心結愈難抒解。

(二)社會與心理的模式

成人與孩子日日都面臨著生活的壓力，有的人處之泰然，有的人垂頭喪氣，甚至完全喪失反擊的鬥志，讓憂鬱症蠶食他們的心靈也主宰他們的生活，這兩者之間最大的差別是個人的認知。他們斷章取義，而且過份的類化，不管事情好壞都是往壞處想，似乎世界末日已經來臨；另一方面是個人在家中缺乏和諧和溫暖，在他的四周環境中少有社會的支援和鼓舞。

1. **個人與環境交互影響**。錫爾格門和彼德遜（Seligman & Peterson, 1986）認為僅有孩子的心理因素，不一定會造成憂鬱症，這只是其中一個危險因素而已。其他還要加上社會環境中的刺激因素，交互作用才會造成心理的病態。社會環境的因素包括缺乏社會成就如功課不好、體能活動不佳、被人歧視、友誼的中斷，以及孩子在團體中產生的焦慮，都是使孩子一蹶不振的主因。因此，他們建議大人要設法讓孩子嚐到成功的滋味，不但改變他本身的想法，讓他也滋潤在社會環境所帶來的正面刺激中，孩子才會把日常的壓力視為挑戰，面對現實，克服困難。

2. **家庭的組織與功能**。無可諱言的，很多憂鬱症的孩子出生長大在一個不健全的家庭中，而且很可能其他的家庭成員也有精神的異常，家庭組織和功能陷入一片紊亂。這可能是遺傳的因素，一代傳過一代，也可能是全家人都曝露在一個強力的刺激中，更可能是病情與病因相互影響。奧斯塔和卡羅（Oster & Caro, 1990）把這種情形用先天遺傳因素和後天家庭的創傷經驗來解釋憂鬱症的形成。總之，一個家庭之中已經無法維持正常的功能，這種情形不僅是孩子的憂鬱症

需要治療，整個家庭都需要外力的協助才能徹底解決問題。

二、孩子本身的行爲傾向與外界激發的因素

姆斯（Muse, 1990）把憂鬱症的病因分爲內源（Endogenous）和外源（Exogenous）兩個因素來解釋。內源的因素是個人生物上和生理上的特質。這與外在的是是非非並無關連，卻影響孩子的行爲傾向。外源的因素是指生活中的壓力，如親人死亡、重大的傷害、一再地遭遇挫折，這些是屬於激發的因素。內源與外源的因素內外夾攻，使孩子陷入長期的憂鬱。

㈠父母與子女共同的心理疾病

近十年來，研究文獻一再指出孩子的憂鬱與父母的心理病態有密切的關連。一個孩子患了憂鬱症，他的血親之中也往往有同樣的病例；一個父親或母親有此症狀，其子女得此症狀的可能性大爲增高，而且病發的年齡更爲提早。當然，家庭成員中有此病症不一定每一個人都會有此症狀，只是可能性增高而已。另外一個重要的因素是環境。由於父母有此行爲特性，其持家能力與教養子女的技巧也受到損傷，這種後天的因素也不可忽略。

㈡父母與子女相互支援的關係

孩子從小就依賴大人的親情與肌膚的接觸來建立他的社會生活。由於缺乏父母親的疼愛，孩子無法建立情緒的穩定與安全感，人與人之間相處的技能也無從建立，在廣大的社會環境中自然困難重重。加上別人的排斥、冷落或欺侮，孩子的情緒反應便被帶入暗無天日的情況。

(三)孩子的氣質

從一個偏激的觀點來解釋，孩子本身的氣質或性情就可能是一種心理病態，這種理論還有待商榷。另一種解釋是孩子氣質的特性對這個孩子應付日常生活中的壓力有直接的影響。例如一個容易適應的孩子遇到不如意的情況時可以處之泰然，但一個性情不佳的孩子甚至會因為弟妹的出生而造成情緒的困擾，以為從此以後父母就會移情愛他的弟妹。最後一種解釋是孩子具有暴躁和攻擊的氣質往往會拒人於千里之外，甚至招來反擊或嚴厲的斥責。皮萊爾（Prior, 1992）綜合這些解釋，認為孩子的氣質以及母親與孩子的關係是造成憂鬱症兩個最主要的關鍵。

(四)孩子早年惡劣的經驗

成篇累牘的研究文獻明顯地指出：孩子早年與父母分離與憂鬱的形成有直接的關係。另外有些孩子雖有父母常年隨伴，但缺乏親情與肌膚的接觸，孩子長大後自然會缺乏安全感，無法建立自信，常有無望的感覺，遇到芝麻小事也會顯得手足無措，這些情況會直接導致憂鬱的情緒。派克（Parker, 1992）指出：父母對幼齡的孩子漠不關心，孩子會發展出與人格格不入的問題，或是對人懷有敵意。這種孩子無法信賴別人，更無法向人傾吐心聲，良好的社會關係很難建立。家庭中的紊亂或分裂，對一個毫無影響能力的孩子而言，是一個重大的打擊。他只有眼睜睜地看著情況的惡化而至崩潰。這種嚴重的心理創傷在幼小的心靈上烙下永遠沒有辦法磨滅的心理傷痕。

(五)最近劇烈的不幸事件造成嚴重的心理傷害

哈靈頓（Harrington, 1993）根據近三十年來各種研究報告，整理出五個最常見的特殊劇烈事件。這些事件常會使一個原本健康活潑的孩子不堪重擊而一蹶不振。

1. **喪親之痛**。孩子五歲到十歲之間失去父母，其心理上的打擊最大。因為這個年齡的孩子已經懂事卻沒有獨立的能力，尤其無法適應被人收留的生活方式。孩子在喪親的悲痛之中，還會兼帶有內疚、自責以及缺乏自尊的現象。由於悲觀消極而至不能自拔，憂鬱症因而產生。

2. **災變**。一般人遭到戰亂、面臨突如其來的天災地變、目睹橫屍遍野、眼見成千上萬的人流離失所，雖不一定與本身有直接關係，但其衝擊力量之大，往往會有無法彌補的傷害。這種孩子往往焦慮與憂鬱兩者兼而有之。不過，這些情緒反應往往要看父母甚至整個社會如何處置而定。要是父母倉皇失措，整個社會也是毫無應變的能力，孩子發病的機會自然會大幅度地增加。

3. **父母離異**。冰凍三尺，非一日之寒，父母離異只是這兩人長期齟齬的結果，父母離婚代表孩子已經長期忍受父母的不合和家庭的悲劇。再者，父母離婚的結果往往表示生活水準的降低，如三餐不繼、居無定所、家庭的離散，以及父母情緒的惡化如憂鬱、焦慮、忿怒等等。這些情形自然使孩子難以承受，不過，孩子對父母離異所帶來的反應往往要看孩子的年齡而定。學齡前的孩子可能會特別搗蛋、焦慮或是設法引人注意。學齡兒童會出現憂鬱和恐懼，特別憂慮他的父親或母親會再結婚而把陌生人帶入家中。青少年會出現忿怒、憂鬱和對現狀的極端不滿。

4. **學業的問題**。憂鬱與學業的問題有相當密切的關係，但到目前為止，什麼是因什麼是果並沒有科學的印證。根據巴尼等人（Berney et al., 1991）的研究，憂鬱症的孩子偏向於低估自己的能力，經常缺課，無法和老師建立親密的關係，課業的表現也比較差。至於一向表現優異的孩子進入高中或大學後遇到強烈的競爭對手，無法再獨占鰲頭，因此由氣餒轉入憂鬱。這種案例不算多，而且可能有第三因素存在，但學業上的挫折感與憂鬱有相當的關連。

5. **打罵教育**。用打罵的方式來處理孩子的問題，常會收到即時的

效果，但可能留下無窮的禍患，造成長期的問題，孩子的憂鬱症是其中之一。根據扣樸等人（Culp et al., 1991）發表的報告，打罵教育，尤其在公開場合中體罰孩子很容易造成認知、情緒和行為的差異。在認知上，孩子降低了自尊心，認為自己沒有什麼指望；在情緒上會變得很焦慮、恐懼、憂鬱、慚愧和內疚；在行為上可以明顯地看出來很畏縮或是常有敵意和攻擊的行為出現。這些認知、情緒和行為都是孩子憂鬱症的重要導因。

三、生物與生理的因素

過去三十年來，心理生物的研究，發現生理上的缺陷與憂鬱症有密切的關係。從這個角度來分析，可以解釋某些人一生中一帆風順，卻無緣無故地得了憂鬱症；更可以說明很多憂鬱症的患者生活環境並未改變，但服用抗憂鬱的藥品後，症狀霍然而癒。哈靈頓把生物與生理的因素從四個方面來解釋，但是，這些解釋都是根據成人憂鬱患者的研究。至於是否能用在孩子身上，目前還沒有明確的定論。

㈠早期胺素的理論

早在一九五〇年代有些醫師和心理學家就已發現治療高血壓的藥會產生一種副作用，亦即病人變得很憂鬱。相反的，用來治療肺癆的藥竟有使人精神振奮的效果。與肺癆治療藥品性質相似的化學成份後來竟然用來治療憂鬱症。由於藥品對人類情緒有深遠的影響，三十年前開始出現胺素理論。這種理論的重點是人類腦部缺乏化學因素Catecholamine時，就會形成憂鬱；相反的，如果一個人這種化學因素在腦中積存過多則有躁鬱症，亦即憂鬱與急躁兼而有之。這種化學因素的重要功能是在神經傳送系統中產生愉快和鼓舞的感覺。另一種與胺素有關的Serotomin則與處罰和痛苦有關，要是積存過多，則有焦慮症。要是缺乏Catecholamine兼又Serotomin過剩，這個人憂鬱與焦

慮兼而有之，病情更嚴重。

(二)內分泌不正常

腎上腺分泌不足會造成冷漠、疲倦、畏縮等情緒的障礙；分泌過剩同樣會造成情緒和精神的症狀。腦下垂體的分泌不正常則是造成躁鬱症的原因之一。甲狀腺分泌過多常有急躁、分神和坐立不安的現象。甲狀腺分泌過少則有語言動作遲鈍、思考混亂、精神無法集中，以及憂鬱的症狀。這些內分泌不正常的現象都會引起中樞神經系統化學功能偏失，因而造成各種不同情緒的障礙，憂鬱是其中之一。

(三)性賀爾蒙的因素

對成人而言，心理障礙與性賀爾蒙分泌不正常的關係已是普通常識。例如百分之三十五的女人在月經來臨前會有情緒問題；百分之五十到七十的女人在產後第三到第十天之間，因為動情素大量減少，也有輕微而短暫的心情不佳；另有百分之十的女人在產後三個月內會有某種程度的憂鬱。對孩子而言，女生從八歲到十三歲，男生從十歲到十四歲，由於生殖腺的刺激素刺激性腺分泌賀爾蒙，使男女孩子逐漸地轉入青少年期。男孩子如果性賀爾蒙分泌過少，往往與自尊心和自我評估的低落有關，這使孩子在青少年期的社會適應受到很大的影響。女孩子則剛好相反，太多賀爾蒙則發生自尊心的受損，當她們的激情素迅速分泌的時候，憂鬱的情緒跟著來臨。

(四)睡眠的因素

輾轉反側往往用來形容憂心忡忡難以成眠的現象。經過科學的度量與分析，患了憂鬱症的人確實有在睡眠中腦波不正常的現象。他們通常會有經常醒來、無法入睡，以及醒來後無法再入睡的情形。不過，目前科學的研究無法斷定這種睡眠不正常是憂鬱的症狀，或是造成憂鬱症的病因，目前所能做的結論是這兩者之間有密切的關係。

四、兒童與青少年自殺的危險因素

毫無疑問的，憂鬱是導致自殺最重要的因素。根據姆斯（Muse,
1990）的報告，很多人在經過治療之後，憂鬱症狀大有起色，於是大
家從嚴密戒備中鬆懈下來，結果疏忽鑄成大錯。事實上憂鬱症狀有明
顯的進步時，正是自殺最容易發生的危險時期。因為一個完全絕望且
毫無精力的人一旦有進步，恢復了一些精力，也開始掌握自己的命
運，同時有強烈的動機來執行原來無法實施的自殺計劃。憂鬱、暴
躁、激怒和衝動是自殺的主要心理因素；憂鬱加上精神病症使情形更
為複雜，使人完全迷失了方向而走上絕路。較大的孩子或青少年開始
喝酒吸毒；或是長久被病魔所困，久病臥床而無復原的希望會把人推
入自盡的邊緣。孩子以自殺向大人威脅，經常提起有關自殺的事，或
是曾經有自殺的行動，這往往會弄假成真，大人不可掉以輕心。如果
孩子常有獨處的機會或自殺工具如藥品和槍械垂手可得，那麼危險性
自然大幅增加。

除了孩子本身的自殺傾向之外，環境中的激發因素也不可忽略。
如果孩子家中有人自殺死亡，這個孩子步其後塵的機會大增，甚至親
人或較接近的朋友最近去逝，也會觸發自殺的念頭。大眾傳播媒介報
導孩子自殺的事件，常造成心理傳染。接觸到這種報導的孩子往往需
要輔導否則常有連環自殺的現象。有的孩子在大眾面前嚴重受辱，因
而被逼入死路。也有孩子遭受無法承受的打擊，對人生不存任何希
望，這也有引發自殺的危險性。

叁 憂鬱症的評量與診斷

孩子的情緒問題經常深藏不露，憂鬱的症狀更是高深莫測。因

此，這種心理病態從最初的發覺、評量，到最後的診斷，不但要深入評量孩子的憂鬱症狀，還要徹底了解這個孩子生活的狀況、家庭、學校以及社會生活的大小枝節。我們不但要評量孩子，父母和老師也可以提供相當重要的線索和資料。憂鬱症評量的重點在於測量孩子憂鬱的情緒，例如黑暗無望的感覺、對生命中原是頗為喜愛的事物變得索然無味、喪失了生命的活力、精神無法集中連基本的任務都無法完成。我們也要評量生理上的症狀如胃口消失、體重減輕或發育不良、便秘或瀉肚，以及失眠的現象。認知的評量也是不可或缺的一環，例如孩子對什麼事都是往壞處想、對未來不存希望、有內疚與自殺的念頭、把過去蠅頭小事牢記在心並引以自責，卻把美好的事件忘得一乾二淨。其他相關的心理和行為問題，如暴躁易怒、焦慮恐懼、攻擊行為、語言動作遲鈍、思考混亂、幻覺妄念以及喝酒吸毒等等都要列入評量的對象。（有關行為背景的評量請參見第二章）

一、初步的訪問

初步的臨床訪問往往由心理專家主持。訪問的對象包括父母、老師或其他推薦孩子做診斷的人。當然，孩子本身也是接受訪問的對象。

㈠父母與老師的訪問

臨床的評量工作最先訪問的對象是推薦這個孩子來做心理診斷的人，這大部份是孩子的父母，也有學校的老師或心理衛生的工作人員，更有一般的家庭醫師。心理專家訪問父母或老師的第一個課題是他們為什麼會想到要把這個孩子帶來看心理專家。大部份的父母起初把孩子帶去看心理專家或精神科醫師，並不是因為他們覺察到這個孩子有憂鬱症。他們也許會提到孩子常發脾氣，怎麼突然不吃飯，或是說孩子轉入青少年期，心理不平衡，希望很快會好轉等等。因此，初

步的訪談要了解父母或老師對孩子情緒和行為問題的看法和態度。有時經過訪問後發現父母的情緒問題比孩子的問題還嚴重。接著要請父母或老師把孩子的問題加以說明，最好是從問題的啟端說起，詳述其中的經過，以及目前的情況。當大人提到問題的關鍵時，還要追問其中的細節並把詳情記錄下來。要是這個孩子確有憂鬱的症狀，可以問父母或老師他們懂不懂憂鬱症。如果毫無概念，要把各種症狀加以解釋，然後要他們把孩子可能有的症狀一五一十的說出來。例如失眠的情況什麼時候開始？是睡不著還是經常醒來？有沒有做惡夢？一天睡幾個小時？對白天上學的影響如何？

(二)孩子的訪問

診斷孩子的心理症狀自然要直接訪問孩子的想法和感受。不過直接訪問孩子所得到的資料要慎重地處理。根據扣巴克斯（Kovacs, 1986）的觀察，孩子所說的是主觀的感受，這和別人客觀觀察的印象可能大有出入。小孩子很難自動地告訴別人自己的感受；如果別人問他，他可能隨著別人的問題來虛應故事。再者，孩子對自己的感受常常摸不著頭緒，例如十歲以前的孩子常分不清生氣和悲傷。憂鬱的孩子會有自卑和自我評價偏低的情形，但他們往往無法告訴別人他如何自卑；他們只能拿自己和別的孩子比較，說自己比小明笨，自己跑得比其他的同學慢等等。這種回答到底是主觀的看法還是有事實的根據，有待進一步的調查。孩子的時間觀念相當模糊，記憶也不大可靠，所以他們所提供的資料最好要和父母或老師的說法印證後才能探信。

對孩子的評量與訪問，首先要了解他們的時間觀念和語言能力。在訪問前必須和這個孩子建立親切隨和的關係，他才會把想到的或感覺到的事情沒有保留的講出來。評量孩子的憂鬱症，主要是探究他憂鬱的情緒。但孩子對這種情緒可能完全不知為何物，所以要改用其他容易了解的用語如「傷心」、「不高興」、「心很煩」等來探問。幼

小的孩子很難估計自己這種情緒持續多久，但可以問他是不是從早飯到午飯的時間，或是從晚飯到睡覺的時間。這樣子用具體的事物來勾引出他們情緒持續的長度，他才能提供比較可靠的資料。感到慚愧和內疚也是憂鬱症的重要心理徵候，幼小的孩子也很難了解內疚到底是怎麼一回事。因此要改用具體的事物來問他，例如：「當你做錯一件事時，你覺得怎麼樣？」「別人做錯了事，你覺得很難過，你會不會覺得這是你的過錯？」等。自殺的想法是孩子生與死的關鍵所在。這一點父母或老師往往一無所知。直接問孩子他有沒有想到要自殺是一個困難的話題，但問這種問題對孩子並無不良的效果。事實上憂鬱的孩子經人提出這種問題有的會笑大人小題大作；有的會感到情緒上獲得解脫。由於他了解到別人對他真心的關切，他往往會把自殺的想法甚至計謀全盤托出。評量孩子心理症狀另一個重要的課題是探問他們是否有幻覺和妄念。年紀較大的孩子，可以直接問他們有沒有看到、聽到或體驗到實際並不存在的東西、聲音或身體上特殊的感覺。幼小的孩子本來談話就有虛實難分的現象，在訪談中探問他的幻覺很難得到確實的答案，直接觀察其行為可能是一個補救的辦法。

二、標準化的訪問

標準化的訪問是指由專家設計一連串的問題，依照順序一一提出來，被訪問的人只要回答「是」或「不是」。因為這些問題所包括的範圍很廣，所得到的資料比較週全，可信度也比較高。哈靈頓根據多年的臨床經驗，建議七種訪問評量的工具：

1. 軻蒂情緒因障與精神分裂症量表（Kiddie Schedule for Affective Disorder and Schizophrenia; Puig–Antich & Chambers, 1978）：這個量表包括廣泛的情緒問題與精神病症狀，用來訪問大人與孩子。訪問的內容包括按照時間順序把發病的經過講出來，以及目前所有症狀的詳細情形。這個量表不但包括孩子內在的思緒和憂鬱的情緒，還

可度量自殺的想法和行動。

2. **兒童訪問表**(Interview Schedule for Children; Kovacs, 1982a)：
這是專門為孩子設計的憂鬱症評量表，最適用於八到十七歲的孩子。
訪問的對象是孩子和他的父母（最好是母親）。

3. **兒童評量表**(Child Assessment Schedule; Hodges et al., 1982)：
這個評量表適用於七到十六歲的孩子。表中八十個項目分組為數個主
題，可以一組組的安插在對話中。這個評量表的使用往往是訪問人與
被訪問人已有相當熟悉的治療關係，訪問人也有相當的臨床經驗和判
斷能力，才能靈活地運用評量的問題。

4. **兒童診斷訪問表**（Diagnostic Interview Schedule for Children;
Costello et al., 1984）：這是一個組合相當嚴密的訪問表，適用於七
歲到十六歲的孩子。訪問表又分為訪問父母和孩子兩組問題。訪問的
順序和用語都相當固定，一般人稍加訓練即可使用這種訪問表。它所
包含的心理精神症狀相當廣泛，常做為初步過濾和分類之用。

5. **兒童與青少年精神病評量**（Child and Adolescent Psychiatric
Assessment; Angold, 1988c）：這個評量的範圍甚廣，舉凡DSM－IV
所列的病症都列入評量的對象，因此可做診斷之用。同時，它也可用
來度量病症的強弱、社會能力、休閒活動、家庭生活和學校課業。評
量的症狀包括症狀的歷史和目前的情況。由於評量的結構不很嚴謹，
有經驗的心理專家和精神科醫師才能使用。

6. 評量兒童與青少年自殺想法的訪問表包括自殺意向問卷（Sui-
cidal Intent Questionnaire; Reynolds, 1989）和自殺行為的訪問
（Suicidal Behavior Interview; Reynolds, 1990）。

三、自我報告的等級評量

把問卷交給孩子或孩子的父母和老師來做答，最大的好處是省時
省事，甚至可以做團體的度量，例如學校班級的學生全班接受調查。

不過，這只能做為初步的過濾，不能用來取代正式的訪談和診斷。哈靈頓推薦六種常用的問卷：

1. 兒童憂鬱量表(Children Depression Inventory; Kovacs, 1982b)：這是由貝克憂鬱量表（Beck Depression Inventory）引申出來的量表，用來度量七到十七歲孩子的憂鬱症。這個量表共分二十七項，廣泛的評量所有憂鬱的症狀，孩子自己閱讀每個題目，或是由別人唸給他聽，然後要他回答「沒有問題」、「有問題」，或是「很嚴重」。另外有一套則供父母和老師回答。

2. 貝克憂鬱量表(Beck Depression Inventory; Back et al., 1961)：這是使用最廣也最受注意的量表。過去三十五年來曾不斷地修正。量表分為二十一個項目，包括認知、行為、情緒以及身體方面在憂鬱症狀中的特殊徵象。這種量表一般是用在成人病患，但也常用來度量青少年的憂鬱症，以便做為不同年齡病患的比較。

3. 憂鬱症病源研究中心等級量表（The Center for Epidemiological Studies Depression Scale; Radloff, 1977）：這個量表共有二十項，用來評量成人目前憂鬱的症狀，現在已有專門評量兒童和青少年的版本，以及供父母和老師作答的量表。但這種版本只能做為初步的鑑定。

4. 憂鬱的自我評量等級量表(Depression Self–Rating Scale; Birleson, 1987）：這個量表是專門用來度量兒童中度和重度憂鬱症的重要工具。主持評量的人以表中十八個項目逐項問孩子，在過去這一個星期中，這種症狀是不是發生在他的身上，然後問他每一種症狀的發生是少部份的時間或是大部份的時間。

5. 兒童憂鬱等級量表（Children's Depression Scale; Lang & Tisher, 1978）：這個等級量表共有六十六個題目，組合為六種自我評量，包括情緒的反應、社會關係的問題、自尊的低落、全神貫注在自己的病痛和死亡、內疚以及喜悅的事物。適用的年齡從九歲到十六歲。另一個版本可供成人使用。

6. 情緒與感受的問卷（Mood and Feeling Questionnaire; Angold et al., 1987b）：這個問卷的歷史不久，供DSM Ⅲ－R的診斷以及病源的研究之用。問卷包括三十二個問題，原是用於八歲到十八歲的孩子，但孩子和成人都可回答。

四、學齡前兒童憂鬱的評量

　　幼齡兒童憂鬱症及早發現有助於早期治療。要是大人發現孩子行為和情緒有異狀，最好能做鑑別性的評量，然後決定是否做進一步的診斷。對於學齡前兒童情緒與行為的評量，使用最多的是行為鑑別問卷（Behavior Screening Questionnaire; Richman & Granam, 1971）。這是用來訪問孩子的父母，鑑定幼兒的精神和心理病態。問卷共有六十個問題，包括行為、健康以及一般成長的過程。另一個用來評量幼兒情緒的工具是學齡前兒童情緒症狀的一般評量（General Rating of Affective Symptoms for Preschoolers; Kashani et al., 1986），它用來訪問父母和幼稚園老師，他們觀察這個孩子與其他孩子交往的情形。另外一個用來直接評量幼童情緒障礙的工具是由馬蒂尼等人（Martini et al., 1990）設計的圖片自我報告。這種報告共有二十五個項目。每一張卡片有兩個畫面，一個畫面顯示出一個行為問題，另一個畫面則沒有行為問題。二十五張卡片一一呈現給孩子看，要他指出適合於自己情緒的圖片。克寧吉勒等人（Kranzler et al., 1990）設計一個情緒的訪問表。他們發現三歲的小孩在遇到喪親之痛時，也會表達他們的情緒和悲痛。

五、行為的直接觀察

　　有些憂鬱症的症狀如語言動作遲鈍、面部表情憂傷、短暫而勉強的笑容，都可以直接觀察。根據反覆研究的結果，直接觀察的評量與

其他訪問的評量有高度的相關。卡茲丁等人（Kazdin et al., 1985a）認為直接觀察孩子對憂鬱症的診斷有相當高的價值。他們用這種方法來觀察六十二個住院治療的孩子。這些孩子年齡從八歲到十三歲不等。他們在孩子自由活動的時間，觀察三種主要的行為：(1)社會活動，如和別人交談、和別人玩紙牌或其他遊戲；(2)單獨的行為，如獨自玩東西、整理自己的房間；以及(3)情緒的發洩，如微笑，或是和人爭論。他們發現這些患有憂鬱症的孩子比較少和別人接觸，也不大表露自己的情緒。這個結果和孩子父母的感想相當的符合。同時，卡茲丁等人認為在訪問孩子的時候，也可以同時觀察他們面部的表情、眼神以及身體的動作，以相互印證。

奧特門和郭特伯（Altmann & Goltib, 1988）特別觀察孩子的社會行為。他們發現憂鬱症的孩子和別人接觸的時間顯然比其他孩子少；當他們和同伴有接觸時，吵嘴和攻擊行為出現的情況則比較多。

一般心理專家認為直接觀察可以提供相當寶貴的線索和資料，但這個工作要由有經驗的專家來做。父母自己做觀察自然省事也省錢，但父母的敏感度不夠，主觀的成份太高，其結果可靠性不高，僅可供參酌之用。

肆 憂鬱症的治療

憂鬱症治療的途徑縱橫交錯不一而足。美中不足的是這些方法用在兒童與青少年的身上，歷史還短，到目前為止，還缺少科學的研究來確實證明其效果。因此，治療孩子的憂鬱症往往要同時採用數種方法交叉驗證。最基本的辦法是採用認知與行為治療，改變目前的憂鬱症狀。社會技能的訓練與人際關係的改善也是每個孩子都要加強的重要方向。如果孩子的病因是來自家庭不健全或是學校環境的壓力，家庭治療與學校的支援是必須的途徑。如果孩子的情緒問題源自生理以

及神經系統的缺陷，抗憂鬱症藥品的使用常是考慮的重點。

一、認知的改造

認知的錯誤是憂鬱症的最大標誌。由於他們對自己、對外界事物、對未來不存任何希望，且把萬事萬物都做最壞的打算，其情緒自然黯淡、憂傷，而且有厭世的念頭。早在三十年前就開始提倡的認知治療和理性情感治療，到現在還是認知改造的兩個主流。不過，由於病患的年齡與病情的差異，依照臨床經驗加以修改是必要的。

㈠認知的治療（Cognitive Therapy）

根據貝克（Beck, 1967）認知理論對憂鬱症的解釋，患有憂鬱症的人「對自己」、「對世界」、「對未來」都有負面的看法。他認為這種人在處理事情時，犯了六個基本的錯誤：(1)隨意推論；(2)偏倚的定論；(3)過份的類化；(4)誇大其辭或是過份的淡化；(5)把事物人身化，或是對人不對事；(6)絕對的或是極端的想法。例如八歲的小寧有輕微的智能不足。她日日期待著在台北念大學的哥哥放寒假後會帶她到合歡山去賞雪。不巧的是放寒假的前兩天哥哥打電話回家，說是報告還未寫完，合歡山之行要後延一個星期。小寧得到這個信息後產生了幾個錯誤的認知和信念：(1)哥哥根本是騙人的；(2)他根本不想帶我去合歡山；(3)世界上根本不會有人會帶我去玩；(4)沒人帶我去玩，整個寒假我要做什麼？(5)誰會帶一個智能不足的女孩子出去？(6)我最恨哥哥，他為什麼要騙我？

史塔克（Stark, 1990）根據貝克的理論，設計三種處理兒童憂鬱症的策略。

1. 治療人員向孩子的自動想法提出挑戰：「你這種想法和說法的證據在那裡？」同時協助孩子向自己不合理的想法提出挑戰，以理性的思考取代自動的想法。

2.治療人員協助孩子建立「變通的解釋」。當孩子遇到一件不如意的事而痛心難過時，教他如何產生變通而有建設性的想法。例如十五歲的小華有憂鬱症，她在學校走廊上遇到一個同學，而這個同學沒有和她打招呼，小華認為這個同學討厭她，因此很傷心。大人可以告訴小華，這個同學不打招呼的理由很多，例如沒有看到小華、心情不好等等。小華自己也可設想一些變通而建設性的解釋。

3.治療人員協助孩子建立「萬一果真如此又如何」的想法，亦即事件的發生果真是他所料想的，其結果又會壞到那裡去？例如小華第二天再遇到這個同學，而且先向他打招呼，他還是相應不理。這件事當然會使人傷心，但是世界上那麼多的人，一個人不打招呼又如何？這種怠慢的人不和他交朋友又有什麼損失？

不但治療人員可以運用貝克的認知治療，一般人也可以把這種方法的原理原則加以利用。例如小寧上合歡山的事件。她的年齡還小，智能又偏低，以辯論的方法從事認知的改造相當不易。她的母親對小寧的心情相當了解。因此她告訴小寧，合歡山之行延後一個星期最好，因為氣象報告合歡山再一個星期才會下雪。同時，小寧應該利用這幾天好好研究從台中到合歡山的交通路線。此外，她們還要買幾捲底片和兩雙厚的襪子。小寧的母親靈活地運用認知治療的知識，婉轉的以事實和實際的行動來改變小寧的認知和信念，也因而改變了她的情緒和行為。

對於年紀較大理解力較成熟的青少年，貝克的治療方法可以直接用來處理他們的憂鬱情緒。貝克認為憂鬱病患的通病是絕望的想法，這種想法可以透過認知治療把它完全革除。認知的治療一開始就要針對孩子絕望的想法和悲觀的態度做適當的處理。處理的第一步是選定一項工作要這個孩子付諸實施。這個工作一定是他以前沒有完成的，他也深信自己沒有適當的能力或資源去完成這個工作。治療人員要設法使他吐露出他對這個工作是抱持怎樣的期望，以及預料中的障礙。然後指導他如何避免或克服困難來完成這項工作。如果他做完這件

事，而且表現得比自己原來所期望的更出色，這就表示他成功地達成任務。這個成功的例子可以做為將來嘗試其他工作的重要基石。更重要的是藉此粉碎絕望和悲觀的想法。

貝克認為孩子在建立信心之後，要協助他在日常生活中特別注意到造成心情惡化的外在事件以及自己內在的想法。治療人員給孩子指定「家庭作業」，每天要把混沌的思考記載下來。例如遇到心理納悶的情況，要立刻質疑到底自己腦中抱持著什麼想法。如果當時無法清晰地思考，在情緒的風暴過去之後，要儘快地靜下來想一想，並把思考與情緒的關係以及前因後果寫下來。治療人員可以拿這些記載和孩子共同分析混沌的思考，並協助孩子辯證自己自動而無理性的思考。一旦孩子能夠廓清自己混沌的思考，治療人員就要和孩子共同預想未來可能發生的困難問題，並事先設計一些應付的技術，一旦情況發生，可隨時拿來應付難題。

　　㈡理性與情感的治療（Rational－Emotive Therapy）

伊利斯（Ellis, 1962）在理性與情感的治療中，最常使用的技術是駁斥無理性的信念。駁斥的技術包括兩個步驟。第一步是協助孩子找出造成心理和行為困障的無理性信念，這種信念是自我鞭撻的心理狀態。很多人毫無理由地悶悶不樂，因為他們有潛伏的無理性思考而不自知，因此往往需要專家的協助才能把這種情緒的罪魁禍首找出來。第二步是治療人員對孩子無理性信念的真實性或虛假性與孩子展開辯論。在辯論中同時要協助孩子辨識什麼是理性的信念，什麼是無理性的信念。例如治療人員可以這樣問孩子：「憑什麼證據你非這樣做不可？」，「你的女朋友想要斷絕關係，你就覺得世界末日已到。這是根據什麼理論或是什麼標準？」經過一再地追問和思考，孩子會恍然大悟，無理性的思考都帶有「絕對的」、「一定的」、「必定要的」的想法。以下就是幾個無理性信念的例子：「有些人做錯了事，這種人一定是該死的壞蛋。」「人生實在太不公平，我再也受不了

了。」「這件事一定要辦得每一個人都滿意，否則我就是一個大笨蛋。」「他們都不理我，我一定是一個壞人，我非好好的檢討不可。」

　　大人要幫助孩子了解到自己情緒的困擾皆因他被這種無理性的信念所困而無逃脫之計。伊利斯另一個比較具體的辦法是要孩子回家做「家庭作業」，亦即平時每有這種想法出現，就要一五一十的寫下來，或是用錄音機錄下來。針對著這些信念，大人可以和孩子辯論，然後由孩子自我辯論。爭辯的例子是：「爲什麼我非這樣做不可？」「那個地方有記載說我是一個壞人？」「憑什麼證據我一定要得到別人的讚美？」「什麼叫公平？不公平又如何？」孩子不但要藉自我辯論去除無理性的思考，還要建立理性的信念，永遠取而代之。例如：「我希望把這件事辦好，所以爸媽會高興，但是我不一定要弄得每個人都滿意。只要盡我的力量去做，相信大部份的人會滿意的。」「我實在不應該罵小寧，但這並不證明我是一個壞孩子。明天我向他道歉，一切都會成爲過去。」「我眞希望爸媽能爲我的考試成績而高興，但是他們一定要我考第一名才能帶我去看電影，這是他們的錯。考不到第一名，爸媽不帶我去看電影也不算是天大的事情。」理性和情感的治療也常用語意的變通辦法，教孩子儘量避免使用自我鞭撻的遣詞用字而代以積極的字眼。例如少用「我不行」、「我不會」、「他們都比我行」的說法或想法，改用「我還沒有」、「我還要」、「小明和小華跑得比我快，但打乒乓球都不是我的對手。」等等。

二、行爲的治療

　　行爲的治療與認知的治療猶如鐵道之雙軌，缺一不可。行爲治療比較注意行爲的訓練，把思考與信念的轉變應用在行爲的改變上，也從新行爲的建立來確保思考和情緒的正常化和理性化。史塔克等人採用五項行爲治療的策略，對憂鬱症的孩子有相當的幫助。

㈠自我監督

在認知的改造中提到孩子要記載混沌無理性的思考；在行爲治療中，更要訓練孩子觀察和記錄自己的行爲，以及他自己對這些行爲的看法和感受。因此，他會了解到行爲、思考和情緒三者之間的關係。這其中往往是牽一髮而動全身，由此孩子深深地體驗到，要改變自己的情緒，往往要從改變自己的行爲和思考著手。孩子不但要監督自己負面的行爲、思考和情緒，愉快的事件更要花費心神去體驗、觀察和記錄。監督愉快的事件可以把孩子的注意力移轉到正面而積極的事物，同時打斷抑鬱和悲觀的惡性循環。

㈡自我評估

自我評估旨在比較自己實際的表現與內在的行爲期望。憂鬱症的孩子都有負面的自我評價，因此有自卑和缺乏自信的現象。這種心理的產生主要是因爲孩子給自己訂下一個高不可及的目標，因而自尋煩惱，感到自己一文不值。這不一定是行爲的缺陷，卻是認知的扭曲。自我評估的訓練是教孩子客觀地評估自己的想法和行爲，尤其是找出負面的自我評估，然後一方面從事認知的改造，一方面從事行爲的訓練如社會技能、語言能力、學業與體能等等訓練以提高行爲的表現，縮短實際行爲表現與自我期望的差距。

㈢自我增強

自我增強是指孩子對自己適當的行爲要自我獎勵，具有獎勵的增強物包括口頭的讚美和實質的獎賞。例如小寧爲了同學不打招呼而悶悶不樂。第二天她去找這位同學澄清，他立刻爲不打招呼的事表示歉意，廓清了她原先不愉快的思考。她認爲自己採取果敢的行動來辯證自己的想法是積極而有效的行爲。她不但鼓勵自己的作法，而且決定星期六晚上要邀幾位同學來家裡聊天看電視。這種自我增強自然有助

於自信自尊的建立，也是自我控制的策略中不可或缺的步驟。舉凡在困境中自己有適當的表現，都要立刻自我鼓勵，因此更多更好的行為會接連不斷的發生。

㈣日常活動的時間表

憂鬱症的孩子要不是對日常事物感到索然無味，就是感到精疲力竭，對什麼事情都感到困難重重，或是對自己喪失了信心以致什麼事都感到畏首畏尾。不管原因如何，這種孩子總是坐困愁城，空讓學業荒廢，人際關係破裂，日常生活也受到極大的妨礙。日常活動的時間表是把日常生活中該做的事有系統的安排組織起來。其目的是增加日常中有意義的活動，同時藉此來消減被憂鬱思緒所糾纏的機會。大人可以和孩子共同列出一些愉快的活動，並把適當的時間安排出來。對於憂鬱症已經相當嚴重的孩子，最好從簡單而不費力的活動開始，如散步、逛街、看球賽等等。有了進步以後再逐漸地增加活動的難度和深度。但不管那一種活動，大人都要傾力協助，並且增強孩子從事這些活動的行為。

㈤放鬆的訓練

孩子面對時時刻刻的壓力，往往與憂鬱的情緒形影相隨。放鬆的訓練旨在傳授孩子適當的技能，當他面對著壓力，自己有了急躁的性情，或是出現焦慮的情況時能夠泰然處之而不致引發更嚴重的憂鬱。放鬆訓練的第一步是向孩子解釋一個人憂鬱、焦慮、暴躁時，生理上會發生明顯的變化如呼吸急促、心跳加速、肌肉繃緊，甚至有頭痛胃痛的現象，接下來要教孩子做深呼吸：把自己的肺部想像成一個透明的大汽球，先把氣全部放光光，停止五到十秒鐘，然後吸進一些空氣，想像大氣球裝了三分之一綠色的空氣，停止五到十秒，再吸進三分之一的綠色空氣，停止五秒到十秒，再吸進三分之一綠色的空氣。大氣球裝滿空氣後停止十秒鐘，然後分三次慢慢地把氣放光。這個順

序重覆幾次，讓孩子體驗到肺部緊張與放鬆的感覺。放鬆的意義就是要消除身心緊張的狀態，轉入放鬆和心平氣和的情況。接下來要教孩子逐步放鬆肌肉的方法，把身體各部位的肌肉做緊張與放鬆的練習。孩子學會這些方法以後要每天自己練習。一旦肌肉的緊張與放鬆都能運用自如，就可教孩子省略緊張這一步而直接進入全身放鬆的狀態。不但肌肉放鬆，還可以配合輕鬆的音樂或是使用愉快平靜的思考把人帶入完全忘憂的境界。一旦孩子遭遇到壓力的困擾或是焦慮與憂鬱的侵襲，這種技術可以立刻派上用場。（有關放鬆的訓練請參見第三章）

三、社會技能的訓練與人際關係的治療

憂鬱症的孩子一個明顯的特徵是與人格格不入。這很可能是源自社會技能的缺乏、人際關係的困難以及缺乏社會增強。治療憂鬱症的一個重要策略是傳授適當的社會技能，把他裝備起來，面對人際關係的重重問題，能夠排除困難，建立親密而和諧的人際關係。

㈠社會技能的訓練

我們應當以孩子行為評量的結果為根據，設計一套社會技能的課程，期能發展他的長處，彌補他的短處。一般而言，社會技能的課程包括與人交談的技能、處理人際關係問題的技能、磋商與解除衝突情況的技能等等。訓練的方法大同小異，大都是採用講解、示範、角色扮演、糾正與回饋以及社會增強的方法。訓練的時候可以呈現一些假想的小故事，要孩子提出或扮演他的反應。大人不但刻意增強適當的反應，也要教他如何改進反應的方式。訓練有了成果，可以開始呈現日常生活中所遭遇到的實際問題。最後要演練如何處理這個孩子最感棘手的社會情況。有關社會技能的訓練與課程，請參見第三章。

㈡人際關係的治療

人際關係的治療重點在處理人與人之間可能的爭執，諸如孩子與父母、與老師、與同伴之間不愉快的事件；日常生活中不平和委曲的事件；與父母的分離、對權威的服從、權利與義務的劃分、獨立自主與別人的控制、異性朋友的交往，以及同伴的壓力等等。在初步的治療有六項工作必須完成：(1)對憂鬱症狀做詳盡的評量；(2)對這個孩子的人際關係有充分了解；(3)把問題的癥結找出來；(4)把所要改善的地方以及治療的用意給孩子解釋清楚；(5)和孩子訂定一個行為的契約；(6)向孩子解釋他所要扮演的角色。

接下來要協助孩子了解人際關係與自己情緒和行為的關連。例如孩子與父母之間最常見的爭執是零用錢的問題、孩子的交遊、學業的問題等等。在這些衝突中，孩子可能會產生自我懲罰的行為以及自責、內疚、憂傷的感覺。治療人員的工作是教孩子如何把自責、內疚和憂傷的感受適當地表露出來而不要出現自我懲罰的行為。

四、環境的改善與家庭的治療

憂鬱症的孩子很多出生在問題家庭中。有的家庭可能是父母長久不合，有的可能是父親或母親長臥病床，有的可能面臨著財務的糾紛或是事業上的危機。因此，這種孩子的家庭背景要有深入的了解，甚至其他家庭成員也要接受治療。

㈠對憂鬱症狀的諮詢

孩子的父母可能對憂鬱症毫無所知。因此，心理專家應當把基本的症狀對他們加以解釋。例如孩子社會關係的決裂與他的憂鬱情緒有密切的關係。這種情緒往往超越孩子能力範圍，他自己完全無法控制。再如孩子內疚的形成，其他問題行為的肇因，以臨床的經驗來解

釋，對家庭氣氛的轉變以及教養方式的改善有很大的幫助。要是發現孩子有自殺的傾向，孩子四周環境危險物品如刀械藥品等等的搜查，孩子行蹤的嚴密監視都是重要的防範措施。更重要的一點是有些父母認為孩子變來變去，雨過天自然晴。事實上很多孩子的心理疾病一日比一日深沈，如果不及早治療，不但孩子受苦，很可能因為延宕而誤了他的一生。

(二)父母與子女同時接受治療

父母和手足對孩子病情的進展有舉足輕重的影響力。例如孩子從治療人員那邊帶回來「家庭作業」，往往需要家人的協同合作，父母可以協助孩子鑑定混沌的思考，從事社會技能和放鬆訓練的複習和應用，幫他設計日常生活的活動，並鼓勵他表露自己內心的感受。因此，孩子接受專家的治療當中，父母也要全盤了解治療的內容，所以治療的效果可以從治療室延伸到孩子的生活中。

(三)家庭的治療

憂鬱症的孩子往往來自不正常的家庭，父母兄弟姊妹同時患有心理疾病的情形所在多有，這種情形常是孩子病根所在。病根不除，整個環境不徹底改善，孩子康復的希望微乎其微。因此，孩子求治當中，其他患有心理病態的家庭成員也要同時接受治療，甚至所有家庭成員都要接受協助和輔導，期能改變生活和行為方式。

(四)學校老師所肩負的職責

一個安安靜靜但不和別人交往的孩子在班級中很少引起老師的注意，但他可能已經痛苦到沒有呼救的能力或意願。老師都受過基本的訓練，而且看多了孩子，遇到孩子有異樣很容易察覺情緒與行為問題。不幸的是憂鬱症的孩子不大容易顯示他們的心理問題，或往往被誤解為其他的問題。因此，老師務須提高警覺，很敏感地找出藏在樹

叢中低聲哭泣的孩子。有些心理專家建議給每一個學童做問卷的評量，如果第一次出現疑問，可進一步做評量，第二次再出現問題時，應該提交心理專家做正式的診斷，並盡可能地做早期的治療。這一方面要老師的警覺，更需要心理醫療機構的配合和協助。預防重於治療的眞理用在憂鬱症上也是顚撲不破。學校與心理醫療機構對孩子憂鬱症的預防責無旁貸。西勾，瑪沙諾和可萊斯特（Siegel, Mesagno & Christ, 1990）以孩子的父親因癌症而瀕臨死亡爲例，認爲老師和心理專家應該採取下列的預防措施：

1. 對孩子的母親應該給予適當的支援，使其專心照顧臨終的配偶而沒有後顧之憂。

2. 提供母親有關孩子喪親之痛的心理反應，因此大人可以兼顧孩子的心理需要。

3. 針對孩子喪親的心理反應採取防範的措施。例如父親過世之後，保持這個孩子的生活現狀，避免因喪失父親而衣食無著甚至流離失所。

4. 特別強調並協助孩子與母親的溝通，以宣洩彼此的情緒。

5. 透過對母親的輔導，間接地影響孩子的想法和情緒。

6. 特別注意時間性。例如父親診斷有癌症後不要立刻告訴孩子，但也不要等到父親過世後才告訴孩子他父親是因癌症而喪生。

五、自殺的預防

孩子的生死常是一念之差。自殺的防範則要父母和老師鉅細靡遺地觀察孩子行爲的徵兆，分析可能的危險因素，然後採取必要的措施。姆斯（Muse, 1990）對此提出下列建議。

1. 私下探聽他的意向。例如問他下個週末有什麼活動，今年暑假有什麼特別計畫？

2. 觀察他的一舉一動，以相關的事物來試探他的動向。

3. 對幼齡的孩子可以直接問他心中的感受。

4. 讓他傾吐心聲，父母老師只重傾聽但不必急於勸說或教訓。

5. 如果事關緊要，可以直接問他是不是有自殺的企圖。如果他沒有這種念頭，會笑父母或老師多猜疑，或是一笑置之。如果他真有此念頭，他會感到特別安慰，因為到底有人真的關心他，從此大人也可嚴加防範。

6. 如果種種跡象顯示他有自殺的傾向，就算他矢口否認，還是要全天候的監視戒備，找專家或精神科醫師處理，甚至要住院做徹底的診治。

六、藥品的使用

對於憂鬱症相當嚴重的孩子，單靠心理治療顯然無法直搗深藏不露的病根。神經系統的故障或內分泌失調等生理上的病源常須借助於藥物的控制。抗鬱劑（Antidepressants）如Tofranil, Desyrel, Wellbutrin, Prozac, Zoloft, Luvox等等常用來治療孩子的憂鬱症。但是，根據給勒（Geller, et al., 1990）的研究報告，大約有百分之三十的孩子服用這種藥會有一些不良的副作用，如激動、暴躁、做惡夢、失眠、頭痛、肌肉痛、便秘、嘔吐以及昏迷等等現象。在不得已的情況下，電擊療法（Electroconvulsive Therapy）偶而也用來治療十六歲以下的孩子，但無論用藥或電療，利弊得失在事先要做慎重的考慮。使用之後更要仔細地觀察和評量治療的效果以及可能的副作用，然後就其益處和壞處做斟酌取捨。

伍 結語

我們想像中的孩子該是天真活潑無憂無慮；事實上，大部份的孩

子都是如此。但是，學校一個班級四十個學生中，可能有二到三個孩子患有憂鬱症，甚至有些學齡前的孩子已有憂鬱的情緒和厭世的念頭。這是孩子個人的悲劇、家庭的困擾，也是社會的問題。我們來看一個實際的例子：漢強是一個八歲的男孩，他的老師發現近兩三個月來上課時常打瞌睡，功課不做，考試成績一落千丈。下課時只是坐在課桌椅上發呆，不出去玩也不和同學交往。他偶而會對同學發點脾氣，但不會製造什麼大問題，老師也不特別的注意。漢強的父親是牙科醫師，工作認真負責，事業蒸蒸日上，他少有在家的機會，但一回家就常發脾氣，對妻子和兩個孩子相當苛刻。他的母親是一個典型的賢妻良母，但因為漢強四歲的弟弟半年前被漢強用塑膠的棒球棒打傷頭部後，經常癲癇發作，她就全神貫注在照顧漢強的弟弟。他們家僱了一個外籍保姆來照顧漢強的起居。這個保姆對漢強的衣食住行照顧得無微不至，但對他的委曲和落寞卻毫無所知。漢強的家庭富裕，算得上是相當美滿的家庭，但漢強小小的心靈過去六個月來一再為弟弟的受傷而受到內疚與自責的蠶食。同時因為父親的暴躁和百般挑剔，使他的精神壓力日甚一日。另一方面，他母親專心照顧弟弟而把漢強擺在一邊，保姆則因語言不通殊少有談心的機會。他本身又有他父親憂鬱症的遺傳傾向，內外夾攻，把他逼入死亡的邊緣。就在他老師發現他行為有異狀之後一個月不到，學校就傳來了漢強喝下大量清潔劑自殺死亡的消息。在他死後，他父母才在他的房間清理出無數張令人落淚的圖畫。原來他有多少個失眠的夜晚，心中的積鬱無處傾述，只好把心情畫出來。這些圖畫大部份是黑雲密佈，間有一些枯樹上吊掛屍體的畫面，充分地顯示出他的憂鬱和自殺的念頭。他的老師也回憶到漢強自殺前一個星期還突然開朗起來，找同學出去玩，還拿家裡的玩具來送給同學。想不到這竟然是他自殺前最明顯的徵兆，錯過了防範的機會，也喪失了一條生命。

憂鬱症的孩子不但在情緒上感到憂傷低沈；在想法上認為自己一無是處，人生毫無希望；飲食睡眠方面也相當不正常，體力和精神萎

靡不振。這種孩子對往日趨之若鶩的活動竟然變得索然無味。他的課業荒廢，人際關係發生裂痕，整個生活情況感到日日艱難。這種心理病症的來源常有遺傳的因素，因此生而具有容易感染情緒困障的傾向。孩子先天的內分泌不平衡以及神經傳送系統的故障也是一個重要的因素。加上認知的錯誤、環境當中不斷的壓力而無躲逃的機會，以及缺乏外來的增強和鼓勵，常使孩子的精神體能一蹶不振。

憂鬱的症狀大都超越孩子的控制範圍之外，驅之不去除之不盡。但是，這種孩子經過精密的評量診斷後，可以從認知的改造、行為的治療、社會技能的訓練、家庭環境的改善來帶動情緒與行為的改變。如果這些方法用盡依然沒有起色，使用抗憂鬱症的藥品加上心理治療，往往有撥雲見日，使孩子重見光明的效果。

第五章

焦慮與恐懼 •

孩子怕生、怕黑、討厭考試、討厭在公衆面前受窘，都是正常的反應，它們有保護作用，也提供必要的動機達成更高的成就。但有些孩子在幾公尺之外看到一條小狗就嚇得魂不附體、一踏上電梯就頭昏眼花、走進教室就如臨大敵，這些似乎是焦慮與恐懼的情緒反應，嚴重地妨礙孩子正常的生活和成長。

焦慮是一種害怕、憂慮和緊張的情緒。這不只是口裡說說而已，他們的確感到重大的災難即將臨頭，甚至有死亡的威脅。例如有的孩子感到他的靈魂已離開他的身軀，有的孩子認爲爸媽一出門就會被車子撞死等等。孩子有焦慮的情緒時，其行爲表現常會顯示出暴躁、哭鬧、大聲嚷叫、吃不下飯、健忘、過動、冷漠，甚至會做惡夢。幼齡的兒童焦慮時會抓住父母不放。不但如此，在生理上孩子會心跳加速、呼吸急促、胸口發痛、血壓升高、嘔吐、流汗、肌肉繃緊以及有窒息的感覺。

根據卡斯悌羅和殷果德（Costello & Angold, 1995）的研究，在一九八七到一九九四年之間所發表的報告顯示出孩子患有焦慮症的比率從百分之五點七到百分之十七點七不等。這些報告中，一半以上的統計顯示百分之十以上的孩子患有焦慮症，可見這種問題的普遍性。孩子有了焦慮與恐懼的症狀，內外交逼，日日生活在緊張不安的狀態中，因此社會關係無法建立，學校課業或工作也深受影響。

焦慮與恐懼的症狀範圍甚廣；DSM－IV把這種症狀分爲七類。這一章爲配合DSM－IV的分類，分別用六節來介紹各種焦慮的症狀

和治療。第一到第五節分別介紹特殊恐懼（Specific Phobias）與泛慮症（Generalized Anxiety Disorder）、社交恐懼症（Social Phobia）、分離焦慮症（Separation Anxiety Disorder）與恐慌症（Panic Disorder）、強迫症（Obsessive－Compulsive disorder）以及創傷後壓力症（Posttraumatic Stress Disorder），第六節則綜合介紹認知與行為治療在處理焦慮與恐懼症狀的應用。

壹 特殊恐懼與泛慮症

　　小英是一個八歲的女孩。她的主要問題是怕昆蟲、過份的憂慮以及生理上的病態。她不但怕昆蟲，而且昆蟲爬過的地方也會使她裹足不前，例如廚房，外面院子或學校操場都使她感到無限的畏懼。小英還會怕事情做不好、怕發生意外、怕被人取笑等等。遇到這些事物，不但有情緒上的擔憂和恐懼，同時會發生頭痛、胃痛、流汗和心跳加速等生理上的症狀。小英的母親也有類似的焦慮，只是她的情況不像小英的嚴重。根據卡夏尼和奧巴斯秋（Kashani & Orvaschel, 1990）的報告，大約有百分之二點四到三點三的孩子患有特殊恐懼；強生與寇恩（Johnson & Cohen, 1989）則報告患有泛慮症的孩子，大約佔一般孩子中的百分之二到百分之十九。這其中女孩子所佔的比例遠比男孩子高。

一、特殊恐懼與泛慮症的特徵

㈠主要症狀

　　1.特殊恐懼是指孩子對某特別的刺激（包括地點和東西）有持續不變的畏懼。因此，他會盡可能地躲避這種刺激，如果在無法逃避時

會承受激烈的焦慮。恐懼的情緒自然會妨礙孩子學校的課業、人際關係以及家庭生活。孩子最常見的恐懼刺激包括高處、小動物、醫師、牙醫、黑暗、巨大的響聲以及雷電等等。綉伯門和雷比安（Silverman & Rabian, 1994）從三方面來解釋孩子的特殊恐懼。在行為方面，孩子遇到恐懼的事物或預料到這種可怕的刺激就要出現時，他會設法逃脫或迴避。孩子同時會大聲喊叫，出聲哭叫，或跑去求助於父母或其他保育人員。在認知方面，孩子產生一種信念而且反覆地自我言語：我一遇到這種東西就有很大的災難。例如孩子會想：「這條狗一定會來咬我！」這種認知和思考會造成孩子重大的困擾，而且擾亂他的注意力和正常的生活。在生理方面，這個孩子會有心跳加速、發抖、肚子不舒服以及流汗等現象。

2. 泛慮症是指孩子把全副精神貫注在憂慮的事物中。這種孩子憂慮的並不是特殊的地點或東西，而是擔心一般的事物如未來的事情、功課的表現、身體的安危、別人的觀感等等。生理上的毛病如頭痛和肚子痛也是常見的生理現象。史特勞斯（Strauss, 1990）認為這種孩子自我意識很強烈，他們會經常探聽別人的意見，渴望父母或老師的贊同。從外表看來，這個孩子有完美主義的作風，他特別想討人喜愛，也顯得特別的成熟。

(二)DSM－IV的診斷標準

1. 特殊恐懼：

(1)顯著而持續地對某些特殊東西或情況的出現，或預期其出現而產生過度且不合理的恐懼。這些引發恐懼的刺激範圍很廣，例如飛行、高處、動物、打針、看到血等等都是常見的恐懼事物。

(2)暴露在這種恐懼的刺激中，幾乎每次都會立刻引發焦慮的反應。這種反應是指在某些情況中發生的恐慌發作；孩子可能以哭叫、發脾氣、手腳無措或抓住大人不放等等表示他的恐慌。

(3)這個人了解到自己的恐懼太過份而且毫無根據。幼小的孩子則

可能缺乏這種認識。

(4)恐懼的情況會使孩子設法躲避；如果逃避不及，孩子會遭遇到強烈的焦慮或壓力。

(5)孩子對事物的逃避，對恐懼事物即將出現所產生的焦慮，以及面對這種事物時所產生的心理壓力會嚴重地干擾這個孩子的正常生活、學校的功課、社交活動和人際關係，或是對這種恐懼本身產生顯著的心理壓力。

(6)十八歲以下的孩子，其症狀出現的期間至少六個月。

(7)焦慮、恐慌發作，或是恐懼所引起的躲避反應與特殊的事物或情況有關，但並非其他焦慮症狀所引起。例如強迫症（例如怕髒，一直被感染病菌的想法所困擾）、創傷後壓力症（避免接觸到引發嚴重心理創傷的刺激）、分離焦慮症（例如怕出門）、社交恐懼症（例如恐怕尷尬的場面而避免社交的接觸），或是帶有廣場恐懼症的恐慌發作（例如不敢上電影院、上電梯、坐飛機等等）。

2.泛慮症：

(1)過份的焦慮或擔憂。擔憂的日子比不擔憂的日子多，而且持續六個月以上。擔憂的事件或活動相當廣泛，諸如體能活動、學校功課、社交活動等等。

(2)這個孩子自己很難控制這種憂慮。

(3)焦慮和擔憂有下列症狀中的一種以上。這種憂慮在過去六個月中出現的日子比不出現的日子多。

- 感到不安、激動或是緊張。
- 容易感到疲倦。
- 注意無法集中或是腦中一片空白。
- 急躁易怒。
- 肌肉繃緊。
- 睡眠的困擾（無法入睡、經常醒來或覺得睡不好）。

(4)焦慮和擔憂的焦點並不集中在恐慌發作；怕在公衆面前出醜

（社交恐懼症）、怕被感染（強迫症）、怕離開家裡的親人（分離焦慮症）、擔心身體發胖、生病或是創傷後壓力症狀。

(5)這種焦慮、擔憂或生理的症狀造成極大的壓力，而且致使孩子在人際關係上、學校課業上以及日常生活上有嚴重的障礙。

(6)這種心理上的困障並非源自藥品或毒品所造成的生理病態或是生理的因素如甲狀腺分泌過多，也非因為情緒的不穩、精神症狀以及一般成長的障礙。

㈢相關的特質

1. **認知的媒介**。孩子無論是患了特殊恐懼或是泛慮症，其症狀都有負面的自我陳述，或是負面的認知。這種孩子遇到事情總是往壞處想，而且預料重大災難即將臨頭。尤有甚者，如果事情真有差錯，他會把罪過歸在自己身上。因此，他會時時設法防備，在認知上總是處在緊張「備戰」的狀態中。

2. **同伴的關係**。這種孩子顯得畏首畏尾，表面看來很害羞，社會關係很疏遠而且不受歡迎。這種孩子往往受到同伴的冷落，自己也很畏縮，結果常有社會孤立的現象。

3. **家庭生活**。有高度焦慮恐懼的孩子往往成長在不正常的家庭中。父母本身常有心理病態，對孩子的教養則採取過份保護、縱容或嚴厲體罰，教育方法模稜兩可或朝令夕改。家庭中父母與子女溝通不良，彼此無法暢所欲言以表露內心的感受。父母之間的感情不融洽，甚至有婚姻觸礁的危機。

4. **學校的生活**。拒絕上學和怕考試是這種孩子的主要特色。在校中，學習的活動因為過份的焦慮和緊張而效率降低，例如精神無法集中、上課無法聽講、考試無法作答等。某些地方或活動這個孩子會裹足不前而喪失了學習的機會。

二、特殊恐懼與泛慮症的肇因

㈠精神分析的理論（Psychoanalytic Therapy）

早在一九○九年佛洛伊德（Freud, 1955）發表小漢斯（Little Hans）的個案後，精神分析的理論就對焦慮症的解釋開闢了一塊新的園地。佛洛伊德認為小漢斯對馬的恐懼是因為他對他的母親有性的慾望，因此他想把他的競爭對手——他父親排除掉。小漢斯由於害怕內在的或是直覺的危機，只好把這個念頭強制壓抑下來，因此逃過了一番浩劫。然而，他的壓抑並非盡善盡美，所以潛意識的焦慮就移位到外在的事物；這種事物與他潛意識中的願望又有關連。所以小漢斯就盡量地逃避他所恐懼的馬，而不逃避他的父親。這個解釋流傳甚久甚遠。類似的個案和解釋不勝枚舉。問題是缺乏科學的印證，理論是否成立，一直沒有定論。

㈡學習的理論（Learning Theory）

華生和雷納（Watson & Rayner, 1920）也發表一篇小阿伯特（Little Albert）的個案。他們認為小阿伯特之所以怕小老鼠，是因為原屬中性刺激的小老鼠一再地和嫌惡的刺激配對出現，久而久之他也會怕這種小老鼠。這種害怕是學來的情緒，也是巴夫洛夫古典制約作用（Pavlov Classical Conditioning）的結果。另一方面史肯納的操作制約（Skinner Operant Conditioning）也扮演重要的角色，亦即孩子遇到恐懼事物時所產生的逃避反應獲得了增強。因此，焦慮的情緒與逃避的行為受到古典制約和操作制約的雙重控制。

㈢認知的模式（Cognitive Model）

肯多等人（Kendall et al., 1988）認為孩子之所以有焦慮與恐懼

是因爲孩子無法控制錯誤的認知。這種認知毫無事實根據，帶有負面的解釋，甚至造成大難即將來臨的信念。這種解釋也經常引起爭論，有人認爲孩子認知的錯誤是焦慮的結果而不是焦慮的肇因。但不管如何，焦慮與認知確是息息相關。

㈣遺傳的模式（Genetic Model）

另有一些學者如費爾等人（Fyer et al., 1990）認爲孩子有這種情緒是來自父母的遺傳因素，因爲父母往往也有類似的情緒問題。不過，這種模式殊難經過科學的實驗來求得印證。

三、特殊恐懼與泛慮症的評量

㈠自我報告的等級評量

最常使用的等級量表是兒童恐懼調查表——修訂版（Fear Survey Schedule for Children – Revised; Ollendick, 1983）、修訂的兒童顯示焦慮等級量表（Revised Children's Manifest Anxiety Scale; Reynold & Richmond, 1978），以及兒童焦慮情況與特徵量表（State – Trait Anxiety Inventory for Children; Spielberger, 1973）。

㈡標準化的訪問

軻蒂情緒困障與精神分裂症量表（Kiddie Schedule for Affective Disorder and Schizophrenia; Puig – Autich & Chambers, 1978）曾廣泛地用來評量孩子焦慮與恐懼的情緒。其他標準化的訪談評量包括兒童與青少年診斷的訪問（Diagnostic Interview for Children and Adolescents; Herjanic & Reich, 1982）、兒童訪問量表（Interview Schedule for Children; Kovacs, 1982）、兒童評量表（Child Assessment Schedule; Hodges et al., 1982）、兒童診斷訪問表（Diagnostic

Interview Schedule for Children; Costello et al., 1984) 、兒童焦慮症訪問表 (Anxiety Disorder Interview Schedule for Children; Silverman & Nelles, 1988) ，以及兒童與青少年精神病評量 (Child and Adolescent Psychiatric Assessment; Angold et al., 1995) 。

㈢生理的檢驗

孩子患有焦慮與恐懼症，往往有生理上和行爲上的特殊徵候。洽舖諾夫 (Chapunoff, 1992) 要孩子暴露在恐懼的情況中五分鐘，然後測量他的心跳和手掌發汗的程度。這種生理反應的檢驗可以提供一些線索，但必須參照其他評量的方法，綜合作診斷。只靠心跳和手掌出汗不一定可靠。

四、特殊恐懼與泛慮症的治療

㈠逐漸地暴露在恐懼或焦慮的刺激中

逐漸暴露的方法是讓孩子一步步地接近恐懼的事物，而且會嚐到成功的機會，因此又名爲系統減敏法。這種方法要利用肌肉與情緒的放鬆、後果的增強、示範作用以及自我控制等步驟。（ 細節請見第六節 ）

㈡行爲後果的控制

行爲後果的安排是應用操作制約的原理來處理刺激與反應之間的關係。這種方法的要點是把孩子的環境重新加以安排，所以當孩子暴露在恐懼的刺激時，他勇敢面對刺激的行爲一定會得到正增強；相反的，孩子在恐懼的刺激出現時如有逃避的行爲，這種行爲絕對不給予正增強，如父母老師的注意和關切。這種方法對怕高處、怕小動物的行爲最有效。（ 細節請見第六節 ）

情緒與行爲問題

㈢示範作用

孩子在心情完全放鬆的情況中觀看別人接近並觸摸這些恐懼的事物，自然會消除部份畏懼。這種示範最好是看其他的孩子接觸和操縱恐懼的事物。不過，看影片或使用想像的方法也有相當的效果。奧倫狄克和設尼（Ollendick & Cerny, 1981）採用跟隨的辦法給孩子做示範。首先他們示範如何和恐懼的事物接觸，然後要孩子跟著做，大人並在旁給予指導和鼓勵。孩子怕高、怕水、怕打針、怕拔牙都可用這種方法來處理。（有關示範的詳細步驟請見第六節）

㈣自我控制

自我控制是訓練孩子從認知的過程來帶動行為的改變。亦即孩子遇到恐懼的刺激時，要採用積極正面的想法，自我語言、自我鼓勵來克服恐懼的心理。這種方法對怕黑、怕作惡夢、怕在公眾面前講話等等相當有效。（細節請見第六節）

㈤克服怕黑的訓練

孩子怕黑，怕獨自一個人睡覺是常見的現象。邁古拉斯和扣夫曼（Mikulas & Coffman, 1989）對這個惱人的行為問題首先是採用示範的作用，然後讓孩子逐漸暴露在黑暗的情況中，而且在暗室中讓孩子體驗到愉快的經驗。他們在訓練孩子時，還使用勇敢孩子的故事和索黑的遊戲，讓孩子習慣於黑暗中的情況。這個故事的主角是一個怕黑的印第安男孩，他到他舅舅的農莊去渡假。在農村的生活中，遇到很多新奇的事物，這些事就編成一連串的"摸黑"遊戲。怕黑的孩子可以學這個印第安小男孩，如何在農莊中勇敢的克服種種困難。

遊戲的過程是：

1.孩子把眼睛蒙起來，在室內找出他最喜愛的玩具或糖果。如果找到了，大人還會特別地獎勵他。

2.布袋戲的表演。孩子要自己扮演布袋戲的布偶，他要在戲台上表現得生龍活虎，但也要表演布偶不上台時那種軟弱無力的樣子；手、臂、腿、脖子和身體都要整個放鬆下來。

3.孩子進入黑暗的房間去拿心愛的玩具和糖果，大人對他的勇敢也要大為讚揚。

4.在黑暗的房間裡，大人裝出農村各種動物的叫聲，然後要他認出這是什麼動物。這時大人的聲音必須是愉快而且易認，如鳥叫或羊的叫聲而不是野狼的咆哮。

5.在暗室中，大人用手電筒照在手上，然後在牆壁上投影出各種形狀的小動物。讓孩子去追這些小動物。

6.孩子進入黑暗的房間去找心愛的玩具和糖果。如果孩子有進步，玩具和糖果要愈難找，因此孩子停留在暗室中的時間愈來愈長。

7.關燈的遊戲。大人在隔壁的房間，喊一聲「關燈」，孩子要從地上跳起來，跑去把燈關掉，並在大人過來把燈打開以前，躺在自己的床上。如此比賽看誰贏。

8.孩子在完全黑暗的房間中，躺在自己的床上；大人在另外一個房間作出一些響聲；然後孩子要摸黑找到大人所在的房間，打開電燈，找到父母。

9.布袋戲的重演。勇敢的印第安小男孩成功地通過了八個難關後，要重演一次布袋戲。這時孩子躺在床上，手臂、腿部、臉部、脖子、雙肩、腹部，甚至手指和腳趾都要整個像不上演的布偶那樣的放鬆。不但如此，孩子要想像一些愉快和寧靜的事物，所以安祥地進入夢鄉，而且不會做惡夢。

㈥藥品的治療

抗鬱劑、刺激性藥物以及鎮定劑曾廣泛地用來治療特殊恐懼和泛慮症。不幸的是藥品的效果缺乏嚴密的科學研究和驗證；各種發表的文獻各說各話。一般的定論是先用認知與行為治療法。除非萬不得

已，不要輕易用藥品來處理這些情緒問題。

貳 社交恐懼症

　　小德是一個十一歲的男孩，他只能和一個孩子玩；要是第三者加入，他就要離開。他從來沒有到別人家裡去玩過，他說他連一個朋友也沒有，他每天都上學，但每個早上在上學途中都會感到肚子痛。中午吃飯時，如果有同學在旁，他就吃不下飯，而且想要嘔吐。這種情形給老師帶來相當的困擾，因為他有糖尿病，一天要吃六餐，老師總要設法讓他獨自一人吃便當和特別的點心。在家裡的情形也相當困難，他無法到餐廳吃飯，如果沒有父母的陪伴，就無法參與親友的聚會。小德是獨生子，他的母親也有恐慌發作的症狀，因此，他的父親就是他唯一能夠溝通和接觸的人。小德社交恐懼症並非絕無僅有，根據卡夏尼和奧巴斯秋（Kashani & Orvaschel, 1990）的研究，一百個孩子當中，有一個會出現社交恐懼症。其他的調查研究也有相似的報告。

一、社交恐懼症的症狀

㈠主要症狀

　　患有社交恐懼症的孩子在很多與人相處的場合中總是感到壓力重重，甚至會有生病的感覺。根據貝都（Beidel, 1991）的報告，孩子所恐懼的社交情況是：在公眾場合公開演講（89%）、在別人面前吃東西（39%）、參加親友的聚會（28%）、在別人面前做事如在教室黑板上寫字（28%）、進入公共廁所（24%）、與權威人物說話（21%）、私下與人談話（13%）。這種孩子大約每兩天就有一次由

於社會接觸而引起的生理和情緒壓力。史特勞斯和拉斯特（Strauss & Last, 1993）發現孩子社交的恐懼百分之六十發生在學校。在學校中最使他們感到為難的是和同學接觸，例如和同學談話或借東西。接下來是考試、在別人面前表演以及大聲誦讀。當他們遇到這些恐懼的社交接觸時，生理上的反應是心跳加速（71%）、發抖（67%）、發冷發熱（63%）、冒汗（54%）、作嘔（54%）。大約百分之八到十的孩子會因此而採取逃脫的策略來中止使身心不舒服的社交情況。

這種孩子要不是長期的忍受社交接觸所造成的身心煎熬，就是設法避免社交接觸。但無論是那一種情況，長此以往這個孩子會引發憂鬱的情緒和其他焦慮的症狀。同時，在智慧的成長和處事能力方面可能因而受到重大的阻礙。孩子的信心喪失，遇事畏首畏尾而且一成不變。社交的恐懼大都發病在十一、二歲之間。在這個兒童成長最迅速的時期要是不及早防治，問題日趨嚴重，孩子將一生受苦。

(二)DSM – IV的診斷標準

1.對社交接觸或表演的情況有明顯而持續的畏懼，這些情況通常是指遇到陌生的人或是被人審視批評。這個孩子在這種情況中特別害怕他的一舉一動會給自己丟面子或造成極大的難堪，尤其是顯出焦慮的心態，會被人瞧不起。

2.孩子暴露在他所畏懼的社交情況時，幾乎都會引起焦慮的情緒，這種焦慮類似由外界情況引起的恐慌發作。孩子的焦慮情緒表現出來的行為可能是哭鬧、喊叫、麻木而不知所措，或從社交情況中退縮。

3.較大的孩子可能會察覺到自己的畏懼太過份而且沒有事實的根據；年幼的孩子可能沒有這種認識。

4.孩子往往會設法避免這種社交接觸或表演的情況；如果逃脫不成，他會遭受重大的壓力和焦慮。

5.孩子躲避的行為，對社交情況的焦慮，或是在社交接觸與表演

情況中所引發的身心壓力，會嚴重地干擾孩子的正常生活、學校的課業和其他學習活動、社會活動和關係，或是對社交恐懼症本身感到極大的困擾。

6.孩子在十八歲以下，而且症狀的出現已持續六個月以上。

7.這種恐懼情緒和逃避行為並非藥物或毒品等所引起的心理反應，也不是其他情緒問題如恐慌發作、分離焦慮、智能缺陷或精神異常。

8.如果一般的醫藥問題或心理症狀的確存在，孩子的社交恐懼與這些問題或症狀無關。例如這個孩子的社交恐懼並不是因為口吃、巴金森氏疾病（Parkinson Disease）所引起的手腳顫動，或有怪異的飲食行為，因而怕與人接觸。

三相關的特質

1.**認知的媒介**。患有社交恐懼症的孩子特別關切自己與別人之間的關係，尤其在乎自己的表現與別人對自己的觀感。這種孩子往往抱持不合理的期望，認為非得到別人的認同和讚美不可。他們往往只看到社會交往中負面的結果而把與人交往的益處置於腦後。同時，他們把社交場合中的差錯完全歸之於自己的不是。因此，對社交情況的處理毫無信心，而且總是把社交活動與負面的認知連在一起。

2.**家庭的生活**。這種孩子不但在學校和遊戲場合中陷於孤立，在家中與父母兄弟姊妹的交往也受到相當的限制。麥當老（MacDonald, 1987）發現這種孩子從小就很少和父親做追逐和摔角的遊戲。這種親子之間的特殊關係可能是孩子社交恐懼症的肇因，但也可能是結果，更有可能是交互影響而造成惡性循環。有一個明顯的事實是，在這種家庭中，往往有其他成員帶有相似的焦慮或其他的心理病態。

3.**同伴的關係**。孩子有社會恐懼自然無法與別人建立和維持密切的友誼。相對的，由於尷尬的社會關係，更使這種孩子對社會接觸裹足不前，這又是一種社會關係的惡性循環。這種孩子不大會干擾別的

孩子，因此不會受到同伴的排擠，但很容易造成同伴的冷落和忽視，社會的孤立是普遍和自然的結果。

4. **行為的併發症**。社會孤立就一個成長中的孩子而言，對一生有既深且遠的影響。不但如此，由於社交恐懼所引發的其他行為問題也不容忽視。拉斯特等人（Last et al., 1991）認為孩子由於怕與人接觸或怕在同學面前出醜而拒絕上學，連帶造成了學習的問題。因為長期的缺課和社會孤立，憂鬱的症狀往往接踵而至。克拉克（Clark, 1993）發現這種孩子進入青少年階段後，有相當多會以飲酒、使用毒品來彌補空隙，甚至出現違法的行徑。有些孩子深鎖在家門之內，對外界事物一概不管，過著與世隔絕的生活。從別人的眼光來看，這是一個怪人或是社會的遺棄份子。

二、社交恐懼症的肇因

㈠認知與經驗

哈特門（Hartman, 1983）認為患有社交恐懼症的孩子總以自我為焦點，對自己過份注意（Self–focused Attention）。這種自我注意是造成和維持社交恐懼症的重要因素。他認為這種孩子對自己的表現，尤其是在別人面前的表現抱著不合理的期望，一旦這種期望無法實現，就產生極大的焦慮。一般孩子對朋友之間的齟齬或是某方面表現不佳認為是家常便飯；對患有社交恐懼症的孩子而言，這是天大的災禍，絕對不容再度發生。托那和貝都（Turner & Biedel, 1993）的研究顯示，患有社交恐懼症的孩子之中，百分之四十到五十六的確在他們的生命中發生過特別創傷的事件，使他們一提到社交情況就談虎色變。事實上創傷的事件對一個人的影響程度也和個人的認知與信念有關。

㈡家庭的因素

　　患有焦慮症的父母往往也會有焦慮症的子女。這到底是遺傳的因素或是家庭環境的因素，則有不同的解釋。不過，父母的心理病態與子女的焦慮相互影響，互爲因果則是不爭的事實。普托拉茲與哈佛琳（Putallaz & Heflin, 1990）特別研究母親與幼兒的交往，發現嬰兒與父母的相互依偎和親情的表露對孩子長大後的社會行爲有深遠的影響。他們同時發現害羞的母親也往往阻止幼年的子女和其他的孩子接觸，這種子女將來常有害怕社交情況的傾向。另外有一些父母鼓勵孩子做物質上的接觸和遊戲，如獨自玩玩具而少與其他的孩子來往，尤其禁止成羣的孩子從事喧譁吵鬧和情緒高漲的遊戲。這種教養方法加上父母本身的心理問題，使孩子缺乏社會技能和社交自信，將來遇到社交情況就儘量的避免，使問題日益嚴重。

㈢兒童的發展與行爲傾向

　　孩子本身壓抑的氣質、親子之間缺乏身體和心理的接觸，再加上同伴的冷落是進入社交恐懼症的主要通道。壓抑的氣質是指孩子從小就很難忍受本身生理和心理的激動或是外來強烈的刺激。喀根等人（Kagan et al., 1984）認爲處理這種氣質的幼齡孩子是一件相當頭痛的事。因爲他們容易受驚而難於使其恢復平靜，一般父母學會少去惹他，因而冷落了他。大人與孩子彼此似乎一開始就無法建立親情和身體的接觸。喀根認爲這種現象的形成不能責怪父母的冷漠和教養方法失當。事實上，這種孩子生而具有拒人於千里之外的氣質。這種緊張而缺乏安全感的親子關係延伸到社交情況中就造成孩子的畏縮。由於孩子從小殊少與其他孩子接觸，社會關係無法建立。從此遇到社會接觸或是在公衆面前表演的情況就顯得手忙腳亂，緊張萬分。

三、社交恐懼症的評量

害羞或內向是常見的人格特質，在東方社會中，女孩子害羞甚至被視為一種美德。社交恐懼症之成為問題是因為孩子本身有參與社交活動的意願和熱誠，卻因過份顧慮到別人的觀感和不良反應而裹足不前。這種問題與害羞是兩回事，但父母或老師往往把兩種情況混為一談。因此，孩子患有這種問題時，除非問題特別嚴重，否則很少找專家做診斷和治療。對這種個案，要詳細的評量社交恐懼症所引起的生理症狀、憂慮的程度，以及與社交恐懼有關連的緊張情況。這種評量可以分為三個方向來進行：

㈠恐懼的情況與行為

毫無疑問的，孩子對學校的恐懼是社交恐懼症當中最明顯的症狀。這方面的評量要度量孩子拒絕上學的行為，以及在上學時生理上的病痛。孩子對考試的恐懼則與學校的恐懼互有關連。有的孩子只是怕考試，怕在同學面前作答或表演學習的活動；另有一種孩子考試的恐懼只是整個社交恐懼中的一部份，這兩種情況要分辨出來。從更廣泛的社會角度來看，孩子與別人的關係，以及這種關係對日常生活的影響，都要有深入的了解。

㈡標準化的訪問

標準化與半標準化的訪問工具最常用的包括兒童焦慮症訪問表（ Anxiety Disorder Interview Schedule for Children; Silverman & Eisen, 1991 ）、兒童情緒症狀與精神分裂症量表（ Schedule for Affective Disorder and Schizophrenia for Children; Chambers et al., 1985 ）、兒童與青少年診斷訪問（ Diagnostic Interview for Children and Adolescents; Herjanic & Reich, 1982 ）、兒童診斷訪問表（ Diagnostic Interview Schedule for Children; Costello et al., 1984），以及兒童評量表（Child Assessment Schedule; Hodges, 1986）。

㈢自我報告的評量

孩子自我報告其焦慮的症狀可供初步的參考和過濾之用。最常用的自我報告工具包括兒童恐懼調查表——修訂版（Fear Survey Schedule for Children – Revised; Ollendick, 1983）、修訂的兒童顯示焦慮等級量表（Revised Children Manifest Anxiety Scale; Reynolds & Richmond, 1978）、修訂的兒童焦慮情況與特徵量表（The Modified State – Trait Anxiety Inventory for Children; Fox & Houston, 1983）、兒童社交焦慮等級量表——修訂版（Social Anxiety Scale for Children – Revised; LaGreca, 1991），以及社交恐懼與焦慮量表（Social Phobia and Anxiety Inventory; Turner et al., 1989）。

四、社交恐懼症的治療

㈠認知的改造

對於幼小的孩子而言，認知的改造重在改變孩子不適當的自我陳述。孩子有社交的恐懼時，其自我語言往往是負面的陳述，例如「每一個人都盯著我看，我一定有什麼毛病。」或是：「我如果弄錯了要怎麼辦？」對於考試的焦慮也是有負面的自我陳述，如：「我是個笨蛋，這次考試我一定考不過。」自我陳述的改變是採用積極的口吻來告訴自己：「看歸他看，我做我的事。」「誰不會做錯事？這有什麼了不起？」「上次我上台朗讀，老師說我發音很正確。」「這次我很有把握，一定會有進步，萬一考不過，下次更用功就好了。」對年紀較大思考較週密的孩子可以使用認知改造的方式，傳授一些應付的技能，並以自信的態度來建立適當的行為，辯駁沒有事實根據的思考和

信念。（有關認知的改造請見第四章）

(二)系統減除敏感法（Systematic Desensitization）

減除敏感的用意是有系統而且逐步地把引發恐懼的刺激與愉快的刺激一再地連合，同時出現在孩子的身邊，因而消除恐懼的情緒和逃避的行為。對孩子而言，愉快的刺激包括他喜愛的食物、大人的稱讚、愉快的想像以及肌肉的放鬆。貝多和摩理斯（Beidel & Morris, 1995）認為使用系統減除敏感的方法來處理社交的恐懼要遵循三個主要的步驟：第一是從事肌肉放鬆的訓練；第二是把孩子所恐懼的社交情況從最低恐懼到最高恐懼一一列舉出來；第三，在孩子完全放鬆的情況中，把列舉出來的社交情況從最低恐懼到最高恐懼一一的呈現並要孩子去體驗。這種社交情況可以用想像也可以用實際的社會接觸。對幼小的孩子而言，肌肉放鬆和想像的社交情況可能很難做到。因此，把孩子帶入實際的社交情況中，但要他假想自己是一個英雄的偶像如超人、孫悟空等等，這種想像具有壯膽的功能。無論是幼齡的孩子或青少年，他們大膽地進入原來感到恐懼的社會情況，大人要給予物質和精神的增強，尤其當他們逐漸進入較高恐懼層次的社交情況中，更要大人的支援和鼓勵。（細節請見第六節）

(三)行為後果的處理

根據操作制約的理論，患有社交恐懼症的孩子是因為他們逃避社交情況的行為一再地得到負增強，而正常的社交行為卻得不到適當的正增強。例如一個孩子拒絕朋友打球的邀約，這種拒絕的行為減少了他的焦慮，亦即這種行為得到了負增強。相反的，他如果去打了球，表現不佳或自認表現不佳，他的社交行為不但得不到正增強，反而會減弱。行為分析的重點在於找出社交行為和逃避社會情況的行為、行為的前事以及行為的後果，前事是指引發行為的因素，後果是指維護和增強的因素。行為後果的處理是根據操作制約的原理原則和行為分

析的技術，一再地增強孩子使用社會技能，積極參與社會活動。這種處理的策略有賴於老師和父母把學校和家庭的環境做適度的修正，使孩子能夠輕易地融入人羣中，並能得到增強。

㈣示範作用

讓孩子觀看其他的孩子在社交情況中與人交往，對這個孩子有重大的啓示。示範作用可以用影片開頭，一步步地示範與人交往的技術，然後帶入實際的情況中，看眞實人物遇到恐懼的刺激時如何應付這種情緒，並產生最有效的行爲。接著要這個孩子照著示範，從事同樣的交往，大人則在旁鼓勵和指導。（ 細節請見第六節 ）

㈤社會技能的訓練

一技在身自然壯膽三分，孩子的社會行爲亦如是。如果孩子怕在社交場合出現是因爲缺乏適當的社會技能，那麼社會技能訓練是根本的解決辦法。這種訓練最好是採用團體教學的方式，同樣年齡而且社會行爲相似的孩子在大人的指導下，相互觀摩切磋。社會技能的範圍甚廣，從最基本的點頭微笑、寒喧問候、引起話題、正式交談，以至正式的邀約，無所不包。但教學的課程完全按照孩子個別的問題和需要而定。社會技能的訓練也是經過講解示範、孩子本身的演練，以及在實際社交情況中的應用。當然，大人的增強和適當行爲的指導也是不可缺少。（ 細節請見第三章 ）

㈥同伴的媒介

引導患有社交恐懼症的孩子進入社交場合中，同伴的影響力遠甚於父母或老師的催促。克烈斯托福等人（ Christopher et al., 1991 ）所使用的方法是在遊戲的場合中，每一個社交恐懼的孩子和一個人緣特別好的兒童配對，帶領他參與自由的活動並與其他的孩子玩在一起。這個領頭的孩子不但有示範和引導的功能，更對恐懼的孩子有增

強和鼓舞的作用。對於十歲以下的孩子，因為智能還未成熟，語言能力有限，認知的改造有特別的困難，但使用同伴的媒介不但有效果，而且相當經濟。

㈦藥品的治療

抗焦慮劑中Xanax和BuSpar曾經用來治療孩子的恐懼和焦慮；尤其對社交的恐懼與逃避的反應，這兩種藥似乎比其他抗焦慮的藥有效。抗鬱劑Tofranil則常用來控制學校恐懼症的孩子。然而，由於缺乏科學研究的印證，尤其年幼兒童對藥品的反應往往模稜兩可，再加上副作用可能帶來的危險，一般用藥都相當謹慎。

叁 分離焦慮症與恐慌發作

小漢是一個十一歲的男孩。他從幼稚園開始就斷斷續續地出現焦慮症狀和對學校的厭倦。他的父親也有焦慮和憂鬱的情緒。最近發生的事件是一個早春午後的足球比賽，小漢在球賽中突然感到就要昏倒，心情非常紛亂。他一面哭一面說他快要死了。一向喜歡足球的小漢從這個事件之後，每次出門都非有父母陪伴不可。如果看不到父母，他就會抱著肚子，大喊身體不舒服。他會在大眾面前嚎啕大哭，好像是被什麼怪物嚇壞了；遇到這種情形，只好退出他最喜愛的比賽。不但如此，他對熱天會有強烈的恐懼；如果天氣太熱他就足不出戶。同時，他也開始要求和父母同房睡覺。經過詳細的身體檢查，並未發現生理上有任何異狀，但他的情緒問題日日惡化。為了上學的事經常與父母發生衝突。他會為此大發雷霆，甚至打翻桌椅，破壞家具。他一再聲稱他之所以不能上學，的的確確是因為身體不舒服。他一離開家就會作嘔、發暈、發抖、麻木和過份的緊張。

顯然的，小漢的情緒問題是分離的焦慮與恐慌發作兼而有之。分

離的焦慮通常發生在兒童或是青少年的初期。根據卡斯悌羅（Cos-tello, 1989b）的統計，百分之三點五到五點四的孩子患有這種焦慮。恐慌發作通常發生在成人的身上；但是根據懷貼克等人（Whitaker et al., 1990）發表的文獻，一千個孩子中有六個會有恐慌發作的症狀。布列克（Black, 1995）指出DSM－IV把分離焦慮症與恐慌發作列為不同的焦慮症狀，事實上這兩者有相當密切的關係：第一，當孩子感到焦慮時，這兩種不同的症狀有相似的行為特徵；第二，孩子有了分離焦慮症，長大成人後容易患有恐慌發作；第三，患有恐慌發作的人，其子女容易患上分離焦慮症；第四，患有恐慌發作的孩子大多也會患有分離焦慮症。而患有分離焦慮症的孩子不一定患有恐慌發作。

一、分離焦慮症與恐慌發作的症狀

㈠主要症狀

1. 分離焦慮症最明顯的特徵是孩子想盡辦法避免和他所依戀的人分離。根據拉斯特等人（Last et al., 1992）的研究，這種孩子為了害怕與父母分離，會拒絕上學，不願自己獨房睡覺，不願在別人家過夜，一天到晚與母親寸步不離。對於這種持續而極端的恐懼，孩子會解釋說一旦和母親（或其他照顧他的人）分離，就是永別。因為他確信一分離大災難就會發生，如母親被車撞死、自己出門被人綁票，或母親自己一人在家會被火燒死等等。一旦孩子與他依戀的人分開，孩子會顯得非常的焦急和痛苦，一心一意迫切地期待和他依戀的人重聚。如果孩子知道他非與依戀的人暫時分離不可，他也會顯現極端的焦急、顫抖、呼吸加速，並大聲哭叫來拒絕與此人分離。幼小的孩子可能抱住母親不放，要求母親不離開，或是說身體不舒服，最常見的是說肚子痛。這種孩子通常還會有其他的恐懼，如怕黑、怕怪物巨

獸，或是怕被人綁走。此外，他會做惡夢、不敢上床睡覺、自己一個人就睡不著等等。由於怕分離，這種孩子常會出現憂鬱的情緒、反抗的行為，或是常與大人爭吵。

這種症狀的發現常是由孩子拒絕上學所引起。這個孩子一提到上學就會肚子痛或要嘔吐，父母只好帶去看醫師以查明真象，結果查出來的是分離恐懼症。根據拉斯特的研究，年齡較小的孩子多多少少都有拒絕上學或不肯離家的現象。這種現象如果延續太久，而且與同年齡的孩子相形之下顯得太幼嫩，甚至對日常生活造成妨礙，就成為情緒與行為的問題。

2.恐慌症最明顯的特徵是一再地出現沒有事實根據的恐慌發作。所謂恐慌發作是指一段時間中，這個孩子會極端的害怕，害怕自己會失去控制，而且感到非常不舒服甚至有快要死亡的感覺。同時會發生生理上的異狀如出汗、窒息、呼吸短促、顫抖、肌肉繃緊、發暈、頭痛、肚子痛、胸口痛、作嘔等等。這種發作經常是突然出現，而且在五到十分鐘之內，這些身心的異狀就達到高潮。這種發作可能持續幾分鐘到幾個小時。根據布列克（Black, 1995）的分析，恐慌發作又分為三種不同的類型：(1)完全是自發而毫無外在事實根據的發作。亦即外界情況毫無動靜，孩子自己「無中生有」似的出現恐慌的情緒與行為；(2)情況傾向的恐慌發作。亦即在某種情境中，這個孩子容易有恐慌發作，但不一定每次遇到這種情況就會發作；(3)情境引起的發作。亦即某種情境必然會引起恐慌發作。恐慌發作往往與特殊恐懼、社交恐懼症、分離焦慮症以及創傷後壓力症有關連。一般而言，恐慌症發病的初期都是自發的發作，這種心理症狀發展到某一個階段，會漸漸地轉入情況傾向和情況引起的恐慌發作。

大部份患有恐慌症的孩子多多少少都會有廣場恐懼症（Agora-phobia）。這種恐懼是指孩子對某些地方或情況，如電梯、高處、空曠的地方、大庭廣眾的場所等等有特殊的恐懼。他們的恐懼是擔心在這種地方或情況中會有恐慌發作、無法從這種場合逃脫出來、在這種

情況中出現尷尬的情況，或是特殊意外發生時別人無法救助。廣場恐懼症從最輕微的恐懼如不敢上電影院、不敢到海灘戲水等等，到最嚴重的恐懼如完全深鎖在家中足不出戶。

(二)DSM－IV的診斷標準

1. 分離焦慮症：

(1)對於離開家或離開依戀的人感到萬分的焦慮。這種焦慮與其實際年齡不符合，而且有下列情況中的三種以上：

‧孩子離開家或是他所依戀的人，或預期這種分離時，會一再出現過份的緊張和痛苦。

‧持續而且過度地擔憂他會失去依戀的人，或是認定這個人一旦分離就會遇到災難。

‧持續而且過度的擔憂不幸的事件會造成彼此的永別。例如走失或被人綁架。

‧因為害怕分離，會持續地逃避上學、拒絕上學，或拒絕出門。

‧持續而過度地害怕或不願自己一人在家而沒有他所依戀的人在身邊，或是拒絕到別的地方去而沒有大人陪伴。

‧持續地逃避或是拒絕獨自睡覺由於沒有依戀的人在身邊，或拒絕到外面過夜。

‧一再地做和親人分離的惡夢。

‧要是和依戀的人分離，或預期到分離的情況，會一再地訴說生理上的病症，如頭痛、胃痛、反胃或是嘔吐。

(2)這種焦慮的症狀至少持續四個星期。

(3)發病的時期是在十八歲以前。

(4)這種情緒的困擾造成孩子相當的壓力和痛苦，妨礙他的社交、學校課業，或是日常生活的重要活動。

(5)這種情緒的困障並不是因為一般發展的缺陷、精神分裂症或是

其他精神病。

2.恐慌發作：

(1)恐慌症不帶廣場恐懼症：

‧一再地發生自發的恐慌發作，而且在發作之後至少有一個月的時間會有下列情況中的一項出現：一再地擔憂會有另外一次恐慌發作；擔心這次發作所產生的後果如失去控制、心臟病發作或發瘋；由於這個恐慌發作，行為有重大的轉變。

‧沒有廣場恐懼症。

‧恐慌發作並不是使用毒品所引起的生理異狀，或是來自身體的病態如氣喘等。

‧恐慌發作並不是因為其他心理疾病所引起，如社交恐懼症、特殊恐懼、強迫症、創傷後壓力症，或是分離焦慮症。

(2)恐慌症帶有廣場恐懼症在某些地方和情況如在羣眾當中、在排隊時、在橋上、在火車上、在電梯裡會有恐慌發作外，其症狀的發作與「恐慌症不帶廣場恐懼症」完全一樣。

(三)相關的特質

根據克寧和拉斯特（Klein & Last, 1989）發表的統計，患有分離焦慮症的孩子中，大約一半有其他的焦慮症狀如泛慮症和特殊恐懼。此外，凱勒等人（Keller et al., 1992）發現這種孩子百分之四十到六十同時患上了憂鬱症。焦慮症加上憂鬱的結果是睡眠不正常、生理上常有病痛、性情暴躁、悶悶不樂和消極頹喪。雖然拒絕上學是分離焦慮症的主要徵象，「學校恐懼症」和「拒絕上學」並不等於分離焦慮症。事實上，患有學校恐懼症和拒絕上學的孩子不一定有分離焦慮症；有分離焦慮症的孩子也不一定會拒絕上學。年紀較大的孩子可能會由分離焦慮症併發憂鬱的症狀，進而酗酒和吸食毒品，自殺的例子也往往和這種情緒有關。

二、分離焦慮症與恐慌發作的肇因

(一)人格特質

根據蘇歐密等人（Suomi et al., 1981）的研究，有些孩子從小就有容易受到心理創傷的人格特質。他們無法忍受與親人分離的情況，而且一遇到分離的情況，其反應會特別的強烈。這種人格特性加上外來的壓力，症狀就會突然爆發開來。例如有的孩子剛剛進入學校時需要一段時間的適應才能習慣下來，這是相當正常的現象。但是有的孩子漸漸地習慣於學校生活之後，過了一個假期，又會從頭來一陣恐慌發作，才會慢慢的恢復正常。同樣的道理，換新老師、新教室、升入初中高中都要經過一番折騰。這種外來的新刺激加上本身容易受傷的心理傾向造成了對依戀的人的過份依賴和分離時的過份痛苦。

(二)家庭的遺傳因素

拉斯特和貝多（Last & Beidel, 1991）發現很多分離焦慮的孩子中，父母也有焦慮和憂鬱的症狀。這個孩子的兄弟姊妹和血緣接近的親戚中，出現同樣心理問題的比例也遠遠超過一般的孩子。這證明分離焦慮症和恐慌症有代代相傳的可能。

(三)行為的抑制

貝多門等人（Biederman et al., 1993）認為年幼的孩子如果早年發現有行為抑制的現象，將來很可能會出現分離焦慮症和恐慌發作。他們認為行為的抑制是一種行為的傾向或特徵。具有這種傾向的孩子對新奇的事物都會感到畏首畏尾。他們認為這種行為的抑制不一定是直接的肇因，但可能是焦慮症的潛在因素，遇到反覆不斷的壓力，問題才會顯示出來。拉斯特特別指出，有些孩子往往在上學兩三年之後

才會發病，就是一個明顯的解釋。

三、分離焦慮症與恐慌發作的評量

㈠對行為模式的了解

拉斯特等人認為孩子分離焦慮症和恐慌症的症狀很容易和其他情緒與行為問題混淆不清，在治療上容易發生偏差。他們特別強調，要是孩子有逃避或拒絕上學的現象，要深入了解這種行為是如何發現的？他為何逃避上學？這種現象什麼時候開始？孩子對這種行為如何解釋？父母對這個問題如何處理？學校對此問題有什麼反應？父母和老師如何促使孩子去上學？孩子對此又有什麼反應？目前的行為模式到底怎麼樣？孩子留在家裡又是做什麼？再者，孩子有分離焦慮症或恐慌發作，他的父母也常有焦慮和其他情緒問題。這種情形使整個情況更為複雜，在治療上更需要有周詳的考慮。因此，不但要了解孩子的問題，還要了解整個家庭的背景，評量家庭中近親是否有心理病態？更要了解目前家庭的生活狀況、財務的經營，以及對孩子的教養態度。對於年幼孩子的恐慌發作，要特別考慮到年齡與成長的因素。小孩子的時間觀念模糊不清，發病的時間和細節都無法記得很清楚，也無法分辨生理上的徵兆與焦慮的認知。他們往往有恐慌發作而不自知，只是說無法呼吸、胸口痛、肚子痛、快要暈倒等等；大人也可能發現這個孩子冒汗不止、發抖，或有呼吸短促的現象。孩子並不了解這可能是焦慮引發出來的生理現象，自然無法說出內心的感受。因此，從行為的模式來推斷心理的驚慌是可行也是必要的途徑。

㈡標準化的評量

評量分離焦慮症與驚慌症的工具與其他焦慮症的評量工具大同小異。一個用來全面評量兒童情緒問題的評量工具是由美國兒童與青少

年精神病學會所發行的兒童焦慮症狀的評量（The American Academy of Child and Adolescent Psychiatry Practice Parameters for the Assessment of Anxiety in Children, 1993）。另外兩個常用的量表是一般精神病等級量表（General Psychiatric Rating Scale; Achenbach, 1985）和焦慮症狀量表（The Anxiety Symptom Scale; Klein et al., 1992）。

四、分離焦慮症與恐慌發作的治療

㈠行為分析與行為改變

對於輕微的分離焦慮，亦即症狀相當單純而且發病的歷史不久，一般的行為分析與行為改變就綽綽有餘。以拒絕上學為例，如果老師發現這個孩子因為被人欺侮而不願上學，那麼這些欺侮人的同學的行為應該加以改變。如果父母經常酒醉開車，其子女有充分的理由阻止父母夜晚出門喝酒，行為問題不在孩子而在大人。從行為分析發現環境的肇因後，這些因素應當儘快挪除。除了環境的改造以外，行為後果的安排也是必須的步驟，根據布拉克（Black, 1995）的看法，分離焦慮症的治療愈早愈好。例如孩子拒絕上學的時間愈久，愈難使他恢復上學。因此，父母和老師要儘量的合作，促使孩子早日恢復上學。他認為行為的劃分界線（Limit Setting）是一個可行的辦法，亦即父母和老師把上學與不上學的行為後果劃分得清清楚楚，上學的行為會得到父母和老師的增強，拒絕上學則得不到增強，甚至要付出相當的代價才能留在家中。

㈡認知與行為的治療

對於症狀複雜的行為痼疾，僅僅靠環境的改造和行為後果的處理顯然是隔靴搔癢。遇到這種情形時，認知與行為的治療證明有相當的

效果。勉斯多夫和盧肯斯（Mansdorf & Lukens, 1987）用認知與行為治療來處理兩個孩子長期拒絕上學的問題。在行為方面，他們的方法包括環境的改造加上行為的獎懲，「逐步」地要孩子融入學校的環境中。第一個星期每天只在校中停留兩個小時，孩子的焦慮症狀消減後才慢慢地延長停留的時間。在認知方面，父母和孩子用自我教導的方法來從事認知的改造，做為精神的裝備，以應付彼此心理上和情緒上的問題。例如孩子原來「擔心同學會戲弄我。」這種自我壓抑的認知要改為：「這是他們的問題，我不怕他們」。同樣的，父母原來對孩子的情況相當憂慮，他們會這樣想：「這個孩子身體不好，我可不能太過份的逼他。」這種壓抑的認知也應該改為：「只有忍下心來逼一下，他才會渡過這個難關。」

彼得遜（Peterson, 1987）採用多重治療的模式，但以認知與行為的治療為骨幹來治療一個女孩子怕自己一個人在家的症狀。他所使用的治療包括放鬆的訓練、認知的應付策略、想像的分離，以及逐步地暴露在分離的情緒中。同時，她母親也實施一個獎賞的辦法來增強她獨自留在家中的行為。認知的應付策略是要這個女孩子自我教導：「我不怕」、「我可以應付」，以及「我一定做得到」。但是，這個女孩對正面的想像相當的困難；她原該想像一個愉快的情景，結果都變成負面的景象。例如要她想像一個晴空萬里的好天氣，她都會以暴風雨來結束她的想像。因此治療的想像改由分神的辦法來取代，亦即她獨自一個人感到恐懼時，不再使用正面的想像，而改用與焦慮不能相容的行為來分化恐懼，例如閱讀愉快的書刊、看電視等等。應用綜合性的處理策略，這個孩子恐懼的程度逐漸降低，獨自一個人在家的時間逐漸的延長。

對於孩子恐慌的發作，蒂盧貝斯和貝克（DeRubeis & Beck, 1988）使用認知的治療，以減除發作的時間和症狀的嚴重性。這種治療的第一個步驟是針對一般恐慌發作的來源和過程給孩子做簡要的解釋，然後針對孩子個別的生理症狀如呼吸短促和胸口疼痛等，以及這

個孩子對這些生理症狀的錯誤解釋給予再教育。其重點是告訴他，他的憂慮、焦慮和恐懼都是心理上的問題而不是因為生理上真正有潛在的危機；只要能想通，這些生理症狀就毫無顧慮的理由。第二步則要孩子在認知上重新加以組織，所以對生理上的症狀有更明確的認識而建立健康的信念。認知重組的重點是協助孩子了解一個事實：他恐慌發作時產生的生理症狀使他寢食不安，這是因為他誤認為自己生命已危在旦夕。新的認知是根據醫學上的知識對這些生理症狀提供不同的解釋，亦即協助孩子深刻地了解這是一些暫時性的生理變化，對健康並無妨礙，對生命更無危險。第三步是要孩子學習一些特殊的技能來應付恐慌發作的身心狀態。蒂盧貝斯和貝克認為下列六項訓練事關緊要，要一一付諸實施：

1. 協助孩子了解恐慌發作時亦即生理上出現異狀時，他心理上的體驗如何？孩子要能追憶過去發作時心中怎麼想？這種想法有什麼意義？這些想法是不是正確？

2. 原來自動而錯誤的想法以及生理上的徵候要依照認知改造的模式重新加以解釋。例如他感到胸前有點緊或心跳加速，這是肋骨肌肉的緊縮，與心臟無關，並無生命危險。

3. 學習肌肉和心情放鬆的技術，在恐慌發作的初期立刻把這種技術派上用場，把情緒緩和下來，也把生理症狀控制住。

4. 控制呼吸的技術可以用來控制和調節呼與吸的平衡，減少把二氧化碳一口氣呼出去的情形。

5. 吸進二氧化碳。這個方法是要孩子把肺中的二氧化碳呼到一個紙袋中，再從紙袋中吸回肺部去。

6. 分散注意力的方法也是克制恐慌發作的有效工具。其主要的原則是保持肢體和腦部的活動，不可因恐慌發作而閒散下來，譬如做著色的遊戲、找人聊天、外出散步等等可以把注意力移轉到身外的刺激中。

㈢藥品的治療

對於頑強的焦慮痼疾，抗鬱劑和抗敏感症的藥品（Benzodiaze-
pines）證明對成人有相當的效果。但是，孩子使用這些藥品的效果
如何，目前還沒有一致的結論。這還有待科學的驗證才能做定論。不
過，情緒問題特別嚴重的個案使用藥品來控制，也有緩和的效果。

肆. 強迫症

小民是一個十五歲的男孩。他的毛病是每晚入睡以前必定要反覆
從事一些繁文縟節的活動，因此耽誤他的睡眠。不但如此，他經常會
半夜醒來，再如法泡製一次。小欣是一個十五歲的女孩，她的毛病是
一再地問人：「別人是否在說我的壞話？」小欣這種無意義的尋求保
證已有三年的歷史，其行為問題已嚴重到無法與人相處，無法上學，
連日常生活也受到嚴重妨礙而需要住院治療。小明是一個十一歲的男
孩，他也有反覆尋求保證的行為。他的強迫思想是重病與死亡，因為
過份地擔憂自己的安危，他會一再地問人：「我會不會失明？」「我
會不會嘔吐？」「我就要死去了嗎？」這三個例子都是強迫症的症狀
（Obsessive – Compulsive Disorder）本章簡稱為OCD。這種行為症
狀相當明顯，各種文獻的記載和描述也相當一致。這種孩子的出現率
遠比一般的估計要高出很多。大約一千個孩子之中會出現三到五個。
根據瑪崎、眸爾以及哈貝爾（March, Mulle & Herbel, 1994）的研
究，使用藥品加上認知與行為的治療，大都會有長足的進步。這是各
種焦慮症狀中，治療結果最樂觀的一種。

一、OCD的症狀

(一)主要症狀

1. **無理性的縈擾意念或強迫思想**（Obsession）是指反覆出現而且持久不退的想法、想像或是衝動。這些心理現象不但毫無事實根據，而且干擾個人的生活，更會造成身心傷害。這種強迫思想經常會伴隨著焦慮不安的情緒如害怕、嫌惡、懷疑或是欠缺的感覺。這種想法和情緒給個人帶來相當的壓力和痛苦。因此，這個人會設法壓制、沖淡甚至不理會這種想法和情緒。這種壓制、沖淡的行為會反反覆覆的出現，甚至變成強迫性的行為。這種行為別人看來毫無意義，但對病患卻是有目的有計劃的舉動。一般常見的強迫思想包括害怕自己會感染疾病、自己會受到重大傷害、家人會有災難、有偏執的宗教狂而一再審視自己的思考和舉動，或是擔心自己有不純潔的想法。

2. **強迫行為**（Compulsion）是指可以觀察得到而且反反覆覆的行為如一再地洗刷，或是內在的心智活動如一再地計算。這些症狀都是用來沖淡、壓制或是緩和內心的焦慮並防止重大災害的發生，最常見的強迫行為包括洗刷東西、洗手、反覆做同一件事、檢查、觸摸、計算、重新安排家具或書桌上的東西以及貯藏等等。

患上OCD的孩子有的只有強迫思想，有的只有強迫行為。但是大部份的孩子是兩者兼而有之。有的孩子隨著年齡的增長，症狀會有所改變，但如何改變並沒有一定的軌道可循。

(二)DSM－IV的診斷標準

1. OCD的症狀是強迫思想和強迫行為兩者之中的一種，或兩者都有：

強迫思想具有下列四種現象：

(1)一個人在情緒困障當中，會反覆而且持續地出現一些困擾而且不適當的思考、衝動或想像。當他體驗到這種無理性的思考時，會產生相當的焦慮和緊張的情緒。

(2)這種思考、衝動或想像並不是單純的擔憂現實生活中的問題。

(3)這個人會設法壓制或不理會這種思考、衝動或想像；或是用其他的思考或行動來沖淡這些無理性的意念。

(4)這個人知道這種強迫的思考、衝動或想像之縈擾不去，是他自己心智的活動。

強迫行為具有下列兩種現象：

(1)反覆的行為如洗手、審視；反覆的心智活動如祈禱、計算。這些行為和心智活動是由於強迫思想的驅使，或是因為某些規定必須一絲不苟地遵從。

(2)這些活動的用意在防止或減輕緊張的情緒，或是用來防範災難的事件或情況；不過，這種行為或心智活動要不是不切實際，因此無法真正地沖淡思考或防止災難，就是太過份而干擾正常的生活。

2.對青少年而言，在發病的過程中，自己會了解到強迫思想和強迫行為太離譜而且太無理性。兒童可能沒有這種認識。

3.強迫思想和強迫行為造成極大的壓力，浪費相當的時間（至少一天耗費一個小時），或嚴重的干擾這個孩子正常的生活、功課、社交和休閒活動。

4.如果這個孩子有其他的心理症狀，強迫思想和強迫行為與這些心理症狀不能混為一談。例如飲食異常的孩子會貪食無厭，患有憂鬱症的人會有反覆的內疚，這種貪食與內疚並不算是OCD。

5.這種情緒的困擾並不是由於藥物引起的生理現象。例如吸毒的人或是健康不佳的人會有特別的顧慮和保護措施，這不能算是OCD。

㈢相關特質

1. 大部份的孩子在成長過程中，多多少少會有一些OCD的行爲傾向。例如有些孩子吃飯或睡覺時都有一定的步驟，而且每次都是如此才能吃得下睡得著。這種行爲模式似乎是年幼孩子控制環境或是獨具一格的表現。這種行爲到兒童的中期，會逐漸地蛻變爲興趣的發展。例如十歲的孩子會開始集郵、打球、玩電動玩具或其他的嗜好。這種行爲屬於兒童正常成長的過程，不算是OCD的症狀。根據李奧納等人（Leonard et al., 1990）的研究，孩子在正常成長過程中出現的OCD傾向只發生在學齡前的兒童，很少出現在青少年的身上。相反的，眞正的OCD症狀大都在七歲以後才出現，行爲看起來相當奇異怪誕，情形也比較嚴重，而且會延伸到青少年期，甚至到成年還會嚴重的影響他的生活

2. OCD的症狀經常與其他心理症狀同時出現。例如患有精神病的孩子會有OCD的行爲。反過來說，患有OCD症狀的孩子往往也有其他的心理和行爲症狀。斯威都等人（Swedo et al., 1989）經過調查的結果，發現OCD的孩子也有下列症狀：肌肉的抽搐（30%）、憂鬱（26%）、特殊的發展缺陷如智障或自閉症（24%）、特殊恐懼（17%）、泛慮症（16%）、適應困難（13%）、挑釁的行爲（11%）、注意力渙散（10%）、反社會行爲（7%）、分離焦慮症（7%）、遺尿（4%）、酗酒（4%）、糞便失禁（3%）。

3. 根據霍蘭達等人（Hollander et al., 1991）的研究，OCD孩子的神經系統往往有輕微的損傷。其表現在外的情況是肌肉的知覺和運動有協調困難的現象，同時有空間視覺與語言的障礙、學習能力的障礙、社會技能的缺乏，以及情緒無法做適當的發洩。

二、OCD的肇因

㈠遺傳的因素

遺傳因素與孩子OCD的症狀有相當密切的關係。根據李奧納等人在一九九〇年提出的報告，四十六個患有OCD的孩子中，百分之二十的孩子其父母或兄弟姊妹也有同樣的症狀。因此，他們認為遺傳因素對此症狀扮演著重要的角色。不過，他們認為代代相傳的只是OCD的一般型式而不是OCD的特殊行為。例如父親的OCD是一天花數個小時查對一項簡單的家庭收支，他的兒子則會反反覆覆地洗手；父親深恐家庭收支不平衡，兒子則擔心吃下不乾淨的東西而感染重病。

㈡神經中樞的傷害

中樞神經系統的損傷可能直接引發OCD的症狀。根據康明斯與抗寧函（Cummings & Cunningham, 1992）的研究，腦部受傷、癲癇發作、腦瘤的生長、神經節的疾病如巴金森氏症和享丁頓痙攣症，以及腦部手術導致神經中樞受傷，都可能與OCD的症狀有關。

㈢神經傳送系統的故障

吉尼克（Jenike, 1992）和李奧納（Leonard, 1992）一致認為腦部血液輸送失調致使神經傳送系統發生故障是OCD的主要因素。其他因素如生長賀爾蒙失調的現象也經常會在OCD的孩子身上出現。他們使用抗鬱劑Anafranil以調律腦血液的循環和刺激賀爾蒙的分泌，都有顯著的效果，證明腦中化學因素的失調是OCD的重要病因。

㈣神經心理的症狀

鏈球菌引發的喉嚨發炎竟然與OCD的症狀有關。斯威都等人
（Swedo et al., 1994）發現鏈球菌會致使神經節發炎，其結果是病人
的肌肉局部抽搐和OCD的症狀。他們發現使用青黴素有治療OCD的
效果。他們認為一個人血液中的抗菌物質無法抵擋外來病菌的侵犯，
會致使腦神經受傷，個人往往會出現神經心理的症狀，OCD是其中
明顯的一種。

三、OCD症狀的評量

㈠OCD行為的類型

孩子患有OCD的症狀，各種不同的類型對孩子生活的影響有相
當程度的差別。再者，有的孩子明知自己的強迫思想毫無事實根據，
其反反覆覆的行為更是毫無意義，但因怕難為情，對這個蠶食心靈耗
費時光的症狀常常守口如瓶。因此，OCD的評量必須深入地了解其
無理性的意念是什麼？強迫性的行為是什麼類型？一天耗費多少時
間？對生活的影響如何？同時要詢問這個孩子對這種問題的了解以及
他的態度。只有獲得詳盡的資料，才能對症下藥。

㈡標準化的評量和訪問

兒童焦慮症的訪問（Anxiety Disorders Interview for Children;
Kearney & Silverman, 1990）是一種半標準化的訪問工具。毛得斯萊
強迫思想量表（The Mandsley Obsessional Inventory; Sternberger &
Burns, 1990）、雷騰強迫思想量表（Leyton Obsessional Inventory;
Berg, Rapoport & Flament, 1985），以及耶魯－布朗強迫思想強迫
行為等級量表（Yale－Brown Obsessive Compulsive Scale; Goodman

et al., 1989）都是屬於標準化的等級量表。

㈢併發症的評量

OCD的併發症狀對OCD本質的變化與治療的效果有舉足輕重的影響。因此，這些併發症狀如憂鬱、違抗、酗酒等等都要深入的了解。在治療前後相關行爲資料的搜集也是不可或缺的一環。例如記錄一天洗手幾次、一個星期有幾天無法上學、對於焦慮事物的反應程度、強迫思想的持續時間、逃避的行爲等等都要有正確的度量。

四、OCD的治療

瑪崎等人（March et al., 1994）認爲到目前爲止，認知與行爲的治療還是處理OCD最常用的工具。當然，藥品的使用也有相當的效果；問題是使用藥品來控制OCD還是有產生副作用的顧慮，只能當做是最後不得已的處理策略。

㈠逐步地暴露

一個人與害怕的刺激接觸愈久，焦慮的情緒通常會逐漸地消減。因此，一個OCD的孩子特別害怕細菌的感染而一再地洗手或更換衣服，可以要他接觸那些似有毒菌的物品，而且要保持接觸，一直到他的焦慮情緒完全清除。這種暴露的方法要逐步漸進，先從恐懼程度最低的刺激物開始接觸，一直到完全釋然於懷，才升高一級觸摸較害怕的事物。（有關暴露的策略請見第六節）

㈡反應的阻止

暴露的方法之外，往往還要阻止孩子從事強迫行爲，才有速效。例如一個怕細菌的孩子不但要接觸他認爲帶菌的東西，而且在接觸之後不准他去洗手，要他忍受心理的煎熬，一直到焦慮消失爲止。這種

方法更可使他了解到並不是每一種東西都帶菌，飯前便後必定要洗手，拿鉛筆再拿簿子則沒有洗手的必要。梅爾斯等人（Mills et al., 1973）用反應的阻止來處理小民睡前的繁文縟節以及半夜醒來再反覆從事這些無意義的行為。他的方法是有一個人每晚守候在小民床邊，不准他做那些不必要也沒有意義的習慣性動作。結果才十天這種習慣完全消除。不但如此，半夜也不再起來東摸西摸。他自己因為行為有進步，睡眠改善，白天活力增加，阻止反應的行為獲得相當的自我增強。不過，他的OCD症狀轉移到洗澡時的繁文縟節。他的父母以同樣的方法來監視和禁止這種無意義的舉動，浴室中OCD的症狀也是很快的消除。

㈢行為的消減

火焰得不到氧氣就無法再燃燒，一個人的行為得不到增強也會消減。這是行為分析中常用的策略，用來處理OCD的問題也有相當的效果。例如小明有尋求保證的行為。因為過份地擔憂自己的安危，一再地問人他是不是快要死去。法蘭西斯（Francis, 1988）特別教小明的父母和老師，小明每次提到這種問題，就掉頭而去完全不予理會，但如有適當的交談就特別的和他懇談。結果這種OCD的行為大為消減。豪忍（Hallam, 1974）也是用行為的消減來處理小欣尋求保證的行為。他特別指示療養院的護理人員，每次小欣詢問是不是有人說她的壞話？都要回覆她：「我不能回答這個問題。」這種策略對小欣的行為並無顯著的效果。豪忍因此改用行為消減的辦法，每次小欣問這個傻問題的時候，護理人員就轉頭不予理會。起初她為此大為光火，但四個星期後尋求保證的行為完全消除。

㈣綜合性的處理與訓練

肯多（Kendall, 1991）認為綜合性的處理和訓練是一個比較周全的策略。所謂的綜合性處理包括放鬆的訓練、呼吸控制的訓練、認知

的改造、暴露的方法以及正面的增強都可同時使用。此外，思考的轉變、示範以及藥品的使用都可用來消除OCD和相關的症狀。（有關認知的改造、正增強的使用、示範以及思考的轉變請見第六節）。

(五)藥品的使用

藥品的使用加上認知與行為的治療，大約百分之七十五的OCD孩子會有長足的進步。種種抗鬱劑的藥品如Anafranil、Prozac、Zoloft、Poxil以及Luvox不但對成人有效，也曾廣泛地用來控制孩子OCD的症狀。如果這種孩子兼帶有精神病，Haldol是最常用的藥品。神經手術對百分之十八的成人病患有良好的效果，瑪崎等人（March, 1995）認為患有嚴重OCD的青少年如果其他方法用盡，這種症狀對他的生活還是存在著嚴重的威脅，神經手術的辦法也可列入考慮。

伍 創傷後壓力症

小南是一個六歲的男孩，他曾在戰亂中渡過一個驚心動魄的夏季。從此以後他每次遇到類似戰亂的情況就不能自己。根據塞倚（Saigh, 1986a）的報告，這個孩子每聽到猛烈的爆炸聲、看到別人受傷、看到有人抱著孩子奔跑，或是看到類似被炸毀的大樓，他就會顯得很暴躁和焦急，他會設法避開這種引起痛苦回憶的刺激。躲避的行為並不能完全抹去心中的創傷和回憶，因此會有幾天輾轉反側不能成眠。

約梅亞‧傑克遜和瑪崎（Amaya–Jackson & March, 1995）特別指出，孩子體驗到創傷的情況，尤其是十一歲以下的孩子常會留下嚴重而深遠的心理創傷。他們估計百分之零點四到一點三的孩子有創傷後壓力症（Posttraumatic Stress Disorder，簡稱PTSD）。另外有

百分之十五的孩子雖然沒有達到DSM－IV的PTSD診斷標準，但其心理上的影響依然存在。

此種創傷的情況是泛指對生命安全具有威脅的事件，如兇殺、車禍、綁票、戰爭、骨髓移植、嚴重燒傷、乘船失事、天災地變等等。其心理的影響最明顯的是焦慮、憂鬱、記憶的困障、認知的扭曲等。塞倚（Saigh, 1991）進一步指出，孩子體驗創傷的事件並不一定要身受其害；有些孩子親眼目睹悽慘的狀況，或從第三者聽到恐怖的事件，都會造成心理的緊張和焦慮。

一、PTSD的症狀

㈠主要症狀

根據美國精神病協會（American Psychiatric Association, 1994）的定義，PTSD是指孩子暴露在死亡或有死亡威脅的情況中，或是體驗到身體受到重大的傷害；這種暴露和體驗包括孩子本身或別人遭遇到重大災難，結果引起激烈的恐懼和無助的感覺；此後，這個孩子的思緒變得雜亂無章，或是常有暴躁易怒的現象。該協會在DSM第四版中更增加急性壓力症（Acute Stress Disorder）。這種症狀包括嚴重的焦慮、緊張痛苦的徵候以及思考的凌亂。

㈡DSM－IV的診斷標準

1. PTSD的診斷標準：

⑴這個人曾經暴露在創傷的事件中，而且具備下列兩種情況：

‧這個人親身經驗到、親眼目擊到，或是面對過死亡與重傷的事件、死亡與重傷的威脅，或是身體健康的損壞。這種事件可能涉及自己，也可以發生在別人身上。

‧這個人對這種創傷的事件產生強烈的恐懼、震驚和無助的感

覺。對孩子而言，表現出來的可能是暴躁或手足無措的行爲。

(2)這種創傷的體驗會一再地呈現。呈現的方式是下列五種當中的一種以上。

・反覆地產生對這個事件痛苦、緊張而且有干擾性的回憶。這種回憶包括想像、思考或是知覺。對年幼的兒童，這種創傷事件的過程和內容可能反覆地在遊戲中呈現。

・一再地夢見痛苦的事件。年幼的孩子可能會有惡夢，但沒有實質或與創傷事件相關的內容。

・感覺到或表現出來好像創傷事件在重演。例如過去的體驗再度出現，有幻覺、幻念或是事件的倒敍。對幼小的兒童而言，可能會重新扮演這種創傷的事件。

・與創傷事件相似或具有象徵性的暗示，無論是內在或外在的刺激，也會引起激烈的心理痛苦和緊張的情緒。

・與創傷事件相似或具有象徵性的暗示，無論是內在或外在的刺激，也會引起生理上的激烈反應。

(3)一再地迴避與創傷事件有關的刺激，而且有下列情況中的三種以上，表示出一般反應的僵化。這種反應的凍僵現象在創傷事件發生之前從未出現過：

・設法迴避與創傷事件有關的思考、感受或談論。

・設法迴避引起創傷回憶的活動、地點或人物。

・無法想起創傷事件的重要關節。

・對重要的活動喪失興趣或很少參與。

・感覺到與別人漠不相干或逐漸疏遠。

・情感的範圍縮小，例如不再有愛心的感覺和熱心的表現。

・感到前途已黯淡或喪失人生重大的期望，例如不想再有一番事業、不想結婚、不想再升學，或不在乎學校功課的好壞。

(4)一再地出現警覺性提高的症狀。這種症狀在創傷事件發生以前並沒有出現。這些症狀包括下列情況中的兩種以上：

・很難入睡或經常醒來。

・暴躁或容易大發脾氣。

・很難集中注意力。

・過份的警覺。

・過份的驚嚇反應。

(5)症狀出現的期間有一個月以上。

(6)情緒的困擾嚴重妨礙社會關係、功課以及日常生活中的重要活動。

2.急性壓力症的診斷標準：

(1)這個人曾經暴露在創傷的事件中，而且具備下列兩種情況：

　・這個人親身體驗到、親眼目擊到，或是面對過死亡與重傷的事件或威脅，或是身體健康的損壞。這種事件可能涉及自己，也可能發生在別人身上。

　・這個人對這種創傷事件產生強烈的恐懼、震驚和無助的感覺。對孩子而言，表現出來的可能是暴躁或手足無措的行為。

(2)在創傷事件發生時，或是體驗過這種事件之後，這個人有下列症狀中三種以上：

　・主觀地感覺到麻木、疏遠或喪失情緒反應。

　・對其四周圍的情況茫然無知。

　・缺乏現實感。

　・缺乏人與人之間的親情。

　・無法想起創傷事件的重要細節。

(3)這種創傷的體驗會一再地呈現，包括一再地想像其情景、思考、作夢、幻覺、情節的突然湧現，感到再度陷入創傷事件，或是接觸到創傷事件的相關事物時，會引起相當的緊張痛苦。

(4)特別地迴避引起創傷回憶的刺激或相關事物如：思考、感覺、談論、活動、地點、人物等等。

(5)顯著的焦慮和警覺症狀如：睡不著、暴躁、注意力無法集中、

過份警覺、過份的驚嚇反應、坐立不安的現象等等。

(6)情緒的困擾嚴重地妨礙個人的社會關係、學校功課、正常的生活，甚至傷害個人的基本能力，例如無法告訴家人自己創傷的經驗、所受到的痛苦，以及需要別人協助的地方。

(7)這種情緒困擾持續至少兩天，最久是四個星期。而且情緒困擾是在創傷事件後四個星期內發生。

(8)這種情緒困擾並非由於藥物對身體的作用所引起，或是一般醫藥上的因素，更不是其他精神症狀所產生的心理反應。

(三)臨床特質

1. **緊張壓力的來源**。面臨著生死關頭，一個人自然會留下慘痛的回憶。對孩子而言，經年累月地受到別人身體與性的虐待也會造成心理上的創傷而出現PTSD。塔爾（Terr, 1991）把緊張壓力的來源分為兩種：第一種是突然的、無法預料的、單獨的事件。這種事件可能會再出現，也可能是一生只遇到一次。第二種是長久性的，孩子會預期這種創傷事件的發生，事實上這種情況也一再地發生。例如孩子受到大人的體罰或性的凌虐等等。孩子親身體驗到這兩種情況會發展出PTSD的症狀，但有的孩子單單聽、聞這種情況也會造成相似的症狀。塔爾研究二十五個學童在校車上集體被綁架的事件，發現每個小孩都出現嚴重的PTSD。另有一個孩子因為搭不上校車而未遭綁架，但也發展出類似的症狀。有些孩子僅僅聽到家裡的人訴說傷害的事件，或從報紙電視上得知創傷事件的細微末節，同樣有可能發生PTSD症狀。賀門（Herman, 1992）認為創傷事件的人為因素是一個重要的關鍵，如果創傷事件的肇事者是孩子心目中的權威人物如父母老師或其他與孩子相當接近的人，其所造成的心理創傷會更深更遠。除了一般PTSD的症狀外，這種孩子更會發生自我傷害的行為、情緒的永久傷害、生理的病痛、內疚、感到無能、感到外來的威脅持續不斷，而且把以前建立的信念一筆勾消。

2. **重新體驗**。創傷事件的重新體驗是PTSD的特殊症狀,這在所有心理病態中獨一無二。重新體驗會在創傷事件過後「自動自發」地出現,也會由創傷事件相關的暗示事物所引起。孩子做惡夢時可能會出現創傷的情景,也可能會推廣到其他不幸的事件,如夢見親人面臨死亡的威脅。配諾斯和內達(Pynoos & Nader, 1993)發現年幼的孩子會反覆地演示這種創傷的情景。如果孩子演示的劇情是英雄人物成功的救難,表示這個孩子在設法掌握自己的情緒;如果孩子一再地表演受難的情節,則顯示出他在心理防衛上的掙扎和挫折。這種創傷事件的演示可能會傳染給他的同伴,彼此起而效尤。如果孩子因為這種演示而製造危險的動作或攻擊的行為,問題就更複雜而嚴重。青少年往往會有冒險犯難的舉止或是裝腔作勢的言行,這不是創傷事件的演示,而是潛意識中把心理的創傷溶入實際的生活中。

3. **逃避或凍僵**。PTSD的孩子都會設法迴避引起創傷回憶的思考、感覺或活動。這種迴避包括實際的逃避行為或是認知的壓制。由於這種逃避和壓制,孩子其他生活上的功能也會波及。例如原來覺得興緻勃勃的活動,現在已感到興趣缺缺;以前學到的新技能也不見蹤影;孩子顯得沈靜無語;更有的會倒退到年幼時尿床和吸手指的情況。情感的凍僵或麻木也是常見的現象。這種孩子覺得和人相當疏遠,甚至家人也變成路人,什麼事都已無關痛癢。其情緒的表現也受到相當的壓制和約束。有些孩子覺得未來的路程已大為縮短,也不再對未來存有希望,甚至相信自己根本沒有長大成人的一天。

4. **增加體能活動與情緒的激動**。面對著外在內在的壓力,孩子可能會有睡眠的困擾,暴躁、注意力分散、緊張和警覺、驚嚇的反應,或是有暴力的攻擊行為出現。生理上的過份活動也是常見的現象,其結果是學校的課業受到嚴重的影響。約梅亞·傑克遜和瑪崎(Amaya–Jackson & March, 1995)發現夢遊和惡夢也常與PTSD有關。

5. **相關的症狀**。PTSD的孩子常會兼帶憂鬱症。另有一些孩子因為晚上睡不著,白天看來無精打采,再加語言的減退,常會給人一種

憂鬱的印象。其他焦慮症的出現自然不在話下。這種孩子過份地擔心自己和家人的安危，常會有分離的焦慮。再者，與創傷事件有關的刺激事物可能經常出現在孩子的四周，使他有草木皆兵的感覺。因此，泛慮症發生在這種孩子身上確是屢見不鮮。瑪崎等人（March et al., 1994）發現被人強暴的孩子同時發展出PTSD和OCD（因為怕感染疾病而一再洗手洗澡）；房子被強盜破門而入後，孩子同樣會有PTSD和OCD的症狀（一再地檢查門窗，無法上床睡覺），其他相關的行為如攻擊他人、自我傷害和自殺、不順從和向大人挑釁的行為比比皆是。

二、PTSD的肇因

㈠孩子的特質與環境的因素

PTSD的症狀自然與創傷事件的內容有關，但與孩子本身的特質以及處身的的環境也有密切的關連。孩子本身如果有精神異常，加上心理的創傷，PTSD自然會變本加厲，此外孩子本身生活中平時遇到的事故、孩子對社會的認知，以及孩子處理危機的應變能力與PTSD的形成和蔓延都有關係。瑪崎認為孩子不適當的社會行為是造成PTSD的危險因素，也是PTSD所造成的結果，或是兩者相互助長。麥克化仁（McFarlane, 1987）認為家庭因素如父母的教養方式，以及家庭的穩定性對孩子的PTSD有舉足輕重的影響。在創傷事件發生後，整個家庭所得到的社會支援會影響家庭的應變能力，也間接地影響孩子從創傷事件中恢復正常的能力。要是孩子接二連三地受到嚴重的創傷打擊，其內在的精力和鬥志消耗殆盡，再加上外來的壓力，精神自然很快的崩潰。這是塔爾所稱的長久性累積的創傷。

㈡學習理論與制約作用

學習理論的觀點是從刺激與反應的關係來分析PTSD的形成和維護；也就是引用古典與操作制約的作用來解釋PTSD的起源。根據費爾便克斯和尼寇遜（Fairbanks & Nicholson, 1987）的理論，緊張壓力的來源是非制約的刺激；這種刺激會引發孩子非制約的反應。亦即孩子遇到這種刺激會自然地引起恐懼和無助的情緒反應。由於古典制約的作用，凡是與創傷事件相結合的認知、情緒、生理現象，以及環境中的暗示事物，都會變成制約的刺激或是創傷的提醒事物（Traumatic Reminders）。由於刺激的類化，這些創傷的提醒事物也會引發制約的反應，造成PTSD的出現。從操作制約的原理來解釋，孩子透過嘗試錯誤，學習到以逃避的行為來阻止或減少PTSD的症狀，亦即認知的壓制和逃避的行為一再地獲得負增強而變成固定的行為模式。

㈢神經生理的解釋

配理（Perry, 1995）提出一種新的理論，指出孩子本身神經傳送系統中的Catecholemine顯然有不正常的形狀和活動，加上孩子在創傷事件中遭遇到激烈或長期的衝擊，使孩子中樞神經系統的發展越出常軌。這種不正常的神經系統更會引發心臟和血液循環的功能失常、情緒的不穩、行為的衝動、焦慮和驚嚇的反應，以及睡眠的不正常。他認為這種孩子腦部發展也可能有不正常，所以容易受到神經傳送系統和賀爾蒙調律不正常所引發的傷害。由於腦神經功能異常，孩子容易發展出PTSD。

三、PTSD的評量

(一)綜合性的訪問

PTSD的孩子找心理專家做診斷和治療時，每人的症狀和情況各不相同。例如有的孩子在創傷事件過後，父母立刻把他送去做心理輔導；有的孩子具有PTSD的症狀已經有一段歷史；有的是在診治其他症狀時才發現PTSD的症狀。因此，約梅亞・傑克遜和瑪崎認為對這種孩子要採用多重評量的方法。治療人員不但要訪問孩子和他的父母，也要從老師的觀點來了解孩子的情況。孩子目前的情況自然要全面地了解，但過去創傷的歷史更是探詢的對象。

(二)標準化的評量

三種常用的等級量表包括：康納父母與老師等級量表（Conner's Parent and Teacher Rating Scale; Conner, 1985）、兒童憂鬱量表（Children's Depression Inventory; Kovacs, 1985），以及兒童多向度焦慮等級量表（Multidimensional Anxiety Scale for Children; March, 1994）。兩個常用的半標準化的臨床訪問表是：兒童焦慮症訪問表（Anxiety Disorder Interview Schedule for Children; Silverman & Nelles, 1988）和兒童與青少年精神病的評量（Child and Adolescent Psychiatric Assessment; Angold et al., 1995）。

四、PTSD的治療

根據索羅門等人（Solomon et al., 1992）的研究，認知與行為的治療到目前為止還是處理PTSD最常用的工具。藥品的使用在萬不得已的情況下也有治療的價值。

㈠早期的預防

　　處理PTSD症狀的上上策自然是在創傷事件發生之後症狀還未出現以前，至少也要在症狀出現後但未定型之前做適當的預防措施和心理輔導。約梅亞‧傑克遜和瑪崎(Amaya - Jackson & March, 1995)採用預防與介預（Prevention - intervention）的模式來處理急性PTSD。他們一發現孩子暴露在創傷的情況中，立刻建立支援的系統，如其他孩子的慰問、鼓舞和探訪。父母和老師也立刻就孩子可能出現的悲痛或創傷反應，給孩子提供應變能力和應付技能的訓練。然後就可能出現的PTSD症狀以及相關的心理症狀做心理輔導。

㈡重新暴露

　　重新暴露的重點是在一個相當安全的情況下，讓孩子重新暴露在引起創傷的事變中，期能使孩子在第二、第三個機會中，修正或恢復原來的信心和信念，並能主宰內在的思考和外在的刺激。塞倚（Saigh, 1987）認為孩子重回到創傷的情況中，要能得到大人的保證和支援，孩子的症狀才不會愈陷愈深。塞倚（Saigh, 1986a）用洪水法來處理三個在越戰中備受驚惶的孩子。這些孩子每聽到爆炸聲、看到有人受傷、看到有人抱著孩子奔跑就會驚慌失措。塞倚把這些情況一一列出來讓每個孩子做驚慌的等級評分，然後給他們看戰亂的影片。結果孩子對創傷提醒事件的驚慌都大為降低。如果一羣孩子受到同樣的創傷，可以集體討論事件的發生，表露自己的感受，廓清困惑，或把特殊的需要講出來。有時候讓孩子畫出創傷的景象，或扮演災難中各種人物的角色，也可協助孩子釋放心中的重負。災難過去之後，指導孩子想像倒塌的房子已經重建，受難的孩子已經昇天。災難的結果並非一成不變，只要有決心有勇氣，一切都可恢復和平正常。（有關洪水法請見第六節）

㈢有系統地檢討創傷事件

配諾斯和伊斯（Pynoos & Eth, 1986）認爲心理輔導的重點是深入地了解孩子對創傷事件的認知和知覺、對整個事件主觀的解釋、他在事件中暴露的程度，以及他對事件的原因如何地歸罪或判斷。他們認爲讓孩子用筆畫出內在外在的刺激，用偶戲或眞人來表演情節，可以用來透露孩子的心聲，把事件的看法和判斷勾引出來。有時候讓孩子以小組討論的方式來透露心聲，可以沖淡心中的疑雲，也可以找出創傷的提醒事件，更可以消除歪曲的認知和信念。最重要的是讓孩子知道：這種事件當然使人感到毛骨悚然，但是這已成過去，能看開就沒事了。

㈣簡短的心理治療

孩子在毫無防備的情況下遭受身心的震撼，除了PTSD的症狀，還會牽引出悲痛、憂鬱、焦慮、內疚、生理的病態或其他相關的行爲問題。遇到這種棘手的問題時，配諾斯和內達（Pynoos & Nader, 1993）認爲由心理專家提供心理治療是必要的。他們認爲簡短的治療重點是把創傷事件劃分爲一序列的過程片段，然後帶領孩子掙扎通過一關又一關，或是一再地暴露在創傷事件的細微末節中，使他習慣於焦慮的情緒。他們認爲這種暴露還要合併使用反應的防止、放鬆和呼吸的訓練以及認知的改造。

㈤長期的心理治療

要是孩子曾經長期的遭受暴力的蹂躪，體驗到家中親人的自殺或謀殺，或是一再地暴露在緊張痛苦的事件中，短期的心理治療可能無法奏效。遇到這種激烈而頑強的痼疾，瑪崎（March, 1995）認爲長期的治療有絕對的必要。他同時指出，有些孩子本來就有心理的症狀，加上父母教養方法失當、生活環境惡劣，PTSD的情況一觸即

發，長期的治療和環境的改善才是徹底的解決辦法。

㈥家庭的輔導

家中有一個PTSD的孩子，其他家庭成員承受的壓力和重擔可想而知。有些父母根本沒有特殊的技術來處理孩子情緒與行為的問題；有的父母本身已經問題重重根本無暇顧及孩子的問題。遇到此類情況，不但孩子要找專家做治療，家中主要人物，甚至整個家庭都要接受輔導。瑪崎認為一般父母要學習如何應付PTSD孩子所帶來的額外負擔；認識這個孩子創傷的提醒事物；並能在孩子的生活環境中，設法排除這些勾引痛苦回憶的事件。如果創傷事件涉及其他家人或孩子的同學和朋友，那麼團體的治療是一個有效的策略。透過彼此的支援、鼓勵和互訴心聲，可以建立精神的支撐力量。

㈦藥品的治療

由於PTSD與神經生理有密切的關係，藥品的使用可以協助孩子減除激烈的創傷和焦慮，使心理治療能順利的推展。福來德門（Friedman, 1988a）和瑪崎（March, 1992）經過研究文獻的整理，發現不少藥品曾廣泛而有效的用來控制孩子的PTSD。抗鬱劑中，Tofranil和Prozac是最常用的兩種。抗焦慮症的Buspar、抗躁鬱症的Lithium、抗癲癇的Tegretal、緩和緊張情緒用的Catapres，以及調律心臟的Inderal都經過科學的驗證，對PTSD有相當的效果。不過，藥品的治療只是整個治療系統中的一小部份，認知與行為的治療以及家庭的治療都不可偏廢。

陸 認知與行為治療

認知與行為治療是融會古典制約、操作制約、認知學習原理以及

社會學習理論來改造孩子的認知、情緒與行為，從而消除或控制孩子的焦慮。在這一節要介紹七種常用的治療方法以及綜合治療的模式。

一、逐步暴露（Gradual Exposure）

這種方法可以讓孩子想像焦慮的事物，但更具體有效的辦法是要孩子暴露在一連串實際的事物中。逐步暴露的第一步是把孩子各種不同的恐懼事物鉅細靡遺地列出來，並且按照這個孩子恐懼的程度，從最輕微到最嚴重一一排列出來。第二步是要孩子在放鬆而安逸的情況下暴露在最不害怕的事物中。經過一再地暴露，孩子對這個事物已不再畏懼，就可進入下一個較會引起恐懼的事物，如此循序漸進，一直到暴露在最感畏懼的事物中。

法蘭西斯與奧倫狄克（Francis & Ollendick, 1990）用逐漸暴露的方法來治療一個十六歲女孩拒絕上學以及逃避社交情況的行為問題。這個女生告訴治療人員，她每到大眾聚會的場合就會產生極端的恐懼。在三個月的治療期間，治療人員首先探問她害怕的是什麼場合，然後編列一個社交焦慮的順序表。她最不害怕的是陪母親上百貨公司，最害怕的是獨自上學而且在學校一整天。她每星期與治療專家見面一次，由專家面授機宜並指定「家庭作業」。例如她要練習搭乘公共汽車，自己到百貨公司買東西，到電影院排隊買票然後自己進去看電影。三個月之後，這些原來使她產生畏懼的情況都能應付自如，但還是無法恢復上學，經過進一步的商議，她轉學到另外一所高中，情況大有改善。她不但高中畢業，而且繼續上大學。

二、系統減除敏感法（Systematic Desensitization）

系統減除敏感法包含三個主要的步驟協助孩子接觸某一種特殊恐懼的事物：第一步是做身心放鬆的訓練；第二步是對某恐懼的事物依

照害怕的情況列出一個順序表；最後一步是在身心放鬆的狀態下逐漸地呈現引發恐懼的事物，或是逐步接近這個恐懼的事物。扣遍（Koeppen, 1974）特別設計一套教孩子放鬆的技巧。他用想像的方法來引起孩子的興趣。例如手部的拉緊和放鬆是教孩子想像手中握著一個檸檬，他要用力把檸檬汁擠出來，腳部和腿部的拉緊則是想像涉足於深厚的泥土中，寸步難行的模樣，他認為孩子放鬆的訓練要簡潔而保持高度的興趣。

賀郭匹安和奧倫狄克（Hagopian & Ollendick, 1993）使用系統減除敏感法來治療一個九歲男孩對狗的焦慮。這個孩子在六個月前被狗追咬過，雖無重大傷害，卻是每每談狗色變。治療專家要這個孩子和他父母想出一個怕狗的焦慮順序表。他們想出了二十項。其中最輕微的一項是：「和父母一道出門，一起上車去買東西」，第十項是：「孩子走到以前被狗咬傷的巷口；他走到巷口時可以聽到這條狗的吠聲」，最後一項是：「走到狗屋旁邊，再走出巷口」。在未治療之前，這個孩子由父母陪伴，可以完成第八項而不會有激烈的焦慮。治療開始之後，心理專家告訴孩子的父母如何陪他每天做肌肉放鬆的練習，並在心情完全放鬆的時候，順序的涉足於二十項引起恐懼的情況。這個孩子還要學習如何自我教導，亦即感到恐懼時要自我言語：「不要害怕，做一個深呼吸，放鬆下來。」孩子在父母的陪同下每星期會見心理專家一次以面授機宜並檢討得失。但每天要在父母的督促下，一步步地接近這條狗。心理專家和孩子的父母並在旁鼓舞和獎勵他的勇敢行為。到治療的末期，這個孩子不但可以自由自在地在鄰近地區走動，而且可以壯膽地輕撫這條咬過他的狗。

三、洪水的暴露（Flooding）

洪水的暴露與逐步暴露的主要不同點是要孩子反覆而長時間地暴露在極端恐懼的情況中，其目的在於消減焦慮的反應。這種暴露可以

用想像也可以用實際的事物。在整個洪水法的過程中，心理專家要一再地探問孩子恐懼的程度。這個孩子要一直暴露在這種恐懼的刺激中，一直到焦慮的情緒完全消失為止。一般而言，洪水的暴露要和反應的防止同時進行。亦即孩子在恐懼的情況中，絕對不能有避開和逃脫的機會。例如塞倚（Saigh, 1987）用這種辦法來治療三個在越戰中飽受驚慌而有PTSD的孩子。他是要孩子觀看越戰的影片，一再地呈現恐怖的刺激，孩子最後了解這個惡夢已成過去，應該可以放心地過新生活。

馬卡西和霍雅（McCarthy & Foa, 1988）也是用這個方法來治療一個十三歲OCD的孩子。這個男孩的強迫思想是他會使父母大失所望、他學校的功課會一團糟，以及同學會取笑他。由於這些毫無理由卻除之不去的意念，他會一再地複習考試的教材，一再地幌動他的手臂和頭部，有時他在刷牙時「心血來潮」，就會刷個不停。對這種強迫行為的治療是使用想像的洪水和實際的洪水暴露。想像的暴露是要孩子想像他已接觸到恐懼的刺激，並想像他無法從事強迫性的舉動，因此造成了重大的災難。在治療當中孩子的恐懼反應都錄影存檔。他回家後可以重新觀看自己的影片。實際的洪水暴露則要這個孩子和恐懼的刺激做直接的接觸，而且不准他出現強迫行為如洗刷或搖頭幌腦的反應。他的父母和學校老師也接受特別的指導，經常鼓勵他去接觸害怕的刺激，同時防止他出現強迫行為。結果這個孩子不但強迫行為減少，強迫思想也有長足的改善。

四、行為條件的處理（Contingency Management）

行為條件的處理是行為分析的主幹，其基本的原理是行為前事、行為的發生以及行為後果三者之間有一對一，亦即一種情形發生另一種情形也會發生的關係。某些行為前事和行為後果是引發和維持焦慮行為的刺激因素。設法改變這些刺激因素，就會帶動焦慮行為的改

變。所謂刺激因素的改變包括增強與處罰、行為的塑造與行為的消滅。行為的治療要由專家負責；行為條件的處理或行為改變的技術可以把要點傳授給父母和老師，在家中在學校中雙管齊下，收到雙倍效果。

卡爾尼和銹伯門（Kearney & Silverman, 1990）發表一篇有關治療孩子拒絕上學的報告。他們先用行為的功能分析來找出一個九歲的男孩拒絕上學的引發前事和行為後果。這個孩子有分離焦慮症，而且每到上學的日子就會有頭痛肚子痛的現象。心理專家特別指示這個孩子的母親，如果他稱病而留在家中，不但不要表示特別的關切，而且規定他白天要留在自己的房間裡，晚上則要做家庭作業。同時，如果他一個星期中上學兩天以上，週末可以自由活動，否則禁足不准外出。他的行為有進步後，改為一個星期上學三天以上週末才可出門。依此類推，他終於能夠天天上學，也終於如願以償地得到一部嶄新的腳踏車。

五、行為的示範（Modeling）

根據社會學習的理論，孩子行為的形成大多是來自觀察和模仿他人的行為。一個焦慮的孩子看到別人接觸或對付恐懼的情況，自然可以使他壯膽，甚至躍躍欲試。行為的示範可以用影片或實際人物的示範，而最有效的是由同年齡的孩子做示範，並帶領這個焦慮的孩子去接觸他感到恐懼的事物。

馬格琳（McGlynn, 1988）使用示範的方法來治療一個六歲女孩害怕汽球的問題。這個女孩子每看到大小汽球就會緊張恐懼，而且會設法避開有汽球的場所。她的母親認為怕汽球事小，但因此不敢上百貨公司、不敢上學、不敢觀看遊行或參加小朋友的慶生活動，在生活上造成相當的問題。行為示範的治療一開始先讓這個女孩看其他孩子玩汽球的歡樂影片。接著看一個汽球的錄影片，片中有一個小女孩原

來也是怕汽球，但她克服了害怕的心理，而且學會了玩汽球，到最後她還敢用一根大頭針把汽球戳破。實際人物的示範則是由錄影片中的小女孩擔當領頭的地位。這個勇敢的小女孩帶領著焦慮的女孩一起興高采烈地玩汽球。接著她媽媽要告訴她汽球是怎麼吹起來的，然後母女一起吹汽球。在治療專家的指導下，總共花六個小時，這個女孩就不再因汽球而引起焦慮的情緒和逃避的行為。

六、認知的策略（Cognitive strategies）

認知的策略範圍很廣，但最常用的是自我教導、問題的解決，以及改變不適應的自我言語。賀郭匹安和奧倫狄克（Hagopian & Ollendick, 1993）把自我教導分為五個步驟：第一是治療專家接近孩子所恐懼的事物，並大聲地說出他要如何應付這種事物，孩子在旁觀看；第二是這個孩子接近恐懼的事物並在專家的指導下說出他要如何應付這種事物；第三是這個孩子接近恐懼的事物並大聲地說出他要如何應付這種事物；第四是孩子接近恐懼的事物並小聲說出他要如何應付這種事物；最後是這個孩子接近恐懼的事物而且在內心想他要如何應付這種事物。解決問題的方法首先要把問題做明確的界定，然後設想各種不同的解決辦法，並決定從那一種方法開始試用，專心一致地執行這個解決的辦法，並自我教導應付恐懼事物的對策，最後要評鑑這種方法的利弊得失。如果有效就要自我增強鼓舞；如果無效就要改用另外一種解決的辦法，一直到問題解決為止。改變不適應的自我言語第一步是要孩子監視和斷定在恐懼的情況中到底是怎麼自我言語；他如何告訴自己要從這種情況中逃脫出來。一旦這種不適應的自我言語找出來，就要在專家的指導下改用另一套適應的自我言語，因而能增進應付的能力，減低焦慮的情緒，消除退縮和逃避的行為。

格烈吉諾和姆尼（Graziano & Mooney, 1980）使用認知的策略來治療孩子晚上做惡夢的焦慮症。他們首先訓練孩子做身心的放鬆，

想像愉快的情景，並且自我言語：「我很勇敢」、「爸媽不在身邊我也不會害怕」、「我已經知道如何應付黑暗的情況」。接著治療專家指示這個孩子每天要反覆練習這些基本的技能。他們同時指導孩子的父母如何給孩子打氣，增強孩子勇敢的行為。例如設置勇敢的代幣制度，如果這個孩子晚上勇敢入睡，清晨起來精神煥發，他就可以得到代幣，累積某個數目的代幣他就可以出外旅遊。這種策略證明有相當的效果。這個孩子不但可以安然入睡，而且不再使用各種不同的藉口來拖延上床睡覺。

七、思考的停止（Thought Stopping）

思考的停止或思考的轉變是一種直截了當的方法，用來切除縈擾不去的思緒。訓練的初期是要孩子專心一致地想他最感焦慮的事。正當他想到最恐懼難受的時候，治療人員大聲喝令「停止」。如此反覆幾次之後，這個孩子困擾的思考的確因外力的干擾而中斷。接著要訓練孩子以自我干擾來取代外來的干擾，亦即自己大聲喝令「停止」，然後則是自己不出聲的「喝令停止」。最後要以愉快的思考來取代原來無理性的思考。

任恩（Rimm, 1973）發展一篇臨床治療的報告，並以實例來解釋思考停止的五個步驟。十一歲的安妮是一個五年級的學生，她在接受治療前幾個月乘坐校車時親眼目睹一件慘重的車禍。從此以後每當校車開到出事的地點她都會恐慌發作。不但如此，她有時會拒絕上學，甚至因而不再與父母開車出門。任恩使用的第一步是「別人干擾公開的思考」，他要安妮想像她坐上校車，車子轉了一彎又一彎，終於接近出事的地點，她已感到相當緊張。她要公開的把這一連串的想像邊想邊講。當她提到她感到緊張害怕時，任恩大聲喝令「停止」。第二步是「別人干擾內在的思考」，這時安妮要做同樣的想像，但只保持內在的思考而不公開的講出來。當她想到緊張害怕的情景時，亦

即校車接近出事的地點時，她要舉起一個手指頭來。任恩一看到安妮舉起手指頭，立刻大聲喝令「停止」，打斷她的思考。第三步是安妮「公開的干擾自己內在的思考」，這時安妮同樣地做內在的思考，當她想像到緊張害怕的情景時就舉起手指頭，並且自己「大聲的喝令停止」。第四步是安妮「內在的干擾內在的思考」，在這個時候安妮已有效的大聲干擾自己的思考，因此可以自己內在而無聲的「喝令停止」。最後一步是從無理性的思考轉入健康愉快的思考，以填補恐懼思考停止後的真空。

八、認知與行爲治療綜合性的處理方案

上述七種治療焦慮症的策略並不相互排斥；事實上，大部份的治療都是綜合數種方法，兼籌並顧以達成最大的效果。這種綜合性的處理方案有三個主要的目標：第一要孩子學習如何認識、體驗以及應付自己的焦慮情緒；第二是要孩子減低焦慮的程度；第三是要孩子學習以積極而適當的方法來面對挑戰，克服困難。爲了達成這些目標，治療的方法可以分爲兩方面：第一是特殊應付技能的訓練，包括：(1)能夠了解自己產生焦慮的情緒時，生理上有什麼特殊的反應；(2)能夠了解到面對焦慮的情況時如何自我言語；(3)培養解決問題的技能，修正焦慮的自我言語，並增進應付的技能；以及(4)自我評鑑與自我增強。第二方面是新技能的實際應用，包括想像與實際事物的逐漸暴露或接觸；在這個暴露中孩子要把所學到的技能一一派上用場。

法蘭西斯和貝多（Francis & Beidel, 1995）採用綜合方法來治療一個十三歲女孩的極端分離焦慮症。這個一向害羞的女孩是一個品學兼優的學生。她在一次看到一個親戚癲癇的大發作後，從此就爆發出嚴重的焦慮症狀。她會一再地查問她自己的健康情況，而且爲父母和哥哥的安危而憂心忡忡。只要有一點小毛病或皮肉之傷她也會焦急萬分甚至一再地聯想到她會因此而一命嗚呼。由於這些無理性的自動思

考，她會拒絕離開家，而且把家人纏住不放。例如她自己一個人在房間裡一定要有家人陪伴，所以她母親每晚要陪她，一直到入睡為止。後來因為怕母親半夜走開，都無法入睡，或小睡片刻又會驚醒。治療這種焦慮症狀的重點是採取實際情況的逐步暴露以及修改不適當的自我言語。

治療的第一步是把焦慮的形成以及持續出現的原因給這個女孩做詳盡的解釋；同時對逃避行為與不適應自我陳述的來龍去脈給她上一課。接著是心理專家和這個女孩共同鑑定使她感到焦慮恐懼的事物，並且要她監視自己面對焦慮情況時有什麼想法？焦慮程度如何？她找出來的焦慮情況是：獨自睡覺、自己一個人在房間裡、自己一個人到樓上去。她面臨焦慮情況時的自我言語是：她觸摸到手臂上的硬塊時就想到她會得癌症而死去，而且她一離開家人，他們就會死去。再接著是心理專家和這個女孩子共同擬定一個焦慮情況的順序表。最輕微的是獨自在樓下的房間裡，接著是自己一個人上樓一會兒、獨自上樓並待一段長時間、自己上床睡覺，而最害怕的是半夜醒來獨自一個人在房間裡。最後這個女孩要參與設計一些認知的應付語言。這時她已深深地體會到她對自己說的話會影響自己的情緒，因此自己也急於換一套健康的自我言語，以面對焦慮的情況。她設想出來的自我陳述是：「我有一點害怕並不證明天大的事就要發生。」「我一再嘗試，結果進入害怕的地方都沒事，我就覺得好多了。」「如果我開始有點擔心，就想一些好玩的事，那麼我就不再擔心了。」依照心理專家的指示和指定家庭作業，她一步步地暴露在焦慮的情況中，並以健康而積極的自我言語來應付內在外在的緊張情況。經過五個星期的治療，她可以安然的自己一人留在房間裡，而且可以獨自上床睡覺。同時，她一再憂慮和探問自己和家人健康的現象也逐漸消失。第六星期一開始，從一個星期治療一次改為兩星期治療一次。第十星期開始又改為一個月一次的追蹤觀察。經過三個月的追蹤觀察，她的焦慮症狀都未再出現。只有一次她家的狗生病時她有點不安心，但她立刻以新學到

的應付技能來自我言語：「醫師一定有辦法把牠醫好，牠很快會恢復健康。」

第六章

兒童精神分裂症 •

　　兒童精神分裂症的病例並不多，根據伯克瑪（Volkmar, 1992）的報告，一萬個孩子中可能出現一到四個。但是，精神分裂症長久以來一直是最嚴重的心理疾病。最早的記載追溯到十五世紀初，當時歐洲的精神病患和罪犯一起關在監獄或倉庫中，受盡虐待和酷刑。一直到十九世紀初，一位法國醫師發現他們並非罪犯也不是魔鬼纏身，因此設法把他們從瘋人院中釋放出來，而且解除他們的手鐐腳銬。近五、六十年來，抗精神病藥的發現，更使千千萬萬的患者從精神病醫院中走出來，融入社會中過正常的生活。孩子患有這種難纏的心理疾病更是遭受到折磨和誤解，甚至到十九世紀還有文獻稱他們為「野孩子」。一直到一九八○年美國精神病學會出版的DSM－Ⅲ才正式給予兒童精神分裂症（Childhood Schizophrenia）的名稱和診斷。

　　在一九八○年以前，心理專家和精神科醫師遇到兒童心理上棘手的疑難雜症時，往往把他們冠上精神分裂症的名稱，然後棄之不顧。根據貝爾拉克和姆設（Bellack & Mueser, 1990）的看法。這種垃圾筒（Wastebasket）的分類法有幾個可能的因素：第一是精神分裂症涵蓋的範圍太廣，一般的從業人員很難找到一致而實在的症狀；第二是一般認為精神分裂症是一種生化上的疾病，心理與行為的治療無能為力；第三是一般認為對付精神分裂症時，使用藥品的治療綽綽有餘；第四是一般認為精神分裂症的症狀過於嚴重，沒有白費力氣的必要。但過去二十年來的努力並沒有白費，DSM－Ⅲ和DSM－Ⅳ提供了相當精密的診斷標準，加上藥品使用、心理治療以及教育功能的發

揮，患有精神分裂症的孩子終於有了適當診斷與治療的機會。

兒童精神分裂症的診斷和鑑定相當困難，因爲他們語言表達能力有限，無法說出腦中的想法和看法，而且一般孩子本來就充滿了想像和奇異的念頭，這往往和精神症狀混淆不清。再者，很多精神分裂症的孩子成長在貧窮而破碎的家庭中，智力又偏低，他們往往生活在一個少有人知的世界中。成人患有精神分裂症大多發病於青少年晚期或成人初期（大約十九歲到二十一歲之間）。至於兒童精神分裂症的發病時間因爲語言、思考以及情緒的混雜，殊難有明確的推論。伯克瑪根據DSM－IV較嚴格的診斷標準來推斷，兒童精神分裂症殊少在五歲以前發病。他認爲兒童精神病的發生有三種型態：第一種是孩子原來沒有任何心理病態，但精神症狀急性而全面地爆發開來；第二種是最常見的隱伏症狀，這種孩子在不知不覺中各種心理功能逐漸的退化終至與現實完全脫節；第三種是隱伏的發作，孩子已經病發一段時期才全面爆發。康托（Cantor, 1988）認爲目前的專業知識和診斷技術還無法斷定五歲以下的孩子是不是已經有精神分裂症。她認爲將來可以用生理和行爲的徵象做爲診斷而不需依靠語言的陳述。這可能對提早做診斷和治療有所助益。

到目前爲止，長期而綜合性的治療似乎是最好的策略。根據約格斯（Eggers, 1978）的研究，五十七個患有兒童精神分裂症的孩子中，長期的症狀分析呈現一個相當悲觀的結果。這些十四歲以前就發病的孩子，經過二十年的追蹤，發現百分之二十症狀完全消失，有百分之三十稍有進步，但百分之五十保持中度和嚴重的症狀。孩子發病時的年齡愈小、發病前已有其他心理症狀、具有隱伏症狀和逐漸惡化的現象、或是未得到適當診治，這些狀況顯然造成了較悲觀的結果。

壹 兒童精神分裂症的症狀與徵候

根據伯克瑪的定義，兒童精神分裂症是指兒童呈現精神症狀的主要特徵以及適應性功能的缺陷；而且這些症狀已有六個月以上的歷史。精神症狀（Psychotic Symptoms）包括幻覺、妄念、思考的散亂或前後不一、語言動作的遲鈍、以及不適當或晦暗而無生氣的情緒。這些心理情況必須連續出現一個星期以上。適應性功能的缺陷是指這個孩子無法達成正常的成長，包括人際關係的建立、學校功課的學習，以及日常生活的技能都遠落在同齡兒童之後。

一、主要症狀

康托（Cantor, 1988）根據她十五年中治療五十四個精神分裂症孩子的臨床經驗，綜合整理出四項主要的症狀。

㈠雙重矛盾、妄念與幻覺

雙重矛盾（Ambivalence）是指同時存在有兩種相互衝突矛盾的感覺或思考。例如愛恨交集、憂喜參半或是進退維谷的思緒。雙重矛盾需要有複雜的思考能力，一個人必須能同時產生兩種不同的想法。因此，學齡前的孩子較少有這種症狀，到青少年階段這種矛盾衝突的思考就漸趨明顯。不過年幼的孩子往往在遊戲當中表現出這種症狀。例如一個六歲的孩子玩一個小汽車時突然冒出來：「我希望這個車子不要撞壞了。……它不該在這裡撞壞。」精神分裂症的孩子常有嚴重的雙重矛盾。這種現象甚至伸延到孩子的意志和果斷，以及動作的組織和功能。例如一個十四歲的孩子在一個小時的治療期間中，會花上半個小時三心兩意不知玩什麼玩具；另一個十六歲的孩子經常失去動

作的控制，例如坐也不是站也不對，坐校車上學時則要上車下車好幾次。

　　妄念（Delusions）通常指一個人感覺到別人會迫害他甚至毒殺他；對自己身體髮膚超乎常理的關切；自認為是至高無上的人物、超級強人或是萬能的神仙。妄念需要複雜而細膩的思考過程，所以學齡前的兒童較少出現妄念。但就精神分裂症的孩子整體而言，有百分之五十五到六十會有妄念。一個六歲孩子的妄念是他是毒草的剋星，就因如此，他常碰觸毒草，結果要一再送醫院急救。另一個八歲的孩子說他是超人，他能做大人辦不到的事，例如單手捏死了一隻小鳥。到兒童晚期青少年初期，孩子的妄念大都還是集中在超人的力量或是非凡的身份。有個八歲的孩子讀過人神同形的故事後，他一再聲稱自己是一顆茄子。一個十四歲女孩的妄念是她和一個歌星結了婚。到青少年階段，妄念的內容往往偏向被迫害的妄想，例如受到別人的監視、控制、驅使甚至謀殺。

　　幻覺（Hallucinations）是指聽到、看到或接觸到實質並不存在的事物。根據伯克瑪（Volkmar, 1992）的統計，患有精神分裂症的孩子中，百分之八十有幻聽。這種幻覺通常是逼迫、命令或是批評的聲音。百分之五十的孩子會有幻視或觸覺的幻覺。例如一個孩子「看」到一隻米老鼠站在他父親汽車的前方，因此堅持要他父親把車子停下來。一個十五歲的孩子說他經常聽到音樂，還有人會和他談話。一個五歲的孩子常會扭轉自己的身體，因為他的身上爬滿了小蟲使他癢死了。

□思考凌亂（Thought Disorder）

　　思考程序凌亂不堪，思考內容支離破碎是精神分裂症孩子的主要症狀。根據卡波寧（Caplan, 1994）的研究，這種孩子思考上有三個主要的缺陷：第一是非邏輯的想法。這是因為這種孩子對外來的信息無法做適當的整理而且在認知上有「超載」的現象；第二是思考無法

連貫。這是因爲他們內在外在的刺激太多，使他們分神而無法固定在同一個思考的題目上；第三是表達能力的欠缺。這是因爲他們無法整理和追蹤自己的思考、不能理解聽話的人的心態、不知如何表達，也記不清什麼已經說過了、什麼還沒有說，更不知道如何順應情勢與別人對談。

康托根據她治療五十四個孩子的臨床經驗，認爲精神分裂症的孩子談話內容支離破碎，用語都是單字或片語而很少成句。這顯示孩子對外來消息的收集，亦即知覺和觀察都有偏差。同時，孩子往往因爲分不清整體與部份的關係，常會出現怪異的想法。例如一個八歲的孩子畫一個長方形表示一面牆，就說這是他的房子；他畫了一部汽車後，卻在上面添加一些無關緊要的東西。一個六歲的孩子畫了一塊墓地說他親眼看到一件意外的死亡，但突然間冒出來：「我媽媽忘了生日蛋糕。」這種孩子往往給人一種有理說不清的感覺。一個四歲的孩子說她的洋娃娃要去百貨公司買東西，但在百貨公司中洋娃娃掉到山谷底下。她媽媽告訴她百貨公司中不會有山谷，她說百貨公司有電視，電視中有山谷，所以百貨公司有山谷。顯然的，她沒有辦法建立邏輯的關係。

康托認爲較大的孩子會漸漸的集中注意力，但這不一定能改進他們的觀感。事實上，他們看得愈多愈感到迷惑，尤其是人與人之間的關係、功課與娛樂、男女的性關係等等會使他們感到進退維谷。如果是他可信得過的人，他會一再的追問「爲什麼？」「這是什麼意思？」或乾脆說：「我實在搞不清楚。」這種孩子往往會貫注於自己內在的刺激。例如一個五歲的男孩看到街上有兩部車相撞，他轉頭問他母親：「是不是我們把他們撞壞的？」康托認爲年幼的孩子語言前後不連貫的情形較多；青少年的孩子在遇到緊張的情況或是身心相當疲倦的時候，談話也會顯得牛頭不對馬嘴。

(三)語言內容貧乏

和同年齡的孩子相比較，精神分裂症的孩子會顯得語言能力特別貧乏，談話內容空洞而且離譜。這種孩子在對談中往往以單字對答，而且很少主動的找人談話。到青少年階段認知能力有進步，語言能力也隨著增進，但談話內容依然是東鱗西爪。重覆別人所說的話（Echolalia）則是另一個特殊的語言現象。年幼的孩子會完全重覆別人的談話或問話，面部卻呈現茫然無知的表情。孩子年紀較大，語言能力較發達後，則重覆他不能了解的部份。但是，精神分裂症的孩子到青少年以後，通常是會以重覆別人的話來表示他對別人談話的反感、對指令的反抗，或是以此表示他的憤怒。有些孩子會突然冒出一句話來，常被誤為是有幻覺或妄念。事實上，他是把以前聽人說過的話或是在電視上聽到的對談，重覆一遍。這種「延遲的重覆言語」對精神分裂症的孩子而言是很普遍的現象。

(四)情緒的問題

精神分裂症的孩子顯然地失去了童年的歡樂；他們的情緒受到極度的壓制，通常都顯示出平淡和憂慮的表情。有時孩子會顯露一絲笑容，但可看出其勉強或是不合時宜。有的孩子偶而會和其他孩子玩在一起，但動作常會粗魯並涉及暴力，雖然對方玩得心驚膽顫，他卻是以此為樂。有些孩子的哭笑與外在的情況完全無關，似乎只有他自己知道笑什麼哭什麼。焦慮和容易受驚是這種孩子情緒上的另一個問題，尤其對於沒有看過的人物或事物會極度的震驚。一個女孩子看到一具玩具電話，因為形狀顏色和鈴聲都與她家裡的電話不一樣，竟嚇得直呼：「我只是一個小女孩。」並拿起一些木頭把它遮住才放下心來。根據康托的觀察，這種孩子最害怕的是他無法了解的事情；他們似乎對智能的挑戰感到不勝負荷。一個五歲的孩子聽到新的事物都會高聲叫喊：「我不行！」「我不知道！」青少年階段的孩子則對日常

生活的壓力和緊張的情況容易產生焦慮的情緒。

　　精神分裂症的孩子談話時一個明顯的特徵是缺乏抑揚頓挫，尤其青少年階段的孩子可以明顯的看出來他們言談中缺乏情感的流露。他們的聲音不是太大就是太小。有時候說出一些字，但真正問他到底那是什麼意思，他往往會不知所云。

二、DSM－IV的診斷標準

㈠特殊的症狀

　　下列症狀中至少有兩種以上。在一個月的期間中，每一種症狀的出現佔去相當長的時間。如果治療效果良好，出現的時間會減少。

　　1.妄念。

　　2.幻覺。

　　3.語言沒有組織，包括經常離題或是前後不一致。

　　4.整個生活秩序紊亂不堪，或是有語言動作遲緩的現象。

　　5.有負面的症狀如情緒的僵化、思考的遲鈍，以及生活功能的退化。

㈡社會關係與學校課業的退化

　　自從孩子發病之後，大部份的時間顯示生活上有顯著的退化，如學校功課、人際關係以及自我照顧的能力與同齡的孩子相比較，有顯著的落後現象。

㈢期間

　　症狀的出現持續六個月以上。這六個月當中，至少有一個月的時間出現第一項標準的特殊症狀。其他時間可包括發病前的徵兆或是病情減輕後的剩餘症狀，其症狀包括特殊症狀中5.負面的症狀，或是

1. 到 4. 的症狀只顯示出輕微的狀況如奇異的想法或是非比尋常的知覺。

㈣並不包括情感性分裂症（Schizoaffective Disorder）和心境障礙（Mood Disorder）

情感性分裂症與心情的症狀雖為精神病態，但不能算是精神分裂症，因為：

1. 精神分裂症的特殊症狀發生時並沒有同時發生憂鬱症、躁鬱症或是混合的症狀發作。

2. 如果心情的症狀與精神分裂症的特殊症狀同時發生，其發生時間相當短暫。

㈤並不包括藥物引發的症狀

精神分裂症的症狀並不是藥物引起的生理現象。例如吸毒的人引起的幻覺、使用其他藥品造成的思考凌亂，或是一般生理疾病的結果，都不能算是精神分裂症。

㈥與一般發展遲緩的關係

如果這個孩子原有智能障礙或自閉症的診斷，但他也出現妄念或幻覺，而且出現有一個月以上，這個孩子可以在智能障礙或自閉症外加上精神分裂症的診斷。

㈦精神分裂症的類型

在做診斷的時候，可以根據孩子的特殊症狀，再細分為五種類型：

1. 妄想型（Paranoid Type），這種類型的精神分裂症符合了下列兩種標準：

(1)整個心神被妄念或幻聽所佔據。

(2)下列幾種症狀並不顯著：語言無組織、生活秩序紊亂、語言動作遲緩或情緒的僵化。

2. 零亂型（Disorganized Type）。這種類型的精神分裂症要符合下列兩種標準：

(1)下列各種症狀都很顯著：語言無組織、生活秩序紊亂以及情緒的僵化。

(2)行為表現並不符合語言動作遲緩型的標準。

3. 語言動作遲緩型（Catatonic Type）。這種類型的精神分裂症在臨床的症狀上至少有下列症狀中的兩種以上：

(1)動作遲鈍。看似癲癇發作或已不省人事，包括動作的缺乏彈性。

(2)過度的肢體活動。這種活動並不是對外界刺激的反應，而是毫無目的地製造一些無意義的動作。

(3)極度的違抗或把別人的談話完全當成耳邊風。例如把大人的指示置之不理，大人要他移動身體他會一動也不動。

(4)怪異的動作或體態。反覆固定而無意義的動作，例如一再地來回踱步或揮手、怪異的生活習慣，或是顯著的面部扭曲。

(5)重覆別人的語言或動作。

4. 未分化型（Undifferentiated Type）。這種類型的精神分裂症是指精神症狀符合診斷標準第一項特殊的症狀，但不符合妄想型、零亂型以及語言動作遲緩型的症狀。

5. 剩餘型（Residual Type）。這種類型的精神分裂症要符合下列兩種標準：

(1)妄念、幻覺、無組織的語言，以及紊亂和遲鈍的行為動作並不顯著。

(2)繼續出現精神分裂症中的負面症狀如情緒的僵化、思考的遲鈍以及生活功能的退化；或是有較輕微的症狀如怪異的想法，或是非比尋常的知覺。

三、相關的特質

　　康托在她十五年的臨床診治中，除了深入了解孩子妄念、幻覺以及思緒凌亂的主要症狀外，特別觀察記錄孩子的生活狀況、生理的特徵、神經肌肉的功能以及智能的發展。這些特質不一定發生在每一個精神分裂症的孩子身上。根據她的比較與統計，下列各種特質發生在一般兒童，大約只佔百分之十；但百分之五十左右精神分裂症的孩子出現了這些相關的特質。這種特質的發現不但有助於診斷，更對及早預防與治療有莫大的益處。

㈠幼齡兒童的比較

　　康托發現精神分裂症的孩子和同年齡的孩子相比較，從幼年開始，在生理的功能、成長的過程以及行為情緒各方面就有顯著的差異。

　　1. **基本生理的功能**。精神分裂症的孩子第一個出現的徵象是飲食的障礙，這包括基本吸吮的困難、無法專心於飲食、拒絕食用固體食物，或是極度的偏食和怪僻的嗜好。另一個明顯的異狀是睡眠的困擾，這種孩子不容易入睡卻容易驚醒。這種孩子一出生時，可能會沉睡幾個月，而且在兩歲以前就會開始做惡夢。大小便方面，大約一半的孩子有相當的困難，這包括抑制或不肯大小便、拒絕大小便的訓練，或根本無法接受訓練。

　　2. **特異的成長過程**。精神分裂症的孩子從嬰兒時期就顯示出社會行為的差異，例如不喜歡大人把他抱起來，也很少期待大人把他抱起來，甚至拒絕大人的陪伴。孩子較大以後，缺乏好奇心和新鮮感。上床睡覺時不喜歡攜帶柔軟的東西如布做的小狗熊，而偏愛硬質的東西來陪伴入睡。同時，他們從小就缺少人際的交往，對親生父母或陌生人並未明顯的區分。孩子有了玩伴以後，往往把玩伴置之不理而獨自

遊戲。如有交往，常會獨斷遊戲的方式，把別人的想法和意見完全置之不顧。在遊戲行為方面，嬰兒對搖籃的飾物殊少觀看，幼童對玩具不感興趣甚至丟棄不理。有時雖會玩弄一下玩具，但時間很短，很快就把注意力移轉到其他方面。語言成長的緩慢是另一個顯著的現象。嬰兒時期牙牙學語的過程從未出現；孩子年紀較大後，很少跟著父母說話，但會自己創造一些別人無法理解的辭彙。很多孩子三歲以後還無法用成句的語言來表達意思。在動作方面，三歲的孩子還無法自己上下樓梯，走路的步伐也相當怪異。看來這種孩子在站立、起步、走路和奔跑方面都遠落在一般孩子之後。他們的手腳顯得軟弱無力，舉動笨拙而且常發生意外的傷害。此外，他們有一些怪異的行為和動作如搖擺身體、以頭碰撞東西、兩歲以後還吸吮手指或口含東西、揮動手臂、來回踱步或跳躍、無目的的動作、製造響聲、作出噴鼻聲、自我停止呼吸，以及其他自我傷害的行為。

3. **特異的情緒與行為**。與同年齡的孩子比較，精神分裂症的孩子顯得容易受驚。活動的玩具和小丑會使他們產生相當的恐懼，甚至害怕別人的接近或身體的接觸。其他使他們驚慌的外來刺激包括突如其來的噪音、衣服上的標籤、怪物、陰影或人多的地方。相反的，這種孩子會去嗅聞，用舌頭去舔，或用手去摸東西；不管會不會有危險性，什麼東西都要探其究竟。對於不如意的事他們很容易產生暴跳如雷的行為、自我傷害、退縮到自己的生活空間、或是完全麻木而不知所措。所謂不如意的事包括慾望無法立刻獲得滿足、無法表達意思，或是被人取笑等等。

(二)生理的特徵

康托發現精神分裂症的孩子在生理上有幾個突出的特徵，而其中肌肉不結實是幼兒精神症狀最早期的徵象。與此有關的是筋肉鬆弛、手肘和手腕無力。年紀較大的孩子，尤其青少年階段的孩子走路時，雙臂下垂而不前後擺動是一種常見的現象；有的孩子走路有如衝刺，

有的則是步步小心，有的以腳尖走路，更有的是兩腳開叉行走，彎腰駝背。從外表看來，這種孩子的頭顯得短而大，手掌長而手指短。皮膚到青少年期以後還是相當細嫩，也可能因此不喜歡別人的碰觸。他們的臉色蒼白，有時則出現紅光的雙頰；眼神時而遲鈍無光，時而閃爍有神。康托更發現這種孩子有特殊的體臭。更值得一提的是孩子服用抗精神病藥後心智情況有所改進，體臭也隨著消失。

康托測驗精神分裂症孩子十五碼短跑，發現他們比同年齡的孩子慢很多。他們跑步時雙臂有如被人綁著而不會擺動。相反的，身軀卻是左右擺動得很厲害。他們顯然盡力地奔跑，所以經常跑完後會喘不過氣來。在單腳站立、走直線或跨步的測驗上，顯然在身體平衡上有相當的困難。閉上眼睛的單腳站立比一般孩子短暫許多。走直線和跨越障礙方面，顯示出眼睛和肢體的協調有問題。就算最簡單的走直線也會使他們緊握雙拳，臉部扭曲繃緊。原地跳高的測驗顯示年幼的孩子有相當困難，但年紀較大的孩子則與同年齡的孩子不相上下。體力的測驗如仰臥起坐、伏地挺身和原地跳遠顯示精神分裂症的孩子差人甚遠，但是經過訓練後卻有長足的進步。對於手臂的力量如拍球、丟球、接球等等顯示手眼協調有重大困難。這種現象直接影響到體能和遊樂的活動，也間接的影響其人際關係。

對於細微動作的評量，康托要孩子伸手去接掉落的丈量尺，結果發現精神分裂症的孩子與普通的孩子一樣的敏捷。此外，她要孩子用剪刀剪出一個圓圈、順著彎曲的小徑畫線、模仿畫圓圈等等。學齡前的孩子對此有特別的困難，但學齡兒童和青少年在這方面的表現並不遜於一般孩子。至於較複雜的動作如樸克牌的分類、串小珠子，或把小銅板放在盒子裡，精神分裂症的孩子顯然比一般孩子緩慢，但康托認為這是因為思考的緩慢和疑惑所致，與細微的動作似乎沒有太大的關係。總括而言，康托發現精神分裂症的孩子在粗動作方面如跑步、平衡、力氣的使用等等較有困難，細微的動作如用筆畫線、剪紙、用手接物等等與普通孩子相比較，落後並不很明顯。

㈢認知與智能

康托治療過的孩子中，有二十三個孩子接受過智力測驗。測驗工具是魏氏兒童智力測驗修訂版（Wechsler Intelligence Scale for Children – Revised）。對於普通知識的測驗，大約百分之四十的孩子有顯著的偏低，顯示這種孩子學校教育的缺失。有的孩子上學時斷時續，有的上特殊班，對知識的傳授並不強調。對於事物異同的比較有一半的孩子有顯著的缺陷，這表示他們對口語和圖形的了解有歪曲，而且思考的程序和消息的儲存與運用都有相當的障礙。基本算術的演算也有半數的孩子落人遠甚，再度顯示教育的缺失。字彙的測驗也顯示出大半的孩子語言和詞彙的匱乏、自我爲中心的想法以及離題的思考方式。康托發現精神分裂的孩子最嚴重的智能缺陷是對事物的了解、情況的分析以及應變的能力。他們在這些智能方面顯得迷惑、抓不住要點、似是而非、相互矛盾以及辭不達意。

在演示的測驗當中，大約三分之一的孩子對圖片中缺失的指認有相當困難。這些孩子的毛病是心不在爲而且不會深思熟慮，甚至對這些新鮮的圖片感到畏懼或厭惡。照故事安排圖片的順序也是有三分之一的孩子分數偏低。其原因與圖片缺失的指認很相似。整體而言，他們在圖案的模仿設計分數超出了一般孩子的平均數，也是所有測驗當中得分最高的一項。拼圖的測驗與一般孩子的得分相去不遠。符號代替數目的測驗，大半都得分甚低。他們在這方面做得相當準確，但速度太慢。在時間緊迫的情況下，他們的應對能力顯然的降低。根據魏氏兒童智力測驗的結果，康托認爲精神分裂症的孩子演示的測驗比語言思考的表現好，但就整體而言，還是不如一般的孩子。顯然的，這種孩子的認知和智能深受精神病態的影響，或是彼此互爲因果。

貳 兒童精神分裂症的病因

先天不足後天失調似乎也可以用來解釋兒童精神分裂症的病源。祖賓和史布令（Zubin & Spring, 1977）所建立的「壓力與易受傷傾向的模式」（Stress – Vulnerability Model）到現在還是常用來解釋精神分裂症的起源。所謂易受傷傾向（Vulnerability）是指一個人對於緊張壓力（Stress）的情況特別敏感而且有因此而引發精神症狀的傾向。他們認為患有精神分裂的孩子生而具有生物上的異常現象，使他們遭遇到激烈的刺激時精神完全崩潰。然而，單單有這些生物上的症狀不一定會發病；後天惡劣的環境加上先天的缺陷才是發病的因素。波穆塔等人（Perlmutter et al., 1989）則用生物心理社會（Bio-psychosocial）的觀念來解釋精神分裂症多重角度的病因，它包括個人生物上的異常、社會與環境的衝擊以及本身心理防衛系統的缺乏，如此內外交逼，把一個人逼出現實的世界。這一節就以生物的機轉（Biological Mechanisms）、心理的過程（Psychological Processes）、家庭與人際的衝擊力量（Family and Interpersonal Dynamics），以及環境與社會的影響（Environmental and Social Influences）四個方面來推究兒童精神分裂症的病因。

一、生物的機轉

根據伯克瑪（Volkmar, 1992）的研究，精神分裂症的孩子普遍存在著神經系統不成熟的現象，例如肢體動作的遲緩以及神經的疲弱現象；康托稱之為精力不足或反應遲鈍。此外，透過腦波活動的檢查，她常發現他們的中樞神經系統有功能失常的跡象。神經心理的研究則發現神經功能失常致使心理功能的缺陷。例如注意力無法集中，

腦中所得到的消息無法適當的傳遞、解釋、儲存或是加以使用。

貝爾拉克與姆設（Bellack & Mueser, 1990）把一個孩子的易受傷傾向歸之於腦部結構的不正常。例如大腦腦室的腫大、腦部生化功能失常都是重要的因素。他們引用多波命（Dopamine）的理論來解釋精神分裂症的形成。這種理論是指腦中生物化學的調配功能失常，造成多波命的過份活躍，激發腦部消息的盲目傳送；或是多波命的分泌使神經末梢過份敏感。結果一個人對外界真正的消息無法「消受」，並且激起自動的反應，甚至有分裂的人格傾向。

遺傳與家庭的研究提供另一個最有力的佐證，支援生物機轉不健全造成精神分裂症的理論。精神分裂症孩子的父母有精神異狀的數目遠遠超出一般孩子的父母。根據伯克瑪的統計，患有精神分裂症的孩子中，大約有百分之十的父母也患有精神分裂症，同卵雙胞胎患有同樣的症狀比率更高。顯然的，父母的遺傳基因所造成的生物結構的不健全，加上後天環境的影響是主要的病因。

二、心理的過程

伯克瑪引用各種研究的結果來解釋精神分裂症兒童心理過程的異狀。他發現這種孩子感官神經和動作神經缺陷的情形遠較一般的孩子普遍而嚴重。他們所表現出來的行為異狀是注意力集中的能力和外來消息的吸收顯然受到神經系統故障的干擾。事實上，這種心理過程可能早在精神分裂症的症狀未發病以前就已有不正常的跡象。當然，不一定動作遲緩、反應遲鈍的孩子都會患上精神分裂症，但精神分裂症的孩子在發病前，常有這種心智的過程。伯克瑪認為這種孩子入學以後會發現學校功課跟不上其他的孩子，他們的注意力無法集中，有的甚至有輕微的智能障礙。不過，智能障礙的孩子不一定有精神分裂症，反之亦然。

貝爾拉克與姆設從易受傷傾向的理論來分析心理過程的缺陷。這

種解釋與波穆塔等人所提「生物心理與社會」的觀念不謀而合。他們認為個人的易受傷傾向如中樞神經系統的遲鈍或過度敏感加上外來刺激和壓力的衝擊不一定會造成精神分裂，因為還有一個重要的心理過程要列入考慮，那就是個人應變和處置的能力。這種能力包括個人解決問題的能力、緩和本身的衝動與高漲的情緒、建立和諧而密切的人際關係、自我照料的技能以及生活的適應。如果這些技能發展相當健全，孩子遇到外來的壓力時，可以減輕其衝擊的力量，甚至整個阻遏壓力的侵襲。不幸的是這種孩子除非經過特殊的訓練，一般都無法建立這些應變的能力，只好聽任內外交逼而與現實脫節。

三、家庭與人際的衝擊力量

家庭不健全顯然是精神分裂症的溫床。成篇累牘的研究文獻顯示精神分裂症的孩子較常出現在貧困而破碎的家庭；父母使用毒品或酗酒為樂的情形所在多有，這種家庭對孩子的教與養往往超乎常軌。例如孩子完全得不到父母的關切和親情，生理上更是飢寒交迫；有的孩子甚至受到家人的虐待或是不合理的處罰。另有一些孩子則缺乏固定的家庭；領養的家庭一家換過一家，甚至流離失所，其生活上的壓力加上先天中樞神經系統的缺陷，使精神症狀一觸即發。

伯克瑪認為有些精神分裂症的孩子雖然成長在「正常」的家庭中，但在家中的人際關係顯然有特異而障礙的現象。其中最明顯的是彼此溝通的形態相當勉強，或是溝通不良時常引起衝突。他特別指出父母對子女的態度前後不一致，常使孩子無所適從。同時，家中成員彼此情感的表達往往超出常理之外。例如情感的表達太離譜、時有衝突，或是毫無親情的流露。不過，伯克瑪認為父母的溝通和對孩子的態度到底是造成孩子精神分裂症的病因，還是孩子心理疾病所帶來的結果，到目前為止並沒有一致的定論。一個比較保險的說法是彼此互為因果，甚至變成惡性循環。他認為父母也有易受傷的傾向，孩子有

了嚴重的心理疾病，對父母的衝擊可想而知。

四、環境與社會的影響

貝爾拉克與姆設認為觸發精神病的「壓力源」（Stressors）來自兩個主要的根源：第一個是環境中的重大事件給個人產生致命的打擊。例如父母的離異、家庭重大的災難、家庭中充滿暴戾、挫折和衝突、貧窮和毫無規律的生活環境等等。第二是個人內在的事件。例如身體被病魔久困、使用刺激的藥物或非法毒品引起心理的迷幻和思考的紊亂。他們認為孩子易受傷傾向愈明顯，亦即生物機轉的失常愈大，引發精神症狀所需要的緊張壓力愈小。換句話說，一個易受傷傾向很高的孩子受到一點點刺激也會病情發作；一個受傷傾向不高的孩子若一再受到壓力的猛烈轟擊，遲早也會引發精神分裂症的症狀。伯克瑪也提出精神科醫師的臨床報告，指出孩子在病情全面發作之前，往往在他的周遭發生重大的不幸事件，或是孩子本身遭遇到無法解除的困境。這些事件的發生不一定是精神分裂症的直接病因，但可能因而觸發潛在的生化因素，一發不可收拾。伯克瑪特別指出：很多精神分裂症的孩子生長在社經地位較低的家庭中，但他無法肯定經濟與社會偏低是孩子精神分裂症的肇因。因為這種家庭的父母往往本身也有心理的症狀，因此經濟與社會地位的偏低是結果而非原因。我們目前所能做的結論是經濟與社會偏低與孩子的精神分裂症有密切的關係。

叁. 兒童精神分裂症與相關因素的評量

第一和第二節的分析顯示：兒童精神分裂症帶給孩子多重的心智障礙，其病因與相關因素更是錯綜複雜。因此，症狀的變化、兒童身心的發展與家庭環境都要深入的評量。（有關行為背景的評量請參見

第二章

一、評量的範圍

　　孩子一旦出現精神分裂症的徵兆或可疑的症狀，首先要追溯這個孩子成長的歷史，包括出生的狀況、幼年智能語言的發展、生活與適應的功能、心理症狀的出現和演變，以及情況的惡化及舊病復發的現象。伯克瑪認為年紀較大的孩子是否飲酒或使用非法毒品，以及家人是否有類似的問題事關緊要，必須深入的調查。詳細的身體檢查包括腦波檢驗、腺體的分泌以及糖尿的化驗都是必要的步驟。這個孩子使用的藥品、藥量以及每種藥可能引起的副作用也是相當重要的線索。智力測驗、學校功課、人際關係以及語言的能力也是與精神症狀息息相關。再者，這個孩子對整個家庭的影響，以及家庭生活的品質也有深入了解的必要。

二、長處與缺陷的評量

　　康托認為治療孩子精神分裂症的第一步是評量這個孩子目前生理、生活、社會關係、語言以及功課等等功能，然後根據這項評量的結果找出他的長處與缺陷，再根據他的長短處來設計處理的策略。他認為這種評量至少一年做一次，以便比較進步的情形，並鑑定治療的效果。她把孩子行為功能的評量分為七項：

　　1. **整體動作**。評量的項目包括步行、姿態、跑步、爬、跳和丟球等能力；手與腳的偏向如右手寫字右腳踢球等等；身體的平衡、雙邊的協調、肌肉的力量、肌肉的結實，以及動作準備和控制的能力。此外，如果孩子有顯著的動作遲鈍、整體動作的異常，以及呼吸系統的症狀，也要特別註明。

　　2. **精細動作**。評量的項目包括握鉗子的手勢、捕抓的能力、運用

鉛筆的能力、使用剪刀的能力、畫人的能力等。此外，如有細微動作的異常，也要特別註明。

3.**感官功能**。評量的項目包括觀察的能力尤其是注意力是否集中、聽覺的區別能力、對於身體接觸的反應、視線的追蹤技能，以及自願動手去探摸東西。此外，如有原始或強迫性的反應，如把東西含在口中或不斷的嗅東西，也要特別註明。

4.**適應能力**。評量的項目包括飲食、穿著、大小便、梳洗清潔、對挫折的容忍度、對改變的反應如恐慌或不知所措、記憶能力如機械式的強記或短期記憶的缺陷、駕馭的觀念如解決問題的技能。此外，如有自動的反射活動如容易驚動或瞳孔放大縮小等等，也要特別註明。

5.**社會能力**。評量的項目包括自我界線的了解、情感的反應如過份壓制或不適當的表達、社會的反應如過份的拘謹或是相當友善；主要的態度如被動、反抗或合作；主要的情緒如好哭或是喜怒無常；遊戲的行為如固定玩一樣東西、能夠想像或參與團體遊戲。

6.**語言**。評量的項目包括使用口語表達、詞彙、文法結構、文意、使用語言來滿足欲求、使用語言來獲得消息、語言的理解能力等。此外，要註明這個孩子從語言表達中所顯示的思考過程，同時註明口語的異常如音調和音質的獨特之處。

7.**學業**。評量的項目包括課業的長短處、閱讀的能力、一般學習的態度。

康托根據這種評量來評鑑她所治療的孩子。她特別舉出一個五歲男孩小傑經過一年治療後重新評鑑的結果。在此僅舉出社會與語言的評量結果以及最後的綜合評語。

小傑社會能力的長處是有良好的動機和態度。缺陷是自我觀念相當模糊，有時重覆別人的語言和動作，有時顯得情緒不穩定。

語言能力的長處是了解文法的用意、使用字彙很恰當、語言的使用適當、語意清楚。缺陷是無法使用語言來達成社會功能或滿足認知

與情緒的需要，並且一再地追問：「爲什麼」。由於經常顯示焦慮情緒而干預到他的理解能力和思考的功能。偶而在語言中顯示精神症狀，以單調的聲音唱歌。

綜合評語：小傑這一學年對自我概念有相當的進步。例如他比較喜歡他自己的形象和作爲，而且相信他如果用心，一定會達成學習的目標。然而，這一年來他精神分裂症的症狀愈趨明顯，例如動作的協調已有退化、整體的動作不如去年、情緒的表達減少而且更不穩定、精力也有顯著的衰退。

三、行爲與症狀的觀察

行爲的直接觀察是具體而可靠的方法。行爲檢核表的時間抽樣（Time－Sample Behavior Checklist；Paul & Licht, 1988）提供專業人員一個周詳的觀察工具。這個行爲觀察分爲六十九項，包括行爲發生的地點、身體的姿態、淸醒或入睡、面部表情、社會關係、合適而和諧的活動以及怪異的行爲。每一種行爲都經過具體的界定；而且只用兩秒鐘的時間來觀察記錄行爲是否發生。至於多久觀察一次要根據個別的案例而定。

貝爾拉克和姆設認爲有組織的會談是比較實際的方法，尤其在社會能力的評量和家庭交往關係的觀察，診斷會談愈來愈普遍。這種方法是觀察記錄兩場家庭成員解決問題的討論會，每場十分鐘。在討論會開始之前，專業人員事先和這個孩子、他的父母或兄弟姊妹分別一一會談，把家中的問題或衝突鑑定出來，然後全家一起共商問題的解決辦法。經過十分鐘的討論，專業人員中止家庭討論，然後呈現第二個問題來討論。兩場討論要錄影，然後共同討論分析家中成員彼此的交往關係。分析的項目包括情緒的表達、語言的使用、社會的親密關係、父母教養的方法以及孩子對家庭的態度。

康托根據她的臨床經驗，特別強調學齡前兒童精神分裂症狀的評

量最好是在沒有組織的情況下進行，亦即讓孩子在遊戲的場合中自由自在地呈現他們的行為。至於青少年階段的孩子，也應該在半組織的情況中做非正式的訪談，讓他們舒適而無拘束地暢談或無掩飾地表現自然的行為形態。康托所用的精神分裂症狀量表分為十八項，其中有八項是主要症狀（用星標★註明）。每一項有加分的評量（加分在括弧中）。要達到兒童精神分裂症的診斷標準，至少要有九項出現，其中至少有四項是主要的症狀，加分之後，總分要在三十分以上，而且這些症狀要出現六個月以上。這十八項症狀是：

・暗晦或是嚴重壓抑的情緒★(5)
・固執於某一活動或舉止★(5)
・表露他的需要時沒有良好的視線接觸(5)
・情緒的不當表現如傻笑或無故哭泣★(4)
・間歇性的高度焦慮(4)
・思考的支離破碎★(4)
・過份敏感(4)
・語言音調沒有變化或抑揚頓挫(3)
・思考沒有連貫或突然離題★(3)
・抄襲或製造別人聽不懂的字彙(2)
・重覆別人的語言或遲延重覆別人的語言(2)
・思考缺乏邏輯★(2)
・怪異行為如出怪聲或反覆無意義的動作(2)
・面部的歪扭★(2)
・對外界事物的困惑(2)
・沉溺於自己內在的刺激(2)
・對聲響的聯想(1)
・思考的缺乏協調一致★(1)

此外，康托列出六項兒童精神分裂症的症狀，她稱之為相關的症狀，也列入評量的範圍：語言字彙的匱乏、語言內容的匱乏、雙重矛

盾的想法、妄想、妄念和幻覺。

四、觀察訪問的等級評量

專業人員以嚴密設計的等級評量表，逐項訪問精神病患是常用的方法。這種標準化的評量工具最常使用的包括短暫性精神病等級量表（Brief Psychiatric Rating Scale）、評量負面症狀的量表（Scale for the Assessment of Negative Symptoms）、社會適應量表（Social Adjustment Scale）、全面的適應量表（Global Adjust Scale），以及評量藥品副作用的非自動異常動作量表（Abnormal Involuntary Movement Scale）等等。

這幾個評量工具中，短暫性精神病等級量表自從一九六二年出版以後，曾受到廣泛的採納使用。明尼蘇達州的州立精神病院也以此為根據，加以修訂為主要的評量工具。這個量表分為十八項。每一項分為七個評分等級：0＝沒有評量，1＝症狀沒有出現，2＝症狀很輕微，3＝症狀輕微，4＝症狀中度，5＝症狀有些嚴重，6＝症狀嚴重，7＝症狀非常嚴重。十八項評量的結果總分超過三十五分即有精神病態。這十八項是：

1. **身體健康的關切**。評量這個病患對身體健康關切的程度。不管這個人對身體的顧慮或病痛的陳述是不是有實際的根據，但評量他對自己的身體健康是否太過份憂慮，或認為自己的健康有嚴重的問題。

2. **焦慮**。焦慮的情緒泛指對目前對未來過份地關切，無理由地憂慮或恐懼。評量的對象是病患自己主觀的口頭報告。但是不要從這個人生理的徵象或心理防衛機轉來推論。

3. **情緒的畏縮**。在訪問或觀察的情況中，這個病患所顯示的情緒畏縮，亦即評量他是否缺乏情緒的表達或情緒上與別人的接觸。

4. **概念的鬆散**。評量病患的思考過程中，困惑、脫離主題，或是支離破碎的程度。評量是根據這個人語言談吐的內容是否有組織，而

不是根據他本身對自己思考功能主觀的印象或判斷。

5. **內疚的感覺**。過份地關懷或懊悔自己過去的行為。評量的重點在於病患本身口頭報告有關他主觀的歉疚經驗。但是不要從他的憂鬱、焦慮或心理的防衛來推斷。

6. **緊張**。生理和動作顯示出緊張、不安和高漲的情緒。評量的對象是生理的徵象和動作，而不是這個人報告說他體驗到緊張的情況。

7. **動作與體態的怪異**。異常或是不自然的動作。這種動作使人一看就知道是精神病患。評量的對象是動作的異常程度，而不是單看動作的出現頻率。

8. **自誇**。對自己的看法或意見誇大其辭，堅信自己有超越尋常的權威和力量。評量的重點在於病患有關自己的說法或想法，或是口頭提到他自己與別人之間的關係，而不是他在訪談時所表現的舉動或態度。

9. **憂鬱的情緒**。情緒上的消沉、喪氣或憂傷。評量的重點在於消沉的程度，而不要從言行的遲鈍或生理的病痛來推論憂鬱的情緒。

10. **敵意**。對別人的憎恨、輕蔑、侮辱和爭鬥。評量的對象是病患口頭報告他的敵意或是他對別人採取的實際行動。不要從這個人的心理防衛、焦慮或生理的病痛來推斷他對別人的敵意。

11. **猜疑**。病患有妄念，說是現在有人，或是過去有人惡意的傷害他。評量的對象是這個人報告說他目前心中存在的猜疑。這種猜疑的對象可能是過去的事也可能是目前的事。

12. **幻覺**。沒有外在的刺激卻是親身體驗到的知覺。評量的對象只限於病患所報告他在過去一個星期之內體驗到的聽覺、視覺或觸覺。這種知覺與正常人所想像到的事情有明顯的差別。

13. **動作的遲鈍**。動作的遲緩顯示出精力的衰退。評量的重點只限於這個病患所顯示的行為型態。不要根據這個人有關自己精力低落的說法來做判斷。

14. **不合作**。對於訪問的安排顯示出抗拒、敵視、反叛或不合作的

心理狀態。評量的對象只限於這次訪談時，病患對訪問人所持的態度和反應的形式；不要根據這次訪問之外的反叛和不合作的行為。

15. **異常的思考內容。**非比尋常、奇特或古怪的想法。評量的重點在於奇特的程度而不在思考程序是否紊亂。

16. **情感的遲鈍。**情緒品質的低落，顯示出病患缺乏正常的感受或參與感。

17. **激動。**情緒品質的高漲。病患容易暴躁，對外界的刺激引起特別強烈的反應。

18. **迷惑。**對人物、時間、地點、情況等等感到混淆不清，或是缺乏適當的關連。

這種等級量表通常供診斷之用，但在治療之中、之後，也用來評鑑治療效果。在治療當中一般是一個月評量一次，但如果病情起伏不定，一個星期評量一次更佳。除了上述十八項精神病態的症狀外，評量的人更可根據主觀的印象做整體的評鑑。這個綜合評鑑是根據病患目前的情況，把病情分為七個等級：1＝正常，2＝似有似無，3＝輕微，4＝中度，5＝明顯，6＝嚴重，7＝極度嚴重。

五、其他關係人的報告

評量兒童精神分裂症的症狀，孩子本身所提供的資料可靠性相當低。年幼的孩子語言能力有限，一再追問他們的感受，所得到的結果還是很難做定論。就算青少年階段的孩子，要他們供述本身內在的世界如妄念或其他怪異的感受，也無法做完整的報告。這是因為精神分裂症的孩子很難詳記事情的細微末節，無法分析因果關係，更因思考的凌亂，無法抓住事情的重點，或有偏倚的看法。因此，從其他關係人了解孩子的病情是可行也是必須的途徑。孩子的父母親自然是最好的消息來源。但是，有些父母本身也有嚴重的心理病態，或有不得已的隱情，甚至太痛苦而無法把孩子的情況全盤托出。如果有此現象，

家中其他的人，或孩子的撫養人員，甚至老師都可提供客觀的觀察印象。評量的重點在於可疑的精神症狀、課業與社會關係、藥品的使用與可能的副作用、生活能力與家庭的生活狀況等等。如果是青少年，還要追查是否有使用毒品的情形。

關係人的報告可以採用卡茲適應量表（Katz Adjustment Scales; Katz & Lyevly, 1963）和社會適應量表（Social Adjustment Scale）來評量精神症狀和一般生活狀態。刊波威爾家庭訪問（Camperwell Family Interview; Vaughn & Leff, 1976）則用來評量家庭的生活狀況，譬如彼此的批評、敵意的表現，或是感情上的過份介入。

康托在接受精神分裂症的孩子時，採用父母的問卷來獲得詳細的歷史和目前各方面的功能。她特別告訴父母親，在填此問卷時必然會勾引出痛苦的回憶；但是為了有效地處理孩子的問題，父母的合作和忍痛犧牲是必要的。這個問卷分為九個項目，其重點是：

1.家庭背景。孩子受到父母的影響至深且鉅；詢問的重點包括父母何時，什麼年齡結婚？一共有幾個孩子？父母的教育程度以及目前的工作情形。家中有什麼人？孩子的父母、祖父母、兄弟姊妹、父母的兄弟姊妹是否有下列的情形：智能障礙、學習障礙、語言遲緩、癲癇、精神心理症狀、自殺、酗酒等問題。

2.懷孕。母親懷這個孩子時是否使用子宮內的避孕器或使用避孕藥？懷孕期間使用過什麼藥品？是否抽煙或喝酒？是否做定期的產前檢查？是否有生理的症狀如嘔吐、出血、水腫、小便糖份過多、高血壓、血糖過高、腎臟的病症，以及其他長期的病痛？

3.分娩。母親生產這個孩子時是否使用催生的方法？生產時有沒有特殊的困難？孩子出生時有什麼特別的畸形如特別大的胎記、心臟不健全、病毒或是畸形足。

4.嬰兒早期。這個孩子在六個月以前飲食有什麼特別困難？睡眠是不是不正常，如容易驚醒或是吵鬧不肯入睡？

5.第一年。這個孩子有沒有重大的疾病？是否因病住院？他什麼

時候第一次出現下列成長過程中的里程：微笑、抬起頭來、自己坐著、自己站著、走出第一步、自己走動、模仿父母的聲音？他是不是愛被人抱起來？會不會期待別人把他抱起來？他的睡姿是怎麼樣？會不會牙牙學語？對四周圍是不是顯示好奇和興趣？是不是喜歡有人陪伴？是不是特別容易受驚？他什麼時候開始分辨生人？對生人的反應如何？是不是能吃固體的食物？他是不是喜歡床邊的小玩具？是不是顯示出好奇或玩耍的傾向？

6. **一到四歲**。在一歲到兩歲之間這個孩子如何和父母溝通，如用體態、拉著父母的手、口語或其他方法？孩子漸漸長大後好奇心是否增高？這個孩子對父母、熟人、其他孩子或是陌生人採取什麼態度，如隨和、不理會或畏懼？他是否喜歡玩具？最喜歡那些玩具？他最不喜歡或最逃避那些事物？什麼事物最會使他心生畏懼？什麼時候開始出現下列行為：視線的接觸、用手勢或姿態來引起別人的注意、模仿別人說話、開始自己說話、使用字彙、使用文句？是否因嚴重的病痛而住院？是否發高燒？什麼時候開始爬樓梯？他的步伐有什麼特別的地方？是不是有異常的行為，如搖擺身體、撞頭、咬自己或抓自己、把東西放在口中？這個孩子遇到不如意的事會有什麼反應？什麼年紀最不容易入睡、能夠一覺睡到天亮、六點鐘以前就醒來？什麼時候開始訓練大小便？什麼時候能夠自理大小便？訓練過程如何？這個孩子清醒的時候大都在做什麼，如無所事事、安靜地自己玩、安靜地和別人玩、興高采烈地自己玩、活躍地和別人一起玩？

7. **五到六歲**。這個孩子什麼時候開始上學？什麼學校？他對學校的反應如何？這種反應有沒有改變？如果有所改變，上學幾個月以後才開始改變？為什麼會改變？他在學校中有什麼困難，如同學相處的問題、情緒的問題或是功課有困難？他喜歡那種玩具？玩玩具的方式是否適當？會不會和其他孩子一起玩？他和其他孩子的交往是什麼方式，如沒有興趣、好奇、順從、控制別人、合作、有敵意？他是不是無法和一羣孩子一起玩？他和其他大人的關係如何？是不是特別的膽

小？是不是有飲食問題如吃太多、吃太少、偏食、特別避開某種食物？是不是有睡眠問題如入睡特別困難、經常醒來、早醒、在不尋常的時候入睡，或是一天睡十二小時以上？是否有重病或動手術？

8. **語言的發展**。這個孩子是否會把代名詞顛倒如你我對調？他到四歲以後，是用句子還是使用三到四個字的片語？如果使用口語他會不會使用別人聽不懂的字？他對文法結構有沒有混淆不清的現象？他有沒有接受過語言治療？

9. **成長的異狀**。為了了解孩子心理問題的歷史，專業人員要探詢父母，他們什麼時候注意到孩子有了異狀？第一次注意到的異狀是什麼？其他還有什麼值得特別關切的地方？以前找過什麼專家來處理孩子的問題？其結果如何？父母或其他關係人對這個孩子目前的問題有多少了解？他們的態度如何？

肆 兒童精神分裂症的治療

兒童精神分裂症的症狀一旦發作，就是一種長期的病態，需要長期的治療。治療的重點不在根除心理疾病，而在處理和控制症狀的發作，傳授生活與應付內外壓力的技能，期能有一個美滿的人生。自從抗精神病劑（Antipsychotic）在一九五二年問世之後，精神病患如獲救星，紛紛從精神病院釋放出來，過比較正常的生活。不過，這種藥品並非根治心理疾病，而是壓制症狀的發作；如果停止使用，一兩年內就會舊病復發。甚至有些病人並不適合藥物的使用，或是毫無效果。根據卡本特等人（Carpenter et al., 1985）的報告，抗精神病劑只能改善妄念、幻覺以及思考凌亂等正面的症狀；對負面的症狀如冷漠無生氣、情緒的消沉障礙、社會關係的惡化以及生活的潦倒等等都無裨益。因此，對這種嚴重的心理病態，必須採用多重治療的模式，除了醫藥的治療外，心理治療、教育訓練都是不可缺少的環節。組合

各方面的人力與智慧，從認知、感官、情緒以及語言動作上改變孩子的人生。

一、自律與自愛

福利門等人（Freeman et al., 1973）把精神分裂症喻為「自我」殘缺症（Ego–deficit Syndrome）；孩子自然也不例外。康托（Cantor, 1988）認為孩子固執不變的個性、無法自制的焦慮、思考的凌亂，和自我角色的紊亂在在證明「自我」殘缺的現象的確存在於精神分裂症的孩子身上。她認為對年幼的孩子，大人要做為孩子的「自我輔助」（Auxiliary Ego），替他辨別是非，劃分生活的界線，但又不妨礙他的自主權和成長的過程。孩子到九歲十歲以後，智力漸開，一方面慢慢地建立自我的觀點，遇到事情會緩和下來想一想，建立自律的雛形；另一方面他也慢慢地了解到自己的症狀，了解到自己心智的障礙。這時候孩子語言表達能力有限，對於矛盾衝突的情況束手無策，甚至產生思考的真空。在自我了解的過程中，自怨自艾的心理油然而生。一個九歲的孩子說他寧願死掉也不願意和其他的孩子不一樣。由於怨恨自己和別人不一樣，怨恨自己的殘障，憤怒往往隨之而來。康托認為治療專家的急務是協助這個孩子建立一個健康的自我概念，雖然心中傷痕纍纍，要協助他面對現實，從事建設性的自我規律；雖然無法與其他孩子相比，要協助他克服困難，接納自己的缺陷，愛護自己所擁有的一切。

二、社會技能的訓練

輔助精神分裂症的孩子發展自我規律，接觸現實的世界，這是一個理想。所謂現實的世界百分之九十九是人與人之間的交往；要實現這個理想最實際而有效的辦法是傳授適當的社會技能，建立和諧而密

切的人際關係。一個公認的事實是：患有精神分裂症的人，從兒童時期開始，一般的社會能力就受到嚴重的傷害，其生活品質也因而每下愈況。提到生活品質的改善，必須從社會技能的訓練著手。貝爾拉克與姆設（Bellack & Mueser, 1990）認為精神分裂症兒童所要學習的社會技能當然因人而異，但總括而言它包括語言的表達、非語言的表達如視線的接觸以及身體的姿態、半語言的表達如音調音質和抑揚頓挫等、人與人之間的溝通，以及彼此情感的表達。此外，社會知覺的技能如察顏觀色、知所進退也是相當重要的訓練項目。由於這種孩子對外界消息的解釋、儲存和應用都有困難，必須特別訓練他們適當談吐和應對的技能，適時地表達他的情緒或意願。

他們從事社會技能的訓練都是採用下列的策略：(1)對孩子的社會能力、社會關係、長處與短處做深入的評量；(2)採用示範與角色扮演的方式來傳授適當的技能；(3)提供語言的提示，要孩子反覆演練各種技能；(4)採用角色扮演的方式，要孩子以所學用在假設的情況中；(5)提供語言的增強和建議；(6)把所學的新技能帶回家應用在實際的生活情況中。（有關社會技能的訓練請參考第三章）。

三、語言的訓練

孩子語言能力的發展自然與社會能力社會關係息息相關。只有培養適當的語言能力才能增進人際的接觸，也才能使他們有適當的工具來表達願望，滿足基本的需要。布羅貝肯等人（Brubakken et al., 1988）在威斯康辛州所設的治療中心，專門治療五歲到八歲神精障礙的兒童。這些孩子大都有語言的障礙。他們把孩子語言的表達能力分為四組：第一組是只會口出聲音，但出聲毫無語意，更無溝通的用途；第二組的孩子只會說出兩個字的片語，大都是名詞與動詞，或是動詞與受詞的混合。這種孩子的口語只是表達他們的需要而沒有社會接觸的功能；第三組的孩子會自動自發地使用語言來引起社會接觸，

也能使用比較複雜的句子。但他們的語言能力還是無法達成普通的交談，或是用以探詢新知、解除疑惑；第四組的孩子則顯示出怪異的語言模式，如自己製造文字、倒轉意義，或只是反覆別人的語言。

在這個中心幾乎每個孩子都要由語言專家做語言的訓練。訓練的內容和方法完全依據孩子的個別差異來設計不同的課程。以下是三個不同語言訓練課程的實例：

第一個課程是教無語言能力的孩子做口語發音，這種訓練是綜合使用觸覺、視覺以及聽覺的提示教孩子模仿語言專家的發音。這種訓練分為三個階段：

1.語言專家用手操縱孩子的嘴、唇和舌頭來發出四種最基本的聲音。

2.語言專家發出基本的聲音，要孩子發出同樣的聲音。如果孩子發出相同的聲音，立刻得到獎勵；如果兩秒鐘過後還無法發出相同的聲音，語言專家則操縱孩子的嘴、唇和舌頭來發出同樣的聲音。

3.孩子能夠自己發音後，語言專家要把字義加在口音上。如「ㄇ」和「ㄚ」是「媽」；不但要發音，而且拿媽媽的照片給孩子看，然後問他：「這是誰？」如果孩子答對了，自然要立刻給予增強。

第二個課程是教沒有語言能力的孩子表示「是」與「不是」。這個訓練分為四個階段：

1.孩子要模仿語言專家用點頭表示「是」；用搖頭表示「不是」。

2.語言專家用口頭的提示，要孩子「點頭說是」，然後要「搖頭說不是」，如果孩子做對了，立刻給予增強；如果在兩秒鐘過後還無法產生適當的反應，語言專家再示範一次「點頭說是」或「搖頭說不是」。

3.語言專家呈現一些圖片然後問孩子，孩子要用點頭或搖頭來回答。例如語言專家拿出一個茶杯的圖片給孩子看，然後問孩子：「這

是不是茶杯？」如果孩子點頭，立刻給予增強。

4.在日常生活中，大人先以具體的東西來問孩子，然後以事或活動來問孩子，例如「是不是要睡一會兒？」「要不要幫媽媽掃地？」等等。

第三個課程是字彙的增加和句子的結構，以建立名詞＋動詞＋形容詞＋受詞的用法。這個訓練分爲兩個階段：

1.語言專家呈現一個動作的圖片，並示範解釋圖片中的動作。例如圖片上顯示一個女孩騎腳踏車。語言專家呈現圖片後自我發問：「這個女孩在做什麼？」並示範回答：「這個女孩在騎一部藍色的腳踏車」；然後問孩子：「這個女孩在做什麼？」如果孩子以完整的句子來回答，立刻給予增強。如果孩子無法說出完整的句子，則提示他說出完整的句子。如果提示無效，則重新示範一次，然後要孩子回答。

2.孩子學會解釋圖片的動作之後，語言專家拿出十五張動作的卡片，一一呈現給孩子，要孩子使用名詞、動詞、形容詞以及受詞來解釋圖片中的動作。孩子一旦學會語句的結構後，字彙的增加和語言的使用遠比大人所預料的還要神速，孩子自己覺得有進步，更會專心注意去學習新的辭彙。

四、自理技能的訓練

所謂自理技能（Self‒help Skills）一般包括穿衣服、洗臉、洗手、洗澡、使用廁所、刷牙、梳頭髮，以及飲食的技能如使用碗筷和飯桌的禮貌等。布羅貝肯把社會技能如玩玩具、和人交往也包括在自理技能的範圍內。這些複雜的技能要從簡單的技巧教起。從口語講授、示範到身體接觸的引導，讓孩子反覆地練習基本的動作，然後一步步地塑造一貫性的技能。以下是兩個訓練自理技能的實例：

第一個例子是一個什麼事都要依賴大人的孩子。訓練的目標是要

自己穿衣服、脫衣服。訓練的第一項是脫掉襪子。這項技能再細分為五個步驟：(1)一隻寬鬆的襪子套在孩子腳部的前半段，他要把襪子拿掉；(2)一隻寬鬆的襪子套在孩子的整個腳部包括腳跟，他要把襪子脫掉；(3)一隻寬鬆的襪子套在孩子的腳上但未蓋過腳踝，他要把襪子脫掉；(4)一隻寬鬆的襪子整個穿在孩子的腳上，他要把襪子脫掉；(5)孩子自己的襪子整個穿在腳上，他要把襪子脫掉。這是一個智能相當低的孩子，因此把脫襪子的技能細分為他能夠做到的動作，然後以反鏈鎖（Backward Chaining）的方法，從整個脫襪連續過程中的最後一步開始訓練。亦即大人把一隻寬鬆的襪子放在孩子腳部的前半段，口語提示「把襪子拿掉」，並示範用手輕輕一拉，就把襪子拿掉。然後要孩子自己動手把襪子拿掉。如果他做對了，立刻給予增強。如果兩秒鐘過後還未把襪子拿掉，大人再示範一次，並重新指示孩子拿掉襪子。如果十次試探都成功，則以同樣的訓練方法，從第二步順序訓練，直到完成最後一步。

第二個例子是訓練孩子減少尿褲子的現象。這些學齡的孩子在家都還包尿布，在治療中心住院期間，孩子要在固定的時間上廁所。上廁所時如果孩子乖順的走到廁所，把褲子拉下，以及小便在馬桶裡，大人就給他誇獎而且給他一點小餅乾或小糖果。如果他平時把褲子尿濕了，大人一聲不響地把孩子的褲子換掉，絕不給他額外的關切或責備，因為有時孩子會故意把褲子尿濕來引起大人的注意。

五、應付技能的訓練

孩子中樞神經系統功能失常往往是導致精神分裂症的主因；環境中生活壓力的衝擊則是這種精神症狀的觸發因素。致力於生活環境的改善，排除生活的壓力自然有助於病情的好轉。然而，生活環境一百八十度的轉變談何容易！應付技能的訓練旨在把孩子裝備起來，與惡劣的環境搏鬥。

㈠認知的改造

精神分裂症的孩子抽象的思考與邏輯的推理顯然有遲鈍和混沌的現象。這是因為他們對外界所傳達的消息無法適當的接收、儲存和應用所致。透過具體事物的剖析，他們能夠清楚而適當地解釋身邊發生的事件，排除負面的認知和記憶，因而緩和外來刺激的衝擊，建立健康而樂觀的信念。就以青少年飲酒和吸毒為例，如果孩子能夠了解到暫時的麻醉或愉快的感覺可能把他帶入萬劫不復的地步，使他永無從心理病態中逃脫出來的希望，他就更能抵擋外來的誘惑和本身的渴望，逐步走向健康大道。

㈡果敢行為的訓練

前述社會與語言能力的訓練旨在促進孩子以適當的途徑來表達願望，滿足基本的需要，並建立密切的社會關係。果敢行為的訓練則授以適當的語言和社會技能來爭取福利，保衛權益。由於精神分裂症的孩子常常缺乏適當的照顧、關切以及適當的行為支援，他們不得已而訴諸於攻擊行為、破壞行為、自傷行為或是哭鬧的行為來表達內心的委曲，引起別人的注意。為了消除這些節外生枝所引發的不適當行為，大人必須鼓勵他們以語言來表達他們的情緒，傾聽他們的心聲，並保衛他們的基本權益。（有關果敢行為的訓練，請見第三章）。

㈢解決問題技能的訓練

儘管父母和學校老師想盡辦法排除孩子生活中的壓力，精神分裂症的孩子依然會把雞毛蒜皮的小事看成天大的災難。面對著層出不窮的壓力或是本身無中生有的問題，孩子需要別人協助他認清問題，解決問題。這種訓練的第一步是教孩子把所面臨的問題做明確而具體的界定，並擬出所要達成的目標；第二步是設想解決的途徑，不管好壞，一一記錄下來。設想出來的辦法愈多愈好；第三步是就想出來的

辦法依照利弊得失一一做比較檢討，並排成一個優先順序表，利益最多壞處最少的辦法排列第一；第四步是按照擬定的辦法，從第一項開始試用，並檢討得失。如果方法用對，問題獲得解決，孩子要自我增強；如果無法達成原先擬定的目標，則順序採取第二個辦法，直到問題解決為止。如果辦法用盡問題依然存在，就要從第二步重新做起。（有關解決問題技能的訓練請見第三章及第八章）

㈣自我控制的訓練

精神分裂症的孩子常出現反覆而無意義的語言或動作，諸如舊事一再重提、傻笑、吼叫、踱步、打人、搖晃雙手等等。這些舉動看來似乎是明知故犯，事實上他們常有無法自制的苦衷。自我控制的訓練旨在協助孩子了解內在與外在的刺激，並控制這些刺激而產生適當的反應。訓練的第一步是要孩子減少對內在和外在刺激的反應。孩子要了解到這些無意義的行為大都是對外界刺激的反應或是內在的衝動，要革除這些不良行為，首先要把刺激因素找出來，例如看到熟人就會一再地提出毫無意義的問題，自己無聊時就揮動雙手來自我刺激。一旦內在外在的刺激因素找出來，就要特別留意這些刺激的出現，甚至由大人提示刺激的出現。每次這些刺激出現，孩子要從事新的而且適當的行為來取代舊的無意義行為。例如遇到舅舅來訪，應該問候一聲就到旁邊去做自己的事而不再把人纏住不放；自己感到無聊時就打開電視、看書或其他適當的活動來取代出怪聲或搖頭晃腦的動作。第二步是監督自己的行為。大人可以協助孩子設立自我監督的系統，例如錄音、錄影、記錄自己所說的話、記錄一個月看幾個小時的電視，甚至把糖果的包裝紙留下來算算一個星期吃了多少顆糖果。第三步是建立行為的目標和行為的準則。孩子對自己的行為有了初步的概念後，就要訂定所要達成的目標。例如無所事事的時間要從每天平均三小時減到卅分鐘之內，吃糖果從一個星期五十顆減到十五顆以下。最後一步是自我增強。孩子從行為的監督到減少對內在外在刺激的反應，轉

移到建設性的行為模式，並達成預定的行為目標後，要自我獎勵，提醒自己的成就，並從父母或老師處得到實質的增強。

㈤放鬆的訓練

　　憂鬱、焦慮、憤怒、過份興奮的情緒經常伴隨著精神分裂症的孩子。放鬆的訓練旨在協助孩子了解情緒與肌肉的關係。一個人情緒高漲時，肌肉都會縮緊，呼吸短促。透過肌肉的放鬆可以帶動情緒的平靜，建立安逸和舒坦的感覺，甚至面對著內外的重重壓力，也可處之泰然。每天二十到三十分鐘的訓練可列為必修的課程。一旦遇到憂慮或憤怒等不愉快的情緒，立刻派上用場，把情緒緩和下來。（有關放鬆訓練的細節請見第三章）

㈥行為問題的處理

　　精神分裂症的孩子不但自己受苦，其呈現的行為問題更讓教養的人感到棘手，尤其孩子進入青少年階段後人高馬大，父母或老師常感束手無策。這種孩子的行為問題大多偏重在違抗、哭鬧發脾氣、怪異的舉止體態、攻擊別人以及自我摧殘自我傷害的行為。針對這些行為問題，布羅貝肯等人（Brubakken et al., 1988）在他們的治療中心採用兩種處理的策略：一是增強適當的行為；一是問題行為發生時給予暫停增強（Time–out）的處罰。

　　基本上他們所增強的行為包括：以適當的語言來表達內心的感受、聽話的行為、獨立自主和自我照顧的行為，以及和同伴共同遊戲的行為。這些行為經過充分的增強會一再滋長，把不良的行為取而代之。

　　針對孩子個別的行為問題，每次孩子有不適當的行為發生，大人立刻把他帶到隔離的房間去靜坐一到兩分鐘，或是就地坐在地板上一到兩分鐘，做為輕微的處罰。在靜坐的時間裡，大人與孩子不做任何交談，更不給予任何增強物；亦即把孩子從增強的環境中挪開，在短

暫的時間中這個孩子不能得到增強。布羅貝肯認為暫停增強的辦法是否有效端賴這個孩子身處的環境中是否有充分的增強機會。要是這個孩子平時有適當的行為出現卻殊少有大人注意和增強，不但這種好行為會漸漸枯萎，暫停增強對他而言根本無關痛癢。尤有甚者，這個孩子甚至會故意製造不良行為來引起大人的注意。相反的，如果孩子好的行為能夠引起大人的注意，並且一再地得到增強，那麼因為壞行為出現而被人帶到別的房間去靜坐，自然會暫時喪失增強的機會。孩子為了避免受到暫停增強的處罰，其不良行為也會漸漸地消失。

布羅貝肯等人治療的是五到八歲的孩子，口頭與食物的增強加上暫停增強的策略自然有其治療的效果。對於青少年階段的孩子增強物可改用代幣的制度（Token Economy）。亦即孩子有適當的行為出現，立刻按照原先擬定的行為處理方案給予適當數量的代幣，如小星星、記點記分或是大人的簽名蓋章。在固定的時間如一天一次或一星期一次，孩子可用「賺來」的代幣換取實物或活動。同時，如果孩子有不良行為出現，則採取反應代價（Response Cost）的方法，要孩子繳回固定數目的代幣。要是一個孩子的確想要累積足夠的代幣，週末好出去逛街看電影，他自然捨不得把代幣繳回去。對他而言，反應的代價或罰鍰是一種強有力的處罰工具，可以有效地減除這個孩子的不良行為。（有關行為的處理，請見第二章、第三章、第八章和第九章）

七、家庭的治療

一個家庭中出現一個精神分裂症的孩子，其父母和其他親人在精神上和財務上的重擔常使人產生不堪負荷的感慨。一般家庭對孩子正面的症狀如幻覺、妄念或是思考凌亂還可忍受，但對其行為問題和負面的症狀如人際關係的惡化、情緒的不穩定，以及生活的懶散常會引起嚴厲的指責，甚至有體罰的情況出現。這些節外生枝的現象不但無

助於孩子的復健，甚至把他推入萬劫不復的境地。無可否認的，大人教養方法的失當，甚至父母本身就有心理和行為的病態，在在證明家庭的教育和治療是對孩子心理復健舉足輕重的環節。

(一)應付技能的訓練

霍倫等人（Falloon et al., 1988）所提倡的人際關係技能和應付技能的訓練，不但用來增進精神分裂症孩子應付內外壓力的技能，更要用來教育孩子身邊有關的人，如何明智而有效地處理這個孩子所帶來的問題。

1. 他們認為在教育或治療之前、之中、之後要對家中每一個與孩子有接觸的人做徹底而深入的評量。評量的內容包括每個人對兒童精神分裂症狀與治療的認識、對這個孩子心理疾病主觀上所承擔的重負以及他個人對孩子治療的期望。同時，要透過現場實際的觀察來了解家中彼此的溝通方式、溝通的技能和缺陷，以及遇到問題時共同協商解決問題的技能。

2. 對家庭成員的教育包括三個主要的課題：

(1)對兒童精神分裂症的認識，包括這種心理疾病的了解、診斷、症狀、發病與過程以及遺傳的關係。

(2)治療精神分裂症的藥品，包括抗精神症狀藥品的類別、副作用、使用、效果以及可能的藥品濫用。

(3)家庭所應扮演的角色，包括早期症狀的發現、症狀復發徵候的辨認、生活壓力的減除，以及對精神分裂症孩子的支援等。

3. 對家庭成員做溝通技能的訓練是解決問題和應付困境的基石。霍倫等人把溝通的訓練分為四個方面：傾聽的技能、表達正面的感受、提出要求以及表達負面的感受。他們把這四項溝通技能加上磋商的技術加以簡要的說明：

(1)傾聽：眼睛正視說話的人，點點頭表示聽進去，有不清楚的地方迅速提出疑問以便澄清，複述對方的話以印證彼此的溝通，能夠將

心比心，設法了解彼此的問題。

(2)表達正面的感受：以和顏悅色正視對方，直截了當地告訴對方他做了什麼事使你很高興。告訴對方你心中愉快的感受。

(3)提出要求：以和顏悅色正視對方，直截了當地告訴對方你希望他做什麼事。告訴對方如果他做了這些事你會有什麼愉快的感受。

(4)表達負面的感受：以和顏悅色正視對方，但以堅定的口吻來說話，直截了當地告訴對方他做了什麼事使你感到不高興。告訴對方你心中不愉快的感受，建議對方要如何防止這種情形的再度出現。

(5)磋商與協調：眼睛正視對方，解釋自己的立場，傾聽對方的觀點，重複對方的觀點以確保彼此的溝通。

(6)要求休息：表示目前的情況太過緊張，告訴對方在這種情況下無法進行建設性的溝通。告訴對方你要暫時離開。告訴對方什麼時候會回來恢復彼此的會談，共商問題的解決。

4.集體解決問題的訓練。霍倫認為全家建立溝通的系統之後，就要從事集體解決問題的訓練。這個訓練特別強調以有組織有系統的方式一步步的達成共同問題的解決。這些基本的步驟是：

(1)把問題做明確的界定並訂定每個人都能滿意的目標。

(2)共商解決的途徑。

(3)對每一個解決的辦法就其利弊得失做深入的評鑑。

(4)選擇最適當的辦法或綜合不同的辦法。

(5)設計辦法的執行。

(6)檢討執行的結果共商改弦更張之道。

要是某些特殊的問題無法解決，可以請教專家以行為的契約來革除彼此不適當的行為，從事放鬆的訓練來應付焦慮的情緒，或增強社會技能來改善人際關係。

(二)緊張與壓力的處理

貼理爾等人（Tarrier et al., 1989）針對精神分裂症的孩子給家

庭所帶來的壓力或是這個家庭本來就存在著重重危機，設計一套處理
壓力的教育課程。他們首先也是對每個家庭成員就精神分裂症的起
源、症狀和治療做詳盡的解釋。然後要每一個人把家中的問題和壓力
做詳盡的記錄，並把記錄帶去和專家共同做進一步的分析檢討。檢討
的重點是就每一個問題的前因和後果做深入的功能分析。根據這個分
析的結果，共同商議如何排除引發家庭問題的前因，以及致使問題綿
延不斷的後果。例如經過討論後發現每次提到孩子的功課問題就會鬧
得不歡而散，其結果是父母彼此指責，孩子乘機起哄，隔天更稱病拒
絕上學。對此情形，功課問題討論的時機、討論的方式、討論的結果
都有修正的必要。一家人學會如何分析壓力的來源並處理壓力情況
後，就要共同訂定長期與短期的目標，同心協力幫助這個孩子增進生
活的技能，朝向獨立自主的人生目標。

㈢家庭氣氛的改變

　　與緊張壓力息息相關的是家中氣氛的凝滯而缺乏生氣。伯林和克
利奇萊（ Berlin & Critchley, 1989 ）發現精神分裂症孩子的父母大都
顯得木然而無親情，甚至不知道如何和孩子打交道。所謂天倫之樂和
生活的情趣早已無影無蹤。這些現象可能是孩子病症所帶來的結果，
也可能是觸發孩子精神分裂症的病因。但不管是因是果，對孩子的復
健都是極大的妨礙。伯林和克利奇萊認為父母親在生活的重擔之下，
這是自然的反應，但他們特別強調這種家庭需要在專家的指導下從事
遊戲的治療，把歡笑帶入日常生活中。所謂遊戲是一種有趣而自動自
發的活動，讓人自由自在地表露情緒，解除壓力；以興奮、新穎而富
有創意的活動來改變枯燥的現狀。父母與孩子一起同樂是一種特殊而
有效的治療。他們認為遊戲的方法俯拾皆是，比較文靜的活動包括玩
紙牌、玩橡皮筋、彈珠、手工藝、唱歌、繪畫以及電腦遊戲等等。他
們認為父母與孩子身體接觸的遊戲，對彼此都有相當的益處，這包括
舞蹈、假摔交、按摩、捉迷藏等等。講故事、化裝表演、演戲、朗誦

也可帶來相當的歡樂。再如全家外出旅行、爬山踏青、露營、釣魚、打球、上百貨公司等等都是相當可行的途徑。

八、藥品的治療

對大部份的精神病患而言，抗精神病劑無疑的是他們的救星，自從一九五二年這種藥品問世之後，長期患者的主要症狀如妄念、幻覺以及思緒紊亂的情況大有進步，因而從精神病院走出來，過正常的生活。

近四十年來最常用的抗精神病劑包括Thorazine、Mellaril、Serentil、Loxitane、Moban、Trilafon、Stelazine、Navane、Haldol、Prolixin等。這種藥品的主要功效是控制幻覺、妄念、思考紊亂、暴躁、敵意、攻擊行為、猜疑以及妄想症狀。不過，這種藥並非根治精神症狀，而是壓制症狀的發作，使教育與心理治療可以乘機介入。因此，這種藥要長期使用。長期使用抗精神病劑的主要顧慮是副作用。最常見的副作用包括口乾、便秘、視線模糊、泌尿、困惑或是智力減退。其他副作用包括疲倦睏頓、站立時血壓突然下降，以及容易在日曬中有黑斑及皮裂的現象。但是，長久使用抗精神病劑最嚴重的副作用是臉部、舌頭和嘴部以及四肢不由自主的晃動。這羣症狀統稱為Tardive Dyskinesia。這些長期用藥所致的結果最值得注意的是一旦症狀出現就無挽回或治療的餘地，變成終身的問題。另一組類似的副作用稱為Extrapyramidal Symptoms，它包括類似巴金森氏症的症狀如身體僵化、顫抖、動作遲緩、步行和身體平衡有困難、流口水以及面部缺乏表情；肌肉的抽搐包括下顎、脖子、眼睛、背部以及喉嚨等部位；以及主觀上感覺到無法靜下來。這一組副作用可以使用抗副作用的藥如Cogentin, Benadryl或Symmetrel來控制，不幸的是這種抗副作用的藥本身也有副作用。因此，用藥之前之中要對利弊得失權衡輕重，作明智的抉擇，尤其用在孩子身上更要謹慎。

最近幾年才上市的Clozaril對於長年使用傳統抗精神病劑而無顯著效果的病患而言，是第二個獲救的良機。這種新藥除了對正面的症狀如妄念、幻覺和思考紊亂做有效的控制外，對負面的症狀如情感呆滯、不合作的行爲、缺乏活力以及動作的遲鈍等傳統抗精神病劑無法觸及的症狀有相當良好的效果。另一個好處是這種新藥沒有Tardive Dyskinesia和Extrapyramidal Symptoms的嚴重副作用。不過，Clozaril也有其特殊而嚴重的副作用，最引起關切的是引發癲癇和白血球過低的現象，甚至有因此而致命的病例。其他的副作用包括發高燒、流口水、睏倦以及站立時血壓降低的現象。基於這些副作用的考慮，病患使用這種新藥通常都要經過嚴密的觀察和定期做血液的檢驗以防萬一。與Clozaril藥性相近的新藥是Risperdal。這種藥也常用來替代傳統的抗精神病劑。它的副作用不如Clozaril嚴重，但其治療效果也比較遜色。另兩種與Clozaril效果相近，亦即對正面負面的精神症狀都有效果，而且不會引發Tardive Dyskinesia和Extrapyramidal Symptoms，是一九九六年才上市的Zyprexa以及一九九七年才上市的Seroquel。這種非傳統的抗精神病劑也有造成動作遲緩、暴躁、緊張、失眠、焦慮以及頭暈等副作用，但與Clozaril的副作用相比，則顯得非常的輕微。這種剛上市的藥品顯然還有待時間的考驗來做認定。同時，新藥推陳出新，無疑的也給精神分裂症的病患保存一份新的希望。

伍 結語

五位精神科醫師於一九八九年在美國兒童與青少年精神病學會會刊（ Journal of the American Academy of Child and Adolescent Psychiatry ）上發表一篇臨床的報告，介紹八歲男孩邁可精神分裂症的症狀、病因、診斷以及這五位醫師和其他專業人員共同在紐約羅克

蘭兒童精神病中心（Rockland Children's Psychiatric Center）治療邁可精神症狀的經過。這份報告偏重藥品處理的策略，但因其具有代表性，在此摘要轉述，做為本章的結語。這五位執筆的醫師是：溫納（Wiener）、波爾穆托（Perlmutter）、格林黑爾（Greenhill）、勤伯斯（Chambers）以及克斯廳本（Kestenbaum）。以下是邁可的案例。

邁可是一個八歲的男孩，他進入羅克蘭兒童精神病中心時，呈現著明顯的精神病症狀，而且症狀日益惡化，在診斷與治療上給治療小組帶來嚴重的挑戰。再者，這個案例在生物心理與社會的模式（Bio-psychosocial Model）中，凸顯出一些具有相當啓發性的問題：邁可的精神症狀顯然得自遺傳的因素，他的父母本身有相當嚴重的心理病態；在成長的過程中，他遭遇到多重而且長期的心理創傷與緊張壓力；他本身有心理功能遲緩和容易受傷的傾向以及試用過刺激性藥品造成心理症狀的直轉急下。因此，這個案例需要從多方面探究他精神分裂症的病源，更需要採取多重治療的策略。同時，由於病情病因的錯綜複雜，除了長期住院由兒童精神科醫師治療小組共同做嚴密的觀察治療外，似乎別無他途。

邁可剛進入這個中心時，主要的症狀是幻聽和幻視。他顯示過動的行爲，並有夢遊、遺尿以及無目的瞪眼凝視。他進入治療中心之後，繼續出現思考凌亂，而且黏住大人不放，要大人把他當嬰孩一樣抱得緊緊的，跟其他的孩子處不來，到處衝撞，而且宣稱他是一個名叫潔妮的女孩子，說他一定要死掉才能眞正的回復「她」的女兒身。這些症狀試過幾種控制心理症狀的藥，但都沒有效果。

邁可才半歲時曾因支氣管炎而住院治療。當時醫師還發現有中耳炎，甚至懷疑他有喪失聽覺的可能。早期的評量發現他有語言和知覺動作遲緩的現象。他從小就會發呆凝視，但在腦波檢驗中查不出有癲癇的跡象。他入學以後，由於攻擊行爲和破壞行爲的一再出現，加上語言的障礙，一直都是在特殊班級受教育。智力測驗的結果是語言智

商52、操作智商90、總智商81。雖然智力偏低,但未診斷為智能障礙。

在邁可幼小的生命史上,從幼齡開始就受到家庭與社會關係上的重重挫折。他的父母在他五歲時就已離婚。不但如此,這個家庭親族之間有長輩對孩子做性虐待的情形。社會服務單位還經常調查這個家庭對孩子的教養和虐待的情形。在他們的血緣親族之中,精神不正常的情形所在多有。例如邁可的父親有酗酒和使用多種非法毒品的行為;他的母親有思考紊亂的症狀;他的外祖母有幻聽、酗酒以及攻擊他人的行為;他的外祖父有酗酒行為;他的舅父曾因精神病而入院治療,並且曾經對邁可以及他的弟妹做性的虐待;他有一個姑媽曾因精神病而住院治療,並有自殺的前例,兼帶有攻擊行為和破壞行為;另一個姑媽也有長期住院治療精神病的記錄。邁可的父親本身小時候也有發呆凝視、過動以及無法適應學校生活的問題。

邁可在進入這個治療中心的三個月前,心智與行為突然惡化。他變得相當困惑、無法入睡、大小便失禁、過份活動、喃喃自語,而且語無倫次、同時對弟妹拳打腳踢。當時他還住在家中,這個家包括他的母親、母親的未婚夫、九歲的姊姊(同父同母)、一歲半的妹妹(母親與她的未婚夫所生),以及十一歲的哥哥(他母親與第一個男朋友所生)。他一年前曾要求和他的父親同住,但他的父親一向以毒打孩子出名,而且在吸食毒品時對孩子一點也不照顧,有一次甚至不小心讓邁可從卡車上摔下來。進入中心以前一個月,醫師使用Ritalin來控制他的過動(Ritalin的使用請見第七章)。但這種興奮劑對他的行為症狀毫無幫助,反而使他更加瘋癲。在最惡劣的情況中,他有與魔鬼搭上了關係的幻覺。因為如此,他搬回與母親同住,但情況並未好轉。

在進入羅克蘭兒童精神病中心時,精神科醫師認為他是一個相當友善的孩子,看起來比實際年齡稚嫩,而且有點娘娘腔。他在診療室跑來跑去,而且一直在哼著曲子或說些別人聽不懂的話。有時則會突

然停下來凝視空間好幾秒鐘。他的情緒變換無常，有時顯得很幼稚而不得體，他的語言發音不準而且用語東拼西湊。他的思考過程顯得雜亂而無頭緒，而且應對常常離題。當醫師探詢他的想法時，他說他常常聽到去世多年的祖父在呼叫他的名字，有時則聽到上帝和魔鬼的聲音，白天晚上都會聽到這些聲音。他說在出生以前他和上帝住在天堂中，他原本是個名叫潔妮的女孩，後來他轉世來到這個世界，但在他母親的肚子裡上帝給他一件服裝，把他變成一個男孩。他說他一直的祈禱，但上帝不准他把服裝拿掉還「她」女兒身，他只有再死掉一次才能變成原本的潔妮。邁可看來懂得不少事情，但他說不出今天是星期幾，不知道這是那一個月，也不知道自己的出生年月日。他開始在這個治療中心的學校上學，功課一塌糊塗；他根本無法集中精神做功課，一般的知識和判斷力也相當差。

在這個中心的最初六個月，雖然精神科醫療小組設法調整他的醫藥，心理專家也傾力做心理治療，但是病情起伏不定。在剛進入中心時，醫師繼續給他服用Ritalin期能控制他的注意力渙散和攻擊行為。不幸的是在最初三十七天中Ritalin不但無法控制他的攻擊行為，他反而顯得語言失常、行為怪誕、幻聽變本加厲，而且一再宣稱他是一個女孩子。治療小組一致認為Ritalin對邁可完全有害無益，因此這種藥逐漸減低藥量，兩個星期後完全停止使用。他每個星期有兩次個別心理治療，兩次團體的治療，同時治療小組決定改用抗精神病劑來控制他的精神症狀和攻擊行為。進入中心後第五十五天治療小組開始使用Mellaril來治療，並逐漸地增加藥量，到第八十九天時Mellaril的藥量增到每天一百五十毫克。治療小組選用Mellaril的主要因素是這種藥的鎮定效果，可以用來控制邁可在學校、在宿舍以及在自由活動中幾乎無法控制的擾亂以及亂衝、亂闖的行為。

在使用Mellaril的一個月中，邁可顯得比較寧靜而不如往常的衝動，攻擊行為也有相當的改進。但是他變得很依賴，經常把大人黏住不放，而且充滿了妄念。到第一百二十天時，他轉變為狂暴不安，擾

亂別人的生活起居，而且把日常生活的規律完全置之度外。在做心理治療時，該是最能安份守己的時刻，但他在診療室跳來跳去，學猛獸的吼叫，而且說他是一個國王。他思考程序更加凌亂，談話都是牛頭不對馬嘴。有一次一個心理專家問他要不要化裝並和其他的孩子去參加萬聖節的活動，他抓抓自己的皮膚然後說：「我已經化裝了，我已打扮成為一個男孩。」不但如此，他不斷地說他聽到上帝和魔鬼的聲音。顯然的，Mellaril起初似乎有些效果，但對精神症狀無法做全面的控制。也因如此，心理治療殊難發揮作用，治療小組於是決定改用Haldol。Mellaril逐漸減低藥量，兩個星期後完全停用。在這兩個星期中，由於Mellaril的減低藥量和身體中存藥量的清除，病情再度轉壞，他的攻擊行為死灰復燃，一再地傻笑、吼叫、胡言亂語，而且做勢要打心理專家。

第一百三十八天邁可開始使用Haldol，並且逐漸增加到每天六毫克，另加Cogentin每天半毫克以控制Haldol所引起的副作用。由於屆臨聖誕節，他回家和母親團圓幾天。他回到中心以後，病情再度惡化。他變得很困惑、昏沉欲睡、流口水、疲憊無力，而且雙手有顫抖的現象，這似乎是Haldol所造成的副作用。因此，Haldol減為一天四毫克。這個時候他開始承認，他說他是潔妮完全是騙人，這是用來使人感到困惑。這種轉變證明抗精神病劑有了反應，亦即Haldol控制了他的妄念。另一方面，他還是有流口水、睏倦、身體僵硬等等副作用的症狀。因此，Haldol開始減少藥量，到一百八十一天時，Haldol完全停止。在這個完全不用藥的期間，邁可再度出現症狀，他說他和魔鬼交談過，魔鬼說要侵入邁可的身體，要把他的身體撕得粉碎。

基於病情的需要，邁可改用Moban。開始是每天二十五毫克，兩個星期後增高為每天七十五毫克。這個藥量持續了四個月。這期間他和同學病友有了交往，攻擊和擾亂的行為減少，而且能和大人做一段時間的交談。他在言談中，幻覺妄念的情況完全消失。在他進入中心九個月後，治療小組還是以Moban來控制邁可的精神症狀，但這

時他又出現了抗精神病劑的副作用，亦即雙手顫抖、感到困惑，而且有昏睡的現象。在第三百零六天時，Moban減少爲每天五十毫克。從此之後有六個月的時間，他的情況相當圓滿。

邁可在一年之中回家幾次。他每次從家裡回到治療中心都帶回來困惑、思考凌亂、過動以及妄念幻覺的現象。與他破碎的家庭相比較，治療中心有相當規律的生活方式，他可以得到治療人員的悉心照顧以及藥品的使用，保持情況的穩定。因此，他可能要在這個中心做長期的住宿和治療。

第七章

注意力渙散與過動・

　　一個中年人把他十歲的兒子帶去看心理專家。經過兩個星期的觀察診斷，這個心理專家告訴他，他的兒子有注意力渙散與過動症。他聽到這個診斷後掩不住心中的悲傷，痛哭失聲。心理專家告訴他，孩子患有這種行為症狀相當普遍，只要方法用對，並不難治療。他說他並不是為兒子傷心，而是為自己的不幸而流淚。他說三十年前他的行為問題和他兒子目前的情形如出一轍。當時他日日掙扎，對自己的行為毫無自制的能力。但是當時父母老師都把他當作是調皮搗蛋的壞孩子，不但從未協助他，而且天天責備他處罰他。更不幸的是被人冠上一個「壞孩子」的頭銜後，幾乎斷送了一生。他高中沒有念完就輟學，並且開始喝酒和吸毒，結果因搶劫加油站而身陷囹圄長達五年之久。

　　的確，患有注意力渙散與過動的孩子過去受到無盡的誤解與委屈。這種症狀確實是孩子學習與行為問題的根源，但在三十年以前這種孩子都被稱為是未成熟、衝動、不聽話、不用心或是沒有教養、惹是生非、擾亂、甚至是學習障礙的孩子。一九七〇年代特殊教育的普遍，這種孩子也漸漸地受到重視，教育與心理專家開始研究他們特殊的問題。最初這些學者把他們取名為輕微腦傷（ Minimal Brain Injury ）並與學習障礙（ Learning Disability ）混在一起。後來以他們的行為特徵——過動（ Hyperactivity ）來給他們取名。一直到一九八〇年美國精神病協會出版的DSM－Ⅲ才正式命名為注意力渙散（ Attention Deficit Disorder ）。到一九八七年DSMⅢ－R又修正為

注意力渙散與過動症（Attention Deficit／Hyperactivity Disorder）簡稱ADHD。這種孩子往往呈現學習障礙、低成就、反社會行為以及情緒障礙等問題。如果不及早治療糾正，進入青少年階段後很容易演變為吸毒、酗酒、犯罪等更嚴重的問題。近三十年來專家學者潛心研究，在診斷與治療上常有突破性的新發現。另一方面，根據美國醫學協會（American Medical Association）一九九三年的報告，這種孩子的出現比例每四到七年之間就增加一倍。到一九八七年，大約百分之六的孩子患有這種行為症狀。目前國內教育界，尤其特殊教育的專家對此問題也日益重視。

壹 注意力渙散與過動的症狀

　　ADHD症狀的診斷相當困難，誤解的地方很多，這也是過去忽略這種孩子的主要原因。根據紐仕斑和貝格勒（Nussbaum & Bigler, 1990）的分析，ADHD很難確認的原因有四。對這些原因必須有充分的了解才能談到症狀的認識。

　　第一、這種行為症狀往往只有在有秩序、有組織的情況中才會顯示問題的存在。例如小孩子在家中、在公園裡蹦蹦跳跳並無不對，在教室中坐立不安才會成為問題。因此，對學齡前的兒童，父母和老師要深入觀察孩子日常生活中的舉止動態才能看出ADHD的徵兆。例如吃飯看電視時是不是無法集中注意力；或是在幼稚園裡是不是無法完成一件簡單的工作或遊戲。

　　第二、一般兒童的發展在一歲半到四歲之間總會顯得精力特別充沛，活躍好動。這和ADHD往往混淆不清。三歲到五歲以後的孩子注意力才會慢慢集中。如果五歲以後還無法坐下來靜靜地聽一段故事，就顯示出ADHD的徵兆。

　　第三、過去學校認為孩子學習有障礙，行為有問題，並不是學校

的責任。老師對這種小孩的問題有的不聞不問，有的採取強制壓抑和處罰的方法。如果方法無效，只好讓他們在學校中自生自滅，甚至讓他們輟學回家，以免妨礙其他學生的學習活動。一九八〇年代發現一般孩子中百分之二到十的孩子竟然有這種問題，從此特殊教育才對此普遍地重視，也才注意到適當的診斷、治療和補救教學。

第四、研究兒童學習與行為問題的專家對這個問題的研究已有幾十年的歷史，但始終找不到一個合適的名稱來稱呼這種惱人的症狀，最初稱之為輕微腦傷（Minimal Brain Injury）或輕微腦部功能失常（Minimal Cerebral Dysfunction），後來又改稱為兒童過分活動反應（Hyperkinctic Reaction of Children）。一九八〇年DSM－Ⅲ正式取名為注意力渙散症，簡稱為ADD。一九八七年修訂的DSM－Ⅲ－R再加上過動，改稱為注意力渙散與過動症，亦即行之十年的ADHD。

除了紐仕斑和貝格勒的解釋之外，有些專家特別指出ADHD往往與學習障礙、智能障礙或精神症狀混淆不清。貝都門等人（Bie-dehman et al., 1991）特別指出，學習障礙通常是指孩子在學校課業讀寫算各方面中，有某一項特別的落後或困難。智能障礙則是指孩子一般智能和學校功課都有全面性的遲緩。有些智能障礙的孩子也有ADHD的症狀；如果有這種情形，兩種診斷可以同時並列。另有些孩子可能有精神症狀但也有ADHD的行為特性，遇到這種情況則以精神症狀為主要診斷。

一、DSM－Ⅳ的診斷標準

患有ADHD的孩子最顯著的症狀是注意力沒有辦法集中，有的則兼具有過動的症狀，更有孩子雖有過動，但注意力渙散並不嚴重。就是注意力渙散與過動本身也有程度上的差別。例如過動的孩子較輕微的會顯得坐立不安，最嚴重的可能會橫衝直撞；注意力渙散的孩子

輕微的可能會注意力隨時在轉移有如風吹草木動，最嚴重的可能是無法做功課，東西隨拿隨丟。注意力渙散與過動合起來又有不同的程度。（請見二、注意力渙散與過動的行為形態。）

　　1.注意力渙散要在下列症狀中出現六種以上，而且這些症狀已有六個月以上的歷史。這些症狀的出現與正常兒童的成長應有相當大的差別：

　　(1)經常對事物的細微末節掉以輕心。做功課時、遊戲時或其他活動時，經常出現無心的錯誤。

　　(2)經常對工作、功課或遊戲無法保持注意。

　　(3)當別人對他說話時，經常看似無法聽進去。

　　(4)經常無法完成指定的功課、遊戲或日常事務。

　　(5)經常無法把事物或活動連貫起來。

　　(6)經常避免或拖延一些需要費精神的活動，如學校功課或是動腦筋的遊戲。

　　(7)經常丟掉日常必需的東西如玩具、文具、書本簿子。

　　(8)外界稍有動靜就會轉移注意力。

　　(9)經常忘記日常的事務。

　　2.過動在下列症狀中要出現六種以上，而且這些症狀已有六個月以上的歷史。這些症狀的出現與正常兒童的成長有相當大的差別：

　　(1)經常坐立不安，手足無措；勉強坐在椅子上也是不斷扭動身體。

　　(2)在教室中或是其他需要靜坐的地方，會經常離開座位。

　　(3)經常跑來跑去，爬上爬下。

　　(4)無法安靜地遊戲或是從事休閒活動。

　　(5)就如身上帶一個馬達，時時都在轉動。

　　(6)口無遮攔，早上一覺醒來就講個沒完。

　　(7)在教室中，老師的問題還沒有說清楚，孩子就搶著發言回答。

　　(8)沒有辦法等待，沒有輪流的觀念。

(9)別人談話或遊戲時，插手打擾別人的活動。

3. ADHD的症狀在七歲以前就已出現。

4. ADHD症狀所造成的行為問題要在兩種以上的場合出現。例如在學校、家中或工作場所都會出現同樣的症狀。

5. 孩子的行為症狀對人際關係、功課或是職業功能以及日常生活有相當的妨礙。

6. 這些症狀的發生並非智能發展的問題、精神分裂或其他精神症狀；也不能用其他情緒問題、焦慮症狀或人格差異來解釋。

7. 有的孩子注意力渙散與過動二者兼而有之，有的主要症狀是注意力渙散，有的則是以過動為主要症狀。

二、注意力渙散與過動的行為形態

一九八七年美國精神病協會修訂DSM第三版的時候，曾把注意力渙散加上過動所造成的問題，依其嚴重性綜合為十六個層次，排在愈前面的症狀愈輕微，愈後面愈嚴重。不管輕微或嚴重，下列的行為形態是ADHD的最好寫照。

1. 幼小的孩子顯得煩燥不安，在座位上經常蠕動或扭曲身體。青少年的孩子不一定會坐立不安或不時地蠕動，但會在主觀上覺得無法靜坐下來。

2. 在某些需要靜坐的場合如看電影、在餐館吃飯等，無法坐在自己的座位上，經常爬上爬下跑來跑去。

3. 外面稍微有點動靜就會使他分神。甚至無關緊要的刺激，例如街上有人按汽車喇叭或教室前有人走過，一般孩子都是視若無睹，這種孩子卻會把功課丟在一邊，趕快跑出去探望到底是怎麼一回事。

4. 無法耐心等待，尤其在團體遊戲中，往往還未輪到他，就會按捺不住，搶先去玩。這種孩子沒有輪流的習慣，更無法排隊等候。

5. 由於一股無法自制的衝動，經常未經思考就脫口而出；甚至別

人的問題還未說完，他已開始回答。

6. 沒有辦法把別人交待的事或把大人的教導貫徹實施，所以他不照規定做功課，也無法完成父母交待的小差事。這種情形的發生是因為這個孩子注意力渙散，因而無法牢記工作或活動的內容，也無法採取適當的步驟來完成。這種情形與不聽話或是無法了解大人的意思不能混為一談。

7. 無法注意事物的細節，因此做事、做功課錯誤百出，或是把事情弄得雜亂無章。由於注意力渙散，經常一件事還未做完就開始另外一件事，到頭來費了九牛二虎之力還是一事無成。

8. 看起來他根本心不在焉，人在心不在，所以別人說什麼就很難聽進去，或是別人話未說完他已開始行動。

9. 對於需要動腦筋的事感到為難。因此，他會設法逃避這些事，例如做功課、下棋、畫圖等等。不過，他之所以討厭這些事並不是因為他對別人的反抗，而是因為他無法專心做這種事。

10. 即使是他最喜歡的遊戲或休閒活動，也無法專心而安靜的玩。就算是安靜的遊戲他也會喧譁取鬧。

11. 一打開話閘子就不能罷休，而且經常文不對題，不管有沒有人聽，只顧傾瀉。

12. 在行動上也是一發動就不休不止。例如衣鞋還沒穿好就已衝出大門；在室內橫衝直撞，經常把東西碰撞得東倒西歪。

13. 經常在學校的學習活動中、社會交遊的活動中，或其他休閒活動中，干擾他人的工作或遊戲，使人感到不悅。例如在談話中插嘴批評、不聽別人的指示、拿走別人的東西、觸摸不該碰的東西，做出小丑滑稽相等等。

14. 在社交場合中，不能傾聽別人的談話，經常變換談話的主題，無法配合別人的談話，或是不遵守習俗和常規，因此引起別人的厭煩。

15. 無法建立良好的工作習慣。工作的工具或學校的課本不是損壞

就是東丟西放，事物的安排也是雜亂無章。

16.由於過動和衝動，經常作出危險的舉動。例如衝入街道而發生意外、打破貴重的東西、無緣無故打開瓦斯爐，或是抓起火熱的鐵鍋等等。

三、注意力渙散與過動的連帶問題

孩子ADHD的輕重雖有不同，但對孩子生活上的影響既深且鉅。這些影響最深遠的是孩子學校功課趕不上，人際關係與情緒上的障礙以及反社會行為的發展。根據紐仕斑和貝格勒的研究，有三個主要的問題父母和老師要特別關切：

㈠學習活動

絕大多數的孩子有了ADHD的症狀後，學校的功課就一塌糊塗。這個道理相當淺顯；學校功課最需要孩子注意老師的教學，專心地閱讀和思考問題，尤其在一定的時間限度內要完成作業或試題。對這種孩子來講，其困難之處可想而知。如果ADHD的孩子能夠得到一對一的教學，把學習活動細分為數個小單元，並把環境做適當的控制，他的學習活動依然可以達到相當的成就。要是這種孩子加上智能障礙或是有學習障礙的症狀，那麼學習活動就難上加難。事實上，這種雙重診斷的案例還相當多。

㈡社會關係與情緒的問題

ADHD的主要症狀中，衝動是一個大問題；這種問題對於社會關係和情緒的發展有重大的妨害。衝動莽撞的孩子沒有辦法和人和諧相處，因此常受排擠。他們常會搶第一、插隊、拿走別人的東西、和人講話無頭無緒，或在遊戲中容易感到厭倦因而翻來覆去。這種種細小卻惱人的言行很惹人厭惡，因此找不到知心的朋友，其結果是自尊

心受到嚴重的打擊。同樣的道理，這種問題也給父母、老師或其他負責教養的大人帶來極大的困擾。沒有受過訓練的父母不知道如何引導這種孩子，只好採取安撫的辦法，只要孩子能靜下來就讓他隨心所欲，其結果是增強孩子的過動。教室中的情況不同，但結果也好不到那裡去；老師們遇到這種孩子往往使用處罰和高壓的手段迫使孩子暫時平靜下來而忽略孩子無法自我控制的苦衷。由於在學校中、在家中、在遊戲場合中一再地受到排擠、壓制或冷眼相向，再加上一再地挫折，各種情緒問題油然而生；最顯著的是憂鬱、焦慮以及自尊心受損。這些情緒問題又會升高為其他更嚴重的行為問題。

(三)違規與少年犯罪

ADHD的孩子如果沒有好好規範，極有可能會節外生枝而發展出不適當或觸犯法令的行為。有些孩子雖然沒有存心作惡，但因其衝動的本性，而做出犯法的行為。例如破壞別人的東西、逃學、偷竊等等都是過動的延伸。再者，有些孩子ADHD加上情緒的困擾，可能會引發憎恨和反抗，甚至進一步有計劃有預謀的作出侵犯他人權益，違反公眾安全的事件。一旦注意力渙散加上情緒問題，又出現違規的行為，問題層層疊疊，處理就相當困難。

貳 注意力渙散與過動的肇因

到目前為止，ADHD的肇因來自何處，眾說紛紜。目前最受重視的解釋是：腦部功能失常以致無法產生適當的刺激，或是無法整理和控制外來的刺激。其他如遺傳因素、敏感的反應以及環境的因素也不可忽視。

一、腦部功能失常

最早也是最有力的理論是孩子在出生時，或是出生後因爲感染疾病或發燒過度以致腦受傷，因而引起過動的毛病。最近的理論則認爲ADHD的孩子腦組織並沒有受到傷害，而是神經的連接或傳送系統發生故障。

㈠神經傳送體（Neurotransmitter）

紐仕斑等人認爲神經傳送系統的功能失常或不平衡是造成ADHD的主要因素。神經傳送體是指腦中的一些化學因素；它的功能是傳送整個腦部的消息，並建立一個生化的腦部組織。這個組織的重要職責是控制個人的警覺、興奮以及語言動作。如果這個組織因爲化學因素不平衡，整個神經傳送系統就失去控制，這個人的警覺性、注意力，甚至身體的舉動都不聽從指揮。有些專家使用藥品來控制孩子ADHD的症狀，就是因爲這種藥品可以糾正神經系統中化學因素不平衡的毛病。

㈡腦部網狀刺激系統（Reticular Activating System，簡稱 RAS）

另有一些專家認爲RAS的功能失常是ADHD的主要原因。RAS是指大腦下端腦莖中的一個組織或系統。它的功能在調節一個人的警覺和興奮。例如有人在車禍中傷到RAS系統，可能會降低其警覺性，甚至陷入昏迷狀態。同樣的道理，拳擊選手腦部受到重擊時也會頭昏眼花而失去知覺。一個人如果一再承受這種重擊，遲早會造成永久性的腦部傷害，因此警覺性和注意力會渙散下來。另一方面，一個人飲用提神的咖啡、茶、可口可樂等含有大量咖啡因的飲料，則是用來刺激RAS的系統。孩子RAS的功能失常會影響他集中注意力。再者，

RAS在神經系統中用來過濾一些雜亂無章的刺激,選擇有意義的刺激才產生反應。要是這個系統有故障,孩子對外來千千萬萬的刺激會無所適從。例如孩子在教室中應該注意老師的教學,然後寫自己的習題,但是RAS有故障的孩子可能稍為風吹草動就會使他分心,教室裡的小動物出聲音他會跑去看,有人從走廊走過他也會探頭探腦,甚至同學談話他也要參上一腳。刺激性的藥品有助於控制孩子過動的毛病,主要是增強RAS的功能以發揮過濾和澄清的作用。

㈢腦部發展遲緩(Lag in Brain Development)

根據蔴任門等人(Massman et al., 1988)的看法,腦前葉(Frantal Lobe)與一個人的注意力有密切的關係。有人腦受傷損壞了前額的腦部因而發生容易分神和衝動的現象,就是一個明顯的證明。一九八一年美國前總統雷根的新聞秘書在槍擊中傷及腦前葉,這些年來逐漸康復,但是注意力渙散的情況毫無改變。蔴任門等人進一步指出,孩子腦部的發展要經過幾個階段:孩子出生後最先成熟的是主管感覺和動作的部位,控制手眼的協調、手指的靈活運用等;再來是主管思考與行為的部位,諸如邏輯的思考、注意力的集中、衝動的控制都是在腦前葉成熟之後才有控制的能力。腦前葉的發展相當緩慢,一般都要到青少年階段才完全成熟。因此,四、五歲的孩子就比十二、三歲的孩子好動而且容易分神。以這個道理來分析,有些孩子因為腦前葉的發展遲緩,雖已十歲,言行舉止卻如五歲的孩子。這也說明為什麼有的孩子注意力渙散和過動的症狀到青少年期以後會慢慢的消失。

二、遺傳的因素

ADHD有代代相傳的可能。紐仕斑與貝格勒指出:ADHD的孩子之中,百分之二十到三十自己的父母或兄弟姊妹也有同樣的問題。

因此，有些ADHD孩子的神經系統受到遺傳因素的影響，生而具有心神不定和好動、衝動的傾向。就以本章一開頭所舉出的例子而言，有些父母帶孩子去求診，發現孩子有ADHD的症狀，其實這些父母本身往往也是過來人，只是他們幼年的時候，大人都把他們誤認爲調皮搗蛋的壞孩子，使他們蒙受太多的委曲。

三、敏感的反應

　　一般人提到孩子無法專心常會聯想到是因爲食物所引起的敏感反應。經過三十年的印證，這種說法似有幾分道理，但也不盡然如此。一九七〇年代盛行的說法是日光燈會造成孩子過動的毛病，但經過嚴密的科學實驗，這種理論已遭推翻。至於食物中的色素、味精、糖份、人工味料以及防腐劑等等對孩子的影響，經過深入的研究，發現只有少數孩子的ADHD與食物有關，而受影響較深的往往只侷限於六歲以下的幼童。有些父母把孩子的過動歸罪於糖吃太多，這可能有表面的根據，因爲這些父母發現他們的孩子都過動，也都視糖如命。但是專家的解釋是幾乎每個孩子都愛吃甜食，只是這種孩子無法自我節制，一吃就停不下來，而且父母往往以糖果來換取孩子片刻的安靜。因此糖吃多了常是過動的結果而不是過動的肇因。話說回來，一般專家認爲減少糖份、色素、人工味料等等不一定會減少孩子ADHD的症狀，但對孩子的健康確實有好處，何樂而不爲？

　　最新的說法是環境的污染會造成孩子的敏感，因而使孩子無法專心。目前最受重視的是汽車排煙，以及自來水管中含帶的鉛。這種有害的礦物質吸入肺部或喝入胃腸，積少成多，對腦部有極大的影響。再如有些幼童吃下含鉛量甚高的脫落油漆片，有的會造成嚴重的智能障礙，有的會造成ADHD。同樣的道理，孩子吃下含有農藥的食物和其他的毒品也有造成無法自我控制的現象。

四、環境的因素

　　有些孩子非常好動，大人愈是制止，愈是變本加厲。這種行為似在引起大人的注意，也有可能是對大人的反抗。但不管如何，這種好動往往是來自外在環境的刺激和增強。基於這種觀察，一般人的觀念是父母把孩子寵壞了，或是不知道怎麼教孩子。有的父母相互責怪，有的父母與老師為此指責對方未盡教導之責。事實上，真正ADHD的孩子與大人的教養並無直接的關係。外界環境的刺激因素和大人教養方法不當可能會給問題火上加油，但這不一定是ADHD的根源。因為孩子過動和注意力渙散早在幼兒時期（七歲以前）就已出現，而且症狀的出現超越了時空的限制，亦即這個孩子無論在家中、在學校中、在電影院裡、在運動場上都是一樣的心神不定、坐立不安。紐仕斑和貝格勒認為父母對於ADHD的孩子往往感到無能為力，教養方法也往往出乎常軌。但是，孩子在使用藥品的治療而有長足的進步後，父母的教養方法也隨著好轉。這證明父母或老師的教育方法或其他環境因素，如功課的壓力、不和諧的人際關係並不是孩子ADHD的主要肇因。話說回來，孩子如有ADHD行為傾向，這些環境因素會致使問題一再惡化。

叁 注意力渙散與過動的診斷

　　孩子有ADHD的症狀，父母往往看不出來這個孩子有此行為問題。這是因為一般父母對孩子的日常生活和行為動態習以為常，日日所見所聞都屬「正常」。尤其如果這個孩子是他們的第一個或是唯一的子女，父母沒有養育子女的經驗，又無從比較，就很難看出孩子有什麼異狀。這種蒙在鼓裡的情形會一直持續到孩子和別人有了比較，

例如在教室中別人都靜坐聽講或做功課，唯有自己的孩子坐立不安，才會恍然大悟。有些父母還會回想到在某某人的喜宴上，或是在某個音樂會中，他都鬧翻了天，也才猛然發現這個孩子過去幾年的言行舉止都是衝動、過動和精神不能集中所造成的結果。因此，大部份ADHD的孩子都是在五歲到八歲之間才診斷出來。

根據溫達（Wender, 1987）的研究，有一些情況特別突出的孩子在兩歲半到五歲之間ADHD的症狀就很明顯的表現出來。這些孩子在嬰兒期間就顯得異常的活動。這種早期出現症狀的孩子如果沒有及早治療往往會持續到青少年階段還無法安定下來。

孩子有ADHD的症狀，自己也有難言的苦衷。他們何嘗不想和其他的孩子一樣安靜地做功課或遊戲。無奈生理化學因素的功能失常使自己的行為失去了控制。因此，ADHD的發現相當倚重醫藥方面的診斷。當然，行為的觀察和心理發展的評量也不可忽視。

一、醫學的診斷

一旦父母發覺子女行為異常，通常是把孩子帶去看小兒科醫師。這是相當合乎邏輯的作法，因為一般父母多多少少聽過過動與醫藥的關係，例如甲狀腺分泌過多、癲癇發作、鉛中毒或是農藥的影響等等。父母第一步自然是找醫師治療生理異狀。不過，如果ADHD的症狀確是由這些因素所引起，這些症狀往往沒有長久的歷史，而是突然的發生或是時斷時續。例如癲癇發作時因為腦波活動不正常而引發過動和分神的現象，癲癇平息以後又恢復了正常。這是短暫的過動，但有分別診斷和治療的必要。

我們最關切的是孩子早年就有症狀出現，且有長期過動和注意力渙散的現象。對這種孩子完完全全的身體檢查是絕對的必要，這當然包括仔細的腦神經檢驗和生化的檢查，從而徹底地清查其病源。

二、行爲的評量

　　DSM－Ⅳ的診斷標準中，對ADHD的症狀有詳細的描述。孩子的行爲模式和出現的時間要符合這些標準，才能診斷這個孩子有ADHD症狀。另有一些似是而非的行爲並不符合這些標準，這就不算是ADHD症。例如特別害羞和焦慮的孩子剛剛進學校可能無法在教室中專心的做功課；另有一些具有分離焦慮的孩子在學校裡也會坐立不安。這些孩子的分神和過動完全是情緒因素所引起，與ADHD無關。再如學習障礙的孩子遇到讀寫算感到相當爲難而無法做功課，症狀與ADHD相似，卻不是眞正的注意力渙散而是知覺的障礙，兩者不能混爲一談。眞正ADHD的孩子其行爲問題不但在教室中出現，在操場上、在飯桌上、在電視機前，照樣會不斷地弄得手忙腳亂。因此，確切的行爲診斷有賴於父母老師搜集孩子的行爲資料。兩方面所得結果一致才能提供做可靠的診斷。除了DSM－Ⅳ的診斷標準外，佛蒙特大學（University of Vermont, 1988）替老師和父母設計了一個量表，曾被廣泛地使用。其中與ADHD相關的行爲包括下列二十二個項目：

1. 言行動作顯得比實際的年齡幼稚
2. 在安靜的情境中如教室或電影院哼唱或出怪聲
3. 喜歡和人鬥嘴
4. 做事有頭無尾
5. 不聽話或公然違抗
6. 注意力無法集中很長一段時間（與同齡兒童比較而言）
7. 無法坐一段長時間（與同齡兒童比較而言）
8. 做事雜亂無章
9. 做事衝動或不加思考
10. 被同學或同伴排擠

11. 沒有辦法做功課

12. 話太多而且毫無組織

13. 攻擊別人

14. 顯得憂傷、氣惱或急躁不安

15. 使用煙酒和毒品

16. 擾亂別人的功課或活動

17. 無法遵守規定或大人的指示

18. 思考毫無頭緒，顯示沒頭沒腦的模樣

19. 破壞自己或別人的東西

20. 經常發生意外事件

21. 喜歡扮演丑角

22. 對學校功課顯示厭倦

三、心理的評鑑

　　一旦老師和父母從日常的觀察和行為評量發現孩子在學校、在家中都有注意力渙散或過動的現象，就有進一步做心理評鑑的必要。這包括學校課業與一般學習活動的調查：智能、情緒、與其他心理症狀的測量，以及神經心理的評量。ADHD的孩子在學校功課跟不上其他同學，在同儕當中又受到排擠和歧視，如果父母老師再不諒解和同情他的苦衷，其心理上的打擊很大，情緒問題常成為併發症。這種情緒問題又與原來的行為問題糾纏在一起。因此，心理專家要能剝繭抽絲，把學習活動、人際關係以及情緒上的各種問題與ADHD症狀的因果關係清清楚楚的理出來。這方面有兩個常用的等級量表：兒童行為檢核表（Child Behavior Checklist; Achenback & Edelbrock, 1983）和家庭與學校情況問卷（Home and School Situations Questionnaires; Barkly & Edelbrock, 1987）。此外，評量孩子注意力、衝動的控制以及動作頻繁的現象，常用的是戈登診斷系統（Gordon

Diagnostic System; Gordon, 1983），以及常見圖形配對測驗（Marching Familiar Figures Test; Kagan, 1996）。

四、注意力渙散與過動的度量

孩子ADHD的症狀診斷以後，開始治療之前，主要行為症狀的觀察、度量和記錄是一個容易被忽略卻是相當重要的步驟。這種客觀的行為度量是一個重要的指針，有了正確的行為資料，才能斷定行為的動向，也才能及時評鑑和修正治療的策略。在做行為度量之前，先要把行為具體地界定出來。例如小山過動的行為是指他口出無意義的聲音、來回疾步衝撞、打翻桌椅等；擾亂的行為則界定為：拿走別人使用的工具、別人談話時出怪聲、別人看電視時把電源關掉等。對ADHD的行為觀察、度量與記錄，可以採取下列四種方法：

㈠間段的記錄（Interval Recording）

這種方法是度量在某一段時間中，行為發生的「比例」有多少。所謂一段時間可定為一整天、一天八小時，或是一節課四十五分鐘。時間段落決定後，再把這段時間等分為數個小段落。觀察行為的人在每一個小段落當中，記錄這個孩子的目標行為是否發生。例如一位母親決定每天晚上八點到九點之間記錄小山到底花多少時間做功課。她把六十分鐘等分為十二個小段落，每小段五分鐘。五分鐘一到她就在預先準備好的行為記錄表上畫個「○」表示小山這五分鐘做了功課；如果他做其他事就打上「×」。如果一個小時的記錄有六個「○」，六個「×」表示他百分之五十的時間在做功課，另外一半的時間做其他事。當然，小山的母親也可以在這一個小時中觀察和記錄小山離開書桌、開冰箱吃東西、來回踱步等三種行為。間段的記錄又可分為整段的記錄（Whole Interval Recording）和部分的間段記錄（Partial Interval Recording）。以小山的行為記錄為例，如果他母親決定採

用整段的記錄，小山要在一個小段落中整整做五分鐘功課，他母親才畫個「○」。如果她採用部份的間段記錄，只要小山在一個小段落中做一分鐘或三秒鐘功課，就畫上一個「○」。這兩種方法那一種較適當完全看行為的性質而定。例如小山做功課最好用整段記錄，他開冰箱吃東西用部分的間段記錄較適合。

㈡片刻的時間抽樣（Momentary Time Sampling）

對持續很長久的行為，這是最簡捷實用的方法。這種方法與間段的記錄很相似，主要的不同點是不需要連續不斷地觀察行為，所以用起來比較省時省事。這種方法也是把行為觀察的時間等分為數個小段落，觀察行為的人只要在每一個小段落的最後幾秒鐘看看行為是否發生。例如老師要度量小山上課中走動的行為，她把一節課四十五分鐘分為十五個小段落，每小段三分鐘。她還用一個小鬧鐘，三分鐘響一次。每次鐘響她就抬頭看小山是否在走動，並用「○」表示他走動，「×」表示他沒有走動。如果在十五個小段落中，總共有六個「○」九個「×」，表示百分之四十的時間小山有走動的行為。

㈢永久性產物的直接度量（Direct Measurement of Permanent Products）

有很多情況我們不可能或沒有需要直接觀察行為的發生；有些行為會製造相當持久的結果，只要度量這些結果就會知道行為的動態。學生繳作業老師批閱作業，母親記錄小山一個月中有幾次忘了把便當盒帶回家都是明顯的例子。如果問題相當嚴重，這種度量所得到的資料只能提供一個線索或做為輔助，我們還是要著重行為的直接觀察和記錄。例如小山常和人打架，老師和父母不但要記錄一個月受傷幾次，還要詳細了解打架的原委和過程，才能設想週全的處理策略。

㈣等級的評量（Rating Scale）

實際的經驗告訴我們：很多行為方面的疑難雜症實在找不出恰當的度量方法，或是單靠一種方法不足以搜集可靠的行為資料。另外一個情形是大人實在無法分出太多的時間來觀察記錄。如果設計一個行為等級的評量表，每小時或每天評量一次，有時候是實際而且省時的方法。這種方法主要的缺點是過份依賴記憶和主觀的判斷，誤差的機會較大。這種方法要根據孩子的行為特性做個別的設計。下列的等級可提供一個例子：

0：沒有行為問題，衣食住行和學校課業都能自理。

1：有時會坐立不安，口出怪聲。這些行為發生合計不超過半小時，而且大人叫他停止他就停止。

2：有時會疾步衝撞，大聲叫嚷，打翻桌椅。這些行為發生合計不超過半小時，而且大人叫他停止他就停止。

3：大部份的時間在疾步衝撞或是爬上爬下，同時大聲叫嚷，打翻桌椅。大人叫他停止他就停止，但不到一分鐘就故態復萌。

4：不停的疾步衝撞，跳上跳下，大聲叫嚷，打翻桌椅。這些行為大人無法阻止。

這個例子是用來度量小山過動的行為。每一小時他母親根據過去這一個小時綜合的主觀印象，從0到4之間，選擇最適合的一項來記錄小山的行為。

不管採用那一種度量的方法，經常性是一個重要的關鍵。而且，ADHD的行為在治療之前、之中和之後都要持續地度量，才能了解行為的變化，評鑑治療的效果。

肆 注意力渙散與過動的處理

溫達（Wender, 1987）在十年前為ADHD的孩子描繪出一個相當悲觀的遠景。他認為ADHD的症狀並無治癒的可能；有的孩子年紀漸大後，其嚴重性會漸漸減低，但對大部份的孩子而言，這種行為症狀如果沒有適當的治療，會繼續存在，而且影響他的一生。這種說法到目前還是顛撲不破。然而，ADHD可以透過各種治療的途徑加以控制；大部份的人依然可以過相當正常的一生。這一章所要介紹的處理策略包括醫藥的治療、行為的處理、教育的補救、社會技能的訓練與情緒的處理，以及飲食的控制。

一、醫藥的治療

前面提到ADHD的肇因時，曾經提到神經系統故障在此症狀中所扮演的角色。醫藥的治療旨在彌補神經系統的缺陷，控制孩子無法自制的行為問題，因此能夠有比較正常的生活。

㈠藥品的功能

根據美國醫學協會（American Medical Association）1993年發表的報告，三種刺激的藥品Ritalin、Cylert和Dexadrive可以協助孩子激發中樞神經系統，使其功能正常化，進而使孩子能夠集中注意力並且減少過動的現象。為什麼孩子已經過動而且無法安定下來還要使用藥物刺激其神經系統？根據紐仕斑和貝格勒的解釋，腦部網狀刺激系統（RAS）的功能失常，致使孩子無法把外來千千萬萬的刺激加以過濾，因此稍為一點點風吹草動就會使他手忙腳亂。刺激藥品的作用是喚醒RAS的過濾功能，所以孩子的注意力可以集中在有意義的刺激

上而把無關緊要的刺激丟在腦後。這就是所謂「認知的集中焦點」。同時，刺激藥物會減少孩子的衝動，所以孩子能夠凡事三思而後行。如此一來孩子的學校功課會有進步，人與人之間的相處也獲得改善。大約百分之七十到八十的孩子使用上述三種藥品之後，ADHD的症狀都有長足的進步。如果這三種刺激藥品沒有效果或副作用太大，美國醫學協會建議試用抗憂鬱的藥品Tofranil，再不然抗精神病劑當中的Haldol也可使用。不過，使用這兩種藥的案例不多，因為其副作用可能比前三種更嚴重。

(二)使用藥品的顧慮

使用藥品來控制孩子的行為本來就是一個經常引起爭論的焦點。幼小的孩子只因注意力渙散和過動，對自己對別人都沒有什麼嚴重的危害，更無生命的威脅，是否真有使用藥品來控制的必要？對這個問題各方面見仁見智，一直爭執不休。因此，就藥品使用正反兩面的看法以及特別的注意事項在此摘要提出討論。

前面提到百分之七、八十ADHD的孩子使用刺激藥品對衝動和注意力的控制有相當的效果，這是不容置疑的事實。再者，孩子過動和分神的結果在家給父母帶來的困擾；在學校給老師和同學造成的不便；以及孩子本身遭受外來的排斥會引起心理的痛楚和情緒的創傷。如果能藉著藥品來減輕彼此的痛苦，解除負面的惡性循環，使孩子能夠和其他的孩子一樣享有愉快的童年和未來正常的生活，何樂而不為？

當然，使用藥品最大的顧慮是副作用。刺激性藥品最普通的副作用包括：失眠、胃口減低、體重減輕或成長減慢、情緒飄忽不定、局部肌肉抽搐以及焦慮的情緒。另一點值得重視的是長期使用有可能上癮和心理上對刺激藥品的依賴，或是因而轉入其他非法毒品。

基於使用這些藥品長處和短處的判斷，父母、老師和醫師必須對藥品的性質、功能和副作用再三斟酌，權衡輕重才做決定。根據紐仕

斑和貝格勒的經驗，一般的副作用如胃口減低、失眠和情緒問題往往在使用藥品一個到兩個星期之間會自然消失。要是胃口減低的問題沒有改善，這種藥應改在飯中或飯後立刻使用。同樣的，刺激藥如果繼續影響睡眠，下午的用藥儘量挪前，或只限上午使用。他們認為孩子如果本來就有肌肉抽搐的毛病，或是使用刺激藥品後引發這種毛病，這種藥應該停止。至於上癮的問題，他們建議最好要減少使用，例如寒暑假或其他不上學的日子最好讓孩子有「藥品休假」的機會。同時，父母和老師要特別教育孩子使用藥品的用意以及安全的用法。巴克萊（Barkley, 1981）建議父母和老師特別留意孩子使用刺激藥品後可能出現的身心異狀：失眠、做惡夢、凝視或做白日夢、不和人說話、對外界事物不感興趣、胃口減少、暴躁、胃痛、頭痛、睏倦、憂傷、好哭、緊張、咬指甲、情緒高漲或過度高興、發暈等等。如果情況嚴重，要立刻和醫師共商補救的辦法。

藥品的使用有其不可取代的貢獻。但一般的準則是先用行為處理的策略；直到方法用盡依然沒有改進的跡象才考慮到用藥的辦法。但是，使用藥品不是治療ADHD的唯一途徑，行為處理的策略、技能的訓練等等依然要照常去做。

二、行為處理的策略

到此為止我們對ADHD的症狀該已了然於胸。由於內在的衝動，他實在沒有能力控制自己的行為；更因為注意力渙散，他不會從失敗、挫折和錯誤中記取經驗。因此一錯再錯變成一種負面的行為模式，更無法建立良好的行為規範。一般兒童看到父母把臉拉下來會立刻收斂；但ADHD的孩子沒頭沒腦的常常把父母、老師逼得大聲吼叫，或採取打罵的方法來制止壞行為的持續發生。這種惡劣的關係和行為模式如果不及早改善，問題日日惡化，終至成為永遠無法彌補的狀態。行為的處理旨在改變孩子的行為模式，亦即消除負面的行為，

建立和增進正面的行爲，從而建立良好的人際關係和正常的生活方式。下列是五項常見的處理策略：

㈠刺激的控制（Stimulus Control）

用行爲分析的術語來解釋，刺激的控制是：在某種刺激出現時發生一種行爲，這種行爲獲得增強；因此，每當同樣的刺激出現時，這種行爲發生的可能性會大爲增加。例如一條狗每要出去就汪汪叫，主人不勝其煩，於是設計一塊綠牌，可以隨時掛在門上，也可以隨時取下，當他把綠牌掛上時，這條狗汪汪叫就可以出去，門上沒有牌子汪汪叫就沒有用處。這條狗很快的連結綠牌、汪汪叫與出去的關係。牠學會只有在綠牌掛上又要出去才汪汪叫。牠的主人有效地運用刺激的控制來約束狗的行爲。這種刺激的控制也無時無刻運用在每一個人的身上：一位英明的政治領袖一定先探聽民意才做重大的決定；五歲的小敦知道察言觀色，會看媽媽心情愉快時才敢伸手要零用錢。

我們來看一個用刺激控制處理過動症狀的實例：十二歲的小欽在教室中口不擇言，講個不停。老師提出問題時，他會以問東答西來取樂。這種行爲不但嚴重妨礙教室秩序，也使他無法和同學建立友好的關係。爲此，老師在教室的一個角落上放兩張椅子，每一節課後老師告訴他，現在可以「自由發言」並把他帶到這個角落上，把計時器訂在五分鐘，並在角落上掛一個紅色的紙牌，上寫「自由發言」。他只要坐在這個角落上，不管說什麼，老師都會和他應對而且誇獎他。五分鐘過後，老師取下「自由發言」的牌子，並告訴他要等到下一次紅牌掛起來才可自由發言。如果他在正常的教學活動中胡言亂語，老師就提醒他，要等到下課後到特別的角落上，而且老師要掛起紅牌，他才可以發言。經過兩個半月的時間，他胡言亂語從一天平均六十三次減爲十一次。

㈡區別性的增強不能同時存在的行為（Differential Reinforcement of Incompatible Behavior，簡稱DRI）

增強孩子好的行為，使這種行為一再滋長，很有可能把不良的行為取而代之。DRI的策略是選擇一種或數種在形態上與過動不同的行為，並特別給予增強。這種行為與過動不能同時存在，或者說是不能相容。例如小慧的問題是上課或是吃飯時，無故離開桌子。老師和父母特別規定：她只要坐上三分鐘不離開桌子，就可以得到一顆星星；坐上五分鐘可以得到兩顆星星；十分鐘可以得到五顆星星。她累積一百顆星星就可以換糖果、鉛筆或玩具。老師和父母也可以採用抽查的方式，每十分鐘查一次，如果在抽查時小慧坐在座位上，她就可以得到增強。很明顯的，小慧坐在座位上與離開座位是不能同時存在的行為。其他如打字與動手推人；吹口琴與大聲喊叫都是彼此不能相容的行為。

㈢區別性的增強其他行為（Differential Reinforcement of Other Behavior，簡稱DRO）

要減少過動的行為，不一定要處罰孩子；DRO的策略是使用增強的方法來消減過動的行為。例如小方平均每十分鐘就大聲怪叫一次，老師特別和他約法三章，他超過五分鐘沒有怪叫，就可以得到一顆星星。如果一節課四十五分鐘一直都沒有怪叫，他可以得到十顆星星。這種策略是指在某一個特定的時間內，如果所要消除的目標行為不出現，這個孩子就可得到增強。至於他在這個期間中是不是有其他行為，與增強無關。

㈣區別性的增強低頻率的行為（Differential Reinforcement of Low Rates of Behavior，簡稱DRL）

有的孩子過動行為的頻率實在太高，DRO的策略行不通；另外

有些案例是行為本身並無不對，只是發生次數太多，大人窮於應付。例如孩子上課舉手發言本身並不是問題，但不管青紅皂白他都要插上一嘴就是行為問題。遇到這種情況時，不須完全消除這種行為，而是要把發生的次數降到可以容忍的頻率。DRL的基本原則是在一個特定的時間內，所要減少的目標行為發生的次數不超過一個特定的數目，這個孩子就可以得到增強。例如小江平均每小時罵人九次，他工作場所的監工規定在一小時中如果罵人的次數在五次以下他就可以得到一顆星星。由於小江有中度智能障礙，無法了解每小時五次的意義，所以監工每小時給他五張紙條，小江每次罵人就拿走一張。他如果手上沒有紙條還在罵人，這個小時就得不到星星。由於小江的行為進步迅速，兩個星期以後把增強的標準降為每小時三次以下。以此類推，在兩個月以後，小江的行為改變策略由DRL修正為DRO。

(五)暫停增強（Time－out from Positive Reinforcement，簡稱Time－out）

要是孩子搗亂的行為已經超越了父母、老師和同學所能忍受的範圍，例如吃東西時搶走別人的食物，看電視時擾亂別人的視聽，以輕微的處罰來壓制這種問題行為亦無不可。暫停增強是一種相當溫和的處罰，很適用於控制過動和擾亂的行為。這種策略是把孩子從增強的環境中撤離到房間的角落或另外一個房間，而且在指定的時間中（通常是五到十分鐘），孩子不准回到原來的地方。例如小京在家中看電視時，一直在打他妹妹，母親把他帶到房間去安靜五分鐘。這種處罰的執行要令出如山，一旦目標行為發生，立刻下令到指定的地方。如果口語命令沒有效果，立刻採取行動，強制執行，絕不容延誤或討價還價。因此，採用這種方法時，要確保有執行到底的能力。在執行過程中，儘量保持中性的態度，就事論事，不必表示生氣，也不必顯示憐憫，而且雙方面語言和身體的接觸愈少愈好，因為這些社會接觸反而會增強目標行為。另一點值得一提的是目標行為發生的現場要比他

所要去的地方更有吸引力，才算是暫停增強，也才算是處罰。

三、社會技能的訓練與情緒的疏導

ADHD的孩子由於無法自制的衝動，經常招致同伴的疏遠或排擠，因而造成社會的孤立以及憂鬱的情緒，進而形成更嚴重的行為問題。前述行為處理策略的運用是屬於治標的方法，期能在短時間內扭轉這些層層疊疊的行為問題。社會技能的訓練和情緒的疏導則是治本的方法；雖然不一定有立竿見影的效果，卻是促成行為長久性改變的奠基工程。

(一)社會技能的訓練

社會技能的訓練可以採用小組教學的方式，五到十個行為問題相似的孩子定時聚會，相互切磋。其最主要的用意是讓孩子了解自己的行為對別人所帶來的困擾，也造成自己孤立的狀態，因此他會急於學習新的技能來改善社會關係。老師或父母可以先解釋某種技能的用意和重要性，並示範適當的言行舉止，然後要孩子輪流並反覆地練習新的技能。其他的孩子要注意觀察，而且要提出善意的批評和建議。經過不斷地學習新技能，孩子舊的不良的行為模式可以得到改善並建立新的健康的行為型態。使用小組訓練的一個好處是讓孩子知道，別的孩子也會有相似的行為問題，如果這個問題有所改善，人際關係自然會好轉。這種領悟有助於扭轉孤獨和悲傷的感受，對情緒的輔導有不少幫助。

根據紐仕斑和貝格勒的建議，ADHD的孩子社會技能的訓練應該分為兩類：第一類是孩子與大人相處的技能，第二類是用來改善同伴之間的關係。

1.孩子與大人相處的社會技能包括：

・傾聽父母和老師講話。

- ・遵守大人的指示。
- ・提出問題和回答問題。
- ・遵守教室和家中的常規。
- ・完成份內的工作。
- ・輪流和等候。
- ・幫助別人。
2. 孩子與同伴相處的社會技能包括：
- ・和別人交換經驗。
- ・讚美別人。
- ・說出自己的感受。
- ・結交新朋友。
- ・對付衝突的情況。
- ・與別人分享。
- ・對付別人的嘲弄。

(二)情緒的疏導

ADHD的孩子日日承受內外的衝突和壓力，其挫折、憂鬱和焦慮的情緒日積月累，總有一日會被逼上梁山。再者，有些孩子自認為是一無是處的「壞孩子」，因此其舉止也朝向壞孩子的行為方式發展。這種孩子的情緒問題往往需要由受過專業訓練的心理專家做心理輔導。但是，父母和老師可以留意孩子情緒困擾的癥候，及早把孩子送交專家做心理的輔導。這些癥候包括：

- ・行為的突然改變。
- ・顯示自己不值一文的感覺。
- ・表示生不如死。
- ・和別人疏遠。
- ・經常抱怨身體不舒服。
- ・經常發生意外的傷害。

・偷竊、說謊、作弊。

・打鬥和破壞物品。

克林和蒂芬巴卡（Klein & Deffenbacker, 1977）使用放鬆的方法來減低ADHD孩子的緊張和衝動，並增進認知的能力來應付本身與外來的壓力。他們發現三年級的孩子每天抽出十分鐘的時間，讓他們躺在海棉墊上或坐在用枕頭墊起來的椅子上，敎他們放鬆自己的肌肉，想像在一個無憂無慮的海島美景中。才三個星期的時間，孩子的注意力可以更集中，解決問題的能力提高，行爲問題則有顯著的減少。不過，他們認爲原來用來訓練大人放鬆的方法要稍加修正，以適合孩子的能力和興趣。（放鬆訓練的細節請參考第三章）。

四、家庭的輔導

除了孩子本身要接受團體和個別的訓練和輔導外，父母或其他家庭的成員也要接受專家的協助和指導。ADHD的孩子無論到那裡都是坐立不安心神不定，這在家中給父母帶來相當沉重的負擔。有的家庭因而發生婚姻的決裂、手足關係的惡化；有的父母因爲孩子的行爲問題而感到內疚和自責。因此，父母親一方面要了解孩子生而具有的行爲問題並非父母造成，內疚和自責反而對孩子不利，因爲放縱或疏於管敎都是這種心理所引起。再者，父母或其他肩負敎養職責的人對孩子的問題要有明確的認識，並需要有一套特殊的技巧來應付這個孩子特別的問題和特別的需要。史密特（Schmitt, 1977）爲父母提供一些管敎孩子的建議：

1. **面對現實，接納孩子的缺陷**。父母必須接受擺在面前的事實：這個孩子生性好動，似有消耗不完的精力，而且可能一輩子都是如此。孩子的過動並非有意如此，而是有不得已的苦衷。父母只能把孩子的過動控制在一個合理的範圍內而不能期望完全消除這種問題。要是父母嚴詞指責，或想把這個坐立不安的孩子塑造爲安安靜靜的「乖

孩子」，這種教養的方法對孩子反而有害無益。最好的教養態度是充分的包容、忍耐、溫和而仁慈。

2. **提供適當的活動讓孩子的精力有發洩的機會。** 孩子的精力不能裝瓶也不能儲存；他們每天要有戶外的活動如跑步、打球或長距離的散步。如果室外活動有困難，應該有室內的體能活動，而且不會受到牽制和指責。父母只是提供這種場所和機會，但不特意鼓勵孩子去做體能的活動，尤其是兄弟間的追逐遊戲喧囂打鬥要儘量避免，否則這個孩子以這種行為型態做為他的社會接觸，會進一步破壞人際關係。

3. **家中維持固定的秩序。** 每天固定的活動安排得井井有條，會協助這個孩子遵從家庭的秩序。例如一日三餐、洗刷清潔、大小雜務、甚至睡覺時間都要儘量的固定。父母的反應和管教的方法也要前後一致，孩子的行為才能建立固定的模式。

4. **儘量避免讓孩子過份疲勞。** 當ADHD的孩子精疲力竭的時候，自我控制的系統完全崩潰，反而會更活動。

5. **避免讓孩子涉足正式的場合。** 如果父母知道孩子的過動在某種場合中會造成尷尬的場面，例如嚴肅的宗教儀式、婚喪典禮等等，孩子能免則免。等到孩子年紀較大，過動現象有所改善，才逐步地讓他體驗這種嚴肅的情況。

6. **建立家庭常規，堅持紀律。** ADHD的孩子管教自然相當費力，所以父母要特別小心地謀求對策。例如傷害別人、破壞東西或傷害自己的身體是絕對不容發生；遇到這種行為要全面制止，毫無例外。相反的，無關緊要的枝節問題儘量減少干預，尤其是整天盯著孩子，這個不能動那個不能摸，事無大小都要管，結果會愈管愈糟。所以，父母要把孩子絕對不能做的事做明顯而具體的規定，清楚地告訴孩子，而且要執行到底。

7. **不要使用體罰的方法來執行常規。** 在家中準備一個安靜的房間或角落，做為暫停增強（Time−out）的地方。孩子違反家庭的紀律經過警告無效，就送到這個地方去「靜坐」，一直到壞行為改變過來

才可以回到原來的地方。相反的，體罰的方法往往會給孩子提供一個壞的榜樣，不但無法消除孩子的攻擊行為，反而助長孩子對人對事的攻擊。因此父母在教養中要自我約束，不可輕易動手。

8. **設法伸展孩子的注意力。**獎勵安靜地完成份內的工作是一個重要的關鍵。父母在家中可以慢慢訓練孩子延伸注意力並且持續地從事自己的活動。例如父母特別鼓勵幼齡的孩子看圖畫書刊、著色、聽故事等。但是活動的花樣不可太雜，玩具不可太多，以免孩子分心。（有關注意力的訓練請參見第六點）

9. **沖淡鄰居或親友的過度反應。**由於孩子的衝動，左鄰右舍和親朋好友可能給這個孩子冠上「問題兒童」或「壞孩子」的不良頭銜。鄰居和親友的誤解不一定能完全消除，但是這種誤解絕對不能帶入孩子的家庭生活中。在家中父母的態度應該是「我們的孩子精力充沛」。父母絕對不能放棄對孩子教養的責任和對孩子未來的期望。不管孩子如何衝動，家中每一個人都會無條件的接納，才能建立和維護孩子的自尊和自信。

10. **與孩子短暫的分離。**父母與極端過動的孩子日日相隨，時時如履薄冰，要長久維持耐力就相當困難。為了保持充沛的精力和一貫的教養態度，父母親最好能輪流照顧孩子，讓對方偷得半日閒，做家庭以外的事或是什麼事都不做。尤有甚者，父母應該偶而找機會把孩子托人照顧，享受一下孩子不在身邊的清閒日子，以鬆懈疲勞和緊張的情緒。

五、教育的補救

ADHD的孩子本身的問題包括注意力渙散和盲目衝撞；在學校的學習活動本來就感到吃力，如果再加上常見的學習障礙，在讀寫算各方面自然會落後甚遠，也因而連帶發生情緒與行為的問題。近三十年來特殊教育的提倡，特殊班級與資源教室的設立，給這種孩子提供

了適當的教育機會。面對著無法自我約束的孩子，老師必須表示對孩子的了解和支持，但也要把教室的規則和行為的標準交待得清清楚楚。無論採用何種教材教法，一定要有組織有結構，把孩子很有系統地引導到學習的情境中。

波恩斯坦和葵巴隆（Bornstein & Quevillon, 1976）早在廿年前發表一篇論文，介紹「自我教學」的方法來教三個幼稚園的孩子克服過動的毛病，從事正當的活動。他們訓練孩子的第一步是大人做某一種活動，同時大聲的說出自己的動作。這時孩子只在旁邊觀看。第二步是孩子做同一種活動，大人在旁大聲的說出孩子的動作。第三步是孩子做一種活動，大人小聲的說出孩子的動作。第四步是大人只動嘴唇但不出聲音，孩子照著做活動同時小聲的說出自己的動作。第五步是大人只動嘴唇但不出聲音，孩子照著做活動，同時也動嘴唇在內心說出自己的動作。最後一步是孩子自己內心想所要做的動作，然後照這個想法去做活動。

在這種「自我教學」的訓練中，大人可以先示範要如何自我發問（老師到底要我做什麼呢！）；然後示範認知的預演（喔！對了，老師要我照這個樣子畫一張圖。）；接著示範自我教學（好，我現在先畫這一條線。）；最後要自我增強（我這張圖畫得真好！）。在示範當中，大人故意弄點小差錯但立刻更正過來。在訓練當中，大人偶而用糖果來獎勵孩子的觀察和模仿，但大人特別對孩子強調自我增強的方法，以建立他們的自信。孩子模仿大人的活動包括畫線、畫圖、堆積木、用積木設計圖樣、或是顏色和形狀的分類組合。在開始訓練時，活動很簡單，不用太多思考，有了進步以後，活動可以逐漸加深，孩子也要真正的思考和自我教學。

紐仕斑和貝格勒對學校的教育提出下列建議，供老師們參考。

1.為了增加ADHD孩子的學習效果，儘量少用演講式的教學，多用手腦並用的實際操作教學。

2.孩子行為問題發生時，不要以取消課餘的活動做為處罰。

ADHD的孩子每一段時間就要把精力發洩出來，而且要利用課餘的時間和其他的孩子打交道。

3.利用屏風在教室隔出一個小間，或在走廊的角落給ADHD的孩子設置一個小「辦公室」，因此，有時他可以獨自一個人在這個安靜的地方做功課，免除外界的打擾。但不要把這個「辦公室」當做處罰的地方，例如孩子不規矩就送到這裡來做「暫停增強」。

4.在每天固定的教學活動中，穿插一些需要活動筋骨的活動。

5.幫助孩子把身邊的環境安排得有條不紊。例如書桌裡外的書本文具用不同的顏色來分組；講義紙張用不同顏色的卷宗來分類。

6.多提供「休息」的機會。上課一段時間看孩子有點不專心，就讓他起來走動一下，伸伸懶腰，唱唱歌，或聽個小故事。

7.教室中的活動要有固定的順序。每天一開始就從事同樣的功課或活動。從固定的活動轉入新的活動時，可以提供一些預備的動作，例如站起來，摸摸腳趾頭，閉起眼睛，做三次深呼吸。這些動作表示孩子要收下心來，從事一項新的學習活動。

8.把每一節課縮短或細分為幾個小段。例如三十分鐘的數學可以分為三小節各十分鐘或兩小節各十五分鐘，以便更換教學的內容。

9.教孩子檢查自己的作業，並改正自己的錯誤。

10.考試或測驗要放寬時間的限制，並提供「休息」的機會，才能真正測出他們的能力或學習的效果。

11.在孩子自修或自己做作業的時候，老師要先引起孩子的注意才把功課交給他。在做功課的過程中，隨時留意孩子是不是有分神的現象，並提醒他要專心完成指定的功課。

12.老師的教學要簡潔明瞭。如果孩子很不專心，老師在交代功課之後，要孩子大聲複誦老師交代的功課。但這樣做要避免造成孩子難堪的場面。

13.老師要特別教孩子「停下來、想一想、說一說、再來做」的策略，以控制無法自制的衝動。也就是孩子採取行動之前先「停下

來」，「想一想」我到底要做什麼？「說」出我要去做的事，然後照自己所說的去做。

14. 對於比較費神的功課如數學和作文，可以教孩子邊說邊做，以增進和維持注意力。

15. 在教學當中，儘量減少時間限制的壓力。同時要緩和同學之間的激烈競爭。因爲這種情形會使ADHD的孩子更難自我控制。

16. ADHD的孩子遇到一再反覆而且索然無味的教材會使注意力更加渙散。相反的，新鮮而有趣的事物較能保持他們的注意力。同時，對孩子功課的要求要重質不重量。例如少做幾個數學題，但要孩子自己核對答案。這比多做問題而不知對錯有益處。

17. 孩子是否完成指定的功課，要有具體的查對系統。例如孩子每完成一項功課，老師就給他一顆小星星，一方面是增強功課的完成，一方面可以讓孩子和老師知道一天當中完成多少功課。

18. 接納孩子的建議並尊重他的選擇，看他們喜歡那些功課、活動和增強物；他又不喜歡那些功課、活動和增強物。

19. 「抓住」孩子行爲表現良好的機會，多給予注意和誇獎。

20. 把教室中課堂外適當與不適當的行爲交代得清清楚楚。

21. 老師對孩子行爲的期望要有清楚的交代。好的行爲會得到什麼獎賞，壞的行爲會得到什麼後果，要讓孩子牢記在心中。

22. 孩子有不好的行爲發生，老師要立刻照規定呈現行爲的後果，毫不含糊，毫無例外。

23. 老師使用的增強物要經常變換，因而不會因爲孩子生厭而喪失增強效果。

24. 使用「暫停增強」的角落來做爲不良行爲的後果。這個角落愈少刺激愈好。孩子在這個角落的時間長短不要根據老師的規定，而是依據孩子在這個角落中的行爲表現。只有行爲良好，才可以回到原來的地方。

25. 教ADHD孩子的老師需要大量的支援。要是老師覺得教學有

窒礙難行之處或是感到身心過份疲憊，最好尋求其他老師、學校行政人員或是ADHD專家的協助。老師也要和孩子的父母溝通彼此的期望，設立合理的教學目標。最重要的是父母與老師密切合作相互支援。

對於幼齡的ADHD孩子，紐約沙拉內克（Saranac, New York）學區替ADHD的幼稚園兒童設計一套特殊的教學方案，用來克服這種孩子的行為問題。這個方案曾廣受應用。其要點如下：

1. 在幼稚園中廢除作業簿、畫有格子的書寫紙張以及鉛筆等等。孩子全部改用臘筆、粉筆、指頭圖畫等等。使用的紙張只有畫出底線，孩子只要注意到書寫和圖畫在底線之上；至於大小完全看孩子自然的反應，不加限制。所有的學習活動都使用多重感官，適合於孩子的年齡，而且引發孩子內在強烈的學習動機。

2. 孩子的書寫只用手腕的動作而少用指尖的動作。

3. 每天有一段時間孩子要把眼睛矇起來，聽老師講故事，學習寫字和畫圖。由於視覺受到限制，孩子會專心去聽，也會更集中注意力來做功課。他們會注意到以前經常忽略的細節，因而建立一些前所未有的新技能。老師把矇眼睛的布條放在孩子的頭上和脖子上，遇到適當的時間就要孩子把眼睛矇起來，協助孩子減少外來的干擾也因而控制其衝動。但是這種矇眼睛的教學必須當做一種好玩的遊戲，對孩子毫無心理的威脅。要是孩子顯示猶豫或害怕，不能強迫，讓他們恢復視覺，以後有機會再嚐試。

4. 語言的訓練是根據兒童的發展來設計課程。這種訓練要列入每天必須修習的課程。在語言的練習中同時學習用聽覺和視覺來辨別環境當中相同和相異的事物。

六、注意力的訓練

和一般的孩子比較起來，ADHD的孩子很少產生討人喜歡的行

為，也很難引起父母正面的注意和接觸。這種孩子與父母如有接觸，往往局限於父母糾正孩子的舉動、大聲斥責，或提出令人感到不愉快的指令。就因如此，ADHD的孩子容易產生不聽話和反抗的行為，也顯得沒頭沒腦，缺乏從事好行為的動機。有鑑於這種親子之間的不良接觸，沿納斯托波羅斯和巴克萊（Anastopoulos & Barkley, 1989）認為孩子要接受注意力的訓練，父母也要學習如何注意到孩子正面的行為。

他們認為父母每天要挪出十五到二十分鐘，稱之為「特殊時間」。在這個期間中，父母儘量避免糾正或指導孩子的行為。相反的，孩子要在一個廣泛的活動範圍內，全權決定他在這段時間內要做什麼。對於孩子的決定，父母不必探問孩子為何做此選擇，更不要建議或影響孩子做其他的活動。孩子從事活動時，父母在旁觀看，並說出孩子在做什麼事，但對輕微的不良舉動完全不予理會。一向「管教孩子」一絲不苟的父母對這種新的嘗試往往感到若有所失，但這種作法確有增進父母與孩子正面接觸的機會，更讓父母領悟到孩子也有正面的行為，甚至注意到孩子良好的行為遠遠超過不良行為。

一旦父母對於這種「特殊時間」的訓練有心得，就要推廣到整個家庭生活中，亦即孩子有輕微的行為問題（打人、撕破衣服或打自己都不算是輕微）時，要忍下一口氣，不去理會他，但是專心地留意孩子的好行為，而且一找到機會就增強這種行為。唯有如此，好行為才會滋長，壞行為才會消失。

對於孩子注意力的訓練，紐仕斑和貝格勒建議下列幾種常見的活動：

1.「老師說」的遊戲。這種原是屬於團體活動的遊戲是大人給一個命令，孩子做一個動作。但大人在施令之前加上一個「老師說」，孩子的動作才得到獎勵或進級；如果只聽到命令孩子就有動作，就淘汰出局。這種遊戲是訓練孩子注意聽老師或父母的口語。起先只給一個命令，孩子的技能和反應愈來愈成熟，命令可以加多或變得更複

雜。

　　2. **尋寶的遊戲**。在一張地圖中把關鍵的地點標示出來，然後要孩子照這張地圖到各個地點去找出東西來。例如在爸爸的衣櫥中找到一件黑色大衣，把口袋中的紙條找出來等等。在最後一個地方應該可以找到這個孩子最喜歡的餅干或小玩具。

　　3. **閃示卡片**。卡片上面的文字或圖畫讓孩子迅速的過目後，要他說出卡片上的文字或事物。這不但訓練孩子視覺的記憶，更可訓練他們集中注意力。大人可以把閃示卡片的辨認當做一種遊戲。根據他們答對的次數，給予獎品。最好的辦法是讓孩子參與卡片的製作，以引起興趣並提高辨別的機會。卡片上的事物包羅萬象，卡通、動物、地理、數學等等無所不包，而且可以和其他課程的學習活動一併實施。

　　4. **韻律的兒歌**。教孩子輕唱一些好玩而有韻律的兒歌。每日一小段，可以增進孩子的傾聽、注意、和記憶。

　　5. **猜謎遊戲**。搜集一些好玩的謎題來考孩子，同時鼓勵孩子自己設計謎題來考父母或老師。這種訓練對孩子的傾聽和思考很有益處。

　　6. **玩紙牌和擲骰子的遊戲**。這種遊戲需要孩子集中注意力，更有助於數目的計算。

　　7. **電腦的遊戲**。在適度的範圍內電腦的遊戲對孩子有很大的幫助，尤其是手眼協調、注意力集中以及視覺的辨別，對孩子的學習活動有相當的教育意義。

　　8. **社會交往的活動**。對年紀較大的孩子而言，參加正式的社團活動如童子軍、兒童育樂營等等對孩子的社交和衝動的控制有相當的好處。

七、飲食的控制

　　到目前為止，有不少理論把ADHD與孩子的飲食連結在一起。例如血糖過高過低、食品中的添加物、食物的過敏等等都有引發

ADHD的嫌疑。這種理論到目前爲止並沒有充分的科學根據，往往流於傳說而已。但少數ADHD的孩子確實對某些食物會有敏感。要是遇到這種情形，找專門治療敏感症的醫師，經過仔細的診斷和飲食的控制實有必要。話說回來，不管孩子是不是有ADHD的症狀，某些食物本來對健康就是有害無益，這種食物能免則免。

伍 結語

　　注意力渙散與過動的孩子長久以來曾經遭受到不少的誤解和無盡的委曲。由於本身無法自制的衝動，言行舉止毫無頭緒，甚至心神不定、坐立不安。學齡兒童有此症狀其學業的荒廢自然不在話下。由於言行衝撞，經常受到同學的迴避或排擠，人際關係殊難建立。因此憂鬱與焦慮的情緒以及嚴重的行爲問題接踵而至。這一連串的問題給家庭和學校帶來相當大的困擾。如果不及時處理，甚至會變成嚴重的社會負擔。

　　經過幾十年的探討研究，教育與心理專家發現ADHD的孩子的確有難言的苦衷。這種行爲問題主要是起因於腦部功能的失常，孩子的腦神經傳送系統、腦部網狀刺激系統和腦前葉無法管制警覺、興奮和衝動。同時，因爲腦部對外來的刺激無法做有效的過濾，孩子對任何刺激都會反應，注意力自然無法集中。根據無數臨床治療的報告，這種孩子百分之七十五對刺激藥品有良好的反應，另有一些孩子比較適合於某些抗憂鬱的藥和抗精神症狀的藥品。然而，這些藥品都有可能引起不良的副作用，醫師和父母對用藥的利弊得失要再三斟酌。就算藥品能夠控制孩子的症狀，其他行爲處理的策略依然不可忽略。此外，社會技能的訓練使孩子待人接物知所進退、情緒的輔導以建立自尊自信、學校和家中特殊的教學和輔導、對父母和老師的協助和支援，以及飲食的控制等等，都能給孩子提供適當的管道，邁向正常的

人生。

　　醫藥、教育以及行為的控制就算設計得天衣無縫，並不保證這個孩子將來一定走向人生的坦途。但是家庭、學校、社會應該攜手合作，使一個人的生活不至於那麼坎坷。在此以一個實際的例子做為本章的結束：

　　小雯高中三年唸一半就因為行為問題和功課不佳而輟學。她到一家旅行社工作，擔任卷宗的歸類。她是一個好動的女孩子，有空就跑出去自己一個人抱著籃球投籃自娛，或是騎腳踏車到處遊蕩。她的上司對她的工作態度相當不滿意。她的確是坐立不安，工作不到五分鐘就不見蹤影，稍一被責備還會大發脾氣。經過學校輔導人員的推薦，她轉到一個大工廠，負責運送零件到各個部門，或把成品運到門市部。因為這個職業的轉換適合於她的行為傾向，以前在學校和在旅行社的行為問題完全消失，變成一個非常負責的工作人員。

第八章

社會行為症狀 •

　　青少年犯罪的案件日日增加；孩子犯罪的年齡卻年年降低。這種使人戰慄的行為問題，中外皆然。說謊、偷竊、欺騙、逃學和離家出走、打鬥殺人、縱火破壞等等行止會不會出現在同一個人的身上？不幸的是一個五、六歲的孩子就會出現這些社會行為的症狀。當然，並不是所有患有社會行為症狀的孩子都會出現這一連串的行為問題，但他們給家庭、社會、學校以及治安機構帶來嚴重的挑戰。不但如此，這種孩子一旦暴露出問題，往往積習已深，甚至打鬥偷竊已經成為日日出現的行為方式，糾正與治療談何容易。更使人寒心的是這種症狀的產生涉及孩子本身的特質，更與家庭組織和父母的教養方式，以及社會結構和社會風氣息息相關。家庭的重組與社會的改革其艱難有千百倍於孩子個別行為問題的處理。因此，社會行為症狀的控制有賴於及早預防以及家庭與社會集體的努力。否則孩子一旦觸犯法令，身陷囹圄，一切都已太晚。

　　孩子有社會行為症狀，其對自己、家庭、學校、社會的影響既深且廣。孩子本身學業荒廢固然是事實，因為處處樹敵，結果一事無成，甚至終身遭受監禁。對家庭而言，一個家庭有此孩子往往把全家弄得天翻地覆，父母為孩子的教養問題造成無止境的糾紛，甚至祖父母也捲入漩渦，指責孩子父母的無能。其他的孩子受到波及自然不在話下。至於學校，可能忙於糾正和處罰這種孩子而忽略了正常的教學；如果行為問題發生在學校裡，辦學單位更會難辭其咎。至於兇殺、盜竊、縱火、強暴等行為更是一個嚴重的社會問題。一旦社會安

全受到威脅，人人自危，社會就出現了危機。

　　孩子社會行爲問題有各種不同的名稱。我們常以問題兒童（Problem Children）來指稱這種行爲有問題的孩子，甚至直呼爲不良青少年（Bad Adolescents）。從法律的觀點來看，這種孩子一旦觸犯法令就稱爲少年犯罪（Juvenile Delinquent）。有些學校或心理專家把這種孩子稱爲社會不良適應的孩子（Socially Maladjusted Children）。美國精神病協會把這種行爲問題稱爲「行爲症狀」（Conduct Disorder）。因爲「行爲症狀」範圍太廣，往往與其他行爲症狀混淆不清，而且這一類行爲的發生都涉及到侵犯他人的權益，所以本書以「社會行爲症狀」來指稱這種特別的行爲問題。

　　在所有孩子之中，患有社會行爲症狀的比例大約是百分之四到百分之十。根據美國精神病協會的統計，孩子的性別與家庭的社會經濟情況對這種症狀的發生率有舉足輕重的影響。十八歲以下男孩子患有社會行爲症狀的比例大約是百分之六到百分之十六，女孩子則在百分之二到百分之九之間。開始出現這種行爲的平均年齡是八到十歲，最早的則是五、六歲間。男孩子平均七歲就開始會出現這種行爲，女孩子則平均開始於十三歲。孩子開始出現社會行爲症狀的年齡愈小，其症狀愈容易包括攻擊他人、擾亂別人、反抗和挑釁的舉動，而且這些症狀往往延續到成年。從社會結構的觀點來看，孩子出身於社會經濟地位較低的家庭，發生社會行爲症狀的比率遠超過成長於中上家庭的孩子。因此，有些人陷入社會行爲症狀的漩渦中，甚至數代都無法翻身。

壹　社會行爲症狀的鑑定

　　根據圖斯（Toth, 1990）概括的定義，社會行爲症狀是泛指一組反社會的行爲（Antisocial Behaviors），這種行爲違背了社會常規、

觸犯了法令，而且損害他人的權益。但她特別警告父母、老師以及專業人員不可隨隨便便給孩子貼上「社會行為症狀」的標籤。這樣做不但於事無補，而且可能會耽誤孩子終身。她認為給孩子一個行為的記號並不是專業人員的主要職責；這種孩子有嚴重的行為問題，最需要有人伸出援手，幫助他們摒棄舊的生活方式，邁向光明的前途。

一、社會行為症狀的界定

美國精神病協會在一九九四年把社會行為症狀界定為持續的行為模式；這種行為違背了同年齡孩子的行為常模而且侵犯到別人的權益。換句話說，這個孩子的行為已超越出他這個年齡、這個環境中應有的行為表現，而且這種行為已出現六個月以上。這種孩子常有攻擊他人的行為，包括恃強凌弱、恐嚇威脅或其他致使別人身心傷害的行為；他們經常引起械鬥，使用武器如棒棍、磚塊石頭、破瓶以及刀槍致使別人受到嚴重的傷害；他們常常對人或對動物做慘無人道的虐待或傷害；他們會面對著受害者，當面襲擊搶劫、強取勒索；他們會脅迫他人參與性活動，包括強姦、性攻擊，甚至強姦與殺人同時進行。

在財物破壞方面，也是社會行為症狀的重要徵象。財物的破壞包括縱火並蓄意造成嚴重的損失，或是其他破壞的舉動如打破汽車玻璃、損毀學校設備等等。偷竊是另一種明顯的症狀，例如闖入別人的家中、進入學校的辦公室，或是打開別人的車門、偷竊別人的財物。騙人的勾當是用來獲取利益或是逃避責任，這包括設陷阱使人入甕、偽造證明或假傳旨令，甚至順手牽羊拿走別人的財物。

社會行為症狀的患者另一個常見的問題是嚴重違反學校的規定或家庭的禁令。例如晚上出門時完全無視父母的交待而遲遲不歸，甚至把在外過夜當成家常便飯；曠課逃學；較大的孩子已經就業卻把工作場所的規矩完全置之不理。

二、社會行為症狀的特質與分類

孩子有了反社會的行為出現，使他在家中、在學校中、在左鄰右舍的孩童玩伴中與人格格不入；日常生活中衝突迭起；學校與家庭都認為此子不可教，只好讓他在外為所欲為。

㈠症狀的特質

卡茲汀（Kazdin, 1990）認為患有社會行為症狀的孩子與「正常發展」的孩子相比較，其行為問題有幾個相當突出的特質。

1.大部份的行為問題如打架滋事、對父母、老師大發雷霆、搶劫、偷竊等等發生的次數相當頻繁，甚至成為這個孩子生活的重心或固定的行為模式。另有一些行為發生的次數不多但相當嚴重。例如放火燒掉學校教室、舉槍射殺同學，都構成對社會的重大威脅。

2.孩子出現某一些行為之後，會反覆地出現，變成慢性而長期的行為問題。這種行為不是單獨或偶發的事件，也不是在短期間內暫時出現的行為現象。例如家庭遷居他處、父母離婚等環境的變遷，使孩子無所適從而做出違規的行為，這並不算是社會行為症狀，因為孩子適應於新的情況後，問題行為就消失，所以顯然不能算是一種症狀。

3.社會行為症狀的範圍相當廣泛。一個孩子不會只出現一種行為問題或是一種症狀，而是幾種問題行為一起發生在同一個孩子身上。例如一個孩子逃學後在外面打架或破壞別人的財物；與父母嘔氣後離家出走以偷竊或公然搶劫維生，甚至結成幫派來擴張勢力，為非作歹。

㈡症狀的分類

就如前述，社會行為症狀是一組反社會的行為，侵犯他人的權益，構成社會安全的威脅。不過，這種孩子所表現的行為問題彼此之

間有相當的差異。卡茲汀分三方面來分類：

1. **集體的攻擊與個別的攻擊**。集體的攻擊是指一羣伙伴集體從事某些反社會的活動。這種情況往往有一個不法組織，每一個組成份子都表示對該組織的效忠，而且採取一致的行動。個別的攻擊是指孩子單獨行動，但也是對他人的身體、財物或是精神上發動攻擊。這種孩子常常獨來獨往，其人際關係顯然有嚴重的缺陷。

2. **攻擊與偷竊的孩子**。這是兩種區分明顯的行為型態。有些孩子的行為問題偏向於打鬥、攻擊別人、向別人施加暴力。這種孩子與家人的關係也是時起暴風雨，對父母的訓誡置之不顧；相對的，父母的管教也傾向於強制、暴力或是採取處罰而少用鼓勵的方式。偷竊的孩子則常因偷人東西或欺瞞詐騙而與警察和法院打交道。這種孩子在家中與父母常有貌合神離的關係；父母對這種孩子偏向於疏遠冷淡而且對行為問題不聞不問。攻擊的孩子改過自新的可能性較大，偷竊的孩子可能積惡難除，一生進出監牢，習以為常。有少數的孩子攻擊與偷竊兼而有之，但大部份患有社會行為症狀的孩子都偏向其中的一種。

3. **公然與隱藏的症狀**。公然的反社會行為是指與受害者正面的衝突，如打架、爭吵、搶劫或是破壞的行止。隱藏的反社會行為外人往往無法看到行為的發生，如暗中偷竊、逃學、說謊、縱火等等。孩子公然從事反社會行為大多是一連串的行為問題公開出現；隱藏的行為也是和其他隱藏的行為一起暗地裡進行。最難治療的是少數孩子兩者都有；這種孩子往往成長於破碎的家庭或是父母本身也是為非作歹之徒，孩子完全不知道是非對錯。

三、鑑定與診斷的考慮因素

及早鑑定與及早治療是處理社會行為症狀的不二法門。然而，社會行為症狀的範圍極廣，牽涉因素又多，鑑定與診斷是一件相當困難的工作。圖斯根據她的臨床經驗特別指出一些似是而非的行為問題，

必須嚴密的注意。例如孩子說話不實在是成長中必經的過程。對幼小的孩子而言，這是相當正常的現象，只是在年歲漸漸增長後，說謊變成行為的模式才成為真正的問題。另一方面，某些行為不管年紀大小都是問題，逃學就是一個明顯的例子。另一個需要提出的是以行為症狀來稱呼孩子會造成不良的反效果。例如「問題兒童」與「這個孩子有打架與逃學的記錄」兩者之間意義完全不同。診斷的目的在於找出孩子需要協助和補救的地方，期能引導他們走向正當的人生旅途。此外，有些行為問題和社會行為症狀混淆不清，切忌張冠李戴。例如過動、衝動、注意力無法集中、學業荒廢、反抗大人的指示、不能合羣、酗酒、用毒等等可能與社會行為症狀有關，但並非社會行為症狀。圖斯認為孩子成長中的問題、社會對孩子行為的期望以及行為的性質要列入鑑定與診斷的考慮因素。

(一)孩子成長中的問題

由於孩子的年齡、性別、家庭的背景以及社會期望的不同，有些行為是正常的現象，另有一些則是行為症狀。孩子的行為問題有的相當輕微，並不顯示殘酷的本質，也沒有其他併發的行為問題，更沒有繼續惡化的現象，甚至有好轉的趨勢。這種行為值得注意，但不能冠以社會行為症狀。相反的，如果孩子的行為問題日益嚴重，看不出有好轉的跡象，而且妨害到學校、家庭以及社會交往的關係，就值得進一步的診斷。就以孩子偷竊的行為來說，偷人東西是社會行為症狀的診斷標準之一，但在孩子未建立物權觀念以前，你我不分的情況下拿走別人的東西根本談不上偷竊。上幼稚園的小孩開始學習到尊重別人的權益與財物，「偷東西」的情況自然會慢慢的消失。到六歲以後還經常拿人家的東西就值得留意。但是，少數智能發展遲緩的孩子可能要更長的學習階段才能知道拿人家的東西是不應該的行為。另一方面，有些患有憂鬱症的孩子明知不該拿人東西，但是在極度憂傷時拿走別人的東西可緩和內心的悲痛或空虛；有些孩子在極度憤怒時拿走

別人的東西以為洩恨；有些孩子親眼目睹父母或其他成人以行竊為業就以為這是正當的行為。這些例子雖然超越孩子正常成長的過程，但如果硬指為社會行為症狀就顯得牽強附會。相反的，一個正常智能的青少年在自己的房間中收集不少他人的物品，或是經常在百貨公司順手牽羊，就不能以成長因素或偶發的事件來解說，也就有了社會行為症狀的可能性。

(二)社會對孩子行為的期望

無論古今中外，社會對男女孩子行為的期望或要求有相當大的差別。一般而言，男孩子比較粗魯好動；女孩子比較內向含蓄。一般社會對男孩子粗野的舉動有較高的容忍度。例如男孩在學校打架往往認為是「正常」的行為，父母、老師都可把它大事化小。女孩子打架可能會鬧得滿城風雲，因為女孩子「應該」是溫柔優雅，大打出手已違反了社會的禁忌。根據圖斯的研究，男孩子往往以拳頭和怒罵來解決問題；女孩子則往往增加性活動做為對現實的反抗。因此，行為問題的鑑定和診斷必須考慮到性別的差異以及社會對這些差異的期望。

在某種社會某種家庭中，某些問題行為甚至得到鼓勵；另有些行為雖然被社會所唾棄，卻得到父母的允許。例如有的父母鼓勵兒子在外面要能挺身自衛，不惜以牙還牙，絕對不可受人欺負；另有些父母則告誡孩子不可惹是生非，凡事要逆來順受；更有些父母不容孩子有任何行為的瑕疵。有些宗教色彩濃厚的社會對孩子的行為又另有一套評鑑的標準。在窮困的國家或都市中的貧民區，孩子學會偷竊是謀生的技能，打鬥是自衛的途徑。這些行為在特殊的家庭和社會環境中是適當的求生之道，自然不能鑑定為社會行為症狀。

(三)行為的性質

孩子問題行為發生的頻率是重要的鑑定因素，一個孩子天天和人打架，或是每個星期至少有一次會破壞左鄰右舍的財物，就顯示出問

題的嚴重性。一個孩子換到新學校時和人打架一次，或是打棒球時把教室玻璃打破，從此以後類似情形不再發生，就很難說是行為症狀。另一個關鍵問題是孩子的行為是不是持久不變。一個孩子在遭受到重大的壓力時會有問題行為出現；壓力消失，行為問題也隨著冰消瓦解，這就缺乏持續性。例如孩子在家中和父母有嚴重的衝突，因而離家出走，但問題解決後，從此不再出走，就不是嚴重的問題。但是，如果這個孩子不管家中有無問題，出走的行為完全是隨心所欲，反覆出現，這種持久不變的行止就構成社會行為症狀的條件。根據美國精神病協會的診斷標準，這種行為模式要持續出現六個月以上。行為強度也是重要的考慮因素。例如一個孩子放火把房子燒掉，或是用刀把同學刺傷，雖然一年發生一次，但因其高度的嚴重性，嚴密的防範措施和治療務須儘快的展開。有關行為的嚴重程度請見DSM－Ⅳ的診斷標準。前面提到過社會行為症狀是一組反社會的行為，根據美國精神病協會的診斷標準，在縱火、逃學、偷竊、破壞、說謊、攻擊行為等等問題行為中至少出現三種才構成社會行為症狀。話說回來，一個孩子的問題行為也許只有一種或兩種。這自然沒有達到社會行為症狀的診斷標準，但卻依然是父母、老師以及治安機關關切的問題。

現在來看一個實際的個案。小捷是一個十歲的男孩。他的母親告訴心理專家，小捷從小就相當的好動。兩年前他父母分居以後，他的行為就日日惡化。有時候除非她大發脾氣，小捷根本就不聽她的話。她經常打他的屁股或不准他出門做為處罰。他在學校的功課日日退步，還學會在成績單上偽簽母親的名字。有一次學校教室和辦公室遭到一羣孩子的破壞；雖然沒有人親眼看到小捷參與破壞活動，但他是這個小集團的一份子。最近幾個月來問題變本加厲，他開始找比他瘦小的孩子打架，經常被人送到訓導人員的辦公室。老師也發現他偽造母親的簽名，而且有逃學的現象。這是一個典型的社會行為症狀，他的行為問題八歲開始出現，到母親向心理專家求助為止，已有兩年的歷史。他的行為問題包括逃學、說謊、打架、放火以及破壞學校教

室。相關的行為問題是課業的荒廢和反抗的行為。這些行為不但不容於學校，他的母親也不能一再寬容。而且，對一個十歲的孩子來講，早已超出孩子正常成長的模式。小捷的行為不但造成課業的問題、人際關係的破裂、家庭生活的騷擾，也侵犯了他人的權益。

四、DSM－IV的診斷標準

1.社會行為症狀是指一種反覆而持續的行為模式。由於這種行為的出現，別人基本的權益受到侵犯，社會對孩子所定的行為規範受到違背。這種症狀要在下列十五種行為當中在過去十二個月裡出現三種以上，而且在過去六個月裡至少出現一種：

(1)對別人和對動物的攻擊：

・經常恃強凌弱和威脅恐嚇他人。

・經常引起打鬥。

・曾經使用武器對付他人。

・曾經對別人做出殘忍的事。

・曾經對動物做出殘忍的事。

・曾經面對受害者搶人財物。

・曾經強迫他人做色情活動。

(2)財物的破壞：

・曾經蓄意縱火，意圖對財物造成嚴重的損壞。

・曾經蓄意破壞別人的財物。

(3)欺騙或偷竊：

・曾經破門闖入別人的房屋、辦公室或汽車。

・經常說謊來騙取他人的物品，獲得好處，或是用以逃避責任。

・竊取貴重的物品但不和受害人發生正面衝突。

(4)嚴重地違反規定：

・在十三歲以前就在父母的禁令之下經常過夜不回家。

・至少有兩次離家出走而且在外面過夜。

・在十三歲以前就經常逃學。

2.這種行為問題造成社會關係、學校課業或是工作上的嚴重妨害。

3.DSM－IV把社會行為症狀的嚴重程度分為三級：

(1)輕微：指行為問題對別人造成輕微的傷害，如說謊、逃學或是未經許可而在入夜後才回家。

(2)中度：指行為問題對別人造成不算輕微但也不太嚴重的傷害，如偷竊財物而未與受害人發生正面衝突，或是破壞別人的財物。

(3)嚴重：指行為的發生對別人造成重大的傷害，如強迫他人從事性活動、殘酷地攻擊別人的身體、使用武器對付他人、偷竊並公然與受害者對抗，或是破門而強行進入別人的房屋或汽車。

五、相關的特質與症狀

根據美國精神病協會一九九四年的報告，患有社會行為症狀的孩子可能對別人的感受和福祉漠不關心，也無法體諒別人的處境。尤其是在模稜兩可的情況中，往往會錯意，把別人的舉動解釋為敵對的行動，因而攻擊對方。基於這種認知上的誤解，也產生錯誤的推論，自認為反社會的行為是正當的防衛，甚至自認為是路見不平拔刀相助的英勇舉動。由於日積月累的挫折和創傷，這種孩子顯得鐵石心腸；當他加害於別人時，毫無內疚與悔意。有些孩子可能會裝出懺悔模樣，事實上這種表示往往是用來避免處罰。當然，有的孩子壞事做了之後會再施瞞騙之術嫁禍於人，自己裝出一副清白模樣。有些孩子表現得英勇堅強，事實上內心可能相當脆弱，自尊心很低，無法承擔壓力，動輒大發雷霆，或是不顧後果而魯莽行事。

孩子有社會行為的症狀容易提早有男女性行為。早年抽煙喝酒加上吸毒的案例也是屢見不鮮。使用非法毒品的孩子往往使反社會行為

變本加厲，不但犯罪性質惡化，發生的次數增高，而且頑強不易教誨。這種行為的結果是孩子遭學校開除、被人解僱、關進監獄、染上與性有關的病毒、女孩子未婚生子，或是孩子本身受到身體的嚴重傷害。有些孩子在陷入泥沼之後往往因為無法自拔而產生厭世的念頭，有的確實以自殺求得解脫。患有社會行為症狀的孩子中，有的兼帶有注意力渙散與過動症，有的同時患有焦慮症狀或其他情緒的問題。

貳 社會行為症狀的形成

　　患有社會行為症狀的孩子，有如過街的老鼠人人喊打。一般社會也是以除盡不良青少年為快。但唯有深入的了解這種症狀的形成，我們才會建立一個健康的觀念：這種孩子需要社會伸出援手，提供必須的協助和治療。同時，家庭、學校和社會必須通力合作，預防這種症狀的發生。圖斯（Toth, 1990）明白地指出：社會行為症狀絕非單一因素所造成，也不能單單要求孩子本身肩負一切行為責任。她認為問題的形成涉及到遺傳基因、家庭的結構與教養、社會環境的因素、生理的因素，以及孩子成長過程中所遭遇到的變故。

一、孩子成長中基本需要無法得到滿足

　　每一個孩子都需要親情、鼓舞、安全感、公平對待，在家中在學校中有一致的規矩可以依循，有充分的機會可以創新和舒展長才，更有自由的氣氛可以毫無拘束地表露他的想法和感受。缺乏這些心理上精神上的支柱，孩子行為的偏差是可以預料得到的。當然，單單缺乏這些基本需要的滿足不一定是行為症狀的肇因，這只是其中一個因素而已。因為很多孩子出淤泥而不染，證明還有其他原因共同導致症狀的形成。另一點特別需要指出的是：探尋症狀的形成應該避免把責任

歸諸於某一個人或某一些人，而是在找出問題的根源，改善孩子的生活環境，滿足個人的基本需要，進而提供自新的機會，並防範類似症狀的發生。

根據美國精神病協會的分析，下列幾種因素應列入愼重的考慮：

1. 孩子遭受到嚴厲的制裁和行爲的限制。

2. 孩子經常體驗到父母的排斥和指責，家中缺乏溫暖。

3. 孩子早年無法體驗到正常家庭的生活。例如在孤兒院長大。

4. 孩子有過動與注意力渙散的症狀。

5. 父親與母親的經常更換。

6. 失去父親，或是父親酗酒。

7. 家庭中人口太多，孩子得不到適當的敎養和關切。

8. 孩子從小就有反抗的行爲。

9. 與行爲有問題的孩子結伴。

的確，孩子得不到父母的歡心和親情或是受到嚴厲的處罰，必然感到被人排斥或遺棄，更產生極度的焦慮。一方面是基本的需要無法滿足，一方面是焦慮與恐懼一再地蠶食孩子的心靈，反抗或騷擾的行爲油然而生。尤其如果這種行爲得到增強，就變成一種行爲的症狀。小潔是一個十五歲的女孩子，在學校中人緣不佳，交不到知心的朋友，功課更是一落千丈。她深深地感到處處被人排擠，更是有苦無處訴。她母親不了解小潔爲什麼被同學拒於千里之外，有時她向母親提到交朋友的事，母親總是嫌她嘮叨，一天到晚說這個不是那個不對，訓誡她少管別人的閒事，還是專心做功課要緊。殊不知她母親小時候也是人緣不佳，所以總是設法避免提到交朋友的事。小潔不知這個底細，總以爲自己有什麼大問題，不但在外面吃不開，連自己的母親也是愛理不理。唯一能夠引起母親注意的是考試不及格，小潔爲此讓課業一再荒廢。每個孩子都需要大人的關切，也會想辦法來討父母的歡心。但是以正當途徑無法獲得大人的疼愛，這個孩子喪失了討大人歡心的意圖，只好以非常的手段來滿足自己的需要。

二、孩子的氣質與親子的關係

　　每個孩子一出生就會顯示出不同的氣質。根據圖斯的定義，氣質（Temperament）是指孩子的心情或行為的特質。有的嬰兒成天哭鬧，再怎麼抱怎麼搖都是無法使他滿意；有的嬰兒內向怕生；有的嬰兒非常隨和人見人愛。孩子漸漸長大，也漸漸地受到環境的感化。但不管問題如何形成，孩子的行為問題與他的氣質有密切的關係。一個孩子的氣質深深地影響大人的撫養態度，這種態度又反過頭來塑造不同的行為。這種關係尤其影響到嬰兒與母親之間的交往。如果母親與孩子的氣質相近，關係融洽密切，孩子的行為很少發生問題。如果雙方性格南轅北轍，這種關係常常導致孩子的行為問題。例如孩子有一個活躍好動常要有人陪伴的性格，母親則為繁重的家事或柴米油鹽而感到精疲力竭或是困坐愁城，那有時間精神整天陪着孩子嬉戲遊樂？甚至看來不懂事的嬰兒也會感受到母親的冷漠，因此更加設法來得到母親的關切，也變得暴躁易怒。其結果是彼此距離愈拉愈遠，終至種下未來社會行為症狀的禍根。

　　圖斯一再指出：孩子如果把父母的繁忙視為排擠、情緒的表現太過強烈、以及生而具有頑強固執的氣質，往往會造成大人與孩子之間的隔閡。這種早年的親子關係影響到將來人與人之間的交往，也左右行為的偏向。從另外一個角度來看，要是大人與孩子的關係疏遠，大人的訓示可能會成為孩子的耳邊風，孩子不但學不到分辨是非，根本談不上道德觀念的建立。因此，父母在孩子幼小的時候如果發現彼此有若即若離的現象，必須及早設法彌補，建立密切而和諧的親子關係。

三、家庭與社會的因素

　　孩子行為症狀的形成雖然與本身的氣質和個性有關，但擾亂社會安寧侵犯他人權益的勾當是不是孩子要負全部的責任？如果深一層地探討家庭的結構和社會的特質，我們會猛然發現這些因素與孩子社會行為症狀有不可分離的關係；孩子之出現不當言行，處處為非作歹，家中的父母甚至社會中的每一份子都難辭其咎。當然，這種論調並非用來責備或歸罪於某些人，而是說每一個有關的人都有責任改善目前的環境，讓孩子適當地成長為堂堂正正的公民。

　　卡滋丁（Kazdin, 1990）發現孩子患有社會行為症狀，其父母本身常有各種不同心理問題。這種情形尤其發生在父親身上；要是他酗酒、賭博或從事其他不法勾當，不但無心於教養子女，更給孩子提供一個惡劣的榜樣。孩子在這種情況下很難分辨對錯，更難建立道德的觀念和正確的價值觀。卡滋丁甚至發現家中有人為非作歹，這個人雖不是孩子的父母，但對孩子行為的發展依然有深遠的影響。社會行為症狀與父母管教方法的關係也曾有不少的研究報告。卡滋丁綜合這些研究的結果，指出父母採取苛刻嚴厲的處罰方式，很容易導致孩子的反抗，造成人際關係的決裂，以及仇恨心理的養成。圖斯（Toth, 1990）認為處罰（Punishment）與教訓（Discipline）兩種教養方法截然不同。教訓是指大人提供說明和指示來協助孩子辨別是非，同時劃定行為的界線，因此孩子會學習如何遵從家庭和社會的規範，建立循規蹈距的行為模式。處罰則是負面的教養方法，使用身心的痛楚迫使孩子就範，但孩子沒有真正的學習和成長。她認為父母採用激烈的處罰方式往往把孩子逼入違反常態的行為模式。由於孩子認為他遭受大人的排擠，心生懷恨，因而容易出現擾亂的行為，有的是公然攻擊他人，有的則轉入暗地，為非作歹。另一個重要的因素是孩子遭受大人的體罰或辱罵，他也會如法泡製，以相同的行為加害於其他弱小的

孩子。卡滋丁進一步指出：大人教養方式鬆緊不一也是一個嚴重的問題。他認為父母之間的教養方法，如果一個放任一個嚴厲，或是前後不一致，很容易使孩子感到迷惑，甚至學會鑽漏洞來取得好處並避免處罰。他認為管教的另一個漏洞是大人太專心注意孩子的壞行為，其結果是這種行為一再地得到注意和增強，反而日日滋長；相反的，孩子有好行為出現時，大人視為當然，不但不加鼓勵，反而置之不理，結果好行為反而日漸式微。

郭斯坦（Goldstein, 1984）認為父母對孩子監督的疏忽與孩子社會行為症狀的形成不無關連。他發現有的父母本身沉溺於吸毒飲酒、牌局和遊樂，甚至為事業而忙碌，根本無心管束孩子，連孩子在那裡都毫無所知。這種父母對孩子離家在外做些什麼事完全不聞不問，也不明確規定什麼時候可以出門，什麼時候應該回來。有的孩子回家時鼻青眼腫或帶回來新衣美食，父母也不追究到底是怎麼一回事。

卡滋丁進一步指出：破碎的家庭和功能不健全的家庭往往是孩子養成社會行為症狀的溫床。他認為這種家庭中大人不會寬容孩子行為的瑕疵，不會安撫孩子的創傷，彼此不表示親情，喜怒哀樂也深藏不露。另一方面，家庭成員之間的語言溝通多傾向於攻擊與防衛的關係；彼此挑剔和歸咎對方。另有一種家庭往往有一個主宰的人物，其他的人則唯唯諾諾，但缺少共同的活動和歡樂的氣息。根據魯特和給爾勒（Rutter & Giller, 1983）的研究，父母的婚姻不美滿，家中成員的衝突不和，或是彼此動武，是孩子反社會行為的導火線。他們認為父母離婚或分居當然給孩子帶來相當的打擊，但更重要的是家庭的紛爭和擾亂給孩子最惡劣的影響。他們發現社會行為症狀的患者常常有智能遲緩的父母、早婚的父母，父母對孩子的學校生活和交遊情況漠不關心，從未與孩子一起從事宗教和休閒的活動。其他家庭的因素包括家中人多屋子小、三餐不繼、衣不蔽體、父母本身從事非法行為以及家庭支離破碎等等。

我們知道家庭的組織與管教的方式對孩子行為問題的形成有深遠

的影響。事實上，社會風氣的敗壞也難辭其咎。有識者為社會的急速變遷感到憂心忡忡，因為社會步步進入工業化的結果造成紙醉金迷的生活型態，人人追逐物質的享受而不擇手段。社會的暗中鼓勵和大眾媒介的傳播暴力事件，給涉世未深的孩子提供了非法行為的動機和藉口。孩子可能從小就建立一個相當不健全的觀念：「人人都這樣做，為什麼獨獨我不可以？」

四、認知、情緒與行為的因素

　　患有社會行為症狀的孩子一再從事一連串的反社會行為，其認知上的差異是一個重要的關鍵。這種因素包括外界事情發生時，或是他自己有特殊的行為出現時，他對這種事情的知覺、了解、前因後果的解釋、責任的追究，以及問題的解決都可能有相當的偏差。例如在路上遇到陌生人斜眼相視，立刻解釋為敵對的態度，並告訴自己這種不友善的姿態非給予敎訓不可，並且在加害於他人的舉動發生後，把責任完完全全推到受害人身上。卡滋丁認為這種孩子經常心存懷恨，猜疑心很重，而且動輒引發暴怒，尋機報復。泊理和奧治（Perry & Orchard, 1992）認為這種孩子認知的特色是否認行為的發生或嚴重性；把行為的責任與受害者的感受完全置之度外。這種否認的現象或是對自己不良行為的合理化，如果得到父母的支持和掩飾，行為問題更難根除。他們認為這種孩子的另一特色是對犯罪或其他不法行為存有幻想。這個孩子可能把自己想成無敵的英雄好漢，或是一匹不受約束的野馬，可以為所欲為。有的孩子顯然是缺乏自尊自信，從事反社會行為是提高自我價值和控制外界環境的有效利器。

　　缺乏感情的流露是社會行為症狀的招牌。這有可能是情緒的枯竭，也可能是缺乏適當的語言能力來表達內心的感受，更有可能是在孩子一生中從來沒有人真心地傾聽他的感受。這種情緒上的壓抑可能有兩種不良的結果：一是藉著反社會行為以為發洩，尤其以攻擊和破

壞的行為來發洩積鬱和憎恨；另一個結果是這種孩子無法了解受害者所遭遇的慘痛經驗和內心的感受。其最後的結果是反社會行為發生後完全沒有悔意，更沒有憐憫和同情的心態。因此，只要不被人察覺，只要不受處罰，他們認為行為並無所謂對錯。

泊理和奧洽根據他們多年診斷青少年犯罪的經驗，發現這種孩子大多缺乏適當的行為技能。最明顯的行為缺陷是社會技能的缺失，因此在家中與父母格格不入，在外面交不到知心的朋友。尤其是青少年階段的孩子，這種情形很容易引發情緒與行為的不平衡。與社會技能有關的是溝通技能的缺乏，這在情緒的適當表露方面使這種孩子往往居於劣勢。果敢技能的缺乏也是一項行為的重要缺陷。他們無法理直氣壯地挺身自衛，因而以反社會行為來「討回公道」或尋機在暗中報復。孩子缺乏自我控制的能力、沒有應付壓力的技能、無法掌握自己暴怒的情緒，都是與社會行為症狀有關的重要因素。要是孩子從小涉及煙酒毒品，早年有色情的活動，或是有幫派的撐腰，情況則更趨複雜。

五、次級的獲益

圖斯認為另一個舉足輕重的因素是次級的獲益（Secondary Gain）。這種行為現象是指孩子出現不良的行為時，可以獲得他所期望的事物。例如一個學齡前的孩子把碗盤丟在地上因而引起母親的注意。丟碗盤可能會引來母親的處罰，但處罰也是一種注意，這正是孩子所渴求的。對一個從未得到大人關切的孩子而言，負面的注意也比沒人注意好。一個青少年可能故意違反父母的規定，結果他被禁足一個星期，但他可能因此而不必參加某親友的聚會。他的不良行為避過了他厭惡的活動。次級的獲益很可能成為孩子從事反社會行為的強烈動機。孩子如果在自然的環境中感到自己的需要無法得到滿足，例如沒有父母的關切、缺乏安全感、物質上無法滿足，他會設法來引起大

人的注意，避免可能的傷害，或是獲取期望的事物。如果他的反社會行為一再滿足他的慾望，這種行為就會定型而變成一種症狀。

叁 社會行為症狀的評量

　　社會行為症狀的評量最主要的用意在對孩子本身、對他的行為、對他的生活環境有深入的了解，以做為處理和治療的依據。要是孩子的行為已經觸犯刑法，評量的結果還要送到法院做為裁定的參考。要是孩子目前的生活環境太惡劣，行為的評量還會影響到孩子的去留以及未來安置和教養的決定。因此，評量的範圍必須包括這個孩子社會行為症狀目前的情況與過去的歷史、家庭背景、一般社會的期望、孩子的情緒、認知、智能、相關行為以及人際關係。這種行為的評量相當艱鉅，因為涉及到孩子教養的傷心史以及「家醜外揚」的忌諱，父母往往三緘其口。因此，治療人員首先要勸服父母，評量的用意不在揭瘡疤或掀開家中的隱私，更不在找藉口來歸罪，而是要評量主客觀的情況，協助孩子革除症狀。另一方面，治療人員也有保衛社會安全的責任，所以評量中所得到的資料並非完全機密。例如孩子預謀放火燒掉某人的房屋或有計劃偷竊某人的汽車，這種消息要立刻報告到警察機構以保衛可能的受害者。另外一個複雜的問題是孩子參與評量並接受治療往往非出於己願，而是父母或法院強迫其與治療人員接觸，因此他的不合作、避重就輕以及設法掩飾是必然的現象，尤其孩子過去行為的歷史和所做的違法事件可能會影響到未來的感化教育甚至判刑入獄，他們吐露真情的可能性不大。因此，評量的對象必須擴大，相互印證，以求得正確的評量資料。（有關行為背景的評量請參見第二章）

一、臨床的訪問

　　對於社會行為症狀的評量，臨床的訪問是最有效的利器。羅斯
（ Ross, 1988 ）特別指出，這種孩子不容易吐露違法行為的眞相；相
反的，他們會想盡辦法來否認、掩飾、避重就輕，或是找理由來證明
自己的清白。基於這種心態，由孩子自我報告的方式顯然有相當多的
漏洞。直接探訪孩子要能明察秋毫，如果有懷疑，還要從其他方面來
求證。羅斯又把「臨床的訪問」稱爲「調查的訪問」。由於反社會的
行為涉及刑法問題，心理專家得到法院的授權，以相當的權威來指
導，當面對質，並善用這種孩子的焦慮情緒來衝破其防衛系統，以切
入行為問題的核心。

　　臨床訪問的範圍包括情緒的狀態、認知的功能、行為的長處與短
處、學業與智能的發展、家庭的關係、社會的交遊、酒類與毒品的使
用、反社會行為的歷史、過去治療的歷史，以及再度犯法的可能性。
除了這些基本的資料以外，心理專業人員更要探詢孩子從事反社會行
為的時候，到底心存什麼想法？感受又如何？他對這種不法行為如何
辯解？有沒有歪曲事實？對受害者是否懷有敵意？對被害人有沒有惻
隱之心？是不是能了解其行為的嚴重性？否認和抵賴的程度以及道德
價值觀念又如何？是否有怪異的想法？反社會行為是否有一定的模
式？這種情緒、思考以及行為的細微末節必須不厭其煩地探問並反覆
地試探虛實。

　　臨床訪問當中可以同時從事教育的工作。一方面探問孩子，一方
面則對社會行為症狀的特質與形成的因素給孩子好好的上一課。尤其
對青少年，可以開門見山的告訴他們說謊、欺騙、抵賴以及避重就輕
的特性，所以孩子了解到自己無法隱遁，只能依實全盤托出。要是孩
子對自己行為的嚴重性以及受害人的痛苦一無所知，亦可乘機給予敎
訓。不過，泊理和奧治（ Perry & Orchard, 1992 ）認爲在訪談中切忌

把孩子逼入牆角。教育的方式必須溫和而理性，以諄諄善誘的方式來說明社會行爲症狀的事實。他們並且強調在初步訪問時也要藉機建立親善而信賴的治療關係，替將來治療的工作舖上穩固的基礎。在這個場合中，心理專家可以向孩子說明訪談最主要的目的在於協助他走向正途；訪談的結果不在斷定他是一個壞孩子，而是要決定那種行爲需要改變。心理專家要承認這種訪談對孩子構成心理的威脅，會引起孩子的焦慮和不安，但這是必經的過程，必須把事情弄得水落石出。當然，如果孩子照實報告，應予特別的稱讚。

二、對父母與老師的訪談

在孩子的臨床訪問中可能無法了解全局。年紀較大而且狡滑的孩子自然會歪曲事實，掩蓋眞象；年紀小的孩子語彙有限、思考不夠嚴密，更可能答非所問。因此，對孩子了解較深的父母、老師以及其他有關的敎養人員都可透過有組織的訪談，提供具有價值的資料，以供相互印證。當然，在訪問當中，心理專家除了搜集有關的資料外，也可從事敎育的工作，並建立親善而相互信賴的治療關係。

訪問父母的主要目的是深入評量父母對孩子反社會行爲的了解程度，以及他們對孩子違規行爲的態度。父母親的掩飾或設法爲孩子辯護事關未來對孩子的管束，因此也要深入探詢。父母對子女的管敎方法、父母本身的生活型態如用毒、酗酒、社會關係、工作與財務情況都要不厭其詳地查問。如果父母不肯透露眞相，專業人員可以用權威的立場來取得父母的合作。對學校老師或其他有關的敎養人員，可以從中了解孩子在學校中的功課、孩子的交遊以及孩子一般行爲的狀態。當然，他們也可以從旁觀的立場解釋這個孩子與父母的關係、父母的態度以及一般家庭的情況。

三、正式的心理測驗

標準化的心理測驗可以用來評量孩子的智慧、學業、憂鬱與焦慮的情緒、犯罪的傾向、思考的過程、社會技能、精神症狀、人格差異以及家庭的組織與關係。泊理和奧洽認為下列五種心理測驗對社會行為症狀的孩子最恰當：

1. **傑仕那斯量表**（Jesness Inventory）。這個量表共有一百五十五個是非題，用來度量、分類以及治療兒童與青少年的騷擾行為和犯罪的傾向。孩子測驗的結果可以提供十一種人格特性的分數，包括社會的不良適應、不成熟的想法和作法、攻擊行為、退縮或憂鬱、否認不良行為以及神經症狀等等。

2. **傑仕那斯行為檢核表**（Jesness Behavior Checklist）。這個檢核表共有八十個項目，用來度量十四種相對的行為，例如負責任與不負責任、憤怒的自制與過份敏感等等。孩子接受測驗要逐項回答，但也有一種相關的觀察檢核表，供父母或老師回答有關孩子的行為現象。這兩種檢核表一併使用，可以比較孩子自我評量與別人評量孩子的結果。

3. **家庭評量**（Family Assessment Measure）。這種自我報告的測驗是用來度量家庭品質的優點和缺點。測驗的重點包括家庭的組合與功能、家庭構成份子的關係以及每個人自認為在家庭中所扮演的角色。

4. **魏氏成人以及魏氏兒童智力測驗**（Wechsler Adult Intelligence Scale – III; Wechsler Intelligence Scale for Children）。在常用的智力測驗中，泊理和奧洽認為魏氏智力測驗最適合於患有社會行為症狀的孩子。魏氏成人智力測驗適用於十七歲以上的青少年，魏氏兒童智力測驗則適用於六到十七歲的孩子。這兩種都是個別測驗，不但可以測驗一般的智能，也可做為診斷精神症狀的輔助。

5. 明尼蘇達青少年多重形態的人格量表（Minnesota Multiphasic Personality Inventory – Adolescents, 1992）。這個廣泛使用的量表是用來評量心理病態的特性、少年犯罪、人格差異以及精神症狀。心理症狀的測驗包括焦慮、憂鬱、健康的顧慮、人際關係的疏遠、憤怒、譏諷、怪異的心態、反社會行為、自尊心低落、缺乏雄心抱負、社會適應不良、家庭問題、學校問題以及治療效果不樂觀的預兆。

四、危險性的評量

孩子出現過社會行為症狀之後，累犯的可能性很高。根據泊理和奧治的臨床經驗，孩子出現下列情況時，累犯的危險性會加倍地增高。這些危險的徵兆是：孩子從事多種反社會的行為、具有強迫性的犯罪傾向、侵犯或騷擾別人的舉動節節昇高、過去有長久的犯罪歷史、多重技能的障礙如語言能力差交不到朋友、缺乏適當的娛樂活動、在學校困難重重、無法了解自己的過錯、在家中問題多端、父母無法控制孩子的行為。為了增進治療的效果，防範問題的一再發生，危險性的評量是一序列評量中不可缺少的一環。泊理和奧治認為行為的危險性應該分兩方面來評量：

1. 評量孩子的行為特徵：

(1)孩子是不是否認他的不良舉動？否認的程度如何？

(2)侵犯和攻擊行為的嚴重性如何？

(3)社會行為症狀涉及的範圍有多大？有那些不當行為？

(4)受害人的分佈如何？如同學、鄰居、熟人、陌生人。

(5)對受害人所遭受到的損害有多少了解？

(6)以前是否接受治療？效果如何？

(7)反社會行為的歷史有多久？行為型態又如何？

(8)評量的過程中是否採取合作的態度？

(9)接受治療的動機如何？是不是被迫接受治療？

⑽其他犯罪的歷史有多久？

⑾有沒有使用毒品的記錄？如果有，歷史有多久？

⑿與同伴的關係如何？社會技能如何？

⒀學校或工作的情況如何？

⒁有沒有思考凌亂的症狀？

2.評量父母和家庭的特徵：

⑴父母對孩子社會行為症狀採取什麼態度？例如否認事情的發生或是淡化孩子的過錯。

⑵父母對這個孩子平常如何管教？他們是否與孩子同一個鼻孔出氣？

⑶父母的智能是什麼程度？

⑷父母彼此間的關係如何？

⑸過去是否有虐待孩子的歷史？目前是否以暴力壓制孩子的行為？

⑹父母是否酗酒或使用毒品？

⑺這個家庭在社會上的地位、適應以及功能如何？

⑻父母對孩子接受治療的態度如何？有什麼特別的期望？

肆 社會行為症狀的治療

　　既然造成社會行為症狀的原因重重疊疊，治療這種行為症狀也必須從多方面著手，匯集家庭、學校以及社會的力量，共同展開行為症狀的防範和處理。處理孩子行為問題當務之急該是根據行為評量的結果，從事生活環境的改變，包括家庭教養方法的改變、學校學習活動與人際關係的改善，以及社會生活型態的改進。如有必要甚至要轉換一個新的生活環境或進入嚴密管束的治療機構。

一、行為的直接處理

處理反社會行為的不二法門是賞罰分明；孩子行為的發生與行為後果的安排要緊緊扣住。從行為分析的術語來解釋，行為的直接處理是運用操作制約（Operant Conditioning）的原理原則，增強適當的行為，減弱不適當的行為。

㈠增強的技術

操作制約的重心是由父母和老師使用增強的技術（Reinforcement Techniques）來建立並維護適當的社會行為。在大人與孩子日常交往的關係中，大人要費心注意孩子的一舉一動，而且一發現有適當的社會行為如待人有禮貌、協助他人、遇到挫折時不大發脾氣而用口語來表達心聲等等，大人立刻給予口頭的獎勵。從較嚴密的行為增強來看，大人可以和孩子約法三章，孩子出現好行為，例如聽父母、老師的指示、依照規定上學、按時回家、完成學校功課、協助父母做家事，就可以得到正增強，例如大人的讚揚、享有週末的特權、得到物質的獎賞。再者，家庭與學校更可通力合作，由老師、父母和孩子共同訂定行為契約，在某時間限度內如果不適當的社會行為未出現，例如一個星期之中沒有打架，沒有逃學、也沒有偷東西等等，可以由父母帶去看一場電影，吃一次館子；如果三個月不製造這些社會行為問題，可以買給他一部渴望已久的腳踏車。

小文是一個八歲的男孩，就讀國小二年級，在學校中經常和人打架。老師和他的父母設計了一個行為改變方案，並取得小文的同意和合作。每天早上他一到學校老師就給他一張印有一個大笑臉的卡片。上午十點鐘，中午午飯後，下午放學以前，小文如果沒有和人打架，老師就在上面簽名，亦即小文每天在學校有三次得到正增強的機會。每次簽名就累積一分。分數積到某種程度，小文就可以用分數來「購

買」事物，如當老師的助理、自由上圖書館看喜歡的書刊，或是帶回家向父母領取獎品。不到三個月的時間，小文的打架行為幾乎絕跡。

布魯、梅德生、以及賀恩伯格（Blue, Madsen & Heimberg, 1981）特別設計一種叫「譏笑辱罵的遊戲」來建立並增強孩子忍辱負重的態度。面對著一些容易激動暴怒並攻擊他人的孩子，這三位心理專家找出另外一組孩子來和這些暴躁的孩子玩「譏笑辱罵的遊戲」。亦即這些特別挑選的孩子要向這些一向不吃眼前虧的孩子挑戰，想盡辦法來譏諷、取笑、大聲叫罵這些孩子。另一方面，如果這些孩子能夠忍住一口氣，不回嘴對罵，也不大打出手，老師就以代幣做為增強。如果這些孩子以口語理直氣壯和挑戰的孩子講理但不動氣，則可以得到加倍的獎勵。這種正面增強的方法有相當效果。不但如此，這些孩子還可以把遊戲當中學到的容忍態度運用在日常生活中。

摩菲、哈齊生、以及貝利（Murphy, Hutchison & Bailey, 1983）認為孩子無所事事是惹是生非的溫床。他們主張大人要設計有意義的遊戲和活動，和孩子一起同樂。有時候可以讓孩子出主意，或是大人與孩子共同設想有益身心的活動，如打球、郊遊、爬山、釣魚、游泳等等。在起步的階段大人要使用社會和物質的增強來塑造孩子從事正當娛樂的行為。一旦孩子對此發生興趣，內在的動機就可取代外來的增強。

□處罰的技術

以暴制暴是處理反社會行為的大忌。此地所謂處罰的技術（Punishment Techniques）與一般所謂打罵的教養方法大不相同。要是大人對孩子有適當的愛心和關切，給孩子的增強物又正中下懷，那麼大人顯示不悅，並且撤除增強就是有力的處罰，可以用來減弱不適當的行為。

對年紀較小的孩子來講，*暫停增強*（Time–out from Positive Reinforcement）是常用的方法。使用這種方法的先決條件是孩子所

處的環境中，一定是充滿了增強和有趣的事物，例如看電視、和其他孩子一起玩、做功課或家事，有機會可以得到獎賞。在這種環境中，孩子如果出現反社會的行為，如破壞東西、擾亂別人的活動、抓人的頭髮等等，大人立刻喝令這個孩子，到一個得不到增強的房間或角落去靜坐五到十分鐘。在這短暫的時間中，大人必須確保這個孩子所得到的增強與大人的注意已減到最低程度。大人使用這種方法常犯的錯誤是孩子對活動開始生厭時起身擾亂別人，大人把孩子送到別的地方去，孩子反而得有休息的機會。如果這個地方有電視可看，或在教室的走廊上可看別班的同學做比賽，這種所謂的「暫停增強」實質上是增強孩子起身擾亂別人的行為。有的父母在實施暫停增強的過程中嘮叨說教，或是和孩子發生爭論，其結果自然是適得其反。

反應的代價（Response Cost）是另一種溫和的處罰策略。這種方法往往與代幣制度（Token Economy）聯合使用。就以前述小文的打架行為為例，他在學校中一整天都未打架可以賺得三分，但是每次打架就要扣五分，以為懲戒。有的老師甚至和孩子簽定行為契約，明細規定孩子如何賺取代幣、代幣如何換取實物，以及反社會行為發生時如何「罰款」。這種反應的代價與一般社會中開車超速被交通警察開單罰款形式不同，意義則一。大人使用這種處罰的策略時，要盡量協助孩子打開賺代幣的管道，所以這個孩子可以有很多機會出現良好的行為，取代反社會行為；也相對的減少被處罰的機會。

過度糾正（Overcorrection）是一種輕微的處罰，但如果應用得法，對減弱不適當的行為有相當的效果。過度糾正又分為恢復原狀的過度糾正（Restitutional Overcorrection）和正面練習的過度糾正（Positive – Practice Overcorrection）。前者是指孩子的行為如果破壞了環境的情況，他不但要恢復環境的原狀，而且要以數倍以上的功夫來改進這個環境。例如一個孩子以油漆塗抹人家的牆壁，警察可以罰他把牆壁洗刷乾淨，而且要把整條街掃乾淨。如果是累犯，還要罰他把水溝清理得污泥不沾。正面練習的過度糾正則是要孩子反覆練習

正面的社會行為。例如小文以粗話罵同學，老師罰他向全班四十個同學一一表示歉意。

(三)綜合性的行為處理策略

面對著沈疴已深的社會行為症狀，尤其是搶劫、強姦、殺人放火等等罪行，單單靠行為的增強和處罰，顯然無濟於事。卡茲丁（Kazdin, 1990）特別為此推薦一個青少年犯罪管教中心的綜合性行為處理策略。這個中心收容十歲到十六歲的孩子，這些孩子男女都有，而且都犯過重罪。在這個中心孩子言行舉止都有明確的規範，每個孩子都加入代幣制度。孩子如果依照規定打掃洗刷整理內務、與同學友好溝通、參與團體的活動、做功課等等，都可以得到記點的增強。這些記點可以折換現金做為零用錢、可以買電視時間、從事不同的遊戲、上街看電影，或是外出時特准延遲回到中心。但是，如果學校功課不及格，違反中心的規定，則要扣回原先所賺的點數。孩子賺點數，以點數換取增強物，以及反應的代價都依個別情況而定，有的賺得不多罰得很重，有的可以賺得很多，但也罰得很重。除此之外，中心還特別強調特殊技能的訓練如功課的補救教學、職業訓練、社會能力與溝通能力的訓練、娛樂活動以及自我管理的訓練。孩子有充分的自由，也可自己做選擇和決定；但最重要的是孩子要對自己的行為負全部責任，賞罰分明，絕不含糊。

二、行為的訓練

上述行為直接處理是一種治標的策略；增強適當的行為和減弱反社會的行為，只是在短期內壓制社會行為症狀的發生。這常有頭痛醫頭腳痛醫腳的意味，因為這些策略不再使用時，孩子的行為問題常會故態復萌，或是節外生枝，衍生其他行為問題。行為訓練則是治本的策略，把孩子裝備起來與自己的行為症狀抗爭。這種策略相當費時費

力，但如果訓練有績效，常有一勞永逸的結果。

(一)社會技能的訓練

社會技能的訓練旨在增進孩子語言與行為能力，以促進正當的社會交往。換句話說，我們要訓練孩子，協助他們建立適當的能力來影響或改變他的環境，取得他所需要的事物，並且對外來的要求有適當的反應。這種特殊技能的訓練，最適合於情緒與行為有問題的孩子；患有社會行為症狀的孩子，在這方面的技能訓練更是不可或缺。這種孩子的行為造成環境的騷擾以及他人權益的損害，例如攻擊行為、破壞行為、違規、偷竊、說謊、逃學、甚至持械打殺。這些行為的發生可能是社會技能缺乏所致，亦即孩子在遇到棘手的社會情況時就不知所措，只好以最原始的手段來處理目前的問題。

卡茲丁認為社會技能訓練的內容因人而異，所以社會技能的評量是必經的程序。一旦找出其長處與短處，就可設計訓練的課程。（有關社會技能訓練的內容請參考第三章）。至於訓練的方法和過程都是大同小異。卡茲丁的訓練方法，第一步是就社會技能的課程和重要性做簡要的解釋，然後把每一項特殊的技能一一做深入的說明。第二步是由大人示範適當的社會技能，同時要孩子逐一反覆練習，大人則適時的給予指正，但更重要的是獎勵增強新的適當的社會行為。第三步是要孩子與大人彼此扮演不同的角色，在不同的場合中，處理不同的社會情況。例如父母、老師扮演孩子的角色，孩子也可充當老師和父母，彼此揣摩孩子在家中、在學校中、在社會上如何與父母、老師、同學和其他相關的人建立友善而和諧的人際關係。第四步是孩子要把新學到的社會技能運用到日常生活中。卡茲丁把這一步稱之為孩子的「家庭作業」。孩子要把日常生活中實際運用的結果做成報告，然後與大人共同磋商研討，期能更有精進。

適當的社會技能範圍很廣，但根據卡茲丁的經驗，應用社會技能訓練來處理社會行為症狀，應當以下列幾項為重點：啟開社會交談的

能力、革除言談中敵對的態度和傷人的言語、交談中與人坦然建立並保持視線的接觸、改進談話的內容並維持社會交談的流暢、理直氣壯的提出自己的意見以取代污言穢語或對人發動口頭攻擊、以適當方式拒絕別人無理的要求、向別人提出要求但無逼迫或強求的意味，以及對別人友善的建議能妥善的接納處置等等。

(二)解決問題能力的訓練

卡茲丁認為處理社會行為症狀，所使用的解決問題能力與傳統的解決問題技能應該稍有不同。他主張訓練孩子解決問題的能力應該從認知程序著手，處理眼前人際關係的問題。他發現這種孩子處理人與人之間的摩擦，常常偏執在不適當的方法上，殊少有變通的餘地；他們往往只顧達到既定的目的，但沒有適當的步驟來達成其願望；他們無法看清製造不適當的行為會給自己帶來相當嚴重的後果；他們無法了解自己的所做所為會給別人帶來無限的痛苦；尤其是對人際關係上的矛盾、衝突茫然無所知。

卡茲丁主張以解決問題能力的訓練，來協助孩子處理人與人之間的衝突，應該特別強調五個特點。第一，訓練的重點在於協助孩子建立健康的思考過程，而不必斤斤計較特殊的行為方式。只要孩子對問題的存在與性質有清楚的認識和正確的認知，他就會有適當的態度來面對這種問題，適當的技能也會順理成章地建立起來。第二，大人要教孩子使用循序漸進的方式來處理人與人之間的衝突情況。孩子要學習如何以自我言語和自我指示來分析問題的細微末節。第三，使用遊戲、講故事以及做功課的方法來開啟孩子的思路，設想變通而健康的辦法來取代原始而不適當的方法，進而改善人際關係。第四，由大人扮演孩子的角色，給孩子做示範，要如何自我言語，對問題做適當的分析，提醒自己設想適當有效的變通辦法，並把這些辦法應用在日常生活的問題中。第五，孩子要不斷地演練，扮演不同的角色所以能從不同的角度來體會問題。另一方面，大人要增強孩子的努力以及新學

到的技能。

　　事實上，史畢瓦克、柏拉特以及修爾（Spivock, Platt & Shure, 1976）早在二十年前就提倡以認知的問題解決技能來處理人際關係的摩擦。他們認為處理孩子適應人際關係的問題應該訓練五項基本的技能：

　　1. **解決問題的變通思考**。面對著人際關係的衝突，能夠從不同的角度來分析，產生不同的解決辦法，一步步地解決問題。

　　2. **目的與手段的分析**。能夠了解一個重要的事實：要達成個人的目的必須透過一層層的步驟，付出相當的代價；不可不擇手段強求滿足個人的願望。

　　3. **行為後果的考量**。孩子要能夠事先週詳地考慮到某種行為或某種解決途徑可能產生的結果，並且能截長補短，找出最能利己又利人的途徑。

　　4. **因果關係的分析思考**。有適當的能力了解到某一件事與其他多種事件的長久關係；能夠看出一件事會牽引出另一件事或導引出某一種行為；並且能夠了解到別人行動的理由或其來龍去脈。

　　5. **提高人際關係問題的敏感度**。孩子要能敏銳地意識到人與人之間瓜葛的存在，並且在這種衝突當中意識到人為因素的存在，如各人觀點的不同和立場的迥異。

　　十一歲的小凱在學校中常和人打架。他在上課中不斷地擾亂教室秩序，課後則在暗中破壞教室裡的教學器材。老師問他為什麼會經常製造問題，他在老師面前經常無言以對。但是透過說故事、畫畫和演戲的活動，他間接透露他常常感到挫折和憤怒。每次同學取笑他，或是老師處罰他擾亂秩序，他就要設法報復。經過老師的開導，他體會到這些不良行為是導致別人取笑和老師處罰他的真正原因。接著老師運用解決問題能力的訓練，協助小凱學習到如何控制自己的脾氣和行為。他了解到所有的問題都是因為他存有報復的心理，結果愈弄愈糟糕。所以遇到不如意的事，他只在內心嘀咕一下，而不再製造事端，

結果行為大為改善，師生關係也有重大轉變。

十三歲的小茜動不動就大聲吼叫。她老是想別人討厭她，一想到這一點就生氣，一生氣就來一個爆炸式的脾氣大發作。透過認知的剖析與解決問題能力的訓練，她了解到大聲吼叫不是解決別人討厭她的辦法，事實上是造成別人疏遠她的主要原因。基於這個認識，她生氣時不再大發雷霆，而把內心的感受告訴父母或老師。同時，每次她開始要大發脾氣就要提醒自己，大叫大鬧的結果會使人更厭惡她。因此，她的行為大有進步，人際關係大有改善。認知的改變可以適當地處理她的情緒問題，解決問題能力的訓練則改善她的行為問題。

〔三〕果敢行為的訓練

果敢行為（Assertive Behavior）是人與人交往的行為型態；它涉及誠懇而直接了當地表達個人的想法和感受。這是一種適當的社會行為，不但用來保衛個人的權益，也特別顧及別人的感受與福祉。上述小凱和小茜兩個例子證明有苦無處訴，或是不知如何傾訴是造成行為症狀的主因。患有社會行為症狀的孩子接受果敢行為的訓練，旨在把委曲和不當的行為導向正當的發洩。果敢行為不但涉及口語的能力，更與社會能力與情緒的控制有密切的關係。其目的不但是用來表達負面的情緒如憤怒和怨恨，更足以表示正面的情緒如歡欣、讚美或關愛。一個人把內心的感受適當的傾吐之後，所得到的是內心的平靜以及情緒的緩和。果敢行為的訓練通常是經過實際行為的演練來促成行為的改變。大人與孩子相互對換角色，並由大人講解示範也是可行的辦法。

就讀高中二年級的小漢一向逆來順受，被同學欺負也都是忍氣吞聲。有一段時間一個同學一再誣賴指控他偷了另一個同學的襯衫，他實在忍無可忍，於是拿起一把鐵鍬把這個同學打成重傷。學校的輔導人員以果敢行為的訓練來預防未來類似粗暴事件的發生。輔導人員首先鼓勵小漢平時要把不滿和不平以口語適當地表達出來，然後教他如

何否認和辯駁別人的誣賴，保衛自己的清白。由於小漢自小怯懦，訓練成果不佳，輔導人員於是扮演小漢的身份，示範給他看，如何控制自己的憤怒，並以口語來反駁同學的誣賴。然後輔導人員又扮演同學的角色，一再地控訴小漢的偷竊行爲，然後要小漢演練如何挺身自衛。一旦小漢的果敢行爲有進步，就要把這種新的技能應用到日常生活中，取代不適當的行爲。

戈登（Gordon, 1970）認爲在果敢行爲訓練之外，還要加上大人的傾聽，只有傾訴與傾聽合而爲一，才能眞正的達到解決問題的效果。他認爲人與人之間關係惡化的主要關鍵在於語言溝通的失靈。就大人與孩子之間的關係而言，語言溝通失靈的主要原因是大人重在管與教而忽略了一個相當重要的職責，那就是「用心」去聽孩子的「心聲」。他說孩子有事向大人傾訴時，大人不外乎給予指示、警告、訓誡、勸導、指責、取笑、分析解釋、詢問、保證或是乾脆置之不理。他認爲這些反應看似堂堂正正，事實上每一種都有社會關係的破壞性。因爲這些方式常把孩子的感受推到一邊，使他們覺得無用而渺小。這些方法不但得不到結果，甚至使孩子的心理問題愈陷愈深，大人與孩子之間心理圍牆愈築愈高。戈登主張大人要敞開大門，讓孩子暢所欲言，把心中的積鬱全部傾吐出來。也就是說大人把自己的成見或感受擺在一邊，專心的聽孩子的陳述，設法了解孩子眞正的意思，更深入地了解其內心深處的感受，誠心地協助孩子解決面臨的問題，取得孩子的信賴。

㈣其他基本能力的訓練

患有社會行爲症狀的孩子大都缺乏自信和自尊。這種心理現象與他們一般行爲能力的缺陷有密切的關係。他們學校功課落人遠甚；在職的青少年則因無法稱職以致工作情況飄搖不定。更嚴重的是他們無法與家人或同伴和諧相處，並且以不適當而且激烈的手段來表達他們的挫折與憤怒。前述社會技能的訓練、解決問題能力的培養，以及溝

通能力與果敢行為的訓練可以解決人與人之間的衝突，但是其他基本能力的培養依然不可忽視。教育的功能與課業的額外輔導不但在促成課業的進步，且有增進自信與自尊的效果。職業訓練與職業輔導也兼具有同樣的效果。再者，應付生活壓力的技巧、憤怒的控制、挫折的處理以及情緒的適當發洩都是相當重要的課題。

三、認知的改造

孩子之誤入歧途與認知的錯誤息息相關。所謂認知錯誤是指對事物的解釋、事情發生的歸因以及對問題解決的思考都有相當的偏差。例如十五歲的小山認為同學多看他一眼就是看不起他，這個同學是自討苦吃，該好好給他教訓一頓。這種攻擊性行為的發生並非環境的因素，而是小山自己想出來或編出來的說辭。認知的改造是訓練孩子對外界事件的發生做理智的審視和分析，並以自我語言對事件的原委做健康的解釋，然後以適當的辦法來處理這個特殊的事件。

認知的改造可以由訓練有素的心理專家做個別的輔導，也可採取團體治療的方式。圖斯（Toth, 1990）認為對患有社會行為症狀的孩子而言，六到十個行為問題相似的孩子集體做心理輔導有相當多的好處。孩子在小組討論時透過大人的輔導可以產生正面的社會行為；彼此學習切磋如何適當地解決人際關係的問題；如果自己的想法或作法有差錯，可以由同伴來更正而無須大人說教；如果事情弄得好還可彼此鼓勵。她認為團體治療的最大好處還是提供孩子適當的機會來傾吐心聲，並且體會到世界上不單單他一個人會感到挫折和憤怒。認知的改造應用在社會行為症狀的治療可以從四方面來探討：

(一)承擔行為的責任

孩子從事反社會的行為經常會推諉行為的責任，否認自己的錯誤，或是設法淡化行為的結果。為此，泊理和奧洽（Perry & Orchard, 1992）認爲下列項目要提出來和孩子面對面做深入的檢討：

1. 孩子對自己侵犯別人權益的行爲應當承擔一切行爲後果。

2. 孩子思考的錯誤、對於事物的誤解，以及對犯罪行爲的迷妄要有徹底的覺悟。

3. 要有坦承行爲責任的勇氣，並且以實際行動來預防類似行爲的再度發生。

4. 徹底消除不負責任的想法和作法。

5. 解決權勢與控制的衝突；以適當的方法來建立和諧的人際關係。

6. 孩子對自己的衝動和錯誤的判斷要有充分的了解，並且建立三思而後行的習慣。

7. 了解在家中與父母和兄弟姊妹的關係；反省在學校中與老師和同學相處的情況。檢討自己在這些關係中所扮演的角色以及自己應負的責任。

泊理和奧治認爲心理治療的重點在喚起孩子密切地注意到反社會行爲發生之前自己的思考和感覺，以及外界觸發行爲的情況。孩子在從事反社會行爲之前必然有一連串的決定過程，或是預謀的過程。在治療當中要孩子把這種決定和選擇的過程一五一十不分鉅細全盤托出，然後設想有效的辦法來打斷這種思考和決定的過程。孩子矢口否認自己的過錯或是推諉責任的說辭則要透過團體討論或是當面對質的方法來加以辯駁。最後要孩子駁斥自己不合理的思考過程，改造錯誤的認知，承擔行爲的責任。

㈡培養對受害者的同理心

孩子深切地體驗到受害者的痛苦是預防累犯的關鍵。患有社會行爲症狀的孩子只求解決本身的痛苦而把受害人的痛苦完全置之不顧。泊理和奧治認爲培養孩子對受害者的同理心或移情（Empathy），要孩子設身處地爲受害人想一想，才能消除「別人的痛苦與自己所做

所爲無關痛癢的心態」。他們認爲下列項目要提出來和孩子反覆研討，期能建立同理心的胸襟。

1. 能夠發掘並且表達自己各種情緒和感受，例如憎恨、憤怒、痛苦、憂傷、愛心、期待等等。

2. 建立傾聽的技能，用自己的心去聽別人的心聲，因此能認定別人的情緒和感受。

3. 體會到自己的行爲給別人所帶來的負面衝擊。

4. 培養出悔意，並設想向受害人道歉的措辭。

5. 如果自己是一個受害者，要培養處理內心痛苦的建設性策略，以打斷因果相報的循環。

6. 認清自己從事反社會行爲之前、之中以及事後的情緒。

7. 體驗到自己如何讓憤怒、衝動以及錯誤的信念主宰自己的行爲，因而加害於別人。

泊理和奧洽把受害人的控訴錄成影片，然後放給孩子看。這些受害人把自己親身的體驗、情緒上的折磨、長遠而嚴重的衝擊據實陳述，期能討回公道。加害於他人的孩子看完影片後要做口頭和書面的報告，把自己的觀感提出來，然後和治療人員或有同樣行爲問題的孩子共同討論自己對受害人的感受和態度的改變。要是受害者能夠面對面向患有社會行爲症狀的孩子活生生地指控其行爲的不當，強烈地表露情緒的激動，質問其行爲的動機和行爲的責任，更能收到治療的效果。泊理和奧洽發現這種孩子面對著受害者，就無遁辭的餘地，也能實際的體會到受害者的感受。卡滋丁（Kazdin, 1990）則要這種孩子扮演受害者的角色，讓他親身進入實際的情況中，體驗自己權益被人強奪以後的悲痛和憎恨。基於這種體驗，才能眞正下定決心改頭換面，重新作人。

(三)了解症狀的典型以減低累犯的危險性

一旦孩子了解到自己的行爲給別人所帶來的痛苦，也願意承擔自

己行為的責任，就要引導他去了解自己社會行為症狀的典型，並設法防止類似行為的一再發生。所謂行為的典型是指反社會行為發生之前，他個人有什麼想法或特殊的感受？外在的情況又有什麼特殊的變化？泊理和奧治認為孩子在大人的指導下，反省自己從事不當的社會行為時，到底有那些體驗：

1.孩子從事這種不正當的行為經過多久的預謀？

2.在他做這件事以前，到底什麼事觸發他的行動？

3.這個孩子是不是常惹人生氣？

4.這個孩子是不是感到悲傷或孤單？

5.這個孩子是不是感到自己一無是處？或是比不上別人？

6.這個孩子如何選定他的受害者？為什麼做此選擇？

孩子在大人的指導下，一一思考這些問題，然後要自己尋求問題的答案。最好能書寫下來供反覆檢討，以牢記在心中。泊理和奧治認為提供孩子反省的機會有幾個好處：第一，孩子會了解到社會行為症狀是一連串事物和思考過程結合而成的行為典型；孩子往往跟著這種典型一錯再錯。第二，根據自己的省思，孩子能夠頓悟到自己要跳出這個行為的漩渦，必須設想一些有效的策略，中止行為問題的一再發生。第三，孩子能夠預測暴風雨的來臨，在一序列的行為典型中，設法打斷或中止暴風雨的形成，因而防範於未然。第四，了解到危險的信號，並在必要時向權威人物如父母或老師求援，而不致自己冒然從事而陷入更深的泥沼中。

㈣社會價值的判斷與道德觀念的建立

患有社會行為症狀的孩子基本上犯了認知歪曲和缺乏道德觀點的毛病。道德的推理（ Moral Reasoning ）和價值的澄清（ Values Clarification ）猶如鐵道雙軌，把孩子的思考和行為引到正當而健康的生活型態。泊理和奧治認為這種認知和心智的練習不但可以用來了解孩子的想法、信念以及行為背後的真正動機，更可以用來端正孩子的思

考，協助他們改頭換面，完全摒棄反社會的行為模式。

價值澄清的思考練習原是由塞門、豪梧以及克斯勤淧（Simon, Howe & Kirschenbaum, 1978）所設計。他們編製一套名叫「鱷魚河」的故事，供患有社會行為症狀的孩子討論。在討論中每個孩子要把故事裡五個主角的所做所為加以評論。首先他們要把這五個人的行為從最卑鄙到最不卑鄙按順序寫下來，並分析為什麼這個人最卑鄙，那一個人最不卑鄙。然後要說出這些人到底要怎麼做才符合道德標準。最後則要報告或寫出自己的感想，到底一個人的人生價值是什麼？我們要採取什麼道德標準，彼此才能相安無事，過著快樂的日子。

鱷魚河的故事是這樣：「很久很久以前有一個十六歲名叫阿菊的鄉村姑娘。她深深地愛上了隔河對岸的青年阿雄。這條分隔兩個情人的河流到處都是吃人的鱷魚。阿菊很想過河去看阿雄。不幸的是唯一的橋樑被大水沖走後，渡河比登天還難。阿菊於是找渡船的老板阿堅，拜託他把她載到河流的對岸。阿堅告訴她：如果她在渡河以前陪他睡覺，他就會樂意而為。阿菊聽後大為光火，一口拒絕阿堅的要求，並且找村長阿坌訴說困境。但是阿坌不願管閒事，對她的困境視若無睹。這時阿菊感到唯一的辦法是屈從阿堅的要求。阿堅滿足了私慾之後就把阿菊送到河流對岸阿雄的懷中。但是當阿菊把自己委曲求全渡河找情人的經過告訴阿雄後，阿雄立刻把阿菊棄之如敝屣。在心碎與走投無路的情況之下，阿菊找阿初相助，期能討回公道。阿初對阿菊的處境相當同情，並找到阿雄，狠狠地把他打得死去活來。阿菊見狀大為高興。在落日餘暉中，受重傷的阿雄清楚的聽到阿菊的陣陣狂笑。」

孩子反覆分析判斷故事中五個角色的所做所為，判斷誰是受害者？一個人的行為責任是什麼？什麼是同情與同理心？什麼是合作與公道？讓孩子發表他們的看法，並且引導他們改邪歸正。

四、家庭、學校以及社會的參與

深入的追究孩子行為問題的滋長，社會風氣的敗壞則難辭其咎。我們屢見每在青少年犯罪案件發生後，總會有人登高一呼，要求社會道德的重整，充分突顯社會的責任。至於家庭環境的好壞更與孩子的行為唇齒相關。我們除了給孩子提供行為治療，給予自新的機會外，還要加上家庭、學校以及社會的參與，才能達成孩子永久性的行為改變。

㈠父母管教技能的訓練

當老師至少要有四年的師資訓練，開車要領取執照。但是，當父母不需訓練也不必領執照。當然，絕大多數的年輕父母在不知不覺中把孩子撫養成人，光耀門楣，一切功德圓滿。不幸的是有些父母，尤其是遇到行為乖張的孩子，往往感到力不從心，雖然盡最大的努力來教養孩子，結果一切都是事與願違。有些患有社會行為症狀孩子的父母經常會在教養方式上悔不當初，但是錯誤已經形成。從這些不幸的情況，我們得到一個教訓，有些父母的確需要特別的訓練才能培養管教孩子的技能。

1. **父母本身作風的改變**。圖斯（Toth, 1990）明確指出：父母很可能在不知不覺中造成孩子的行為問題，或是在孩子行為問題形成後想不出適當的辦法來糾正孩子的行為。她認為父母與孩子日日相處，如入森林之中，只看到樹木而看不到森林的全貌；亦即對孩子的行為問題無法客觀的分析和理智的處理。這種父母需要專家的指點，改變本身的行為和作風，從而帶動孩子行為的改變。

圖斯以小莉的例子來解釋父母本身立場不適當的現象。小莉的父母嚴厲地規定，上學的日子她晚上不准外出。但是，電影院有好影片，或是親友邀宴，為了自己的方便，父母就破例把小莉帶著到處

跑。小莉的學校有特殊的活動，或是朋友相邀，小莉要求特准在週日晚上外出，她父母則嚴辭拒絕，並給予一頓教訓。這顯示父母設立的規矩前後不一，不但不能徹底執行，反以憤怒來掩飾自己的理屈。在這種教養作風之下，小莉的反叛，甚至節外生枝造成反社會的行為是很自然的事。圖斯進一步指出，父母無法給孩子訂定行為的準則、無法執行準則、彼此態度不一、以憤怒來壓制孩子的行為問題，或是對孩子的言行舉止不聞不問，都需要檢討改進。父母應該表示愛心關切，提供安全而自由的環境，讓孩子建立責任感，而且能獲得大人的了解與支持。

圖斯特別強調父母與孩子直接溝通的重要性。父母基於公正與理性的原則，與孩子共同協商建立彼此遵循的行為準則，而且雙方都要尊重行為的約定，負擔行為的責任。如果彼此發現有窒礙難行之處，要以解決問題的辦法，共商解決的途徑。但更重要的是父母本身的立場要能站得住腳，才能徹底執行管教的職責。從行為準則的建立、執行、溝通、一直到問題的解決，父母往往要經過特殊的訓練，指出迷津，才能有效的處理孩子的問題。

2. **處理孩子行為問題特殊技能的培養。**一般父母對孩子行為的賞與罰都有基本的概念，但在處理孩子反社會的行為時，往往偏執在壓制問題行為，忽略了孩子正面的行為。這是行為處理技術上一個重大的錯誤。圖斯特別強調增強適當行為在整個行為處理當中所佔的地位。她認為處理社會行為症狀特殊技能的訓練應該包括：行為問題形成的因素、行為的基本原理原則、行為分析的實施、增強與處罰的技術以及行為契約的訂定等等。例如八歲的小李在他妹妹出生以後行為問題急劇轉變。他晚上拒絕上床睡覺，早上無法起床。他在家中常大吵大鬧，而且向母親偷錢買東西送給朋友。他也偷學校的書本、用具，而且常和一批野孩子成羣結隊破壞學校的公物。他父親每聽到他有「壞行為」就把他毒打一頓。結果行為症狀日益惡化，父母感到束手無策。經過心理專家的分析，小李的父母才恍然大悟，小李的妹妹

不但把父母弄得手忙腳亂，更使小李感到落寞和被人遺棄，於是想盡辦法來挽回父母往日的鐘愛。基於這個認識，父母聽從專家的指導，放棄打罵的方式，並且恢復往日的關切和愛心。另一方面，他父母設立一個行為的圖表，小李如果早上按時起床晚上按時睡覺，他父母就在這個圖表上貼上一顆小星星。如果他幫母親照顧小妹妹，也可以賺到小星星。小星星是一種代幣的制度，用來增強小李適當的行為。每一個星期結算一次，如果星星的數目達到預先訂定的標準，他就可以賺到他期望的事物如電動玩具、看電影、和父親去釣魚等等。相反的，如果小李出現不良行為，他父親就要扣回星星，以為懲戒。結果在兩個星期之內，行為就大有改善。

3. **相互支援的小團體。**家庭中出現一個患有社會行為症狀的孩子，家庭生活秩序的擾亂、父母的困惑無助是自然的結果。有些父母為孩子的行為問題而上法庭，更有父母因管教失當而被罰鍰和判刑的例子。這些坐困愁城的父母如果能組成一個小團體，定期聚會，交換經驗，互吐心聲，對孩子對家庭都有相當的好處。圖斯認為這種小團體的聚會最大的好處是減輕父母的心理壓力。父母在走投無路當中，聽到別人也陷入同樣的困境，感到世界上不單單他們掙扎於孩子的行為問題。心中的苦處有地方傾訴，自然會減低心理的負擔。此外，幾對父母定期聚在一起，分享彼此第一手的經驗，也協助其他的父母處理他們的困境。

(二)父母的諮商

上述父母管教技能的訓練是協助父母處理孩子的行為問題。無可諱言的是父母本身可能也是問題重重；如果父母確實有問題，心理的諮商是可行也是必須的途徑。根據圖斯的臨床經驗，這種孩子的父母本身日常生活中也是牽腸掛肚，這種壓力會間接的造成孩子的行為問題。她發現生活壓力最常見的來源是單親獨力撫養子女、財務上的困境、婚姻的觸礁、婆媳關係或家族關係的不圓滿、身體和心理的病

態、酗酒和用毒的問題等等。

家中出現一個行為有問題的孩子，情況更複雜，壓力更沉重。這個生活擔子愈沉重，父母愈無法處理孩子的問題。如果沒有專家的指導，這個家庭往往陷入無法自拔的地步。

1. **支援性的諮商**。向父母提起他們本身也需要專家的諮商，其反應總是相當消極，甚至引起他們的反感。有時專家告訴父母他們本身也有問題，而這些問題是造成孩子行為問題的來源，父母往往會否認這個事實，拒絕外來的「干預」。父母日日面臨著生活的危機，更因孩子的行為問題而引起無限的憂傷、挫折以及憤怒的情緒，實在無法面對現實；因此，否認與迴避變成他們的主要工具。在此情況下，支援性的諮商應運而生。圖斯認為這種諮商的重點是以傾聽的技巧，讓父母發洩心中的積鬱。因此，父母知道心理專家或其他相關的重要人物能夠了解他們的苦衷，接納他們的缺陷，並能確保在緊急的情況中能伸出援手。其目的在於建立父母的安全感，並減輕焦慮的情緒。而最重要的是建立勇氣和信心，面對現實的挑戰，一再地嘗試，一再克服困難。

2. **團體的諮商**。團體諮商與前述相互支援的小團體性質相近。主要的不同點是前者在於解決父母的問題；後者重在解決孩子的問題。家庭問題相近的父母定期聚會，交換日常生活壓力的應付心得，彼此鼓舞和支援，而不再陷入孤立無助的情況中。莉絲太太在丈夫拋棄妻子兒女後，就一手扶養小萊和小琳。這兩個孩子一向品學兼優，一家和樂融融。後來莉絲太太獲得一個升遷的機會，舉家搬到一個新的城市。這時小萊十三歲，小琳十六歲。小萊對新的環境適應得很好，小琳卻不然。莉絲太太的新工作給她帶來相當的壓力，而且上班時間日日延長。小琳的情況日益惡化。她已是高中三年級，功課負擔很沉重，而且交不到知心的朋友，感到非常挫折和孤立。她母親日夜為工作賣力，根本無暇顧及小琳學校的問題。更不幸的是莉絲太太的母親出現老人癡呆症，這給她帶來無限的焦慮和憂愁。這時小琳開始逃

學，吸食大麻煙，而且和一羣行為有問題的青少年日夜混在一起。她的性活動增加，而且經常半夜裡從家中溜走。她開始到百貨公司偷竊衣物，結果莉絲太太被傳到警察局去把女兒領回來。她除了氣憤與傷心之外，不知如何是好。恰巧在這個時候，學校也發現小琳在學校以及校外的行為問題。透過學校的安排，莉絲太太和幾位也是單親的太太定期碰頭聚會，更由這幾位太太聯名向莉絲服務的公司陳情，期能減輕她的工作負擔，以便有較多的時間在家照顧孩子。她的公司欣然同意，並幫她找到一個心理專家，共同設想處理小琳行為問題的策略。

(三)家庭的治療

家庭治療是指患有社會行為症狀的孩子、他的父母以及家中相關的成員，一起接受專家的指導，期能改善彼此的溝通方式以及人際關係，進而改善孩子的行為型態。卡滋丁等人（Kazdin et al., 1987）所提倡的功能性家庭治療（Functional Family Therapy）是最常用的治療方法。

卡滋丁等人認為問題行為在家中可能有特殊的功能。例如小哲從未得到父母的關切和鼓勵；只有在犯法被人送到警察局時，他父母才如熱鍋上的螞蟻，設法把他保釋出來。小哲犯法行為的功能似在引起父母的注意。再如小川每次被父親嚴厲苛責就離家出走，在外面與一些青少年成羣結隊而且抽煙喝酒，並在酒後以破壞公物為樂。看來小川是以反社會行為來反抗父親的責罵，逃避家中的壓力，也在外面尋求情緒的發洩。功能性家庭治療的第一步是由心理專家實地觀察這個家庭中彼此交往的情形，做成行為功能的假設，然後尋求變通的辦法來改變彼此的關係；一方面改變孩子的行為，一方面對行為功能的假設加以求證。例如小哲的父母平時對子女應該多表示親情、關切和支援，因此小哲不必以犯法的行徑來引起父母的注意。一旦他犯法，就讓他接受法律的制裁，讓他自食其果，也學會對自己的行為負責。小

川的父親則應該放棄憤怒和辱罵的教養方法。他可以在平常對小川有適當的約束，亦即提出行為的準則並執行行為的後果。小川可以自己決定行為的方式，但要承擔行為的後果。

行為問題相當複雜；行為的原理原則相當淺顯。家庭治療的另一個要務是教育父母與家中主要成員有關行為的原理原則與行為分析的技能。例如界定特殊的行為，增強新的適當的行為來取代不適當的行為，並且不斷的評鑑彼此行為改變的情形。家庭治療的重點不單單是促成孩子行為的改變，更要促成每個家庭成員行為與生活型態的改變。

卡滋丁認為功能性的家庭治療最重要的目的是建立互惠的家庭關係，彼此鼓勵和增強；開放自由自在的溝通管道，彼此之間對行為的期望能透過建設性的磋商，達成深切的共識，甚至明文規定彼此行為的細微末節。由於整個家庭行為模式的改變而妥善地處理孩子的行為問題。

㈣學校的職責

站在教育的立場上，學校老師對患有社會行為症狀的孩子肩負著相當重要的責任。根據卡滋丁的看法，老師最重要的職責是和家庭取得密切的連繫，雙方面對孩子的行為行蹤，言談虛實都要瞭若指掌，絕對不容孩子在家庭與學校之間存有空隙。就老師與孩子的關係而言，老師要儘量充實課業與課外的活動，把孩子的注意力和精力引導到正確的生活型態。老師自然要增加與孩子的接觸並表示關切。當然，老師也是行為的主要塑造者，利用行為分析與行為訓練的方法來建立適當的行為，並且一再地增強這些適當的行為。卡滋丁認為老師一項重要的職責是鼓勵並且用心傾聽孩子訴說，讓孩子發洩心中的感受。師生的關係應該建立在彼此接納，彼此關懷，以及彼此鼓勵的社會行為型態上。

㈤社會的職責

孩子的行為發生問題，整個社會也是難辭其咎。從廣義的職責來看，整個社會要改善敗壞的風氣，大人要給孩子提供良好的行為榜樣。從狹義的職責來看，惠而門等人（Feldman et al, 1983）認為整個社會整個社區要在主治心理專家的協調下，動用可能的社會資源，改善孩子的生活環境，支援孩子適當的社會行為。社會資源包括醫院、警察機構、慈善機構、感化院、學校等等所能提供的人力與物力。他們認為把患有社會行為症狀的孩子深鎖在感化院中，絕對不是一個上乘的策略。他們認為少年感化院只是整個治療系統中一個暫時而局部的措施。這種孩子終究還是要生活在正常的社會環境中，和正常的孩子接觸，並且建立深厚的友誼。這往往要看社會是否願意伸出援手，把這種孩子納入自己的生活環境中。惠而門等人認為社會所能提供的奉獻最具體的是舉辦健康有益的活動，而且把這種孩子納入活動的對象。對年紀比較大的孩子來講，提供職業技能的訓練和青少年的就業機會自然也有相當的裨益。

五、藥品的治療

根據圖斯（Toth, 1990）的經驗，藥品的使用對患有社會行為症狀的孩子而言，並沒有什麼功效。不過，她認為這種孩子如果帶有精神症狀、注意力渙散與過動的症狀或是憂鬱症等等，使用藥品來控制這些症狀，亦無不可。再者，有些孩子經常出現劇烈的暴行，對別人的生命直接構成威脅，藥品使用往往有消除暴虐，緩和行為衝動的效果。

伍.結語.

　　患有社會行為症狀的孩子隨着工業的起飛與社會價值急遽的變遷，不但數目日益上昇，其加害於家庭、學校以及整個社會的行為也愈形惡化。整頓處理孩子反社會行為的呼聲甚囂塵上，但大部份的人卻是抱著袖手旁觀的態度，希望這種問題能自然地好轉和消失，再不然把他們監禁起來，眼不見為淨。小傑是一個十五歲的男孩，我們可以從他的例子來給社會行為症狀與治療做一個總結。

　　小傑的父母自己無法生育。十二年前當小傑才三歲的時候，這對夫婦就把他領養過來。這十二個年頭對這對夫婦而言是日日艱辛，時時為他的行為牽腸掛肚。小傑從小就有典型的過動症狀，他在家中根本無法安靜坐上十秒鐘，他母親因此整天跟著他團團轉。隨著年歲逐漸增長，他的行為問題變本加厲。他在三歲到五歲之間就開始在家裡的牆壁上塗抹，經常故意打破家中的東西，虐待家裡的貓，而且有幾次放火燒毀家具。最近幾年來，他的反叛行為給父母帶來更大的困擾。他母親懷疑他在外面使用毒品。他開始逃學，而且和同伴打破汽車玻璃，竊取車中的財物。他父母從未有養育子女的經驗，對小傑的行為也不知所措，對他未來會變成怎麼樣更是毫無頭緒。他母親為此日日憂愁，他父親則認為船到橋頭自然直，一切順其自然。他說他自己小時候也常為非作歹，到懂事的年齡就會痛改前非。為了小傑的行為問題，父母意見相左，也常為此引起衝突。更糟糕的是他父親外出做生意，經常不在家，小傑行為問題都由他母親一手承擔。她深深感到身心疲憊不堪，感到對小傑的絕望，也感到她已被丈夫遺棄。她的心情日益沉重，小傑的行為問題日形惡化。在極端無奈之下，她只好求助於心理專家。

　　經過仔細而深入的行為評量，這位心理專家把小傑行為形成的來

龍去脈向他的父母做客觀的分析，然後傳授特殊的行為處理策略，以操縱行為後果來控制他的行為。同時，這位心理專家把這對夫婦推薦到另外一位心理專家做婚姻的諮商和治療，期能改善夫婦的關係，建立和諧美滿的家庭生活。對小傑本身的行為問題，這位心理專家以認知與行為治療為基礎，首先做認知的改變，扭轉其自卑的心理，並就其行為問題的歸因與行為的後果與小傑做深入的討論。在小傑的觀念開始轉變之後，行為訓練緊接著展開。這位心理專家安排的行為訓練包括解決問題的技能、社會技能、溝通技能、自我控制的能力以及正當休閒活動的能力。在把小傑的技能做適當的裝備時，這位心理專家取得學校老師與基督教青年會的合作，給小傑建立一個新的友誼網線。老師每月與小傑商定課外活動以及課業輔導的日程表。為了維護行為改變的效果，小傑分別和父母與學校老師簽定了行為契約，不斷地增強適當的行為，同時有效地處罰不良的行為。在這同時，小傑的父母也建立一個相當重要的觀點：管教孩子要是非分明，獎與懲絕對不含糊；父母要顯示威嚴但不失仁慈；流露慈愛但不陷入軟弱與放縱。在多方面的配合之下，小傑的行為逐漸的好轉，並且成為學校中的摔角明星。

第九章

自我摧殘與自我傷害的行為·

　　為什麼一個人會跟自己過不去，竟然把自己打得鼻青眼腫，甚至冒著生命的危險，把自己的手腕割得鮮血淋漓？這是一個相當複雜而且難以理解的事實。克烈伯垂（Crabtree, 1967）把自我摧殘的行為（Self－Mutilation Behavior）形容為心理病態中，最具有挑戰性，且最使人感到焦急與痛苦的問題。卡爾（Carr, 1977）則把自我傷害的行為（Self－Injurious Behavior）列為人類行為痼疾中最極端而且最發人深省的問題。

　　威爾曲和羅昇（Walsh & Rosen, 1988）認為自我摧殘與自我傷害兩種行為的嚴重性與複雜性可以從五個臨床治療的觀點來分析：

　　第一，尋求歡樂避免疼痛是人類行為的基本原則；使人百思不解的是有些人竟然違背了這個原則。這種撲朔迷離的行為症狀蔓衍出不少理論，用來解釋這種行為的由來也提供治療的策略。在眾說紛紜而且彼此抵觸的理論中，找出一個可靠而能遵行的理論是一件相當困難的事。

　　第二，自我摧殘與自我傷害是一個血淋淋的事實。這種具體而駭人聽聞的行為給自己帶來肉體上的痛楚，更給四周圍的人帶來心理上的創傷。

　　第三，對行為治療的專業人員而言，這是一個永無止境的惡夢。雖然他們絞盡腦汁，挫折與失敗是治療自我傷害與自我摧殘的標誌。

　　第四，孩子的父母尤其受到這種行為的衝擊。他們會感到內疚、困惑，而且對治療的機構失去信心。父母之間勃谿迭起，造成相當不

利於治療的環境。

　　第五，自我摧殘與自我傷害具有相當的傳染性，尤其一起接受治療的孩子會彼此學習跟進，甚至從未有這種行為的孩子耳濡目染，日久也會造成同樣的問題。

　　自我摧殘與自我傷害的病例並不多見，但有逐漸增加的趨勢。根據威爾曲與羅昇的研究，一萬個人之中，有十四人到六百人會患有這種行為症狀。摩根（Morgan, 1979）發表的統計是一萬人有十四人會出現這種病例。他是以最保守的估計，只有造成皮肉裂傷才計算在內。但是喀漢和配蒂遜（Kahan & Pattison, 1984）估計一萬人中有四百到六百人出現這種病例。他們是把所有自我摧殘和自我傷害的行為都列入統計，而不以行為結果所造成的傷害為計算的標準。儘管一般人之中患有這種行為症狀的比例不高，在智能障礙與自閉症的孩子中，自我傷害的行為卻是普遍而嚴重的問題。格烈芬等人（Griffin et al., 1982）調查美國德州智障者教養院的一萬個院民。他們發現百分之十三點六的院民出現自我傷害的行為。另一個不爭的事實是：孩子的智能愈低，自我傷害行為的發生率愈高。格烈芬的研究發現輕度智障孩子的發生率是百分之四點六，中度智障是百分之九，重度智障是百分之十九點四，而極重度的智障院民百分之六十五點九有自我傷害的行為。

　　自我摧殘與自我傷害是其他心理病態引發出來的症狀。本章僅就行為本身的界定、肇因、評量以及治療四個方面加以介紹，但是如果要更深入探究其問題的病根，了解相關的心理症狀，本書第四、第五以及第六章就憂鬱與自殺、焦慮與恐懼以及兒童精神分裂症加以介紹。至於智能障礙、自閉症以及邊緣型人格異常等心智狀況，則要另找書刊，尋找資料。

壹. 自我摧殘與自我傷害行為的界定

　　一個孩子把自己撞得頭破血流，一個青少年自己去勢，這是使人無法置信的事。但我們必須接受這個事實，而且深入去了解行為的性質。為了便於了解，本節除了對此行為做具體的界定外，還要把自殺、自我摧殘以及自我傷害加以比較。

一、自我摧殘與自我傷害行為的定義

　　威爾曲和羅昇對自我摧殘行為所下的定義是蓄意地造成非致命的身體傷害，或是從事社會不能接受的毀容破相。根據這個定義，自我摧殘有三個主要的條件：第一，這個人的行為造成本身身體的傷害，例如切斷手指、燒傷皮肉等等；第二，這種行為是有計劃有目的的舉動，但其目的不在造成自己的死亡；第三，它是一般社會不能接受的行為，例如用刀在身上刻字是社會不容許的行為；但是耳朵穿洞以便帶耳環或是紋身在一般社會中是可以接受的。

　　約慈仁等人（Azrin et al., 1982）對自我傷害行為所下的定義是一些廣泛的行為「反應」；這包括外在刺激所引起的反應以及內在身心因素所引發的反應。這種反應會造成行為個體生理上的傷害。這種行為具有持久性而且會反覆出現，例如一個小時發生幾百次到一個月發生幾次。自我傷害行為日積月累會造成永久性的傷害，如耳聾、目盲、腦受傷等等。但是，大部份的行為會造成立刻的傷害，如皮肉咬破、面額發腫等等。

二、自我摧殘與自我傷害的形態

自我摧殘的行為最常見的是自己用刀割腕、刺傷身體，或是用香煙觸燒皮膚。比較少見的行為包括自我剝皮、自我移植接種皮肉、割去鼻子、拔掉頭髮、抓破頭皮、割舌以及割去眼瞼等等。此外，羅昇與霍夫曼（Rosen & Hoffman, 1972）和明慈（Mintz, 1960）所發表的文獻曾對極端而特殊的病例作詳細的記錄。這種病例到底是屬於少數，但其嚴重性遠遠超出想像之外。這些行為包括自己挖出眼球、自己割去腫瘤、自我咬食皮肉以及自我割去生殖器官。

自我傷害的行為比較單純，但行為形態也相當繁雜。根據格烈芬等人在美國德州教養院的調查，智能障礙的院民自我傷害行為最多的是自我咬傷（38.8%），其次是打自己的頭和臉部（37.3%），再次是撞頭（29.1%）、抓破皮肉（26.3%），接下來是打自己的手或用手撞擊東西、口中含吮東西、用手抓破口腔內的肌肉、拔頭髮、強作嘔吐、挖眼球、手指伸入喉嚨以及吃下不能吃的東西等等。約慈仁等人的研究還發現捏、擠或是拉身體各種器官，嘔吐後再吞食嘔吐的東西，以及玩弄或吞食自己的便糞。

三、自我摧殘與自我傷害行為的分類

㈠早期的分類

早在六十多年前面臨格（Menninger, 1935）就對自我摧殘與自我傷害做深入的分析研究。他把這種行為分為六類：

1. *神經質的自我摧殘和傷害*。這種行為包括咬自己的指甲、抓破皮膚，或是做不必要的自我整容等。

2. *宗教性質的自我摧殘和傷害*。例如修道者和苦行僧的自我鞭笞

與自我去除生殖器官。

3.**青春期的慣例或儀式**。例如除去處女膜、割去包皮，或是生殖器官的改型。但是，這些儀式大都是由別人代辦，如果照現代的定義，不能算是自我摧殘的行為。

4.**精神病患的自我摧殘和傷害**。例如自己割去皮肉、割掉耳朵、割除生殖器官，或是切除自己的肢體。

5.**腦功能疾病的自我摧殘和傷害**。例如自己故意折斷手指，或是割除身上的器官。

6.**正常人的自我摧殘與傷害**。這是正常而正當的行為。例如修剪指甲、理髮、紋身等等。嚴格來說，這不能算是摧殘或傷害。

㈡行為狀況的分類

羅斯和瑪喀（Rose & Mckay, 1979）完全以行為的狀態為出發點，把自我摧殘與自我傷害的行為分為九類：

1.切割身體。

2.咬破皮肉。

3.割除皮肉。

4.切斷肢體。

5.刺傷皮肉。

6.燒傷身體。

7.吞食或吸進毒藥。

8.打擊身體。

9.壓迫或縮緊生理器官。

㈢嚴重性的分類

威爾曲和羅昇依行為的嚴重性來檢討孩子從事這種行為的心理狀態，以及這種行為被社會接受的程度。他們把這些行為改稱為自我改造的行為，而不稱為自我摧殘或自我傷害的行為。他們把這種行為分

為四類：

　　1. **表面或輕微的傷害。**如穿耳洞、咬指甲、請專業人員做局部的紋身或是整容。這個人做此行為時心態平靜，這種行為大部份的社會都會認可。

　　2. **輕微到中度的傷害。**如刺傷身體來穿掛飾物、在身上用刀刻痕結疤，全身紋身且造成了傷害。這個人做此行為時的心態從平靜到暴躁不等。這種行為只有在極少數的社會或小生活圈中獲得認可。

　　3. **中度的傷害。**如用刀割腕、刺割身體、用香煙燒灼皮肉、自我紋身、自我剝皮。這個人做此行為時已經處於精神上的危機，這種行為絕大部份的社會都不會接受；只有具有同樣行為問題的人才會彼此認可。

　　4. **嚴重的傷害。**如自我去勢、自我改造生殖器官、以頭撞壁、自我切除肢體。這個人做此行為時顯然有精神病發作的現象。無論那一種社會都不會接受這種行為。

　　在這四種自我改造的行為當中，第一和第二種是屬習俗、美觀或是象徵性的改造。第三和第四種才是真正的自我摧殘，這已構成情緒與行為的病態。

四、自我摧殘與自殺的區別

　　自我摧殘與自殺在表面上諸多雷同之處；但這兩者之間從行為的動機、情緒、方法、認知以及行為的結果都有相當的差別。近五十年來，相當多的專家和學者就這兩種行為的區別作深入的比較研究。威爾曲和羅昇把這半個世紀以來所發表的文獻加以綜合整理。其重點可以從五個角度來剖析：

(一)意圖與目的

　　有些孩子一再從事自我摧殘的行為，但如果追問他們為什麼會做

這種事，他們也不知所以然。不過，大部份的青少年會毫不遲疑的解釋他們的生活中有太多的壓力，而自我摧殘的主要目的在於舒緩內在的壓力和痛苦。這種孩子有特別的心理需求，尤其渴望密切的人際關係，卻又無法忍受一時的挫折和創傷，一點芝麻小事就會小題大作。為了暫時緩和這種壓力而不擇手段，自我摧殘對他們而言是最方便最有效的方法。他們出此下策的意圖在改變自己的情緒和意識，但殊少有結束生命的意圖。當然，有些個案因自我摧殘而喪生，但它往往是意外而非真正的目的。

基本上自殺也源自心理需要無法得到滿足。主要的不同點是這種孩子長期忍受痛苦和挫折，其壓力已經達到飽和點，遂認為自殺是唯一的出路。他們的目的不在暫時的舒緩而在求得永久的解脫；不在改變意識而在停止意識。他們採取社會完全不能接受的激烈手段，但從孩子本身的角度來看，他們是以自殺來解決無法解決的問題，解答一連串的疑問，結束人生中進退維谷的困境，也永久地掃除痛苦的心態。

(二)刺激與壓力的來源

自我摧殘的青少年之所以從事這種極端的舉動，主要是因為心理的需要「一時」無法獲得滿足。這種需要包括人與人之間親密的關係、別人的支援與鼓勵以及大人的注意等等。由於無法「立刻」滿足心理的需要，挫折的心理油然而生並進而產生「間歇性」的心理痛苦。這種孩子一再地體驗到心理壓力的累積，當它累積到無法忍受的程度時，就以自我摧殘的行為來求得舒緩。顧如尼曼和克拉門（Grunebaum & Klerman, 1967）發現這些孩子心理壓力的累積和消除都經過下列幾個程序：⑴親密的人際關係已經決裂，或是面臨著中斷的威脅；⑵心理壓力一再高築，但對這種難忍的情況卻是有口難言，無處投訴；⑶進入一種迷惑的狀態，而且事件的發生似乎與自己無關；⑷產生自我戕害的衝動，這種衝動自己也無法抵擋；⑸從事自

我摧殘，卻沒有肉體疼痛的感覺；(6)壓力消除，回到正常的生活。

　　自我摧殘的孩子其心理需要重在親密的人際關係；自殺的孩子的心理需要則無所不包。從最基本的需要如避免身體的痛楚、人際關係的滿足、體能或課業的成就到崇高理想的實現等等。一個孩子經年累月，一再地受別人的虐待、長年臥病，或是傑出的才華從未得到賞識，都是心理需要「長期」的壓抑。這種挫折所引起的心理痛苦是「持續」而且毫無解決的可能。這種痛苦使孩子忍無可忍，甚至覺得人生已沒有任何價值，只有死路一條才能解脫。

㈢情緒、態度以及認知的狀態

　　自我摧殘的孩子在心理壓力漸漸昇高的同時，他也感到自己與別人慢慢的疏遠；認為被人遺棄，人生變成一片空虛。他們深切地感到別人的排斥，自己完全變成一個局外人。他們所持的態度是這種心理壓力要儘快解除，同時結束孤立的狀態，重新回到親密的人際關係。他們有一個相當明顯的目標：要舒緩心中的痛苦、壓力、憤怒、急躁以及空虛的感覺。為了達到這個目標，可以不擇手段，甚至在自我摧殘中帶來的疼痛和事後留下疤痕，也在所不惜。在極度壓力之下，他們的認知變得支離破碎，思考毫無頭緒，眼光狹窄而且無法專心尋找理性與適當的解決途徑。他們一味的要解除痛苦，但解除的途徑常是東拼西湊，例如自我摧殘、攻擊別人、向人逞兇、酗酒用毒等行徑樣樣皆來。

　　蓄意自殺的孩子最大的感受是無助與無望。在情緒上他們感到羞辱、內疚、激怒、悲傷、孤獨等等。他們感到無助是因為覺得無法控制內在惡劣的感受以及外在環境一再加諸身上的壓力；他們感到無望是因為覺得這種無法忍受的罹難狀態層出不窮，永遠沒有了結的希望。他們對於自殺的態度相當曖昧矛盾。他們一方面是以尋死做為解除痛苦唯一也是最後的途徑；一方面則寄望著別人的拯救，期能有一個比較美好的人生。他們的認知是絕對的二分法，不生則死，沒有其

他的解決途徑。

㈣自我戕害的方法與戕害的程度

一旦孩子開始出現自我摧殘的行為，其所使用的方法往往花樣百出。根據配蒂遜和喀漢（Pattison & Kahan, 1983）的統計，百分之六十三的孩子自我摧殘的途徑不只一端。從割腕、高處跳落、撞頭、燒傷、飲用毒藥等等都可能會發生在同一個孩子身上。只有百分之三十七的孩子一再地使用同樣的方法。另一個特殊的地方是這種孩子過一段平靜的生活之後，心理的痛苦和壓力再度昇高，他們又會重施故技來解除壓力。因此，自我摧殘的行為會變成一種痼疾，每過一段時間就會反覆出現。不過，這種戕害往往流於表面的形式，殊少造成重大的傷害或有生命的危險。大部份的身體傷害只要包紮敷藥就可以脫險，而少有需要住院治療的案例。當然，有極少數的孩子從自我摧殘而走入死路，這往往是失算和意外。

孩子決定結束自己的生命，大都採取激烈而致命的方法。如果自殺身亡自然沒有重複的機會；如果自殺未果，因其嚴重的行為後果，大人都會全力防範，再度自殺的機會不大。當然，有些孩子會屢次尋求死路，但其方法通常是一成不變。由於尋死的決心，其使用的方法大多是慘不忍睹，其結果要不是生命的結束，就是留下重大的傷害。

㈤行為的結果

自我摧殘的舉動在人與人之間的關係上會造成強有力的衝擊。與這個孩子有直接關係的人，如父母、老師或是親近的朋友都把這種舉動視為極端厭惡的事件，也因此在這個孩子的人際關係上產生重大的改變。例如父母可能不再強求其做功課，或是大幅度地改變對這個孩子的態度。孩子也深深體會到這種行為對別人的震撼。一旦嚐到甜頭，他會重施故技來引發或終止別人的反應，亦即以苦肉計來迫使別人對他同情和關切、控制別人、支使別人，甚至以引起別人的憤怒、

痛苦、憂慮做為報復。自我摧殘的行為自然在消除內心的壓力和痛苦，但孩子更以此來中止孤立，促成別人的接納，建立親密的關係。自我摧殘是社會不能接受的行為；對孩子來講，這卻是他們適應與生存的有效方法。換句話說，他們以犧牲打的激烈手段來控制和操縱別人，建立他所期望的親密關係。

自殺的舉動大都在解決自己內心絕望的感覺。這種感覺自然受到外界環境的影響，但自殺的目的並不完全針對人際關係的衝突、求取別人的同情和關切，或是用以建立親密的關係。自殺的孩子一般而言對四周圍的人並無敵意，不在引發別人的憤怒，也不在從事破壞的行動。有些孩子甚至直接間接的向他親近的人做最後道別，把自己最珍貴的東西分贈給要好的友人。自殺並沒有積極的目的或用來獲得好處、建立親密關係。它是一種消極的逃避，在終局孤注一擲，結束忍無可忍的痛苦，免除無助與絕望的感覺，也避免暗淡的未來。自殺的孩子不在適應和求取生存，而在終止一連串失敗的適應過程。有關自殺的企圖請見第四章。

五、自我摧殘與自我傷害的區別

自我摧殘與自我傷害都是行為個體自己引發身體的傷害，其目的不外乎發洩心中的苦悶和痛苦、與人溝通，甚至藉以控制外界的環境，獲取益處。不過，在學術上在實際問題的處理上，這兩者之間有相當的差別。首先是行為個體的不同；自我摧殘是指精神異常的人所做的行為，自我傷害則是指智能障礙與自閉症的人所做的行為。在行為本身的狀態上，威爾曲和羅昇（Walsh & Rosen, 1988）舉出四項明顯的區別：

1.智能障礙的孩子所出現的通常是比較原始的自我傷害，例如撞頭、咬手、抓破皮膚、扭擰等等。精神異常或情緒障礙的人也會出現這種行為；但是精神異常的人通常是使用比較複雜的方法，以工具來

造成自我傷害，例如以刀片、破瓶或毒藥來造成比較嚴重的傷害。這種行為需要經過設計，而且要有較好的精細動作如持刀割傷、剝去皮膚等等。

2. 智能障礙或自閉症的孩子所做的自我傷害行為，次數遠超過精神異常的孩子所做的自我摧殘。自我傷害的行為每小時發生數十次的案例所在多有。相反的，一個人從事自我摧殘的行為次數相當少。一般而言，這種行為可能幾天或是幾個月才會發生一次。

3. 自我傷害的行為深受行為立即後果和環境因素的影響，例如一個自閉症的孩子以頭撞壁，立刻得到生理上的刺激，或是得到外來的干預。這種自我刺激和外來的干預可能會有增強作用，因而維持自我傷害的行為一再發生。自我摧殘的行為自然也受到外在環境的影響，但其發生常有行為個體經過三思及計謀的過程。行為後果大多會延緩出現。

4. 自我傷害的行為常可明顯地斷定其來自器官性的病態如腦受傷，或腦部化學因素的不平衡。但是自我摧殘的行為殊難找出其器官上的病態。自我摧殘的孩子大多數傾向於精神異常或有人格異常症狀。

貳 自我摧殘與自我傷害的肇因

典型的自我摧殘大多開始發病於青少年時期，處在這個階段的孩子無論生理、心理以及社會關係都在迅速的成長。這種急速的變化常使孩子措手不及而迷失方向，而且遇到創傷的經驗時，問題行為一觸即發。然而，不少研究文獻顯示出這種行為的病根大多在兒童時期就已種下。諸如家庭的破碎、孩子本身的健康問題、心理的病態與無法自制的衝動，或是從小受到別人的虐待，都是自我摧殘的潛在病根。至於自我傷害行為的發病則散佈在各種年齡階段，有些孩子從嬰兒時

期就出現撞頭或拔頭髮等等自我傷害的行為。其目的大都在發抒挫折和苦悶的感受，或用以引起別人的注意和照顧。這一節把自我摧殘與自我傷害的肇因從兒童與青少年的經驗、邊緣型人格異常與精神症狀的自我摧殘，以及智能障礙與自閉症的自我傷害來加以說明。

一、兒童與青少年的經驗與觸發因素

威爾曲和羅昇（Walsh & Rosen, 1988）明確指出兒童時期的創傷經驗是自我摧殘的病根。這種潛在的因素加上青少年時期的激發因素，兩者之間相互呼應，迫使孩子走上自我摧殘的道路。

㈠兒童時期的創傷經驗

1. **父母親的失離**。父母離婚、父母本身有問題，孩子必須寄養在別人家中，或是被人送入孤兒院中，對孩子而言是最大的打擊。這種打擊遠甚於父母的死亡，而且餘波盪漾，影響孩子的一生。

2. **孩子的生病或手術**。孩子久病不癒或是需要動手術，甚至變成肢體殘障，久而久之會憎恨自己的身體，更產生靈魂與身體分離的感覺。這種感覺使孩子來日從事自我摧殘的時候常有與自己無關痛癢的感受。另一方面，孩子生病與手術總是會得到大人的悉心照顧。這種關切對孩子而言是有力的增強，日後病癒但特殊的照顧已經不復存在，孩子會如法泡製，以自我摧殘迫使大人再給予關切和照顧，也用以增進親密的人際關係。

3. **色情與生理的虐待**。孩子自小遭遇色情的蹂躪，會自覺得身體已受感染，對這個污穢的身軀並無特別值得珍惜的地方，而且產生自己與身軀已經互不關連的想法。有的孩子甚至責怪身體的不忠和背叛；懲罰背叛的身體對他們來講是理所當然的事。雖然受皮肉之痛，但心理上的滿足遠甚於自我摧殘所付出的代價。父母暴戾的婚姻關係、酗酒和用毒，以及對孩子生理上的體罰會在孩子心上烙印永不磨

滅的傷痕。這種創傷的體驗使孩子認為暴力和加害於人是可以接受的行為，甚至以自己為攻擊的對象亦在所不惜。

4. **家中其他人自我戕害的行為**。孩子的父母酗酒與用毒是屬於自我戕害的行為；對孩子而言，這種行為與割掉自己的耳朵並無不同。孩子日日目睹父母的沉淪，由觀察而學習而如法泡製。家中如果有人發生自殺或其他自我摧殘的行為，也會給孩子提供榜樣或暗示。

5. **生活環境中的暴力事件**。在孩子的生活環境中，如果攻擊行為或破壞行為不斷發生，孩子本身不一定是直接受害者，但耳濡目染也會起而仿效。孩子不但模仿暴力行為，也模仿受害者忍受身體疼痛的情況。日後一再自我摧殘與兒童時期的經驗有不可分離的關係。

㈡青少年時期的觸發因素

1. **最近的喪失**。青少年新愁加上舊恨是自我摧殘的爆發點。無數的研究文獻一再指出青少年從事這種行為之前，都體驗過額外的喪失。對這種孩子來講最嚴重的喪失是友誼的決裂，尤其男女關係的中斷是一個嚴重的打擊。此外，孩子與父母的強行分離，家庭的遷居都會觸發孩子走極端的行為型態。

2. **同儕的衝突**。社會關係的建立是青少年的瑰寶。但是，有些青少年由於從小經驗到虐待和心理上的創傷，很難建立長久而親密的友誼。他們對同儕常缺乏信賴，對別人的言行疑心重重，因此在交往過程中衝突迭起。更不幸的是他們缺乏解決問題的能力，無法以適當的方法來化解嫌隙，重修友好。另一方面，這種孩子又特別不甘寂寞。他們往往以自我摧殘的激烈手段來挽回失去的友情或暫時維護親密的關係，尤以男女之間的關係為甚。

3. **身體的嫌棄**。青少年青春初動，對身體突然的變化需要一段適應時期。這個時期中孩子體驗到高度的焦慮。要是他們在這段時期中發生重病、重大的手術，或是比其他的孩子較慢出現性徵，往往會造成羞恥、內疚、性方面的憎恨、嫌棄自己不完美的形象、自貶身價，

甚至想要遺棄自己的身體。這些不正常的心理使孩子糟蹋自己的身體以為發洩。

4. **無法抗拒的衝動。**青少年親眼目睹自己的父母以高度的衝動處理生活的壓力，例如毒打孩子出氣、酗酒、以暴力解決問題等等。青少年耳濡目染也以暴虐的方法來解除日日高漲的壓力。因為他們勢單力薄無法攻擊別人，只好把箭頭指向自己。有的孩子則兼帶有飲酒尋求麻醉、離家出走或是暴力舉動。

(三)同伴的感染

1. **始作俑者與同伴的跟進。**在親密的好友中，如果有人開始自我摧殘，其同伴很有可能會跟進，甚至傳佈到這個小社會圈中的每一份子。威爾曲和羅昇報導一個駭人聽聞的事件：某私立學校五個品學兼優的女生，住在同一寢室，同屬體操代表隊，每日彼此形影相隨。不幸的是五個孩子都有自我切割的行為。所不同的是切割的部位不一：有的割手腕，有的割肚皮，有的割腿部。

2. **情緒的發洩。**自我摧殘的孩子一般都缺乏口語溝通的能力，殊難表達內心的感受。自我摧殘的行為提供具體、明顯、而且戲劇化的姿態來表達內心的痛苦、憤怒、孤單或其他激烈的感受，期使同伴能給予同情與關切。

3. **以自我摧殘為懲罰同伴的利器。**自我摧殘用來發洩憤怒同時也可用來報復和反擊。在一羣同好和知己當中，彼此需要感情的扶持；但因有的孩子過去被人虐待、遺棄或是忽視，他們殊難建立永久而值得信賴的友誼。只要一羣孩子中有人不察而惹起人際關係的動盪，那麼疑心、嫉妒、恐懼的情緒立刻掀起更大的騷擾。在這種情形下，自我摧殘變成彼此攻訐、壓抑或是洩恨的工具。只要有人出此下策，其他人也會起而效尤，甚至於變本加厲。

4. **造成同伴的震驚。**有些自我摧殘的青少年以顯示傷害來造成同伴的震驚。有時彼此以最狠毒的手段來取得最後的勝利。同時，這種

小圈圈的成員會使用駭人聽聞而且暴虐的手段來驅逐局外人，保護這個社會圈的完整。

5. **以自我摧殘來操縱別人。** 自我摧殘的行為自然會給別人帶來激烈的震撼，並引起別人的同情。一旦食髓知味，他們會進一步以這種激烈的手段來控制別人，操縱支使他人的行為。最常見的操縱是迫使別人恢復原已破裂的友情，或是在衝突的人際關係中迫使別人讓步而自己獨佔上風。另一個常見的操縱方式是以自我摧殘來威脅別人，使別人屈從自己的要求。

6. **以自我摧殘結合同好。** 自我摧殘也可以用來團結小圈圈的分子。這種激烈的手段會引起強烈的情緒，就如在戰場上同生死共患難的伙伴，這種情緒和行為變成結合彼此感情的有效途徑。另一方面，這個小社會的成員以高漲的情緒，甚至以悲痛與震撼的情緒來驅逐彼此之間無聊、無生氣，以及暗淡的氣氛。

7. **彼此提供無拘無束的榜樣。** 怕痛是人的天性也是保衛生命不可或缺的心理狀況。自我摧殘不但產生劇烈的疼痛，孩子也會擔心生命的危險，顧慮到面子問題，更可能遭到大人的責備。這種種情形自然會阻止一般人的自我摧殘。但是，一羣「志同道合」的青少年集體從事自我摧殘的活動時，這些顧慮往往會置諸腦後。孩子彼此提供無拘無束的榜樣，不但看到他人自我摧殘後那種心平氣和的心態，也看到這個孩子事後所得到的關切和照顧。再者，有的孩子會告訴他的同伴，割破手腕並不覺得痛。同伴之間傳佈一個不合理的事實：自我摧殘的結果「利多於弊」。

8. **以自我摧殘來爭取更高的地位。** 在自我摧殘的小組織中，孩子都想取得領導的地位。這種地位的獲得要看誰的自我摧殘次數最多、手段最狠、所造成的傷害最嚴重？在危急的情況中誰最能提供協助和照顧，使同伴免於遭受嚴重的行為後果？除了爭取領導地位外，這些孩子也面臨著同伴的壓力，每一個人都要有自我摧殘的「表現」，而且對別人提供支援與協助，才能繼續成為組織當中的一份子。

二、邊緣型人格異常與自我摧殘

患有邊緣型人格異常（Borderline Personality Disorder）的青少年往往與自我摧殘結下不解之緣。這種密切的關係來自兩個方向：邊緣型人格異常的孩子常出現自我摧殘的行為；自我摧殘的孩子常診斷出邊緣型人格異常的症狀。威爾曲與羅昇根據美國精神病協會給邊緣型人格異常所訂的診斷標準分析這種青少年的特質，以及這種孩子容易造成自我摧殘的原因：

㈠一再出現自殺的威脅、姿態或行為

患有邊緣型人格異常的青少年常以「一哭二鬧三上吊」的模式來引起別人的同情和援救的反應。他們有老練而矯飾的手法，以自我摧殘的方式來取得同情，建立短暫但親密的關係。他們的舉止看似自殺的行為，其實並無死亡的企圖；只是用以引起別人的反應，改變人際關係，以產生滿足而和平的心理狀態。

㈡長久性的空虛與無聊

邊緣型人格異常的青少年經常感到生活中死氣沉沉，而且無法忍受這種空虛與無聊的感覺。為此，他們會想盡辦法激起生活的浪花，尤其是把別人拉入風暴中，驅除空虛和落寞的感覺。他們知道製造自殺和自我摧殘的事件並不舒服甚至有嚴重的傷害，但不甘寂寞的特質促使他們追求新鮮與生氣，滿足內在的心理需要，也增進人與人之間的接觸。他們認為以皮肉之痛來換取難得的驚訝和關切是值得的。

㈢避免真實的或是想像的遺棄

不甘寂寞是邊緣型人格異常青少年的特質，孤單無伴是不可容忍的情況。他們最怕的是生命如無波的死水，被人遺棄，或是自己覺得

已被人遺棄。他們的經驗是自殺或自我摧殘是最激烈也是最有效的策略；由於一般人眼見生死攸關的情況都會不惜一切全力搶救。這種自然的反應對邊緣型人格異常的孩子而言，正中下懷。無論家中的父母、學校的老師、醫院的醫護人員或是情侶伙伴，不得已而一再地陷入其圈套中；而這種孩子一旦食髓知味，就會一再地佈下自我摧殘的陷阱。

㈣搖擺不定的人際關係

固定而長期的友誼使邊緣型人格異常的孩子感到不安；他們渴望富有戲劇性，以及非比尋常的人際關係。這種人際關係尤其出現在男女之間的友誼。他們在一段時期之後，就要製造一陣暴風雨來重修新的、富有刺激性的關係。自我摧殘在此情況中最能派上用場，達到他們所期望的目的。

㈤情緒的動盪

情緒的變換無常自然也會影響到人際關係；而自我摧殘常用來暫時維繫搖搖欲墜的友情。邊緣型人格異常的孩子除了空虛與無聊的感覺外，還受到憂鬱與焦慮情緒的侵襲。他們為了儘快結束這些痛苦的心理狀態，常會不擇手段，例如飲酒吸毒以求麻醉；攻擊別人以洩恨；更以自我摧殘的方式來改變痛苦的心態。這些情緒和行為常會把伴侶嚇跑，而自我摧殘則常用來挽回伴侶的心或是使對方不得不重修舊好。

㈥無法控制憤怒

憤怒是這種孩子的標誌，也是人際關係冷熱無常的結果。他們又有不吐不快的強迫性傾向。因此，發脾氣、攻擊別人或是自我摧殘都是發洩憤怒的方法。邊緣型人格異常的孩子深深地體會到自我摧殘的手段也是一種攻擊他人的策略。他們以這種激烈的手法來傷害別人，

尤其是父母或關愛他的人，這種慘狀自然有深遠的打擊。這些孩子甚至發現以自我摧殘爲手段不但不會受到別人的反擊，反而得到同情和安慰。對其本身而言，這是一種快速有效而且「相當安全」的方法，可以信手拈來，發洩氣憤。

(七)自我意識的迷失

患有邊緣型人格異常的青少年往往迷失在自我觀感、性別的適應、人生目標的追求、終身伴侶的追尋以及道德價值的判斷中。他們時而自視至高無上，時而感到卑賤庸俗，時而不知自己是何種人物。自我摧殘常賦予自我意識和定點，尤其屬於自我摧殘小團體的孩子似乎從此認清了自己是何種人物。這是不健康的想法和作法，但對孩子而言，這是他們明顯的標誌。有些孩子以自我摧殘來懲罰自己的無能和困惑。

(八)自我放縱的行爲傾向

邊緣型人格異常的人常不知自我節制爲何物，有錢就揮霍無度、暴飲暴食、酗酒吸毒、肆意從事性行爲、偷竊或破壞的舉動。自我摧殘也是衝動的結果，這種行爲與其他放縱的行爲都是在尋找刺激；所不同的是自我摧殘可以就地取材，可以說做就做，毋須花費分文。

三、精神症狀與自我摧殘

自我摧殘是人類最極端的異常行爲；精神症狀則是最嚴重的心理與情緒問題。犯有精神症狀的人如果兼有自我摧殘的行爲，則是雪上加霜最爲慘重。威爾曲和羅昇特別指出：慘絕人寰的自我摧殘如把眼球挖出、自我斷臂、自我割除生殖器官，往往都是精神病患在思考凌亂的情況下或妄念幻覺驅使下所做出來的驚人舉動。精神症狀是廣泛的心理病態，包括精神分裂症（請見第六章）、精神病症和躁鬱症中

的憂鬱症（請見第四章），以及急性的精神症狀如毒品引發的妄念和幻覺。這些精神症狀的癥象各有不同，但有一個共同的特色，那就是思考的渙散，甚至與現實完全脫節。例如一個自我去勢的男孩子一向認為自己是一個罪惡滿貫的壞蛋，除去生殖器官是防止犯罪的途徑；一個把頭撞破的女孩子以這種極端的辦法來驅除腦中的魔鬼。

威爾曲和羅昇發現精神病患所做的自我摧殘花樣百出，而且行為出現的次數彼此之間有相當的差距。他們根據臨床治療的經驗，指出一個淺顯的事實：自我摧殘的結果愈嚴重，發生的次數愈稀少。挖掉眼球的人只有兩次機會，自割手腕的人則有可能在舊傷未癒前又另啓新傷口。另一個因素是嚴重的傷害遭致嚴密的監視，累犯的機會自然大為減少。威爾曲和羅昇依據精神症狀的特性分析自我摧殘發生的因素：

㈠妄念

妄念是精神症狀的通病。妄念的內容不一，但是自我摧殘經常來自妄念所帶來的逼迫感或是從妄念得到「靈感」。自覺魔鬼佔據頭腦的病患自然以打破頭顱來驅除魔鬼為快。一個二十五歲患有精神分裂症的女病人最近才生下一個男孩。社會工作人員認為這個病人並無養育子女的能力，因此把孩子送到另一個家庭中去寄養。這個病患由於妄念作祟，一直認為孩子被人領去，是因為自己無法餵乳；她無法餵乳則是因為乳頭堵塞所致。為此，她一再用針刺她的乳頭。這種由妄念與思考紊亂所引起的自我摧殘持續了幾個月，直到服用抗精神病劑後才緩和下來。

㈡幻覺

與妄念息息相關的是幻覺，尤其聽到事實上並不存在的信息常與妄念結伴出現。由幻覺引起自我摧殘的青少年總有難言的苦衷。有個孩子把指甲拔掉，並在頭殼上挖個洞，因為他聽到一個不可抗拒的命

令，不得不這樣做。這種孩子面對著幻覺的指令總是感到自己的渺小，完全無法違抗這些命令。這些指令大都是來自天神、魔鬼、至高無上的權威。要是病患有妄念再加上幻覺，其自我摧殘的行為更會有嚴重的後果。

㈢精神病態的感情移轉

精神病患常如邊緣型人格異常的患者，藉著自我摧殘的行為來建立親密的人際關係。這種情況出現最多的是病人與醫護人員的關係。精神病患常把感情移轉到某一個醫護人員的身上，並設法建立頻繁的接觸。例如一個三十出頭的女人因精神分裂症而住院治療。她開始對一個醫師產生感情的移轉。她在晚上聽到有人在播音器中呼叫這位醫師，知道他是唯一值班的醫師，立刻割破自己的手臂，召來這位醫師的緊急縫合以及悉心的醫療。另一個案例是一個四十歲的病人，每當某一護士到他的病床巡視時就故意暴露自己的身體。後來更一不做二不休，把自己的生殖器割得鮮血淋漓，所以這位護士會給他特別的照顧。精神病患以自我摧殘的方法來操縱影響四周圍的人；這一點與邊緣型人格異常患者自我摧殘的目的有相似之處，但實質上有相當的差異。精神病患的自我摧殘都是來自幻覺或妄念，而且自我戕害有特殊象徵性的意義，例如摧殘的部位是眼睛、生殖器官或是頭部。

㈣特殊的儀式

精神症狀引發的自我摧殘往往基於迷幻的信念，且有特殊儀式的意義。例如有的病人在身體上用刀刻上十字架或其他複雜的圖案自然有其用意與背景，而不像普通人的自我摧殘純在造成身體上的傷害。這種行為常是宗教儀式的產物，與宗教上自我鞭撻的行為並無二致。

四、智能障礙與自我傷害

　　智能障礙的孩子從事自我傷害的行為是普遍的現象；智能愈低愈容易攻擊自己的身體。嚴重智能障礙的孩子幾乎一半以上會出現這種行為，甚至整天以自我傷害為例行的活動。這種異常的行為現象曾經引起廣泛的注意和深入的研究。卡爾（Carr, 1977）早在二十年前就針對自我傷害的行為做綜合研究。他發現智能障礙的孩子從事自我傷害，其理由往往不只一端。例如在嬰兒時期一個孩子以咬手來引起大人的注意；年歲漸大後這個孩子發現打頭可以阻止耳朵發炎引起的耳痛，更可以用來表達心中的不滿。因此，卡爾認為自我傷害行為的肇因應該從多重相關的因素去了解。約慈仁等人（Azrin et al., 1982）和卡爾把智能障礙與自閉症孩子從事自我傷害的原因從生理因素與行為功能的角度加以分析。

㈠生理與生化的因素

　　卡爾認為某些生化因素不但造成智能障礙，也造成自我傷害；也就是自我傷害是生化因素所引起的症狀。這種理論最有力的證明是利其和忍安兩位醫師（Lesch & Nyhan, 1964）所發現的利其忍安症。患有這種症狀的孩子有輕度智能障礙，生理上的症狀包括尿酸過多、腎臟結石、痛風等毛病。行為上的特徵是破口罵人（事後立刻向人道歉表示毫無惡意）、打自己的身體、撞頭以及咬破自己的舌頭、嘴唇和口腔內的肌肉。為了處理嚴重而無法自我控制的咬傷，唯一有效的途徑是把牙齒拔光。最近才發現的脆弱X症（Fragile X Syndrome），除了智能障礙和精神異常外，就是時常出現咬傷手臂的行為。再如寇迷利亞狄連症（Comelia Delange Syndrome）的患者智能障礙與嚴重咬傷的行為兼而有之。生理上這種孩子會有胃酸過多的症狀，而這種症狀又與自我咬傷的行為有關。幼齡的孩子或中重度智能

障礙的孩子在生理上有病痛時，如頭痛、胃痛、耳朵發炎，往往會以自我傷害產生的感覺來克服生理上的不舒服，或是用以告訴大人生理的病痛。

(二)感官的需要

智能障礙的孩子普通缺乏文化和感官的刺激。這一方面可能是其生長的環境中並未提供適當感官的刺激，例如父母的抱、搖、逗笑等等身體的接觸；聲、光或是其他文化心靈上的激發和情緒的觸動。另一方面，這個孩子本身可能無法消受外來的刺激，或是把刺激化成有意義的感受。為此，這些孩子經常從事自我刺激的活動來滿足感官上的需要，例如搖擺身體，口出噪音等千篇一律而沒有意義的活動。自我傷害的行為則是這些活動的延伸。另一個理論是自我傷害的行為製造身體的疼痛，但也會產生像吸用鴉片後那種麻醉的感覺。神經科的專家發現，一個人突然受到重傷時，中樞神經系統立刻分泌出一種化學因素名為「煙都噴」（Endophins）。這種分泌物的功能是阻止極端痛楚的感覺輸送到腦部，所以這個人會有一種寧靜的感覺，不致因為身體的傷害而無法忍受。自我傷害的行為也可能會促成「煙都噴」的分泌而產生麻醉或寧靜的感覺。這種感覺變成自我傷害的有力增強。智能障礙的人在百無聊賴或孤單無伴時，常會以自我刺激和自我傷害的行為來消磨時光。有些孩子把自己打得鼻青眼腫卻表現得悠然自得可能與感官的刺激有關。

(三)外來的正增強

嬰兒一呱呱墜地就要人抱、要人搖、要人陪伴逗笑，可見大人的注意和身體的接觸是孩子成長中不可缺少的要素，也是對行為的有力「增強物」。智能障礙的孩子得到大人的照顧如果只限於供應一日三餐，其他心理上的需要完全得不到滿足，甚至哭聲也無法引起大人的注意，但以頭撞壁的行為卻迫使大人抽出時間來給予特別的照顧。這

種照顧和關切便成為以頭撞壁行為的有力增強。孩子也往往會學到一個基本的原則：只要從事自我傷害的行為，大人就會盡一切力量，包括以糖果餅乾來阻止這種行為；或是屈從他的要求，給他喜愛的事物以換來平靜。糖果餅乾和喜愛的事物對孩子而言是正中下懷，更是自我傷害行為的具體增強。日後他想吃糖果餅乾，就會如法泡製來「騙」取大人的增強物。

㈣負增強

好逸惡勞是人的天性；智能障礙的孩子有特別喜愛的事物，更有特別感到厭惡的事物。他們從經驗中學到另一個行為的原則：只要從事自我傷害的行為，就能逃避嫌惡的事物或情況。大人要孩子洗臉刷牙上床睡覺，孩子開始咬手，父母只好讓步。「讓步」或撤除原來的要求是對這個孩子咬手的負增強。同樣的道理，孩子感到太吵、太熱、功課做太久，也會以自我傷害的行為來改變現況。孩子的自我傷害具有逃避的功能，現況的改變或嫌惡刺激的挪移則是這種行為的負增強。

㈤溝通的功能

近十幾年來很多行為分析專家和語言學家發現孩子發生自我傷害的行為時，總是在傳遞一些訊息。行為就是他的語言；它具有溝通的功能。例如幼小而無語言能力的孩子打自己的臉來告訴父母「我肚子餓了」、「我累了」、「來陪我玩」、「來幫我忙」等等。當然，父母在孩子打自己的臉時，就給他餅乾、讓他放下功課休息一下、陪他玩一會兒，或是幫他把毛衣脫掉等等。孩子溝通的結果滿足了他的需要，亦即這種行為得到了正增強或負增強。缺乏生活能力和語言能力的孩子最容易以自我傷害的行為來達成溝通的功能。很多孩子在出現自我傷害的行為時，會和攻擊行為、破壞行為、哭鬧行為一併發生。顯然的，這些孩子是以自我傷害來表示心中的憤怒。同樣的道理，當

孩子感到憂傷、困惑、挫折或害怕等等不愉快的情緒時，也會藉著自我傷害來發洩。

叁 自我摧殘與自我傷害的評量

有效的治療有賴詳盡的行為評量。這包括深入地了解孩子本身的特質、行為的狀態以及環境的影響因素。孩子的神經病理以及生理狀況也要做詳細的檢查，但這是醫療的範圍，在此不特別介紹。（有關行為背景的評量請參見第二章）

一、心理症狀的評量

自我摧殘與自我傷害的行為是各種不同心智症狀的產物。要了解孩子的行為問題首先要設法了解孩子的背景與特殊的心智障礙。

㈠邊緣型人格異常的評量

邊緣型人格異常與自我摧殘的行為有直接的關連，尤其人際關係的糾葛常是自我摧殘的導火線。依據DSM－Ⅳ的診斷標準，下列幾個心理狀態應透過直接與間接的訪問來判斷一個孩子是否具有邊緣型人格異常的症狀。

1.這個孩子是不是誤認為他遭人遺棄？如果的確與關係密切的人發生決裂，他是不是想盡辦法期能重修於好；甚至犧牲生命或身體受到傷害也在所不惜？

2.這個孩子是否在人際關係上遭遇暴風雨，或是關係搖擺不定？尤其青少年男女之間的關係有特殊的變化？

3.這個孩子是否對自己的身份模糊不清？時而孤芳自賞，時而自貶身價？

4.這個孩子是否有無法自我節制的衝動，因而生活靡爛行為不檢？如酗酒、嗜賭、色情的活動、暴飲暴食或是揮霍無度等等行為。

5.這個孩子是不是有自殺未遂的記錄？自殺的舉動或姿態是不是反覆出現？

6.這個孩子的情緒是不是很不穩定？例如時而驚慌不定，時而大發雷霆，時而溫柔體貼，或是反應過份敏感，凡事誇大其辭。

7.這個孩子是否覺得生活空虛無聊？他是不是一再地追尋刺激並渴求親密的人際關係？

8.這個孩子除了自我摧殘的行為外，有沒有出現攻擊別人或是無法控制憤怒的行為？

9.這個孩子是否神志不清、驚慌發作，或是感到生活中的壓力已不堪負荷？

(二)精神症狀的評量

有些自我摧殘行為的發生是因為孩子的思考凌亂，甚至完全受妄念或幻覺的左右。精神症狀的評量重點在找出孩子激起自我摧殘的思考過程、幻覺或妄念。威爾曲和羅昇（Walsh & Rosen, 1988）主張精神症狀的評量應從四方面著手：

1.幻聽。這個孩子是不是聽到實際並不存在的聲音？是誰的聲音？內容是什麼？是不是告訴這個孩子去戕害自己的身體？或是要他做其他事情？孩子自我摧殘的行為發生後這個聲音又說些什麼？這個聲音有什麼權威？是不是一定要服從？如果不遵照指示會有什麼結果？孩子對自己的行動有沒有控制的餘地？

2.妄念。這個孩子有什麼宗教信仰？他是否相信神和魔鬼的存在？他和神的關係如何？與魔鬼的關係又如何？這個孩子是否相信神或魔鬼要他自我鞭撻？這個孩子與四周圍的人有什麼特殊的關係？這個孩子是不是幻想有人要陷害他？為什麼這些人要他自我摧殘？他為什麼無法拒絕？這個孩子是不是幻覺自己的身體有毛病？是不是因為

這些毛病使他一再戕害自己的身體？這個孩子是不是有至高無上的妄念？他有什麼特殊的本事？是不是因為有超人的本事而自我戕害？是不是用自我摧殘來表示非凡的特質？

3. **思考的內容與程序**。這個孩子的思考程序是不是凌亂而毫無頭緒？他的思考內容是不是東拼西湊？他的言談是否與事實脫節？他會不會語無倫次？他對自我摧殘的行為做何解釋？在自我摧殘之前之後心中存有什麼想法？這個孩子是不是在神志不清楚的情況下做出自我摧殘的行為？

4. **情緒的影響**。這個孩子是不是情緒起伏不定？他是不是有憂鬱、焦慮或是無法自我控制的衝動？他感到憤怒或挫折時如何發洩？他會不會傾吐心中的苦悶？或是一向把苦楚悶在心中？

㈢智能障礙孩子的行為評量

智能障礙的孩子大約四個之中有一個會有自我傷害的行為。智能愈低，自我傷害的行為發生比率愈高。因此，其行為能力與情緒變化都應列入評量的範圍。

1. **智力的評鑑**。正式的智力測驗可以提供智力商數，用來診斷一個孩子智能障礙的程度。其結果也可供了解孩子一般的知識、推理能力、觀察能力、了解因果關係的能力、辨別情況的能力、解決問題的能力、語言理解能力、數理的觀念以及記憶的能力。

2. **溝通的能力**。這個孩子如何表達他的願望和需要？例如想休息一下、想喝汽水、想要大人陪他玩一會兒。他是否有口語的能力？如果沒有口語的能力，他是否會使用手語？或是使用身體的姿態來表達自己的願望？他自我傷害的行為是否用來引起別人的注意，獲得別人的照顧，或是表示憤怒和不滿？這個孩子對別人的口語溝通是否完全了解？了解程度有多少？

3. **生活的基本能力**。這個孩子有沒有自我照顧的基本能力？包括衣食住行等例行的生活能力。他日常的基本需要如飲食衣著是否依賴

別人的照料？日常生活中的例行活動他能不能自己做決定？他有多少
自由選擇的餘地？他在學校中的學習活動是否滿足他學習的願望？是
否適合於他的能力？

4. 休閒活動。這個孩子是否有能力從事適當的休閒活動？他一天
當中是否有太多空閒的時間需要消磨？他無所事事時如何打發時間？
他有沒有知心的朋友可以結伴從事娛樂活動？他有沒有特別的嗜好？
有沒有喜愛的玩具？

5. 社會技能。這個孩子與人相處的情況如何？他有沒有知心的好
友？他日常應對的社會技能有沒有特殊的匱乏？他自我傷害的行為是
否用來引起別人的重視？增進人際的接觸？

6. 其他情緒與行為問題。這個孩子有沒有特殊的情緒障礙？如焦
慮、憂鬱、憤怒、恐懼等。他除了自我傷害以外，有沒有其他的行為
問題？如攻擊別人、破壞東西、吵鬧、離家出走，發出怪聲或是從事
反反覆覆但是毫無意義的動作。如果有其他情緒與行為問題，這個孩
子的自我傷害是否和其他問題行為一併發生？

7. 身體健康的情況。這個孩子是不是有生理的病痛？他感到身體
不舒服時會不會告訴別人？他是不是用自我傷害來緩和生理上的疼
痛？孩子生理的疾病需要醫師做詳細的檢查，包括神經、癲癇以及身
體各器官的檢查。

二、行為的評量

自我摧殘與自我傷害都是具體而明確的行為。行為的直接觀察與
記錄是最常用的評量方法。年紀稍長且懂事的孩子如果能從事自我觀
察與記錄，不但可以提供行為的資料，更可協助孩子了解本身的行為
問題，促成不良行為的改變。處理行為問題的專家通常要研讀這個孩
子的行為評量資料，或是詢問對這個孩子相當熟悉的人，才能做綜合
判斷，擬定行為處理的策略。

㈠行為型態的評量

評量問題行為的第一個要素是了解這個孩子到底從事那一種自我摧殘或自我傷害的行為。行為型態的評量可以經由直接的觀察，也可以透過訪問。訪問的對象包括對孩子熟悉的人，也可直接詢問孩子。評量行為型態的基本問題是到底這個孩子傷害身體那一部份？為什麼要傷害這個地方？他所使用的是那一種方法？這種或這些方法是不是一成不變？孩子從事自我傷害會不會感到疼痛？或是他會不會表現出疼痛的表情？事後他是不是把緊張的情緒緩和下來？

㈡行為的直接度量

根據直接的觀察和記錄，可以收集行為的資料，並計算出行為發生的頻率，例如咬手平均一天發生三次，割手一年發生七次。行為資料也可以顯示行為持續的長度，例如平均每次大聲喊叫長達十五分鐘。另一方面，時間長度的評量也可以計算兩次不良行為之間的時間距離。例如平均每三個月撞頭一次，或是每隔兩分鐘打頭一次。行為的強度也是評量的對象，例如記載小欣自己咬手的行為，要註明他的咬手只出現齒痕並沒有傷害、造成皮膚出現傷口出血但只需敷藥、小欣咬破手臂需要動手術縫合傷口、小欣的傷勢嚴重要住院治療。

㈢行為的歷史與週期性

如果歷史是一面鏡子，週期性該是鐘錶或日曆；鏡子與鐘錶都是生活中的必需品，行為的歷史和週期性也是行為評量之中不可或缺的一環，有助於行為的預測和控制。行為的歷史要追問這個孩子自我摧殘或自我傷害最初是在什麼時候發生？總共有多久的歷史？這期間自我摧殘或自我傷害的行為是保持同樣的型態和頻率或是有相當的變化？如果有變化，是變好還是變壞？至於行為的週期性要查問這個孩子的自我摧殘和自我傷害是不是在某一個時段會頻頻發生？另一個時

段則銷聲匿跡？如有週期性，一個週期的時間有多長？行爲發生與不發生的期間各有多長？這種週期性有沒有固定的軌跡可循？

㈣行爲危機的評量

自我摧殘與自我傷害的危機是指這種行爲對孩子本身會造成生命的威脅或身體的重大傷害；這種行爲來去無蹤使人防不勝防；而且這個孩子有強烈的衝動，他自己和別人都難以制止。爲了了解這種危機的存在，有三個關鍵的問題必須儘快得到答案。如果發現危機重重，則要有嚴密的防範措施，例如一天二十四小時看管，或是住院治療。危機的評量首先要問自我摧殘與自我傷害的行爲一旦發生對身體會有多少傷害？例如割斷動脈流血不止會有生命危險；頭撞在尖硬的牆角會造成腦震盪。在自我摧殘或自我傷害發生之前有沒有什麼信號或徵兆？例如胃口減退、失眠、高聲嚷叫或是悶聲不響。如果這個孩子出現自我摧殘或自我傷害的念頭，這種衝動會維持多久？

三、行爲功能的分析

每一種行爲對孩子而言都有其存在的價值；亦即每一種行爲都有固定的功能。孩子從事自我摧殘和自我傷害之後，總會引起大人的注意和照顧。如果這種關切是孩子求之不得的心理需要，那麼他受到一點皮肉之痛，卻發揮了行爲的功能，達到他的目的。換句話說，大人的關切變成孩子自我摧殘和自我傷害的有力增強，或是說大人的關切是維護這不良行爲綿延不斷的重要因素。行爲功能的分析用意在於找出引發行爲的因素（前事）以及增強維護行爲的因素（後果）。根據此分析的結果，可以建立行爲功能的假設，然後從事行爲的處理以求驗證。例如一個智能障礙的孩子每在孤單無聊時就會咬手；他每次咬手老師立刻出面制止。這種行爲功能的假設是他以咬手來引起老師的注意。如果老師一反往常的作法，平時給予充分的注意，孩子咬手的

行為因此完全消失，證明行為功能的假設能夠成立。根據這項分析，這位老師平時該多給他注意，不要等到他咬手才出面干預。行為功能的分析一般是採用四種方法中的一種或兩種。如果加上環境的評量，更可找出問題行為的根源。

(一)前事、行為、後果關係的分析

每次自我摧殘或自我傷害的行為發生時，不但要記錄行為的發生，也要把行為發生之前所發生的事情以及行為發生之後所發生的事情詳細的記載下來。經過一段時間的記錄，可以整理出一套前事與後果和自我摧殘或自我傷害的關係模式。例如十歲的小琳百分之八十的撞頭都是在早上她父母叫她起床時發生；另有百分之二十是在吃飯時看到不對胃口的食物時發生的。她撞頭之後父母親就讓她繼續睡覺；如在吃飯時撞頭，她父親就把她帶離飯桌讓她看電視。經過深入的查問，發現她有中度智能障礙而且時有癲癇發作；抗癲癇藥的使用使她早上昏昏欲睡實在無法起床，也不願意去上學。撞頭可免除這兩種她最討厭的事。再如十五歲的小洋每在和男友鬧翻時就會割腕做自殺狀。結果她的男朋友每次都為此向她賠不是而且要求重修於好。這兩個例子的行為動機可以明顯的看出來：一個是以撞頭來逃避父母叫她起床的要求；一個是以割腕來獲得男友的屈服以及關係的恢復。

(二)訪問對孩子熟悉的人

一般而言，孩子的父母和老師，或是其他教養的人，都是可靠的消息來源。訪問這些對孩子行為知之甚詳的人，到底在什麼情況下這個孩子的自我摧殘或自我傷害最可能發生？什麼情況下這種行為最不可能發生？其他相關的問題包括問題行為發生是誰在場的時候？在那一種場合中？一天當中的什麼時候？一個星期當中的那些天？以及一年當中的那些時節？這個孩子最喜歡什麼？最厭惡什麼？他的喜愛或厭惡與自我摧殘或自我傷害有沒有關係？這個孩子有沒有生理的病痛

或情緒的困擾？這種生理與心理的症狀與這個孩子的行爲問題有沒有關係？

㈢時間分佈的分析

根據長期的觀察和記錄，可以整理出行爲發生的時間分佈。有些孩子的問題行爲一天二十四小時隨時都會發生，有的行爲則集中發生在一天當中的某一個時段。這種時間的分佈情況可以提供重要的線索，供更深入的研究。例如小南的自我傷害大部份集中在上學前半小時、放學前半小時以及上床前半小時。這表示活動的轉換使他感到無所適從而以打自己的頭來發洩挫折感。再如小淸每在過年過節時最容易發生自我摧殘的行爲，因爲這種時節大人都忙於準備年節的事務，常把小淸丟在腦後。別人興高采烈的準備過節時正是小淸特別感到落寞也最要別人注意的時候。

㈣情境的佈置

爲了探求行爲的功能，可以佈置各種不同的情境，讓孩子身臨其境，產生不同的反應，從而看出問題行爲的來龍去脈。例如把十五歲重度智能障礙的小江安排在四種不同的情境中。每一種情境要停留兩次，每次一小時。這些情境是：要他做顏色的分類、把他安置在空無一物的教室中、老師陪他玩玩具，以及讓他獨自一人在教室玩各種玩具。結果發現小江在空洞的教室中無所事事時最容易抓破臉皮，但老師陪他玩時則很少抓臉皮。以情境的佈置來分析行爲的功能不但費時費事而且失之造作，尤其面對著嚴重的問題行爲不可能只爲了功能分析而讓行爲一再發生。這種方法往往只做爲實驗研究之用，少有實際應用的價值。

㈤環境的評量

生活環境對一個人行爲的影響至深且鉅。從改變環境來改變行爲

是可行也是良好的策略。在從事環境的改變之前自然要把環境中有利與有害的因素一一鑑定出來。環境的評量包羅萬象，但一般的評量集中在下列幾個基本的問題：這個孩子是否獲得充分的親情？遇到困難時是否能得到即時的協助和支援？他有沒有親密的友誼做爲情感的依賴？有沒有人真能傾聽他的苦衷，了解他的困難？他在日常生活中享有多少自由？自己能做多少決定？他是否能和其他人一樣平起平坐而不受歧視？他有沒有自己的私生活？或是時時受人牽制？他在日常生活中有沒有特殊的困難？衣食供應有無匱乏？溫飽是不是一個問題？居住的環境會不會太冷、太熱、太吵、太雜使他感到很不舒服？他的課業或工作是否超出其能力範圍？是否符合他的興趣？家庭和學校是採取那一種管教的方法？

肆 自我摧殘與自我傷害的處理

　　自我摧殘與自我傷害的行爲是其他心理症狀的產物。精神異常、人格症狀以及智能障礙的孩子相對的容易製造這種極端的行爲。這一節提到行爲問題的處理，僅涉及自我摧殘與自我傷害的控制，而不涉及精神異常與人格症狀的治療，更不涉及智能障礙孩子的教育問題。事實上，單單處理這兩種行爲問題已夠艱難；不但一般的父母老師對此行爲問題感到束手無策，就是處理行爲問題的專家也常感到「道高一尺，魔高一丈」。早期的學者如奧佛和巴格柔（Offer & Barglow, 1960），羅斯和瑪喀（Ross & McKay, 1979），一直到近期的心理學家威爾曲和羅昇（Walsh & Rosen, 1988）異口同聲的指出自我摧殘與自我傷害是心理與行爲症狀中最難處理的問題。綜合這些專家的觀點，這種行爲問題之所以難纏有三個主要的因素。第一，自我摧殘與自我傷害的根源錯綜複雜，其功能更是重重疊疊。例如有個孩子以傷害自己的身體來發洩憤怒或焦慮、操縱人際間的關係，同時以此獲

得平常得不到的關切。因此，在治療當中掛一漏萬之處在所難免。一旦有破綻，治療工作就倍加費力。第二，自我摧殘與自我傷害的行為往往和其他行為問題一併產生。從事自我摧殘的青少年大半兼有酗酒、吸毒以及暴虐的行為，大約三分之二會有生理疾病和飲食問題。至於從事自我傷害的孩子常有攻擊行為和破壞行為，如果加上衝動的人格特性，這些行為問題的消除自然難上加難。第三，孩子的行為問題冰凍三尺絕非一日之寒。這種孩子有可能從小遭受大人的凌辱虐待，家庭的破碎，以及最近的失落或關係的決裂，在走投無路的情況下，以戕害自己的身體來發洩心中的憤怒。這種心態絕非一朝一夕所能扭轉。鑑於這些治療上的絆腳石，一般的作法要採用多重治療的方式，包括認知的改造、生態與環境的操縱、增強作用的應用、行為訓練、特殊心理症狀的處理以及藥品的使用。只有採取廣泛的處理策略，甚至住院治療才能標本兼治，徹底解決行為問題。

一、認知的治療

除了精神病患思考錯亂，或是重度智能障礙的孩子缺乏抽象的思考外，其他孩子從事自我摧殘或自我傷害都犯了幾個認知上的錯誤。這種行為問題的根源不改，單單處理行為問題就會如隔靴搔癢。根據威爾曲和羅昇的經驗，孩子從事自我摧殘和自我傷害在認知上有四個明顯的錯誤。第一，孩子認為在不得已的情況下受到一點皮肉之痛卻可獲得不少精神上的安慰，利多於弊。從孩子的立場來看，這不但是可接受的行為，更是合算的舉動。第二，孩子對自己所訂的標準太高，要不是認為自己太醜就是自認為笨拙無能。他們的心中充滿了自我憎恨和自我歸罪。為此，他們認為戕害自己的身體不但可以諒解，也是罪有應得的自我鞭撻。第三，孩子面臨著內外的壓力，感到時時都有爆炸的可能；這種新愁舊恨必須找個出口發洩。看到鮮血從手臂流出，也想到心中的積鬱暫時得到了疏通，因此心中獲得短暫的寧

靜。第四，孩子日日生活在艱難中，感到無限的憤怒、絕望、焦慮、空洞和無聊。他已經無法再忍受這種苦悶，他必須讓全世界的人知道他的苦楚。唯一能夠傳達心聲引起共鳴的是從事自我摧殘；而且傷害愈重愈能引發別人的注意與關切。基於這種心理的觀察和分析，威爾曲和羅昇認為認知的改造必須從四方面著手：

㈠協助孩子了解思考與自我摧殘自我傷害的關連

認知與行為治療的基本策略是明白的點破認知與行為之間的關係。每一次這個孩子從事自我摧殘的行為，大人就要協助他發掘行為發生之前他到底存有什麼想法。由於這種想法才會觸發自我摧殘的行為；只有改變這些想法才能真正的改變他的行為。另一方面，孩子要學習如何「監視」自己的思考，由此了解思考在一連串行為當中所扮演的角色。一旦孩子能集中精神於自己的思考，進而改變和控制自己的思考，外在環境的形形色色，人與人之間的是是非非都可置之度外。對於沈浮於人世間衝突摩擦且掙扎於心理病痛的孩子，這種思考的覺醒可以給他一個新的方向；思考的控制更給他帶來新的希望。這種希望會增進他的信心和能力，從事行為的改變。

㈡建立自尊自信的思考方式

既然孩子自嫌醜陋又低能，自尊與自信的低落是不爭的事實。因此他們認為自我處罰是理所當然的舉動。從事認知的治療必須對這種基本的思考方式提出嚴厲的挑戰和駁斥。孩子更須要學習如何辯證自己混沌而無理性的思考和信念。例如孩子要不斷的反問自己：為什麼一定要美如天仙才能得到別人的喜愛？為什麼沒有考第一名，沒有選上班長就無法見人？在想法上有積極的改變後，就要把自尊與自信化為行動，亦即強調心靈與身體合一的觀念；自尊自重的心態要從保護自己的身體著手。「身體髮膚受之父母不可損傷」的古訓更可在此借題發揮；只要自我摧殘的行為有發生的一天，就表示他對自己的侮

辱。另一方面，大人要隨時提醒孩子他有非凡的特質。只要把人格特質加以細分，每一個人總可找出可貴的長處。這些長處的一再增強擴大是建立孩子自信自重和掃除自卑自戕的良好對策。

(三)思考與行動的重新組合

從事自我摧殘與自我傷害的孩子，在這種行為未發生之前都感到緊張的情緒已達到飽和點；只有從事這種極端的行動才能回歸內心的平靜。孩子要重新學習情緒的發洩不只自我戕害一途。有些時候他必須忍受這種情緒的壓力；要是真的忍無可忍，思考的改變也可以帶動情緒的改變而勿須訴諸向自己動武的手段。以思考來改變情緒並取代自我戕害的行為可以分為三個步驟：第一，孩子要學習把自己體驗到的緊張情緒找出來並給予正確的名稱。例如感到寂寞、失望、憤怒、焦慮等等。第二，孩子要學習如何控制這種情緒。雖然這種情緒很強烈，但不可以被情緒所左右，而要建立控制情緒的思考。第三，孩子要學習只有在相當安全可靠的情況下才去體驗這種情緒。一旦發現情況不對，立刻採取轉移注意力的行動並把困擾的情緒丟在腦後。如果能以新的思考和行動控制情緒，他就能主宰情緒，也能控制自己的行為，勿須訴諸自我摧殘、自我傷害的行為。

(四)溝通與人際關係的新作風

「君子動口不動手」的說法對自戕行為的處理的確是恰到好處。孩子要重新學習用語言來表達心中的積鬱，而不用激烈的手段來發洩。另一方面，孩子必須建立一個新的觀點：以自我摧殘來維護人際關係絕對不會有圓滿的效果；在基本上，人與人之間關係的建立和維護必須以互相信賴互相敬重為基礎。這需要整個人生觀和生活型態的大轉變，包括改變那種朝三暮四和興風作浪的交往方式。要是有這種認識和適當的作風，自我摧殘的行為就沒有存在的價值。

二、行為的直接處理

認知的改造是一個奠基的工程，但這並不能保證自我摧殘與自我傷害不會再發生；況且認知的改造相當耗費時日，總有遠水不及近火之慨。行為的直接處理旨在直搗問題的核心，就行為的前事與後果加以變換，以轉變行為的動向。

㈠生態的操縱與環境的改造

在行為功能的分析中，如果發現激發行為的前事，找出維護行為問題持續不斷的增強因素，這些情況必須儘快清除。例如父母的嚴屬斥責或體罰招致孩子的自我摧殘，這種教養方式就有修正的必要；孩子如以自我傷害來逃避父母的要求，父母則不能因孩子以此威脅而軟化日常的規定。從廣義的觀點來看生態的操縱與環境的改造，無論在家中、在學校裡、在社交關係上，都有必要協助孩子建立一個親密而和諧的人際關係。尤其父母親要充分地流露親情，適時地給予鼓舞，「用心」去傾聽孩子的「心聲」。在一個和諧而愉快的環境中，孩子自然會引發自愛與友善、快樂與和平的感覺。相反的，父母和老師應儘量地避免負面的批評和指責；在一種無拘無束而且沒有畏懼的環境中，孩子才能暢所欲言，把心中的積鬱傾吐出來。

㈡行為後果的安排

從行為分析的觀點來解釋，自我摧殘的行為受到內在與外在的增強，因此它會一而再的出現。所謂內在的增強是指孩子本身思考錯誤所產生的內疚、憤怒、悲觀以及自怨自艾的情緒；一旦他採取激烈的自戕手段之後，這些情緒一掃而光，暫時回復心情的平靜。顯然的，自我摧殘得到了內在的負增強。外在的增強是指孩子平時受到大人的批評、指責、排斥或冷落。一旦他有自我摧殘的舉動，大人就不再責

罵，反而給予悉心的照顧，表示親情和關切。從這個角度來分析，孩子的自我摧殘得到了外在的負增強和正增強。基於這種分析，威爾曲和羅昇提出了三個主要的對策：

1. **改變內在的負增強**。教孩子在情緒問題累積到無法忍受的時候，以更有效的方法來發洩心中的積鬱，代替自我摧殘的作法。例如教孩子理直氣壯的向別人提出口頭抗議以保衛自己的權益，或是向友人傾訴真情以建立永恆的友誼。這種作法不但可以消除內心的嫌惡情緒，更可改善生活的品質和人際關係。這種建設性的行為可以達成自我摧殘所要達成的效果，卻沒有身體傷害的副作用。如果行之有效，自然可以把自我摧殘的行為取而代之。

2. **改變外在的正增強**。改變或消除外在的正增強道理相當淺顯。主要的工作是要找出增強的來源在那裡？例如孩子割腕有可能是引起父母的注意，也有可能是用來挽回男朋友的心，更有可能是用來得到醫護人員的特別照顧。在行為治療當中，有關係的人員必須參與治療的策劃並取得一致的步驟。這個步驟是孩子從事自我摧殘的行為後，關鍵人員除非萬不得已，對這種行為完全不予理會。這種行為不再得到增強，久而久之自然會轉弱終至消失。運用這種「行為熄滅」的策略時，一般人很難狠下心來，尤其父母眼見孩子鮮血淋漓怎可不聞不問？專業的醫護人員從醫德的觀點來看，怎能袖手旁觀？但處理這種極端的行為問題，必須有壯士斷腕的決心，而且人人如此，才有轉機的希望。當然，如果孩子的自我摧殘有生命危險，還是以救命為重，但在醫護之外，儘量避免過份的關切。從另一個角度來看，如果大人的關切和親密的關係是孩子以自我摧殘所換取的增強物，則大人有自我反省的必要：到底他是否得到足夠的親情？為什麼平常不予關切和注意？非要弄到孩子冒著生命的危險割腕求救時才顯示一份憐愛？

3. **改變外在的負增強**。外在的負增強一般是指孩子的人際關係給他帶來太多痛苦的經驗，而自我摧殘是終止或緩和這種刺激的有效方法。改變這種負增強的制約關係還是先要找出外在嫌惡的刺激，例如

父母的苛責、學校的壓力、友誼的破裂等等。這項工作必須經過仔細的觀察和深入的探問才能知道孩子所要避免的是什麼？一旦這些刺激來源斷定出來，就要儘快的去除。當然，孩子的生活起居不能不聞不問，學校的課業不能任其荒廢，友誼的建立也不容孩子予取予求。但是，在行為問題的緊要關頭，這些教養的問題可以暫時擺在一邊，一旦大問題圓滿解決，行為的訓練與日常生活的教養才能步上軌道。

㈢自我傷害行為的處理

自我傷害行為發生的頻率相當高，手法則是屬於比較原始的反應如撞頭、咬手、抓臉等等。在處理上與自我摧殘的治療也略有差異。由約慈仁、卡爾、法克斯、羅巴斯等（Azrin, Carr, Foxx & Lovaas et al., 1982）十四位具有相當學術研究與實際治療經驗的心理專家共同執筆在美國行為治療促進學術協會（Association for Advancement of Behavior Therapy）發表的專文，至今仍然是處理自我傷害的金科玉律。近十五年來，在實際應用的細節上更有精進，但在大原則上還是脫離不了他們所提出的四個大方向：

1. **區別性的增強變通的行為**（Differential Reinforcement of Alternative Behavior, DRA）。這個策略的重點在增強孩子適當的行為，尤其是與自我傷害無法同時存在的行為，例如雙手插在褲袋中與咬手腕是不能同時存在的行為。另一方面，自我傷害的行為出現時，儘量不予理會或是延緩介預，而且絕對不予增強。這種方法實施的結果，自我傷害的行為會逐漸轉弱，而且由適當的行為取而代之。與這種方法相近的另一種策略是區別性的增強其他行為（Differential Reinforcement of Other Behavior, DRO）。DRO又可解釋為增強自我傷害不發生的情況，這是根據孩子基準資料所顯示的行為狀態，規定每一段時期這個孩子不出現自我傷害的行為，就可得到物質和社會增強。

2. **刺激的控制**（Stimulus Control）。自我傷害的行為在某種情

況中容易發生，在另一些情況中則不易發生。仔細做行為觀察和功能分析可以找出與自我傷害有關的各種情況。接下來要把引發自我傷害的情況重新安排，如有可能就完全消除這些情況。一般孩子最容易出現自我傷害的情況是孤單無聊、無所事事或是感到悲傷挫折的時候。這種情況應當從環境的改造而加以改善。另一方面，孩子不會出現自傷行為的情況則要儘量增加，或是刻意安排。孩子吃點心玩玩具時通常不會出現自我傷害。大人自然無法讓孩子整天吃點心玩玩具，但是多安排有意義的活動，增進感官與文化的刺激，學校課業與家庭工作的趣味化等等不但可以減少自我傷害，更可提高生活的品質。

3. 行為的熄滅與暫停增強（Extinction ＆ Time-out）。熄滅的策略是指在功能分析中發現維護自我傷害的刺激之後，每在自我傷害的行為發生時，這種刺激就不再呈現；這種行為既然不能再得到增強，就會逐漸的消失。例如小華每次打手，母親就喝令停止。喝令是一種注意也是一種增強。小華經母親責備，立刻停止打手，問題是這種行為會一再地出現，因為行為出現就會引起母親的注意。再如小寧每在上學之前就開始哭鬧還會抓頭髮，為此母親就不強求他去上學。哭鬧與抓頭髮顯然是逃避的行為，得到了母親的負增強。為了消除這些自我傷害的行為，每次小華打手，他母親完全不予理會；小寧哭鬧抓頭髮，他母親依然要他洗臉刷牙穿衣上學。使用這種方法的漏洞是有的孩子問題行為會升高惡化。既然打手抓頭髮無法再得到增強，就改為撞頭咬手。遇到嚴重的自我傷害大人不能不介預，結果行為問題節節升高。如有這種情形，要設想不同的策略。暫停增強的方法是平時在生活環境中提供充實而具有增強作用的活動，但是自我傷害的行為一發生，增強物立刻撤除，甚至把孩子挪到一個無法得到增強的地方。最明顯的例子是孩子在看電視時、吃點心時、和同伴一起遊戲時，一旦發生自我傷害的行為，大人可以把電視關掉、把點心收掉，或是把孩子帶到另外一個房間，不能再一起遊戲。一般而言，這種暫停增強的時間是三五分鐘，時間一到，立刻讓他恢復原來的活動。

4. 行為的處罰（Punishment）。行為處罰的主要意義是在行為發生之後立刻呈現一種嫌惡的刺激，久而久之這種行為就會減弱下來。嫌惡的刺激不勝枚舉，用來處罰自我傷害的策略包括正面練習的過度糾正（Positive Practice Overcorrection）。例如孩子打自己的臉時，要他雙臂在空中揮舞五十下，到操場跑三圈，或是靜坐三十分鐘。這種過度糾正所選擇的活動該是這個孩子所討厭的，才有處罰的效果，而且大人要有把握執行到底。使用皮膚的電擊是最極端而且最有效的方法。但因技術上的顧慮與職業道德上的禁忌，使用的案例非常少；除非這個孩子的自我傷害已嚴重到威脅生命安全，絕對不輕易使用。其他的刺激物如讓孩子聞阿摩尼亞的味道、在臉上噴水、讓孩子嚐濃縮的檸檬汁，都曾用來處罰孩子的自我傷害。問題是採用處罰的方法容易產生不良副作用，在身心造成其他的傷害。因此，使用這種方法之前，必須就利弊得失做深入的比較分析。

三、行為訓練

自我摧殘與自我傷害行為的形成，除了因為認知的錯誤必須加以改造之外，行為的缺陷也是重要的因素。例如社會技能和果敢行為的缺乏使孩子無法建立友善的關係或是處處受到委曲；缺乏獨立休閒活動的能力以致時時仰仗別人提供社交活動來打發時間；缺乏自我控制的能力因而問題行為層出不窮；或是一點點芝麻小事就會弄得天翻地覆而以自我戕害的行為來收場。行為訓練的基本用意是把孩子裝備起來以抵擋內在外在的衝擊，從根本剷除自我摧殘和自我傷害的因素。行為訓練的範圍很廣，在此僅就主要的五項略加說明：

㈠減除敏感（Desensitization）

威爾曲和羅昇（Walsh & Rosen, 1988）明白指出：造成自我摧殘和自我傷害最普遍的外來刺激是人與人之間的衝突、別人的批評指

責、面臨著人際關係破裂的威脅、孤單或遭人排擠，以及別人的冷嘲熱諷而引起內疚自責。他們認爲環境的改善，儘量排除這種嫌惡的刺激自然是一個好辦法，但完全消除談何容易。因此，孩子要學習面對這種不友善的刺激，能加以容忍並習以爲常。這種訓練的第一步是把這個孩子所厭惡的刺激一一找出來，然後依其厭惡的程度列出一個順序表。第二步是設立短期和長期的目標，決定那些刺激應該消除，例如父母的嘮叨或體罰；那些刺激孩子要容忍，例如父母指定做功課或父母太忙時要自己玩玩具。這些目標還要訂定完成的期限。第三步是要孩子在嫌惡的刺激出現時，一再地延長容忍的時間。一旦他能容忍一段期間，就要往上升格，呈現愈難忍受的刺激。從事減除敏感的訓練時，如果孩子遇到阻力，還要協助他從事思考的改變。例如孩子可以這樣想：「每次爸爸指責我，我一向是反應太過激烈。現在開始他指責我的不是，我要耐心聽一聽到底他批評的是什麼？我的錯處到底在那裡？這樣子我就不會再和爸爸反唇相譏，也就不必再氣得用頭撞牆壁。」另一方面，如果孩子行爲有進步，大人要大大給予鼓勵和增強。大人與孩子可以訂定行爲契約，明確規定孩子所要容忍的事項與時間長度，大人獎賞的標準也明文記載，則更有激勵的作用。

　　如果孩子從事自我摧殘和自我傷害是因爲對自己容貌的厭惡或對自己能力的嫌棄，減除敏感的第一步該是不再迴避這種問題，而且要堂堂正正提出來和大人討論。第二步則是以建設性的態度共商改善的途徑。例如十七歲的小雯經常自怨自艾，嫌自己身體臃腫，容貌不揚。她不但不敢照鏡子，也懶於梳洗，甚至常常割破自己的手臂來出氣。她的老師第一步是懇切地和她討論這種她一向羞於啓口的問題，然後鼓勵她設法改變現狀，例如經常保持面貌的乾淨、天天洗澡、改變髮型和穿著。她一旦發現自己的外表有改進的可能，信心大增。老師接著把她的注意力移轉到功課和體能活動，因此在意識上行爲上都有長足的進步。

㈡社會技能的訓練

　　教孩子容忍不如意的事自然有其限度，對於不合理的情況就不能一再強求逆來順受。社會技能的訓練用意在建立果敢的行為與技能，對於不合理的情況不再消極的容忍而要積極的爭取改善。孩子透過這種社會技能的訓練可以建立一些重要的信念：我有能力改變現狀、我不需要再割自己的手或撞頭來引人注意或是發洩憤怒。威爾曲和羅昇認為這方面的訓練應該包括六項主題：(1)孩子有適當的技能適度地表達內心的感受；(2)透過適當的途徑來消除內心的緊張、不安或是焦慮的情緒；(3)孩子有適當的技能建立並維護良好的友誼；(4)孩子有能力促進現狀的改善或是別人不良行為的改變；(5)建立互信互敬的人際關係，消除內疚的心態；(6)透過互惠的人際關係，獲得最大的賞賜與精神的慰藉。培養良好的人際關係孩子要有特殊的技能，但也需要大人的滋養和鼓勵，一旦他能維護良好的人際關係，這本身就是有力的增強。（有關社會技能的內容和訓練的方法，請參見第三章）

㈢溝通能力的訓練

　　溝通能力與社會技能有如鐵道雙軌，缺一不可。溝通最便捷的方法是使用口語來表達情意和願望。訓練口語表達的先決條件是大人能夠傾聽孩子的心聲；鼓勵他用語言來解決問題，以取代原始的自我戕害。有些孩子由於智能的發展遲緩或是生理上的障礙，無法用口語來溝通他們的感受和願望，手語的使用是變通的辦法。手語是以手代口，以視覺代替聽覺。不過，除了溝通技能的訓練外，大人更要敏感地覺察孩子臉部的表情和身體的姿態。要是口語和手語都行不通，溝通板或圖片小手冊也可用來訓練孩子以適當的溝通技能取代自我傷害的行為。增強孩子適當的溝通行為最初的策略是對孩子有求必應，以建立新的行為。一旦建立適當的溝通系統，自我傷害的行為不再出現，或至少有適度的控制，增強的安排可以改變為間歇性的增強或是

列入刺激的控制，亦即孩子要學會在適當的時機才提出要求。

四休閒技能的訓練

有的孩子黏著大人不放；有的孩子製造驚天動地的自我摧殘來引人注意；有的孩子反反覆覆地搖擺身體來自我製造刺激，都有可能是因為他們不知道如何以適當的活動來打發時間。休閒活動訓練的重點在於把孩子的心思和精力引導到有意義的活動上，不再困坐愁城，或是因為無所事事而製造自戕的事端。梅爾和約雯（Meyer & Evans, 1986）把休閒技能的訓練分為三個主要的步驟。第一步在行為評量中找出那一些活動或那一些東西最能引起這個孩子的興趣。這種評量可以觀察孩子行為的傾向，也可以直接問這個孩子或對孩子相當熟悉的人。接下來要把可能的娛樂項目一一列出來。第二步是根據三個主要的標準就每一項活動加以評鑑，然後依其可行性的高低列出一個活動的表格。評定可行性的三個標準是：(1)正常化的原則：這種活動所具有的社會價值有多高？是否能長期使用？是否適合一般社會的情況？(2)個別化的原則：這種活動是否適合這個孩子的年齡和能力？是否能常保新奇並維持高度的興趣？(3)環境的考慮因素：這種活動是否方便、安全或擾人、昂貴？第三步是實際的訓練。這種訓練和其他行為的訓練並無二致；一般都是經過口語的指導、示範以及增強的過程。經過反覆的練習就會熟練並產生興趣。這種訓練的最後目標是孩子獨立從事休閒活動，而且活動本身就有強烈的增強作用。一旦孩子對這些活動發生興趣，外來的增強就可逐漸地撤除。

五自我控制的訓練

有些自我摧殘與自我傷害的行為常是出於無法自制的衝動。孩子在造成皮開肉綻的舉動後，自然百般忍受生理上的疼痛。其行為的發生更有其不得已的苦衷。他需要特殊的協助和訓練才能自我節制，革除自我戕害的行為。訓練自我控制的第一步是減少內在和外在的刺激

對這個孩子自我戕害的提示。例如十七歲的小珠和男朋友吵架三天之後，男友一直未打電話道歉；十三歲的小福因為晚歸被父親責罵一頓。這兩個孩子遇到外來不如意的刺激，都心存報復。他們知道最簡便的辦法是拿起刀片割裂手腕。處在這種內外提示的狀態中，他們要立刻產生另一種想法：「如果我割了手，不但自己挨痛，別人也跟著受苦，事實上沒有人會得到好處。何苦？」如果孩子腦筋還是轉不過來，可以教他在出現自我戕害的念頭時，立刻從事與這種行為背道而馳的活動。例如孩子在自己房間或浴室，刀片垂手可得；他應該立刻到客廳或其他有人的房間。當然，他也可以打開電視、打球、去買一瓶飲料等等。第二步是自我監督。孩子如有書寫能力，要指導他把自我摧殘行為發生之前之後的大小事無分鉅細的寫下來，如果有此念頭但沒有自戕的行動出現，更要把前前後後、內內外外的刺激記錄下來。有些孩子一開始記錄自己的想法和行為，就會出現重大的改變。如果行為問題繼續發生，自我監督可以提供行為的動態和指針。第三步是建立特殊的行為目標和行為的準則。行為頻率較高的自我傷害如咬手，可以把行為目標訂為從目前每天十次在三個月內減為每天五次，在一年內減為每天兩次以下。至於次數較低但嚴重性較高的自我摧殘如割腕等，則要以徹底消除作為所要達成的目標。一旦目標已訂，就要採取各種處理的策略，達成預期的目標。第四步是自我增強。孩子在從事行為改變當中，如果行為的記錄顯示出他已按照自己預定的行為準則，朝向行為的目標邁進，他要不時地自我增強。例如告訴自己成功的遏止一次撞頭的行動是一種非凡的成就，他可以出去看一場電影，買一雙新鞋，或是把喜訊告訴他的親人。

四、藥品的使用

自我摧殘的行為如果是起因於精神症狀如妄念、幻覺、思考錯亂或是情緒的困擾，那麼抗精神病劑的使用是適當的抉擇。自我傷害特

別嚴重的孩子雖無明顯的精神症狀，但抗精神病劑依然常用來控制這種行爲問題。此外，抗憂鬱症與抗焦慮症的藥品也常有出奇的效果。不過，藥品的使用要根據孩子行爲問題的特殊情況做愼重的考量。同時也要特別注意可能的副作用，因此在取捨之間要做明智的決定。

伍 結語

小布個人悲劇的一再重演，顯示一個自我摧殘的特例，讓我們了解這種行爲的來龍去脈。其故事以喜劇收場給我們一個重大的啓示：孩子嚴重的行爲問題並非絕路；但要家庭、學校以及專業人員結合所有的智慧和技能，共同努力來挽回孩子的心，才能消除自我摧殘的行爲。以下是小布的經驗，做爲本章的結束。

小布十三歲的時候第一次出現自我摧殘的行爲。那時他第一次交女朋友，其熱度一開始就直線上升。兩人幾乎每天都要在一起，而且在認識兩個月後就越出了純友誼的關係。另一方面，兩小無猜卻衝突迭起，彼此以絕交相互威脅，而且從事權力的鬥爭，看誰先低頭道歉。在一次激烈的爭吵後，他的女友阿理眞的宣佈關係的決裂，而且整整三天不理會小布的賠罪。這時小布心慌意亂，深想這個關係眞的就此結束。他到阿理的家去哭訴賠不是，但阿理完全相應不理。

當天晚上小布用刀在自己的手臂刻上阿理的名字。後來他說割破手臂一點也不痛，反而覺得「很不錯」。此後幾天在學校中他不再去找阿理，但保持一段適當的距離，所以阿理可以看到他垂頭喪氣的樣子。有一次，阿理確實注意到小布手臂上包紮的繃帶。當天放學前，經過阿理的一再逼問，他才把繃帶掀開，現出她的名字。她一看之下，又驚又氣，但也感到非常內疚，更爲小布的眞情所動。兩人從此又恢復來往，在此後的五個月中，兩人時好時壞，小布有兩次重施故技，以割破手臂來挽回阿理的心。

小布手傷的事一直把父母蒙在鼓裡，聲稱這完全是意外的傷害。直到有一天他母親清理小布的房間時，看到小布與阿理之間的書信往返，才了解到事態的嚴重，並立刻找心理專家來協助處理。

　　經過心理專家的探問，更掀開了另一層問題。小布的父親原是一個酒鬼，在小布成長的過程中，所認識的父親是一個整天醉醺醺的流浪漢，父母不是吵鬧不休就是彼此各行其事。在這個時候小布倒是循規蹈矩，他母親也以他為精神的慰藉，和他無所不談。三年前他父親戒酒成功之後，家庭產生重大的變化。他父親完全改邪歸正，一心一意補償妻子兒女這些年來的痛苦。小布的母親很快地重新投入先生的懷中。小布卻無法接納他的父親，而且深為母親的「離他而去」感到快快不樂。從此，他的行為每下愈況，他幾次自我摧殘的行為使他父母感到挫折、憤怒，更深恐有一天他們會永遠失去小布。

　　面對著複雜的行為與家庭問題，心理專家採取了個別與家庭治療雙方並進的方式。其處理的策略可綜合為四個重點：

　　1.打開溝通的管道，讓小布毫無忌諱地對他父親過去十年中只顧喝酒而不顧家庭的行徑提出抗議，並對他母親的「背棄他」表示憤怒。

　　2.透過個別的輔導，協助小布了解真愛的意義，傳授表達情意的技巧，以及維護純正友誼的技能。

　　3.在家庭的治療中，小布的父母要給他無條件的親情。同時小布要放棄以割破手臂來報復和操縱別人。家中每個人，以及學校的同窗摯友要以相互信賴相互體諒的方式來維護深厚的親情和友誼。

　　4.訂定行為的契約：每次小布割破手臂，他要禁足三天；一個星期中如果沒有割手的行為，週末可以延長外出的時間。這種行為契約不但賞罰分明，而且如有自我摧殘的行為發生，他父母要加強盯梢，所以他不可隨便外出。如果他能贏得父母的信賴，不出現割手行為，週末就可以享有更多自由。

　　由於小布父母的全面合作，小布和阿理的老師也輔導他們在學校

中的行為，在六個月內小布的自我摧殘逐漸減少終至完全消失。他與
阿理保持同學的關係。在家中，他一直沒有和父母建立特別親密的關
係，但彼此都不再存有敵意。

第十章

飲食異常 ·

　　飲食異常是工業化國家文明社會專有的行為病態。台灣近二十年來經濟起飛的結果，國民大多豐衣足食，飲食問題因此接踵而來。有的父母擔心孩子吃不飽長不大，學校卻發現過胖的孩子日日增加；另一方面，有些青少年為了苗條美觀，不惜節食挨餓，損害了健康，更造成生命的威脅。

　　根據戴茲（Dietz, 1995）的統計，美國的孩子每三個之中就有一個在飲食上需要特別的顧慮。其他在身高體重方面使父母操心的孩子還不計算在內。美國精神病協會（American Psychiatric Association）把飲食異常局限在厭食症和狂食症兩種，但這一章還包括肥胖和發育不良兩種愈來愈使父母操心的症狀。這一方面是喚醒父母及早注意孩子的飲食問題，另一方面是把飲食問題做明確的界定，所以父母不必為孩子原本正常的飲食情況牽腸掛肚。這一章分三節，每一節再分為行為的界定、肇因、評量以及治療的策略，就厭食症與狂食症、肥胖症以及發育不良三個飲食異常的症狀提出討論。

壹 厭食症與狂食症

　　一個十七歲的女孩體重已減到十五公斤，還嫌太胖，還要節食。這是令人百思莫解的事。更不幸的是這個女孩本身也如活在夢中，對自己的身體和生命完全迷失了方向。孩子為了愛美而餓死的例子並不

多見，但這並不是嶄新的行為問題。早在十六世紀歐洲就屢有因節食而致死的記載，只是近二十年來這個問題益發嚴重，也更普遍地引起注意。

與其他飲食異常的症狀相比較，神經性厭食症（Anorexia Nervosa）和神經性狂食症（Bulimia Nervosa）的案例並不多見，但是這種症狀一旦發生，對孩子身心有重大的傷害，甚至有生命的威脅。根據美國精神病協會1994年發表的統計，每一千個青少年中，大約有五個到十個會患有厭食症；其中十之八九發生在女孩子身上。狂食症發生的比例大約是一千個青少年之中會有十個到三十個。其中男孩子也是佔少數，大約十個患者之中只有一個是男孩子。

孩子厭食症病發的平均年齡是十七歲，一般是十四到十八歲之間開始出現這種問題。這種症狀的起源常因生命史上罕見的壓力事件，最常見的是離開家庭去上大學、第一次交上異性朋友，或是參與選美的活動。為了愛美，有的孩子餓了一陣子就恢復正常，有的症狀會持續數年，有的因病情嚴重需要住院治療，其中有百分之十會終告不治。狂食症病發的年齡較遲，大都在青少年晚期或成年的早期。這種症狀的起源常在一陣節食之後，變成習慣性的暴飲暴食再來一段節食。狂食症致死的案例並沒有確切的統計，但其對身心的傷害卻有確鑿的記錄。

患有厭食症的孩子隨著體重一再地減輕，憂鬱的症狀則一再地惡化。例如心情日益沈重、社會的孤立和畏縮、心情的暴躁、失眠或是對日常活動喪失了興趣。另一方面，這種孩子會出現對食物的無理性意念和強迫性的行為，尤其女孩子可能一天到晚憂慮自己太胖太肥，身體某一部份太不合適，或是食物中的油脂和熱量太高。他們不再在別人面前吃東西，覺得自己一無是處，一心一意地想瘦下來，甚至已經骨瘦如柴還不滿足。思考與情緒逐漸僵化，社會行為也慢慢退化。更不幸的是有些孩子由於無法自制的衝動而步入酗酒與吸毒的岐途，終至無法自拔。患有狂食症的孩子一般都能保持正常的體重，但是心

理上的創傷卻是無可避免的事實。憂鬱症是這種孩子普遍的心理症狀。有的孩子會出現焦慮症狀，尤其在社會接觸的情況中最使他們感到坐立不安。刺激性藥品常用來壓制食慾，可是一旦上癮其用途可能變質而成為日日必需的藥物，甚至越界而使用其他非法藥物以求麻醉和解脫。這種孩子大約三分之一在人格特徵上也會有重大的改變。例如特別渴望親密的人際關係、對自己對別人產生歪曲的想法、無度的揮霍、豪賭豪飲、性生活靡爛、性情暴躁，甚至以自殺來結束無盡的煩惱。

生理上的傷害也是厭食症與狂食症的必然結果。患有厭食症的孩子由於營養的極度匱乏，除了女孩子經期的中斷外，常見的生理症狀包括便祕、肚子痛、發冷、疲憊、憔悴、血壓過低、體溫過低、皮膚乾燥發黃、身體長出細毛、唾液分泌過多等等。如果這種孩子以手指挖觸喉嚨來引發嘔吐，則會有牙齒腐蝕以及手指結疤的現象。如果挨餓的情況進入無理性的階段，更嚴重的生理傷害會隨之而來，例如貧血、腎臟功能衰退、心臟衰弱、口腔的敗壞以及骨骼的崩潰。患有狂食症的孩子也有類似的生理症狀。這種孩子由於反覆的在一陣狂飲暴食之後以人工造成上吐下瀉，再加另一陣子節食挨餓，體內的液體與電流活動受到極度的干擾。由於一再地嘔吐，胃酸的流失造成消化不良是普遍的現象。更嚴重的結果是食道的破裂、胃部潰瘍以及心臟的衰退。這些生理症狀常會導致生命的喪失。有的孩子以瀉藥來排除身體內的食物，其結果因長期下瀉造成消化系統的萎縮。如果瀉藥長期使用，則會變成習慣性的使用瀉藥來刺激排泄，這又成為醫藥上的複雜問題。如果孩子以手指觸挖喉嚨造成嘔吐，則口腔衛生的敗壞和手指的結疤也是必然的結果。對於患有狂食症的女孩子而言，月經不順甚至完全停止並不是罕見的現象。

一、厭食症與狂食症的界定

厭食症與狂食症的主要特徵是過份擔心自己身體的肥胖，從而導致過度的節食。根據必芒特（Beumont, 1995）的看法，這兩種行為症狀相似之處多於相異處。但為了便於診斷和處理，依然有分別界定的必要。

㈠厭食症的症狀

患有厭食症的青少年都有怕胖的心態。這種擔憂經常演變為強迫思想（Obsession）甚至是一種妄念（Delusion）。有的孩子已經餓得骨瘦如柴還是日日夜夜傾心於如何減輕體重。他們會公開地聲稱：他們寧願死去也不願成為一個胖子。必芒特發現這種孩子事實上各方面的表現都是相當優異，甚至有完美主義的傾向。有的孩子在家中在學校中都相當聽話，而且樂於助人，有時則較內向而且感到自卑。

為了減輕體重，這種孩子都會設法減少熱量的吸收或增加熱量的消耗，但其使用的方法各有不同。有的孩子採用一般人使用的方法如減少食量，拒絕高熱量的食物，以及時常從事激烈的運動。另有一些孩子除了節食和運動以外還會有更危險的行為如引發嘔吐和使用瀉藥等等。

孩子的節食深受時尚的左右，例如婦女雜誌或電視節目的宣傳。二十年前的女孩子把糖份和碳水化合物如米麵視為大敵。隨著風潮的轉向，近年來的孩子認為油脂和豬肉牛肉才是最大的禁忌，因而一窩蜂地以蔬菜和碳水化合物為健康的主食。這種急求減肥而盲從的心態輕則造成偏食和營養不良，重則造成生命的損失。在飯桌上，這種孩子會使用不適當的餐具來減緩吃飯的速度，每次只盛一點點飯菜，每口飯都要細嚼慢嚥，而且要細算到底吞下去多少卡路里的熱量。有的孩子還會偷偷把飯菜藏起來然後倒掉。這些行為常在飯桌上造成家庭

的衝突，因而引起孩子更加焦慮，有的根本就不上飯桌吃飯。另一方面，孩子會從事激烈的運動來消耗體力和熱量。他們吃東西要看運動量而定，要是一天的運動量不夠，就「無權」吃飯。除了運動之外，這種孩子在體力開始衰退之後會變得坐立不安而且徹夜不能成眠，一直到生理狀況完全瓦解才能停止。孩子要是自己造成上吐下瀉以減輕體重，則進一步的將把生命推到死亡的邊緣。這種孩子起初用手指觸挖喉嚨來引起嘔吐，但在一段時期之後，他們就學會壓縮胃部肌肉，隨意造成嘔吐。有的孩子知道可以經由嘔吐和下瀉的辦法來減輕體重，就能比較放心地吃東西，但其結果並未吸收較有營養的東西，卻使上吐下瀉的情況愈演愈烈。由於節食、激烈運動以及自我引發的上吐下瀉，一個孩子的體重大約在同年齡同高度孩子的百分位數八十五以下。

(二)狂食症的症狀

狂食症與厭食症有相當多的異同點。其最大的區別是狂食症的孩子一般都能保持正常的體重。就因如此，這種症狀之引起醫學界的注意還是近幾年來的事。事實上，這種症狀比厭食症還普遍。在狂食症發病之前，這個孩子其實有過長時間的節食，但在某一個特殊的場合中突然開始大快朵頤。為了「彌補」這一次大吃大喝所帶來的額外體重，他以觸發嘔吐和使用瀉藥的辦法來排除這個不受歡迎的發福。在維持苗條與放肆大吃大喝之間，這種孩子找到了相當不健康的方法。由於這種方法的一再使用，他們不再感到內疚，也不必為發福而煩惱，但在生理健康上這是自尋短路的作法。

這種孩子大快朵頤常有細密的計劃。他們會把食物儲藏起來，等到適當的機會才痛快地吃喝。他們屯積的食物都是平時吃不到的高熱量高脂肪食品，而且容易大量吞食下嚥，例如蛋糕、冰淇淋以及其他油膩的東西。大部份的孩子以狼吞虎嚥的方式，在幾分鐘之內吃下大量的食物，但是病症已持續經年的成人可能逐漸改為慢嚼細嚥的方

法，一次可以連續吃上幾個小時。患有狂食症的孩子大吃大喝與生理的飢餓並無太大關連。他們平時儲備大量食物，但食用的時機都在感到焦慮、緊張或是無聊的時候，以吃喝來放鬆心理的壓力。

　　有的孩子自知這是一種病態的行為，所以會設法壓制暴飲暴食的衝動，例如使用減低胃口的藥品，或是避免朋友的邀約或飯局。但這種作法常會適得其反，因為在社會孤立的狀態中反會關起門來自己一個人大吃大喝。有的孩子把東西放入口中咀嚼之後再把它吐出來，但大部份的孩子會把食物吞下去再用手指挖觸喉嚨，把食物嘔吐出來。有的孩子甚至學會隨意壓縮胃部肌肉而把食物吐出來。年紀比較大的孩子則兼用瀉藥，把食物未經消化就排洩出來。孩子大吃大喝之後都會懊惱自己無法節制，更怕因此而增胖。但在使用形形色色的手段把食物排除體外後，又感到如釋重負，而且建立一個錯誤而危險的想法：「我可以儘管大吃大喝，只要把東西弄出來，我就不必怕胖。」但是，長久的大吃大喝再加上吐下瀉，孩子終於了解到這是玩命的作法。他們開始感到憂鬱、焦慮、緊張、無助以及產生自我貶低的想法，甚至以自殺求得解脫。

(三)DSM－Ⅳ對厭食症所訂的診斷標準

　　1.拒絕維持最低限度的體重。例如一再節食以致體重低於同等年齡同等身高孩子百分之八十五的體重；或是正在成長中的孩子，其體重的增長低於正常孩子體重增長的百分之八十五。

　　2.極端害怕自己體重增加或變成肥胖，甚至已經體重不足還會憂心忡忡。

　　3.為自己的體重或是身體的型態感到困擾；由於對自己體重和體型的不滿而對自己有不利的評價；或是否認自己體重過低的嚴重性。

(四)DSM－Ⅳ對狂食症所訂的診斷標準

　　1.一再出現暴飲暴食的情況。每一個情況包括兩種主要的特色：

(1)在一段時間之中（例如兩小時的時間），吃下遠遠超出一般人在同一時段中在同一種情境中所能吃的食物。

　　(2)在這種暴飲暴食的情況中，感到自己完全失去控制，例如一吃就不知道停止，也不知道什麼可以吃，能吃多少。

　　2.一再地使用不適當的補救辦法來防止體重的增加，例如自我引發嘔吐、使用瀉藥、節食或禁食以及過份的運動。

　　3.暴飲暴食和不適當的補救行為平均每星期至少發生兩次，而且連續三個月以上。

　　4.自我評價深受體重與體型的不利影響。

　　5.身心的困擾可能發生在厭食症的情況中，但也可能會單獨發生。

二、厭食症與狂食症的肇因

　　近幾十年來歐美與日本等工業化國家的青少年崇尚苗條，視細瘦為美，造成了節食的風氣，尤其是有錢有閒的婦女和青少年為了愛美而餓肚子。不幸的是有的孩子走火入魔，竟然為此斷送了生命。厭食症與狂食症的起源深受社會文化因素的影響，但孩子本身生理與心理的因素，遺傳與家庭的因素，都不可等閒視之。

㈠認知的因素

　　為什麼厭食症與狂食症十之八九發生在女孩子身上？史催久·磨爾（Striegel–Moore, 1995）認為這是女孩愛美的天性加上社會推波助瀾的結果。但是有些人之走火入魔一發不可收拾，則與自己認知的歪曲有相當的關連。她認為女孩子把人與人之間的關係視為生命中最珍貴的一部份。一個女孩子的自我評價往往根據她是不是能夠建立相互傾慕，彼此依偎的關係，要是這種關係無法建立，她會覺得羞恥、自卑，甚至懷疑到自己存在的價值。初入青春期的女孩大多對人際關

係的急速變化感到手忙腳亂，尤其在處理男女之間的關係，倍感焦慮。史催久‧磨爾認為女孩子的外表是建立親密友誼決定性的因素。一個人容貌的改變有相當的限度，但身材的胖瘦卻有相當伸縮的餘地。為了迎合現代纖細為美的風尚，女孩子對節食趨之若鶩。

節食之成為病態是因為有些孩子過份沈溺於外表的美觀而把健康與生命置之不顧。根據美國精神病協會所發表的報告，這種孩子（男女皆然）極端地怕肥，這種恐懼並未因體重減輕而消失。事實上，孩子日漸消瘦，心中的憂慮不斷增加，在認知上，他們對體型與體重的想法已完全扭曲。有的甚至已經皮包骨還認為太胖；有的承認自己已經很瘦，但身體中某一部份還是太胖，尤其是腹部、臀部以及大腿總嫌太肥。因為「太肥」，自尊心受到嚴重打擊，唯有繼續節食才能顯示自我控制，也從而建立成就感。這種孩子從小就有完美主義的傾向。在追求身材的完美上，非到盡善盡美絕不罷休。不幸的是，以他們的認知和信念，這是永遠無法達成的理想。

□人格的異常

萬達利趨（Wonderlich, 1995）根據臨床治療的經驗，指出患有厭食症與狂食症的病患中，百分之四十七有人格異常的診斷記錄。這種病患往往具有不穩定與性情古怪的人格型態。例如反社會型人格異常（Antisocial Personality Disorder）的孩子無視於別人的痛癢，侵犯別人的利益；邊緣型人格異常（Borderline Personality Disorder）的孩子人際關係搖擺不定，自我觀念飄浮不實，感情衝動，而且缺乏自我控制的能力；劇化型人格異常（Histrionic Personality Disorder）的孩子感情氾濫，而且經常設法引人注意；自戀型人格異常（Narcissistic Personality Disorder）的孩子自視甚高，渴望別人的讚賞，對別人則毫無惻隱之心。這種孩子都有難以更改的行為特質；而這種特質與飲食異常有密切的關係。但是，萬達利趨特別就此關係加以解釋：人格異常與飲食異常關係密切但不見得彼此有因果關係；

也許有其他的因素，同時造成人格異常和飲食異常的症狀。

(三)情緒的作祟

患有厭食症與狂食症的孩子都兼帶有嚴重的情緒問題；最明顯的是憂鬱、焦慮、急躁、失眠、社會退縮以及終日沈溺於減肥和食物的問題。柯伯（Cooper, 1995）認爲這些情緒問題是飲食症狀的肇因，也是飲食異常造成的結果，更有可能相互影響而成爲惡性循環。他認爲這兩種飲食症狀最初階段可能是理智的節食，到後期神志崩潰後，經常被情緒所困，愈陷愈深。

(四)生理的因素

一個人節食得離譜而變成行爲症狀，不但有其認知、人格以及情緒的因素，凱依（Kaye, 1995）認爲生理上的因素也不可忽視。他發現青少年初步節食造成體重減輕和營養不良，結果是腦神經系統的錯亂，體重愈減輕愈要減肥，終至無法收拾，厭食症因而形成。這種理論用來解釋狂食症的形成也獲得明尼蘇達大學人體解剖學會的支持。這個學會在一九九六年發表的論文中，指出迷走神經（Vagus Nerve）中的胃部分支神經由於節食的結果，會發生調律不健全的現象。一旦這個分支神經運作不健全，一個人的暴飲暴食以及引發上吐下瀉的循環就會發生。這個學會並發現治療胃腸病的藥品Ondansetron會緩和胃部迷走神經的過分活躍，因而病人可以打破狂食和排除食物的循環。

(五)遺傳與家庭環境的因素

史綽伯（Strobser, 1995）綜合研究有關飲食異常的文獻後，發現共同的理論是遺傳因素深深地影響一個人人格型態的形成，以及飲食病態的可能性。他引用家庭遺傳研究的結果來證明厭食症與狂食症有其遺傳的因素。這些研究發現一個家庭之中，常有數個飲食異常或

具有怪癖的人；這些有血緣關係的人有的雖在不同的環境中長大，但其怪異的飲食習慣依然存在。遺傳因素的存在並不否定環境因素的重要性。邊都雷肯（Vandereycken, 1995）發現患有狂食症的孩子常是來自支離破碎的家庭，家庭成員衝突迭起，父母對子女的飲食營養不聞不問。相反的，厭食症的孩子則常出身於組織健全、和諧而且富足的家庭；父母把家庭照顧得相當週全，而且關心子女的營養。但是這種家庭的父母常會顯得過分呆板，無法與子女開誠佈公地檢討彼此的問題。有時候父母在嚴屬管教與孩子獨立自主的界線上搖擺不定。

三、症狀的評量

厭食症與狂食症不但是情緒與行為問題，也涉及生理的健康與成長。因此，評量的範圍應該包括孩子的飲食情況、運動的能量、認知、情緒、人格的發展以及生理健康的狀況。唯有透過全面的了解，才能對症下藥。症狀評量的方法可以從訪問、身體檢查以及心理測量三方面加以介紹。（有關行為背景的評量請參見第二章）

㈠訪問

要了解孩子飲食與心理情況，可以直接訪問孩子，也可以訪問對這個孩子相當熟悉的人。旮納和羅昇（Garner & Rosen, 1990）特別指出訪問是評量工作的第一步。訪問的目的在於搜集下列資料：⑴飲食異常症狀的概況：包括目前的體重、過去體重增長的情況、飲食的習慣、減肥的方法，例如節食、禁食、嘔吐、咀嚼食物但不下嚥、運動或是使用藥物，以及這個孩子對體重體型的看法。⑵目前或是過去心理上、社會關係上，以及家庭的情況，或是身心的病態。⑶生理上的症狀，例如身體衰弱、消化器官的病症、體溫降低、皮膚敏感、心臟衰弱等。⑷孩子求治的動機，到底是自己覺悟到問題的嚴重還是大人帶來求治。⑸病發前後，節食和狂食前後心理上的變化，例如憂

鬱、焦慮、憤怒、性情浮動、精神症狀的出現、社會退縮、精神不集中、思考紊亂、判斷錯誤，或是漠不關心的心態。

(二)體能檢查

羅勉（Lohman, 1995）從醫學的觀點來看飲食異常的症狀。他認為體能的檢查主要在找出一個人體內的脂肪。目前三種最常用的方法是雙重能量吸收程度的 X 光檢查（Dual Energy X－Ray Ahsorptiometry），全身電能傳導係數（Total Body Electrical Conductivity）以及近紅外線交互作用（Near－Infrared Interactance）。波霍門和霍頓（Poehlman & Horton, 1995）則測量一個人能量消耗的情況與體能平衡的狀態。他們是使用靜止新陳代謝的比率（Rest Metabolic Rate）來算出中樞神經系統、細胞、生化反應等等全日所消耗的能量，從而了解這個孩子的運動能量或是體能透支的情況。他們同時使用一個人氧氣的使用和二氧化碳的製造來測量孩子的體能活動。

(三)心理測驗

一個孩子的認知、情緒、人格以及社會關係對飲食情況有舉足輕重的影響。甘納（Garner, 1995）認為除了對一般情緒、心理壓力、一般智能以及孩子自我觀念有所了解外，三種主要的心理測驗常用來評量孩子飲食的症狀：飲食症狀的檢查（Eating Disorder Examination; Fairburn & Cooper, 1993）專門用來評量飲食異常的特殊症狀；飲食症狀量表（Eating Disorder Inventory; Garner, 1991）則用來測量厭食症與狂食症症狀背後的特殊心理狀態，包括這個人對體重體型的態度、完美主義的想法、人與人之間的信賴以及恐懼的心態；飲食態度的測驗（Eating Attitude Test; Garner et al., 1982）一般是用來做為初步的診斷，了解一個人對飲食有沒有不適當的看法和態度。

四、厭食症與狂食症的治療

厭食症與狂食症廣泛地涉及情緒、認知、醫藥健康等等問題，這些因素重重疊疊；因此，治療措施必須從教育、心理治療以及營養的調劑著手。最基本的要素是協助孩子建立和諧而美滿的人際關係，尤其父母和治療人員要能無條件的接納，給予無限的愛心，才能促其建立合理的人生觀和健康的生活方式。

㈠飲食異常的預防

預防重於治療的觀念應用在飲食異常的問題上依然是顛撲不破的原則。絕大多數的厭食症與狂食症在青少年階段開始病發，但費爾蒙（Fairburn, 1995）認為最危險的時期還是涉世未深的兒童期。事實上，他認為患有飲食異常症狀的青少年早在兒童時期就開始出現了症狀的先兆，例如使用瀉藥和引發嘔吐的行為。他主張學校必須把飲食營養與健康的觀念深植在孩子的心中，才能抵擋大眾媒介和時裝工業對身材苗條的蠱惑。對於青少年所面臨的問題，費爾蒙發現很多孩子已經患上了飲食症狀，但大人與孩子本身都蒙在鼓裏。有的孩子根本不知道自己的飲食情況已亮起了紅燈；有的雖知道有問題，卻認為過一陣子會自然恢復正常；有的孩子自覺羞辱而不敢公開自己飲食的問題，一旦大人發現問題的存在，為時已晚。因此，他認為對青少年應該有進一步的預防措施；除了傳授飲食與健康的知識外，還要借用教育的力量，灌輸有關飲食異常的知識，所以孩子可以儘快回頭，或是把問題提出來，尋求大人的協助。另一方面，父母和老師也要具備這方面的知識，以便及早覺察孩子飲食的異狀，從速介入以挽救危機。再者，有些孩子經過治療之後症狀暫時消失，但稍一疏忽，又是故態復萌。因此，預防舊病復發是大人與孩子不可忽略的職責。

㈡教育心理的功能

　　教育與預防的工作必須同時並進。教育心理的功能是針對孩子的飲食症狀，給孩子和父母提供必須的知識以及克服症狀的方法，從而造成大人與孩子態度與行為的改變。奧斯貼德和卡佈蓮（Olmsted & Kaplan, 1995）認為學校老師和治療機構的專業人員可以從教育心理的觀點提供七項重要的專門知識。

　　1. 飲食異常有多重而複雜的導向，例如生理上的因素、心理因素、家庭因素以及社會文化因素，彼此糾纏相互影響。無論治療或預防，都必須認清並排除可能的危險因素。

　　2. 過分節食，使用瀉藥，或是故意製造嘔吐對身體會造成嚴重的傷害，甚至有死亡的危險，最明顯的症狀是心跳減慢血壓降低結果造成頭暈和昏厥。此外，由於體溫降低而使體力衰弱、便秘、消化系統故障、口腔和牙齒的敗壞、肌肉萎縮以及心臟衰弱，甚至發生心臟病突發的現象。了解到這些危險的症狀，孩子才會頓悟到飲食的過度節制是得不償失的作法。

　　3. 體重定點的理論（Set–Point Theory）可以用來解釋節食不一定能減肥的原理。根據這種理論，由於先天的遺傳因素，一個人的體重和身材早已定型，節食的結果是新陳代謝作用的減慢，體重依然沒有太大的變化；因此，節食往往是白費力的舉動。了解到這種原理，雖然會嘆息體重體型不符合理想，但不會造成羞恥或內疚。孩子從此了解到一個重要的事實：這是與生具有的特性，並非好吃懶作的結果。

　　4. 基本的營養常識是糾正認知錯誤的有效方法。為了苗條的身段，女孩子會把食物視為大敵。但是，普通身材的年輕婦女每天需要一千五百到兩千卡路里熱量的食物。在這個大原則下，一個人可以調配自己喜愛的食物和身體所需要的營養。長期超出這個範圍必然構成健康的威脅。孩子必須學習在這個適度的範圍內，在健康、口福以及

身材美觀上做適當的調整。

5. 社會文化因素的影響常把婦女推到生命交關的邊緣。婦女本身受到社會壓力，追求苗條，變成犧牲者而不自知。就如古代中國婦女從小纏腳，一方面顯示「女性美」一方面表示出身於有錢有閒的家族。事實上，在小腳獲得解放以前，這些女孩和女人都是社會習俗的受害者。處心積慮想要餓瘦身材的青少年，尤其是女孩子如果了解到自己只是盲從附會地追求風尚，就應該掉轉頭來，以健康與生命為重，不再追求虛幻的外表而付出生命的代價。

6. 認知與行為改變的策略給沈溺於追求美觀的孩子一線新的希望。無論症狀深淺歷史長短，只要有適當的策略，都有挽回的空間。抓住一線希望，建立信心，就有改變飲食習慣的餘地。

7. 縱使孩子已經掙脫了飲食異常的枷鎖，並不保證這一生從此可以高枕無憂。孩子必須認清一個重要的事實：厭食症與狂食症隨時都有舊病復發的可能。無論孩子本身或大人都必須追蹤防範。

㈢認知的改造

孩子患上厭食症與狂食症如有一段歷史，其生理的變化已導致認知的歪曲，雖然已骨瘦如柴依然認為自己太肥太胖。遇到這種情形，單靠飲食與營養知識的傳授，必然是言者諄諄，聽者藐藐。唯有徹底做認知的改造，排除混沌的想法和信念，才能真正的扭轉危機。

1. 對自己身材的不滿是飲食異常的主要導因。羅昇（Rosen, 1995）追問這種危在旦夕的女孩子，已經餓得皮包骨，為什麼還嫌太肥？她們一經追問，則指明身上的某一部份如臀部、腹部或大腿感到不夠細美。只要一部份不能感到滿意，就要繼續節食。羅昇認為這種孩子以完全不切實際的尺度來評量自己的身材，對自己的缺陷誇大其辭；甚至在理想的自我與實際的自我之間造成無法彌補的差距。維托錫克（Vitousek, 1995）指出認知治療的重點在協助孩子嚴厲地考驗自己思考的可靠性，把自己對身材和飲食的信念具體化，然後逐一做

批評和挑戰。這種對思考與信念的質疑先由治療人員提出，但其終極目標是要孩子自己澄清混沌的思考。在這種學習的過程中，治療人員對孩子思考邏輯的錯誤，例如只注意局部而忽略全局，對別人的言談斷章取義，或是袒護自己的偏見，都要一一點破。要是孩子依然執迷不悟，可以指導孩子自己搜集資料，自己做實驗來證明自己想法的錯誤。

2.「惟美是圖」是女孩子走入節食的主要的心理因素。維托錫克認為這種孩子需要把人生的價值做全盤的分析和判斷；就可求與不可求的人生目標做深入的比較；並就各種可能的後果做明智的取捨。一旦孩子逐漸地領悟到人生真正而永恆的價值，大人可以鼓勵他們選擇適當的人生目標，體驗真正的歡樂。卻納和羅昇（Garner & Rosen, 1990）發現這種孩子往往有缺乏自信和自尊心偏低的現象。他們自覺惟有塑造完美的身材才能抬起頭來，也才能得到別人的敬愛。因此，在人生觀的改變之外，還要協助他們以果敢的行為來表達他們的心聲，強調個別差異的意義，發掘並發展自己的特長。而最重要的是孩子要能接納自己，不要因為別人的眼光或閒言閒語而挨餓消瘦。現代化的女性早就該建立獨立、自信、堅強而且理智的作風，大步地走出「小腳」的舊俗桎梏。

3.患有厭食症與狂食症的孩子並不因為身段的細瘦而心存喜悅。事實上，隨著症狀的惡化，憂鬱、焦慮、憤怒、暴躁、畏縮等等心理症狀接踵而來，把這個孩子推入痛苦的深淵。他們一心一意的想從這個心理困境中脫身出來，卻把飲食異常的問題擺在一邊，「眼不見為淨」，殊不知飲食問題才是這些心理痛苦的癥結。認知改造的目的在於廓清情緒因素與飲食問題的因果關係。治療人員的職責在提供充分的證據，證明這些生理上和心理上的問題都是因為長期缺乏熱量和體重減輕的結果。只有把症狀與歸因有清楚的交代，孩子才能掙脫行為的枷鎖，恢復正常的飲食。卻納和羅昇進一步指出，有些執迷不悟的孩子明知飲食異常所帶來的痛苦，卻心存幻想：不必恢復體重，不必

恢復正常的飲食，也不必革除上吐下瀉的病態行為，一切都會恢復正常。他們認為這種孩子因長期營養不良的結果，體內電流的活動受到嚴重干擾，神志不清，必須認知治療與醫藥的使用雙管齊下才有挽回的餘地。

4.徹底革除厭食症與狂食症有賴於孩子把注意力和精力從膚淺的外在美轉入內在美。這種孩子存有一種根深蒂固的想法和信念：惟有苗條才是美；肥胖則令人生厭。他們一心一意地節食並從事激烈的運動；惟有如此才能獲得短暫的安全感、成就感以及超人一級的優越感。這些感覺會反過頭來增強節食的行動。卜納和羅昇認為在不傷害孩子自尊心的大原則下，不斷向這種想法、行為以及感受的循環提出挑戰並要孩子自己做分析判斷。治療人員要協助孩子排除這種膚淺的想法，並深入了解人生的真諦。孩子要建立一些新的健康的想法：對肥胖的人存有偏見和岐視是不人道的行為；對自己身體過分苛責而造成長久的傷害則是不智的舉動；把自己的身段與社會地位相提並論更需要重新檢討；因為受到社會壓力而節食挨餓事實上是受害者而非高人一等的做法。這與中國古代女人綁小腳的作法如出一轍；這種社會風尚是不人道、不正確、不合理、自我摧殘、壓制女性的作法。孩子要贏得別人的喜愛，建立良好的社會關係，必須注意內在美的培養如仁慈、大方、寬大、高潔、善解人意、友善、誠實，並且顯示出能力和魄力。這種思考的轉換並非一蹴而及的事。治療人員必須以實例來分析比較內在美與外在美的區別，並把孩子引導到正確的人生旅途。

5.有些孩子因為飲食異常致使父母憂心忡忡，甚至陷入全面戒備的狀態。孩子卻借此機會坐收漁利，享受前所未有的關切和照顧。在治療過程中，孩子要學會把這種作法的利弊得失做徹底的分析：以自己的身體健康為賭注，換來一些不健康的人際關係，又把父母和家人的禍福置之不顧，顯然付出了太大的代價；有一天父母從關切轉為怨恨，一切都會落空。孩子不但對人際間的利害關係要有明智的了解，還要學會以互相信賴相互支援的態度與父母和家人建立親密的關係。

6.甘納和羅昇深深地體會到患有厭食症或狂食症的孩子往往懷有滿腹苦悶卻無從發洩；另有一些孩子甚至茫茫然不知道為什麼徬徨，為何事感到不安。青少年階段的孩子，尤其女孩子，特別需要和渴望有親密的友誼，能夠得到異性孩子的青睞。但是，涉世未深的孩子對於新關係的建立常生恐懼、顧慮以及裹足不前的現象。女孩子在男女交遊的關係中，常居於被動和依賴的地位。她們一方面刻意修飾外表期能引起注意，一方面又怕關係太過接近。甘納和羅昇認為青少年的心結必須打開，心中的苦悶必須斷定出來，並有適當發洩的餘地。例如父母、老師、治療人員應該設法了解孩子的處境和心境，傾聽他們的心聲，變成他們能夠信賴的友人。他們認為除了認知的改變，青少年人際關係的迷津要幫他指點出來，協助他們建立適當的社會技能，並注意才藝和品德的培養，革除不正確的想法和作法。惟有如此，孩子才能從自己的軀殼走出來，步入廣大的社會。

㈣飲食與體重正常化

孩子對飲食與身材的認知與態度有適當的改變後，能夠與父母或治療人員採取同一立場，就要進入飲食與體重正常化的過程。這個過程一方面要糾正孩子暴飲暴食、不正常的節食、自我製造上吐下瀉，或是瘋狂式的運動；另一方面要逐漸地增加食量，吸取適當的營養，一直到體重達到正常的標準而且長久地維持這個標準。

1.自我監督是行為處理經常使用的策略。應用在飲食異常的問題上，不但可以用來評量飲食狀況，更可用來改變飲食的行為。威爾遜等人（Wilson et al., 1986）根據這種策略要孩子詳細記錄每次暴飲暴食和製造上吐下瀉的過程中，到底自己的情緒是處於那一種狀態？人與人之間的關係有什麼特殊的變化？心中存有那一種信念？此外，孩子要把每天的食量以及上吐下瀉的情形做正確的記錄，最好是每在事情發生之後立刻記錄下來。這個飲食、排泄、情緒、思考以及人際關係的記錄要定期和治療人員或是經過訓練的父母做深入的檢討。從

這種檢討孩子可以了解到自己的症狀、嚴重性，以及造成這種症狀的因素。基於這種了解，自我監督和認知改造的策略同時並進，革除不合邏輯的思考和信念，大人也可以從事飲食與營養的教育工作。從此，孩子與父母共同研訂飲食正常化的事宜。

2. 患有厭食症與狂食症的孩子最明顯的症狀是過度節食。吳理和卡尼·扣克（Wooley & Kearney–Cooke, 1986）在嚴密控制的情況中，一步步地把新的而且富有營養的食物推薦給孩子。在治療室之外，治療人員要交代家庭作業，孩子每天要嚐試他以前視為禁忌的食物，並把結果做成報告，然後與治療人員共同研討。在孩子增廣食物範圍的過程中，還要繼續的檢討他對飲食、身材以及體重的信念。隨著食量的增加，孩子的自尊、自信以及人際關係也同時培養起來，才能在身心的發展上相互呼應，彼此支援。

3. 體重的正常化是治療的最後目標。到底什麼是正常的體重則有待斟酌。奇納和費爾蒙（Garner & Fairburn, 1988）認為幾個主要的原則必須列入考慮：個人的身材有高有矮有胖有瘦，這往往有先天的決定因素，不可強求一定的標準；飲食異常的孩子總是想要保持細瘦的身材，但是體重太低必然產生生理的症狀和飢餓的心態；在苗條的身材與身體的健康之間，必須做明智的抉擇。奇納和其他治療飲食異常的專家都認為孩子如果覺悟到有增加體重的必要，在起步的階段應該淺嚐則止，讓孩子增加少量的體重做為「試驗」。在這個實驗當中，孩子慢慢地體驗到目前心理和生理異常都是節食和挨餓所造成的後遺症。此外，孩子也會體驗到增加體重的好處，因而順水推舟，帶動整個認知與信念的改變。

4. 萬一孩子的症狀已經非常嚴重，住院治療可能是挽回生命唯一的途徑。在醫院裏可以逐漸促其恢復體重或至少不再減低體重。在醫護人員的看管下，孩子無法再暴飲暴食和自我製造上吐下瀉，同時可以治療生理上的併發症以及情緒上的困擾。對某些孩子而言，離開支離破碎的家庭，換一個足以嚴密管制的環境就有相當的幫助。

㈤藥品的使用

患有厭食症或狂食症的孩子普遍存在著心理的困障。威爾曲
（Walsh, 1995）發現有些孩子思考凌亂已達到妄念的程度。孩子的
飲食異常也可能是妄念的結果，無論這種妄念是果還是因，抗精神病
劑的使用可以澄清孩子的思緒並排除妄念。威爾曲同時指出：憂鬱的
情緒也是與飲食症狀常相隨的心理症狀，他認為抗鬱樂劑常有使用的
必要。他特別指出 Elavil、Prozac、Wellbutrin 以及 Desyrel 等最恰
當。他發現某些治療敏感的藥品具有促進食慾增加體重的功效。不
過，藥品的使用對孩子而言尤其具有嚴重的副作用；因此在用藥之前
必須對飲食症狀的嚴重性與藥品可能帶來的副作用仔細地考量利弊得
失才能對症下藥。

貳 肥胖症

社會進步經濟繁榮的結果是國民豐衣足食，出門以車代步，回到
家中打開電視兩腳往咖啡桌一蹺就渡過了一整個夜晚。這種生活型態
的副作用是出現無數的胖子。近二十年來，「發福非福」的觀念已經
開始發芽，甚至已深植在某些人的心中。因為發胖的結果不但有健康
上的顧慮，更是心理發展與社會關係的絆腳石，尤其孩子缺乏自我控
制的能力，飯來張口，容易發胖而且一旦發胖就有終身發胖的可能。
因此，及早調適飲食和營養有相當的需要。另一方面，孩子的飲食也
不可矯枉過正，以免造成厭食症與狂食症等尾大不掉的問題。

根據邊愛搭利（Van Itallie, 1985）的統計，在一九八〇年代初
期美國國民的體重急速增加的時候，百分之二十三的男人，百分之二
十七的女人，以及百分之十的孩子其體重超出了標準體重的百分之二
十以上。幾乎四個人之中有一個帶有肥胖症。台灣的情形自然沒有如

此嚴重，卻有急起直追的趨勢，不可等閒視之。

　　肥胖症與飲食行為的關係是早期行為科學主要的研究對象，孩子肥胖的問題卻在過去十五年來才引起普遍的重視。以色列（Israel, 1990）多年研究肥胖症的結果發現成人帶有這種症狀往往在孩童時期就有肥胖的跡象；而早期調適是最有效的方法。再者，肥胖的孩子身負著沈重的心理負擔，也比較容易出現行為問題，而更重要的是這種孩子很容易引起別人的揶揄、歧視以及排斥。因此，在情緒和社會關係上經常遭遇嚴重的挫折。披山佑（Pi – Sunyer, 1995）從醫學的觀點來分析肥胖的問題。他指出肥胖症最容易導致的生理症狀包括糖尿病、血壓過高、中風、脂肪與脂肪蛋白比率的異常、心臟病、膽囊的病態、呼吸器官的毛病、癌症以及關節炎等症狀。

一、肥胖症的界定

　　肥胖症（Obesity）的含意相當淺顯，其界定也是直截了當。瓦登和貝爾（Wadden & Bell, 1990）給肥胖所下的定義是：身體中累積的體肥女人超過身體的百分之三十五，男人超過身體的百分之三十。體肥可以用體重來表示，亦即一個人的體重超出了標準體重的百分之二十以上。以色列給孩子的肥胖症所下的界定是：一個孩子的體重超出同年齡同高度同性別孩子中等體重的百分之二十以上。

　　布朗內爾（Brownell, 1995）使用身體質量指數（Body Mass Index）來精確地算出一個人到底是過重還是肥胖。身體質量指數的計算公式是體重（公斤）除以身高（公尺）的平方。例如一個人身高一公尺七十公分，其體重六十五公斤，其身體質量的指數是（$65 \div 1.70^2$）＝ 22.49。根據美國健康統計國家中心（National Center for Health Statistics）的標準，男人的指數如果超過27.8，女人的指數超過27.3即是過重；男人的指數超過31.1，女人的指數超過32.3即是肥胖。表10－1是身體質量指數表（取材自George A. Bray, 1978）。

在左邊的體重與右邊的身高拉一條直線；直線與係數的交叉點就是一個人的指數，並且區分出正常、過重、或是肥胖。

表10－1　身體質量係數對照表

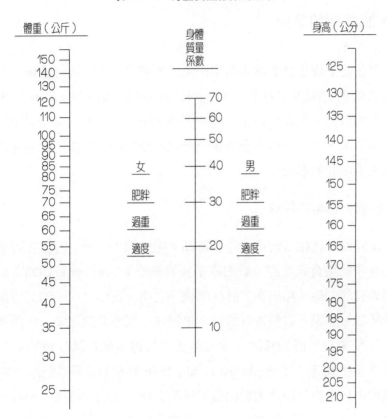

　　史但卡德（Stunkard, 1984）把肥胖再細分為輕微、中度以及嚴重三類。他把體重超出的比例、病理、生理的傷害，以及治療的方法分門別類做綜合簡介。

　　輕微肥胖：超出理想體重20％到40％；病理是過份營養；生理傷害未能確定；治療方法是行為治療。

　　中度肥胖：超出理想體重41％到100％；病理是過份營養和身體的過份變型；生理傷害視其他生理狀況而定；治療方法是節食、行為

治療、以及醫療措施。

　　嚴重肥胖：超出理想體重100%以上；病理是過份營養和身體的
過份變型；生理傷害嚴重；治療的方法是動手術。

二、肥胖症的肇因

　　孩子之變成肥胖與飲食習慣的生活型態自然有密切的關係，但孩
子先天的遺傳因素也難辭其咎。根據瓦登和貝爾（Wadden & Bell,
1990）的研究，肥胖症是先天遺傳因子與後天行為型態交互影響的結
果。事實上，行為型態多多少少也受到遺傳因素的影響。現在從六種
理論來看肥胖的形成：

㈠遺傳因素的影響

　　肥胖症代代相傳的可能性相當高；肥胖的夫婦所生的孩子將來成
為小胖子的機會遠超過一般的孩子。波查德（Bouchard, 1995）根據
數年研究的心得，指出在肥胖症的孩子之中，百分之三十的父母親也
有肥胖症。不過，這個統計數目並未解釋一個重要的疑問：這個孩子
的肥胖是來自父母的基因，還是沿襲了父母多吃油膩少做運動的習
慣？史坦卡德等人（Stunkard et al., 1986）研究同卵雙胞胎在同一
個環境中長大與分開長大對飲食習慣的影響。他們發現孩子肥胖的肇
因之中，百分之六十四到八十八是來自先天遺傳的因素。他們特別為
此統計數目提出澄清：遺傳因素佔去絕大多數並不表示體重的控制是
不可能的事；但是體重要控制在恰到好處是一種艱難的工作。

㈡基礎新陳代謝率

　　基礎新陳代謝率（Based Metabolic Rate）是遺傳基因所帶來的
生理特質。一個人每天熱能的消耗，新陳代謝佔去百分之六十到七十
五。有些人先天帶有偏低的基礎新陳代謝率；這種人很容易造成肥

胖。根據羅浮生等人（Ravussin et al., 1988）的研究，同年齡同身材的女人，每天新陳代謝率高低相差一千卡路里。想一想一個女人每天大約吃下兩千卡路里的食物，高與低的新陳代謝率相差一倍，或是說低新陳代謝率的女人幾乎是天天多吃一頓大餐，其造成肥胖症的機會當然高出很多。

⑸肥細胞的數量

一般人大約有二百五十到三百五十億個肥細胞。營養過剩的人（Hypertrophic Obesity）肥細胞的數目不變，但每個細胞的體積和重量增加。身體過度變型的人（Hyperplastic Obesity）肥細胞的數目則高到一千五百億，而且每個肥細胞的體積和重量都高於常人。瓦登和貝爾（Wadden & Bell, 1990）認為肥細胞的數量和大小都是先天遺傳基因所決定。具有身體過度變型肥胖症的人實在很難達到「理想」的體重，甚至拼命節食，還是無濟於事。他們發現一個人的肥細胞一生都在不斷地增長；不過，滿十二個月的嬰孩和十二、三歲的孩子是一生中肥細胞增加最快的時期。孩子如果有肥胖傾向，這兩個重要時期是節制飲食的好時機。要是孩子太細瘦，這也是迎頭趕上的好機會。根據瓦登和貝爾的理論，一個人的肥細胞總是有增無減，所以一個人一旦過重，等於陷入生理的陷阱；既然細胞已經製造出來，就不能在數量上縮減回去。因此，早期預防肥胖的形成是最好的策略。

⑹定點的理論

體重定點的理論（Set-Point Theory）是說一個人的體重或體肥總是保持在相當固定的水準。這個人如果想要增胖或減肥，其生理狀況會自然地抵禦這種變遷；亦即生理的補償反應會自動把體重調整到原定的水準。柯西（Keesey, 1986）在實驗室中減少小老鼠的食物，期能減低體重，結果小老鼠的新陳代謝率自動調低來保持體重；相反的，飲食過量的小老鼠身體自動的調升新陳代謝率來防止肥胖症

的形成。人類肥胖症的形成和難以消除也可用這種理論來解釋。這種人生而具有偏高的水準而且生理上會自動地調節新陳代謝來保持這種水準。例如一個身高一百六十五公分體重九十公斤的女人，再節食再運動，雖有暫時的效果，但很快地又恢復九十公斤的體重。

(五)熱量的吸收與消耗

身體如果吸收太多的熱量，卻又不能適時的消耗，結果熱量屯積在體內變成體肥。史坦卡德（Stunkard, 1982b）以熱量吸收和消耗的模式來解釋肥胖症的形成。他認為無論大人或小孩，其肥胖大多是因為身體吸收過高的熱量；他們對於吃的東西有相當敏銳的反應，而且有非常特殊的飲食方式。另一方面，他們缺乏體能活動，所以身體中的熱量無從發散。這種論調近年來常受到嚴重的質疑。大部分的學者認為先天的遺傳因素比飲食和運動的行為更有決定性的影響力。但是，瓦登和貝爾認為這兩種說法並不完全抵觸。先天的因素給人一個伸縮的範圍，後天的行為方式在這個範圍之內可以左右自己的體重體型。基於這種想法，他們認為飲食和生活型態要在生理的允許範圍內建立健康的習慣。但是，有些人可能要接受一個冷酷的事實：他們可能永遠沒有辦法達到「理想」的體重和身材。

(六)生理的病態

每一個社會的成員才智有高有低，身材也是有胖有瘦。從常態分配的曲線來看，每一個社會中，總有一些比較肥胖的人。但是，有少數的案例，其肥胖的形成卻是來自生理的病態。有的人由於遺傳基因不正常，新陳代謝速率太低，雖然每日飲食與常人無異，身材卻臃腫不堪；有的人因為胰島素分泌過多，胃口大增，造成體重增加。再如生殖腺體功能失常以致分泌不正常、甲狀腺分泌不足，以及糖尿病等等都會造成肥胖的現象。

三、肥胖症的評量

　　度量體重，算出一個人是否超重並非難事；但是如果要做症狀的治療，則必須花費心思，找出生理上心理上的潛在因素。

㈠身體質量指數的計算

　　身體質量指數（Body Mass Index）最常用來做為評定肥胖的工具。這個指數的計算是一個人體重（公斤）除以身高（公尺）的平方。男人的指數超過27.8，女人的指數超過27.3即算是過重。湖爾和穆仁（Feurer & Mullen, 1986）認為超過這個指數的人，尤其是食用低卡路里食物以節食但身體質量指數依然偏高的人，要進一步做簡單的卡路里測量以斷定新陳代謝的比率。

㈡飲食行為與態度的評量

　　個人過去肥胖的歷史是推測未來症狀消長的重要因素。從孩子呱呱墜地到目前為止體重的歷史愈完整對治療策略的擬定愈有幫助。瓦登和貝爾認為目前孩子飲食或節食的習慣、體能活動的情形、心理狀況與社會關係，都要有詳細的調查。他們認為孩子的心境、學校功課或人際關係的壓力、家中的特殊情況都必須列入評量和考慮的對象。如果孩子自動要求減低體重，其動機要有徹底的了解。例如有的孩子剛交上異性朋友、有的孩子追求時髦，其減肥的舉動則有待斟酌。孩子父母的生理健康和體重體型也是評量的項目。

㈢生理的檢查

　　除了新陳代謝比率和身體質量指數的評量外，溫錫爾（Weinsier, 1995）認為身體中脂肪含量的百分比也是重要的指針。檢查脂肪含量是度量皮下的油脂。男人油脂超過百分之二十五，女人油脂超過

百分之三十三就算是肥胖。此外，脂肪的分佈也是重要的關鍵，腰圍與臀部的比率男人超過一，女人超過零點八五就表示分佈不正常，而且較容易引起身體的症狀如血壓過高、糖尿病、心臟病等等。

經過適當的評量後，如果發現有減肥的必要，則需做進一步的生理檢查。溫錫爾例行的檢查包括血壓、皮膚、脂肪分佈、甲狀腺、水腫的現象、神經狀況、膽囊功能、血糖以及睡眠中氧氣的吸收情形。

四、肥胖症的治療

肥胖症的形成簡單的說是因為熱量的吸收與消耗不平衡，過剩的熱量在體內轉變為脂肪，日積月累即成肥胖。這種症狀的治療簡單的說是減少食用高熱量的食品並增加體能的活動。實際上處理肥胖症並非如此單純，除了節食和運動之外，還要建立健康的生活型態，才能持之以恆。這就需要醫藥、認知以及行為全面的改變。再者，孩子自我制控的能力有限，還有賴於父母的參與和協助，把孩子帶入健康的生活方式。

㈠父母的參與

孩子因為肥胖而接受治療，父母參與其事是合理而且必要的措施。以色列（Israel, 1990）認為無論是對病因的了解或是治療方案的擬定，都要深入了解孩子的家庭環境。父母親是這方面最可靠的消息來源。另一方面，父母是孩子一日三餐的供應人，對於營養與食物的熱能應當接受專家的指導，提供孩子低脂肪高碳水化合物的食品。這種多吃穀物而少吃動物油脂的飲食方式不但可以減輕體重，更可強化心臟的功能。父母要特別了解的是：孩子的營養中，熱量的來源出自肥油的部份不能超過百分之三十，蛋白質要保持百分之十二，其餘的熱量要從碳水化合物中攝取。根據孩子的年齡、體能的消耗以及個人的生活方式，每天吸收的熱量要有適當的節制。例如普通身高的男

情緒與行為問題

人該在一千五百卡路里，女人則在一千二百卡路里左右。此外，孩子每天的活動量和體能的消耗也有賴於父母的監督。最重要的則是處理孩子的飲食行為和習慣。例如協助孩子設想減肥的目標、速度、飲食的質量以及運動的程度；建立賞罰分明的行為規則；監督孩子的努力和進步的情形。要是孩子接受專家的治療，父母要儘量參與治療，從事觀察學習，並在家中協助孩子完成專家交代的「家庭作業」，如記載卡路里的吸收量和運動的時數等等。以色列認為父母與孩子同時接受治療並一起減肥是一種理想，事實上也有困難之處。大人減肥遠比孩子困難，如果大人減肥不成，在相互比較與競爭的情況下，不容易下台。因此這種作法在事先要有週詳的安排。

(二)父母的技能

父母特殊的技能是協助孩子治療肥胖的先決條件；這種技能要在孩子接受治療當中，一面學習一面付諸實施才能越趨成熟。控制孩子飲食與運動是一種特殊的技能。父母對孩子行為的基本原理原則要有初步的了解；行為、前事以及後果三者之間的安排要能得心應手；增強與處罰的策略要能妥善運用；行為的觀察、記錄以及評量要有適當訓練。在孩子從事節食、運動以及整個生活型態的改變過程中，窒礙難行之處在所難免。因此，解決問題的能力是另一種特殊的技能。布列克（Black, 1987）特別指出解決問題的技能應該包括斷定與飲食、運動、體重有關的問題；動腦筋設想各種不同解決的辦法；評鑑所想出來的辦法並根據其可行性與有效性一一依序排列出來；從最可行且最有效的辦法開始實施；評鑑實施的結果；如果所設想的辦法都行不通，則重新界定問題或把大問題分解為數個小問題，再重新設想可行的辦法。

(三)父母的控制與孩子的自我控制

幼齡的兒童生活在父母的卵翼下，其飲食自然要受父母的控制，

尤其如果出現肥胖的症狀，更要受到父母的管束。孩子年齡增加，父母的控制要逐漸退除，改由孩子自己節制自己的飲食。由於年紀較大的孩子外出機會較多，暴飲暴食的可能性較大，父母又不能時時跟在身旁，自我控制是必經的過程。問題是父母要能敏銳地觀察孩子的能力，在父母的控制與孩子的自我控制之間保持一個平衡，並在適當的時機一步步地放手讓孩子走向獨立的途徑。以色列特別強調逐漸的移轉才不致把孩子遺棄，像斷線的風箏，完全失去了控制。

　　以色列同時認為在控制權的移轉當中，要訓練孩子自我控制的技巧。這些技能包括自我監督，如行為與飲食的記錄；在達到原訂的行為目標或預期的體重時，能夠自我獎賞和鼓勵；能夠抵制內在對食物的渴望以及外在食物的誘惑；在「危險性」較高的情況中能夠知道節制，例如在喜宴中不致於開懷大吃大喝。瓦登和貝爾也強調自我控制在減肥當中的重要性。他們特別就自我監督一項加以補充。他們的實際經驗是自我監督不但是行為的評量，也是行為改變的重要策略。有些病患開始記錄自己行為之後，發現自己的飲食習慣有相當偏差，會自動減少熱量的吸收。所謂行為的記錄包括登記每天食用的食物是那一種、份量多少、每一種又有多少的卡路里的熱量、每天運動的時間和強度、飲食的速度、思考的困擾或是情緒的變遷也要一五一十地寫下來。這些行為資料定期的檢討評閱，就會理出飲食行為的前事與後果，以及控制不適當飲食的策略。一旦有進步，行為資料自然變成最有力的增強物。

㈣刺激的控制

　　史坦卡德（Stunkard, 1982b）借用行為分析中常用的刺激控制（Stimulus Control）來限制患有肥胖症的人與食物過份接觸，或對食物產生太多的反應。他把刺激控制用來節食減肥的策略是：購買食物時要謹慎從事，不要在家中存放容易增胖的食物；如果在家中屯積食物，不要讓孩子垂手可得予取予求；不要勉強孩子把飯菜吃完，但

要鼓勵孩子挑出並丟棄肥膩的食物；限制或縮小吃東西的時間、地點或是活動；與食物有關的社交場合要經過三思才能參與。

(五)細嚼慢嚥的習慣

細嚼慢嚥是最萬全的減肥方法；它不但用來減少熱量的吸收，更可改善生活的品質。史坦卡德認為革除狼吞虎嚥的飲食方式是促成飽足感的重要步驟。他教孩子細嚼慢嚥有幾個可行的方法：每吃一口飯菜後，把碗筷放下，吞下一口飯後再把碗筷舉起來；在一餐飯中，可分段稍作休息；每一口飯數一數嚼多少次；每一口飯或其他食物要完全嚼碎才吞下肚。他認為每天的熱量限制在一千二百卡路里之下。孩子要慢慢的咀嚼才能品嚐出食物的美味，也才能夠享受三餐；雖然量不多，也不致於感到缺乏。再者，一個人在細嚼慢嚥中可以一方面用心思來考慮自己的肥胖、飲食以及行為的各種後果。達到青少年階段的孩子一旦養成細嚼慢嚥的習慣，他們會有自我控制和健康愉快的感覺。這種感覺對減肥的過程有舉足輕重的影響。

(六)運動量的增加

運動是健身的不二法門；就減肥的功能而言，運動則是消耗多餘熱量排除身體積肥的最佳途徑。孩子本來都有蹦蹦跳跳的天性，遊戲中更有多量的體能活動。但是有些孩子主客觀因素的影響，運動量減少，熱量無從發散自然屯積成肥。瓦登和貝爾認為增加運動量來減低體重最大的好處是孩子可以控制自己體能活動的質量，而且可以增進生活的情趣。他們把運動的增加分為兩種。一種是有系統有計劃每天做定時定量的運動，如跑步、疾走、游泳、騎腳踏車、韻律操、打球、舉重等等。這種運動可以在短期內產生相當的減肥效果。例如六個星期中就可能把所要減除的體重減少百分之五十。這種方式的缺點是減肥的人一定要有強烈的動機，否則一曝十寒，對身心反有不良的結果。瓦登和貝爾極力提倡增加「生活方式的活動」，把運動變成生

活中例行的一部份，例如步行上下學、減少以車代步的情況、能站立就不坐下。一天如果能夠走上三公里大約三十分鐘，加上孩子幫父母老師在家中做家事在學校負責打掃清潔，一個星期的活動量在六小時以上對健康和減肥都有相當的益處。他們認為孩子從小養成體能活動頻繁的習慣，一生受用，並可長期保持適當的體重。

㈦認知的改造

飲食問題不單單關係到嘴巴和肚皮；成功的治療還要用心用腦。因為認知與信念深深地左右一個人飲食的行為，認知的改造在治療肥胖症中扮演著舉足輕重的角色。馬霍尼與馬霍尼（Mahoney & Mahoney, 1976）早在二十年前就發現患有肥胖症的人在接受治療以前都有幾個思考上的偏差：減輕體重是不可能的事（我從來沒有減肥過，我怎麼可能會減少十公斤？）；建立不合理的期望（我在年底以前要減二十公斤，所以從現在開始絕對不再吃肉）；自我責備（我就是無法禁嘴，明明知道這種蛋糕吃不得，偏偏吃了一大塊。我是一個敢做不敢當的人，這一輩子就要這樣子胖下去了）。這種完全不切實際的思考往往會引起惱怒和憂鬱的情緒，結果愈是會放肆的吃喝。對於年紀較大的青少年，如果有認知上的錯誤，就要在專家的指導下從事自我辯駁和挑戰，期能建立正確的想法，採取積極而健康的行動。馬霍尼和馬霍尼特別指示他們的患者每次大吃大喝、每次節食、每次發現體重增加或減少，要把這些事件發生之前、之中、之後的想法和感覺寫下來。這種想法和感覺記載在一張紙的左邊，與專家共同檢討這種想法和感覺後，發現有偏差之處，要帶回去做家庭作業，設想適當而理性的思考和信念，記載在紙張的右邊，再與專家做檢討，以健康的想法來取代錯誤的認知。例如十五歲的小勇在一次喜宴中飽食一頓之後心中很懊惱並深責自己缺乏克制的能力。新的積極的想法應該是：「這一次爸媽不在身邊就沒有辦法節制，實在令人失望，但是我要設想一個週全的辦法，以後遇到這種情形才能自我控制。相信馬霍

尼博士可以幫我想出一個好辦法。」

(八)追蹤與維護

　　治療肥胖症最忌諱的是出現體重上上下下，減了又增，增了再減的現象。這種情形對身心的危害遠超過肥胖症本身所帶來的傷害。瓦登與貝爾研究一九八五到一九八七年之間發表的十篇研究報告，發現肥胖症病患接受四個月的治療之後，體重都有顯著的減低，但是治療結束之後不到一年，又增回治療期間所減少的體重的百分之三十八。霍雅特（Foreyt, 1987）的研究也有相似的結果。他進一步發現在治療結束之後三年，患者增回百分之五十以上的體重。這種體重回增的現象與定點理論有關，因為長期節食的結果，新陳代謝率降低，雖然食量並未增加，體重會慢慢的回升。但除了生理因素以外，患者在治療結束後的想法和行為也難辭其咎。瓦登和貝爾發現患者心想艱難的時期已成過去，既然目標已經達成，不必再汲汲於減輕體重，只要能維持現狀，甚至回升一點點也心滿意足。這些病患在飲食方面開始從絕對禁止油膩的食物變為淺嚐即止。父母或專業人員的督促和支援也不復存在。在體重和飲食方面也沒有特殊的目標，維持體重更不如減輕體重那樣富有增強力量。當初一片雄心壯志已化為烏有，運動也變成徒具形式或敷衍了事。基於這種種理由，他們認為要經常保持合適的體重必須從基本的維護和危機情況的處理雙管齊下。

　　基本的維護是指每天、每星期、每個月，都要關切和從事維護的措施。例如繼續做飲食和熱量吸收的日記，固定的運動，保持活躍的生活方式、度量、記錄以及製作體重變化的曲線圖等等。「危機」情況的處理是指行為上和認知上要裝備起來，應付可能遇到的暴飲暴食場合，避免回復到往日的飲食方式。患者在結束治療之前，還要學會如何斷定什麼是「危機」的情況，預期情況的發生，並且在發生時如何自我節制。例如在過年過節時，在親友宴客時，如何選擇適當的食物，婉拒別人的勸菜。這些技能要隨時複習，臨時才能派上用場，否

則真正遇到「危機」的情況，不知所措，反而心生焦慮、內疚或是無能的感覺。

㈨藥品的應用

使用藥品來控制肥胖已有相當悠久的歷史；目前減肥的藥品更是琳瑯滿目。赫雪卡和韓斯斐德（Heshka & Heymsfield, 1995）從醫學的觀點來評論醫藥的使用。他們把減肥的藥品分為三大類：第一類是用來減少熱量的吸收，第二類是用來增加熱量的消耗，第三類則是用來改變熱能與養分在體內的儲存。

第一類減少熱量吸收的藥品一向是以Amphetermine為主，目前則殊少使用，因為這種藥會使人上癮，結果變成藥物的濫用。其他相似的藥品如Phentermine、Phenmetrazine、Diethylpropion以及Mazindol等等藥性相近，都是用來刺激中樞神經系統，抑制食慾，但副作用遠比Amphetermine輕微。另一組藥是用來增加飽膩而且減少胃部空虛的感覺，因此不再飢不擇食，Chlorocitrate和Cholecystokinin就是兩種代表的藥品。再一組是阻止養分的吸收並促進快速的排泄，如Tetrahydrolipstatin和Acarbose是常見的藥品。第二類增加熱量與養分的消耗，但不致影響到心臟功能的藥品包括Ephedrine以及正在試驗中的Beta－Anonist BRL等。最後一類包括固醇組合的藥品（Anabolic Steroid Medications）曾用來改變熱量和養分的儲存，選擇和操縱生長賀爾蒙，因此減少體內脂肪，增加肌肉。這種藥品曾廣泛地用在改善家禽的品質；運動家也以此改變肌肉的成長和體力的增加。這種藥品用來減肥則還在試驗的階段。

赫雪卡和韓斯斐德特別提出警告：只有在用盡傳統的治療方法還無法減肥，或無法維護治療的成果時，不得已才使用藥品來減肥。他們同時指出，在使用藥品以前一定要做徹底的身體檢查，而且要經過醫師的處方。在使用中使用後，還要定時檢查身體重要部門的功能，防止嚴重的副作用，預防給身體帶來更多的傷害。

㈩手術減肥

對於患有極端肥胖症的人而言，如果所有的辦法都已試過依然無濟於事，手術的減肥可能是最後一線希望。但是卡拉爾（Kral, 1995）特別指出動手術減肥的危險性。根據他的報告，因為這種手術而喪生的案例大約一千個之中出現五個。孩子為減肥動手術更需要慎重的考慮。他同時指出另一個事實：因肥胖症致死的案例遠超過手術致死的比率；有些患者甚至明白的表示，他們寧願以死為賭注也不願活在肥胖的痛苦中。孩子自然無法明智地決定自己的命運，因此在不得已時，父母與醫師要就各種利弊得失做慎重的考量。

卡拉爾指出以手術減肥的辦法大約可以分為兩種。第一種是利用手術夾住胃部的上方，在食道與胃部連接的部位製造一個只能容納百分之一點五公升固體食物的小袋子，同時在小袋的底部開一個緊縮的通道，讓食物緩慢地輸入胃部。這個小袋中食物的容量可加以限制，並且控制食物進入胃部的速度。這個小袋一旦裝滿固體食物，液體或半固體富有養分的食物就無法進入胃中，因此身體無法吸收大量的養分。如果多吃一點食物，必然漲起這個小袋子，結果不但食量減少，吞食減慢，熱量的吸收也大打折扣。另一種手術是在小腸之外加上一個旁道，多餘的熱量和養分可以經過旁道直接引入糞便之中，不再經過小腸，也不再吸收到身體之中。患者經過小腸手術可以維持往常的飲食習慣而不會吸收過量的養分。卡拉爾認為有些過份肥胖的人，甚至要兩種手術一併動刀。

叁 發育不良

天下父母心，就怕孩子吃不下長不大，於是營養補品樣樣都來。事實上，大部份的孩子發育都相當良好，只是父母白操心，一再強求

孩子飽食加餐。孩子不但不以飲食為人生的享受，反把吃飯當成苦刑，結果適得其反。這種父母只要改變揠苗助長的作風，在需求平衡的情況下讓孩子自然發展，雙方都平安無事。另有少數父母完全忽略孩子的營養，對其飲食毫不關切，結果孩子成長受到相當影響；這種父母有再教育的必要。更有一些孩子生活在貧困的環境中，飢寒交迫，其身心的成長更受到嚴重的打擊。這在文明的社會中是不可容忍的現象；社會福利的介預和支援有絕對的必要。

根據都塔等人（Drotar et al., 1989）的統計，在美國的農村和城市中，平均百分之十到二十的孩子可以列為發育不良；住院治療的幼童，五個之中有一個是因為發育有障礙而需要醫療診治。從長遠的觀點來看，這種孩子在生理和心理上都有重大的傷害。由於長期的營養缺乏造成貧血、血清蛋白質過低、嘔吐或反芻、嚴重脫水等等病症，常有生命的危險。如果生命有幸能保得住，智能的發展和學校課業首當其衝，必然會受到不利的影響，其情緒與行為問題也接踵而來。從父母養育子女的觀點來看，這種孩子，尤其是嬰兒和幼童，因為營養不良而致心情暴躁，疲憊又畏縮，睡眠與一日三餐都發生困障。這些情緒與行為問題使幼童的餵食更加困難，營養缺乏的情形也日漸惡化。美國精神病協會在一九九四年修訂的診斷手冊中明顯地指出，三歲以下的孩子飲食問題不早解決，長大後會給學校生活和行為問題留下無窮的後患。

一、發育不良的界定

拜壽尼和羅斯幫（Bithoney & Rathbun, 1983）把發育不良（Failure–to–Thrive）界定為孩子的成長與體重的增加有明顯的缺陷；其體重位於國家標準體重第五個百分位數之下。美國精神病協會一九九四年修訂的DSM–IV對嬰兒與幼童飲食異常所訂的診斷標準是：孩子持續出現飲食不適當的現象，結果是體重無法按成長的比率增

加，或是有減輕的現象，這種現象持續一個月以上。

二、發育不良的肇因

發育不良與肥胖症的肇因恰恰相反。孩子體重無法照成長的比率增加，是因爲熱量的吸收入不敷出所致。這種現象的形成與父母的養育方式有關；孩子本身生理上的缺陷也是重要的因素。都塔等人(Drotar et al., 1989)特別指出這是生理與環境因素交互影響的結果。

(一)家庭的問題

家庭結構渙散，家裡的人時起爭端，尤其是在吃飯時引起爭吵是孩子茶飯無心的主因；在重重家庭衝突中感到氣急敗壞的父母自然無心照顧孩子的飲食。都塔等人發現人口衆多的家庭對孩子不一定是福。他們認爲在多代同堂的家庭中，看起來照顧孩子的人手很多，但往往前後不一，有時三餐不飽、有時漲壞了肚子。他們認爲遇到人多的家庭，孩子的母親要負擔主要的責任，確保孩子營養的平衡。要是父母整日奔波在外，家中又少有幫手，孩子三餐不繼，營養自然不足。在少數的例子中，兄弟姊妹可能以怪異的行爲競相引起父母的注意，並用以操縱大人的活動。都塔發現一對幼齡的兄妹不斷地以拒絕飲食和隨地大便來爭取母親特殊的照顧。他認爲這種現象倒不多見，卻非絕無僅有。此外，家中一連串意外事件的發生，往往把孩子的飲食擺在一邊。

(二)父母養育子女的技巧

孩子缺乏營養與父母的能力有直接的關連。這種養育子女的能力包括一般營養的知識、對孩子的敏感度、對孩子身心發展的關切以及孩子出現問題時的解決能力。例如吃素的父母、有特殊飲食偏向的父母，或是正在節食中的父母，可能認定孩子也要食用同樣的食物，結

果造成營養不平衡，但又不知道孩子已經有發育不良的現象。奧塔米爾等人（Altermeir et al., 1985）以充分的資料證明父母親，尤其是母親本身小時候的生活問題，如和父母時起衝突、不愉快的童年、被父母親遺棄等等，常會造成養育子女技能的缺乏。他們並且發現有些父母由於智能有限，教育程度不高，以及人格和情緒上的差異，都是孩子身心成長的重大阻礙。

維也茲等人（Vietze et al., 1980）和克林天頓（Crittenden, 1987）一致認為在幼兒餵食中母子交往情形對孩子營養的吸收有舉足輕重的影響。他們發現孩子發育不良常與母親冷漠的態度有關。這種母親在餵食中很少和孩子談話，不抱嬰兒起來餵乳，甚至對孩子的喜怒哀樂殊少反應。孩子從小營養不良會使母子間的關係更加惡化。孩子情緒與智能的反應低落，哭鬧和擾亂的情形一再出現，嬉戲與語言溝通的消失，愈把原本疏遠的母親拒於千里之外。這種惡性循環的情形，使父母的壓力日增，與孩子的關係愈發疏遠，孩子的身心成長則每下愈況。

(三)孩子的情緒與行為問題

孩子發育不良不能完全歸罪於父母養育方法不當。有些孩子自呱呱墜地的第一天就顯示出怪異的飲食行為。根據美國精神病協會一九九四年的報告，嬰兒和智能障礙的孩子比較容易出現反芻的行為。這種症狀的主要現象是把胃部半消化的食物翻回口中，然後再度咀嚼才吞入胃腸中，也有少數是再度咀嚼後從口中吐出來。但不管吞入或吐出，對營養的吸收都會大打折扣。這種行為的反覆出現可能是孩子以此滿足口腔的刺激，也可能有生理上的肇因。這種孩子的背部肌肉繃緊成為弓形，頭往後仰，使用舌頭而非用嘴唇來吸入食物。但有些專家認為這並不是生理結構的差異而是反芻動作中的一部份。看來這種孩子反芻時還會自得其樂。大部份的專業人員發現這種孩子平常很少得到適當的文化刺激，少有父母身體的接觸，甚至被人遺棄或處於相

當艱難的生活狀況。這些情形加上不時地感到飢餓，使孩子一再地反芻食物來滿足本身的需要。這種行為造成營養缺乏，使孩子更感飢餓，情緒更暴躁，也更依賴反芻來滿足其感官的需要。

異食症（Pica）也是源於嬰兒時期的飲食異常現象。這種症狀是指病患會吞食沒有營養價值的物質。這種物質往往因年齡的不同而有差別。美國精神病協會的報告是說嬰兒和幼齡的孩子常會吃油漆、塑膠製品、繩子、毛髮或是衣服的纖維；年紀較大的兒童會吃動物的排泄物、泥土、昆虫、樹葉花草或是小石頭；青少年和成人會吃泥土、樹葉、紙張或是金屬製品。這種症狀與心理症狀有密切的關係。例如智能障礙和精神病患比較容易出現這種行為。但是在某些特殊的個案中，缺乏特殊的維他命或礦物質與異食症有關係。孩子長期吞食沒有營養價值的物質不但對營養品的食用和吸收造成重大的妨礙，更常有嚴重的身心傷害甚至有生命的危險。例如吞食剝落的油漆會造成鉛中毒而帶來智能遲緩的結果；長期吞下毛髮或纖維會造成毛球的腫瘤；吞下毒品或刀片等危險物質則會奪去孩子的生命。

孩子的飲食問題千奇百怪，布雷恩特・瓦夫和拉斯克（Bryant – Waugh & Lask, 1995）認為孩子由於情緒問題而引起逃避食物是常見的現象。他們發現有些孩子極端地挑食，甚至把食物限制在一個極小的範圍中，其他具有營養價值的物質一概迴避或堅拒。這種孩子除了飲食問題之外，常有恐懼、憂鬱、無理性縈擾的意念和行為，或是拒絕上學、與人不相往來。他們發現更嚴重的案例是孩子不但拒絕飲食，而且進入行屍走肉的狀態，一切生活起居的活動全部關閉。他們不吃、不喝、不走動、不說話、不梳洗，更對外界的情況毫無反應。布雷恩特・瓦夫和拉斯克認為這種孩子往往遭受過生理上和性的極端虐待，而且受到嚴厲的警告不可聲張。他們在嚴重的身心震憾之後，拒絕或逃避一切生活中的活動。

(四)醫藥的因素

孩子本身生理上的症狀也是導致營養缺乏發育不良的因素，最明顯的醫藥問題是食道與胃腸的病症。各種醫藥的使用致使孩子感到下嚥困難、食慾減退、內分泌不足、神經症狀以及腦性麻痺等生理的問題。

三、發育不良的評量

都塔和他的同事（Drotar et al., 1989）發現孩子發育不良父母常懵懂不知，一直到孩子因為生理的病痛帶去看醫師，醫護人員一看年齡、身高、體重，才發現這個孩子有長期營養不良的現象。因此，在評量這種孩子之前，醫護人員、學校教師以及孩子的父母都要敏銳地觀察孩子的成長，及早鑑定，及早處理。孩子發育不良的症狀本身很單純，涉及的因素卻相當錯綜複雜。因此評量的範圍必須廣泛地包羅孩子的生理健康、行為的動向以及家庭環境的因素。

(一)身體檢查

詳細的身體檢查不但包括目前孩子生理成長的狀況、可能的生理疾病、神經的病理、醫藥的使用，還要追查孩子過去發育的歷史，從而了解是慢性或目前急性的身體病態，尤其要注意到影響營養吸收和飲食行為的生理根源。孩子長久的發育情形和最近發育速度突然減慢的情形可以提供重要的線索來找出問題的根源。至於目前營養的情況、可能缺乏的營養成份、身高體重的比例都是評量的對象。

(二)認知與情緒的評量

孩子一般智能和認知的發展可以透過標準化的測驗判定其心理發展的情況。認知的評量如果發現有缺陷可以解釋其成長中的種種問

題，更應列入處理和改變的對象。至於孩子情緒的變化、可能的精神症狀，以及人際關係的發展也要列入評量的項目。（有關情緒與精神症狀的評量，請見第四、五以及第六章）

(三)孩子飲食行爲的觀察與評量

了解孩子飲食行爲最直接的方法是觀察孩子在自然環境中的飲食狀況。都塔特別指派他的助手到孩子的家中，在固定的時間、地點以及家人共同進餐的情況，反覆觀察孩子對各種食物的食用情形，以及足以妨害飲食活動的不當行爲。例如把食物吐出來、大發脾氣或拒絕某種食物等等。孩子飲食的技能、家人在吃飯時的交談、吃飯的速度以及吃飯中情緒的轉變也要做觀察記錄。由父母自己觀察記錄孩子的飲食行爲也有好處：一方面是協助父母多注意孩子的飲食，一方面也可減少專業人員的介入。但在父母自己做觀察之前，要就觀察的技能給予特殊的指導，在觀察之後也要做定期的檢討。

(四)父母養育子女方法的觀察與評量

父母是孩子行爲主要的塑造者。他們不但要觀察孩子的行爲，其本身養育子女的行爲也是評量的對象。父母親在餵孩子的時候或是與孩子一起進餐的時候，他們與孩子言談的神情、彼此的相互反應、母親餵奶是抱起嬰兒還是讓嬰兒自己抱著奶瓶吸奶，都可列入記錄。父母對孩子營養的知識和特殊的信念、對孩子行爲問題的處理、對孩子發育的歷史以及目前症狀的了解、對孩子飲食行爲的期望等等，可以透過直接的訪問以求了解。

(五)家庭環境的評量

家庭環境是指家庭的經濟情況與三餐質與量的供應以及家庭的功能，包括家庭中的壓力或衝突、彼此之間的關係、家庭的結構以及父母親對子女的態度等。都塔認爲這方面的評量需要長期的觀察，才能

看出家庭運作的一般模式，也才能發現父母對孩子的教養是否有時冷時熱的現象。在某些特殊的情況中，家庭的歷史、整個家庭的組合、家中成員彼此之間的關係、大家庭的結構等等，可能對孩子有特別的影響，或使孩子受到忽視。這種資料可以提供為擬定處理方案的重要參考。

四、發育不良的處理

孩子發育不良是一生當中最早發生的行為問題。有的孩子從第一天呱呱墜地就因飲食問題給父母帶來無限的困擾。孩子營養不良的因素錯綜複雜，因此在治療之前必須有詳盡的評量和診斷，再依據個別的症狀和病因設計治療的策略。孩子生理上的問題常是飲食問題的根源，這往往要從醫藥的診治著手，內分泌的調節就是一個明顯的例子。孩子的行為問題、父母的養育技能，以及環境的因素也不可等閒視之。

㈠父母營養的教育與養育子女技能的訓練

沒有經驗的父母常把孩子生理與心理的需要擺在一邊，尤其是孩子在急速成長中營養的供給不足，造成孩子發育不良。這一方面可能是父母對孩子營養的知識不夠，也有可能是父母的偏見或疏忽。例如父母本身在節食或長年吃素，也把這種偏頗的飲食方式加諸孩子身上，以致營養失去平衡。都塔等人（Drotar et al., 1989）特別舉出一個特殊的例子：三個月大的強尼有嚴重的營養不良。經過醫師的調查，發現他在出生不久因為胃腸發炎，醫師囑咐只能供給透明的液體食物。強尼的胃腸已痊癒兩個多月，但他母親認為這種低熱能的食物實在有效，也就一再供應透明的液體食物，致使強尼長期營養不足，都塔等人認為類似的例子比比皆是。他們特別強調父母親要有適當的營養知識，了解各種不同階段的孩子要有不同成份的營養。同時，父

母也要了解一般孩子發育的狀況，才能及早覺察出自己的孩子是不是有發育不良的現象。

　　都塔和他的同事認為比無知更棘手的是父母缺乏養育子女的技能。他們發現有些父母在餵食當中或在家庭用餐時，很少給孩子提供適當的刺激，例如不會把孩子抱起來餵奶，吃飯時不會與孩子談笑等等。這種冷漠的養育方式不但造成孩子的營養不良，更會致使孩子智能發展的遲緩和社會反應的障礙。為了增進父母在餵食和進餐中與孩子身體和語言的接觸，都塔特別為一對父母設計了營養餵食與刺激交往的策略。這套策略的第一步是設定每天給五個月大的伊蓮餵奶的時間表，並要父母特別留意伊蓮肚子餓時所送出的信號，期能及時加以補充；第二步是父母要增加與伊蓮的接觸，尤其餵奶時一定把她抱入懷中，不可再把奶瓶塞入孩子的口中就一走了之；第三步是增進平時生活的情趣，購置各種富有刺激性的玩具，並且能夠母子同樂；第四步是記錄伊蓮每天熱量的吸收並定期評量伊蓮的身高體重；最後也是最重要的一步，是建立父母與伊蓮的親情與彼此情感的依偎。

㈡家庭環境的改善與社會的介預

　　絕大多數的父母都知道營養對孩子的重要性，也對孩子的發育有深度的關切，但因客觀的環境因素，有少數家庭總是力不從心，家庭赤貧而三餐不繼就是明顯的例子。另外有少數父母因為酗酒、賭博、使用非法毒品，使孩子的飲食時斷時續。這種不適合孩子成長的環境有待社會的介預，提供社會福利的補助使孩子有適當的基本營養。要是家庭完全不適合孩子的成長，例如父母吸毒、販毒，家庭充滿了危機，則社會有義務提供一個合適的成長環境。對於發育不良的學齡兒童，學校老師基於平日與孩子接觸和比較，則有責任提醒社會機構，採取必要的救援措施。

　　毫無疑問的，最適於孩子成長的環境，還是自己的家中。都塔等人認為面對一些面黃肌瘦的孩子，從事家庭環境的改善是必要的途

徑。他們發現一些不健全的家庭衝突時起，尤其在飯桌上引發爭執，全家不歡而散，孩子則挨餓而且心生畏懼、憤怒、憂傷，或是造成其他行為問題。人口複雜的家庭則呈現另一個危機。因為大家庭的結構常會失去重心，而把孩子的基本需要丟在腦後；孩子多的家庭則有可能彼此爭奪家中有限的資源和父母的關切。面對著相當不利的家庭環境，都塔等人認為父母或其他一家之主在專家客觀的指導協助下，可以從事幾個基本的改變：(1)促進家庭結構的健全，把家庭的資源做適當的分配或開發新的資源以滿足孩子身心的基本需要；(2)減少家中的衝突和爭執，促進彼此親密的交往和接觸；(3)在危急情況出現時，保護孩子的權益和需要為優先，或是把孩子暫時移出危機四伏的家庭，直到危機已成過去才讓孩子回到父母的身邊。

三孩子行為與認知的改變

孩子發育不良常出於生理的缺陷或環境的不利因素，但是孩子本身飲食技能與行為問題也是有待處理的重要課題。

孩子在成長過程中，飲食技能的缺乏是導致早期營養不良的主因。都塔發現有些孩子無法吸吮、咀嚼、自己餵食、使用餐具，甚至無法下嚥等等，這都需要透過特殊的職能治療（Occupational Therapy）來訓練手眼協調和口腔的運轉。行為塑造（Shaping）的技術也可以用來建立孩子自我餵食的適當行為，更獨立自主地完成例行的餐食，攝取適當的營養。

孩子在用餐時的擾亂行為如哭鬧、拒絕飲食、把食物吐掉、把餐具或食物丟掉或擅自離開飯桌則呈現另一種嚴重的行為問題。父母對這種行為問題不適當的反應如哄誘、威脅、屈從孩子無理的要求，或是讓孩子隨心所欲，則使孩子的行為問題日益加深。都塔認為遇到這種情形，父母必須學會一套行為處理的技能，包括行為功能的分析、生態與環境的操縱、行為的訓練、適當飲食行為的增強與維護，以及不適當飲食行為的處罰等等。

進入青少年階段的孩子為了怕胖而過度節食是常見的現象。這種節食雖不如厭食症的嚴重，不致於自我製造上吐下瀉，也不致因而喪生，在發育上卻有嚴重的障礙。維托錫克（Vitousek, 1995）對付這種半懂事的孩子的飲食問題主張採取認知改造的方法來促進飲食的正常化。他的作法是把孩子節食背後的信念具體而微的指出來，或是要孩子說明節食的理由，然後指導孩子以簡單的實驗來辯證自己混沌和不成熟的想法、考驗自己的價值觀，並在健康與美觀之間做明智的選擇。大人只站在輔導的地位，指出孩子思考上邏輯上的錯誤，共同檢討孩子以偏概全的想法、不合理的推論、過份的斷章取義，或是盲目的附會、受到大眾傳播的蠱惑。一但孩子能夠了解自己思考的錯誤，建立正確的想法，其行為問題往往會迎刃而解。

　　反芻的行為常見於幼兒和智能障礙的孩子。這種行為的反覆出現自然妨礙正常的消化功能，也影響到日常的飲食衛生。如果孩子以手指觸挖喉嚨來嘔出胃中的食物，自然的處罰方法是在孩子的手指塗上嫌惡的刺激物，如辣椒醬之類孩子不能忍受但又不致危害健康的味道，使孩子不再把手指伸入口中。烈則和路可（Lazar & Rueker, 1984）以更積極的方法把孩子的生活習慣加以改變因而消除反芻的行為。他們所採取的方法包括四個主要的項目：(1)每一頓飯這個孩子的湯食和飲料大為減少，飯後一小時之內也不可以有任何飲料，但是一天當中必須的水份不減少；(2)把所有的食物全部剁碎以促進迅速消化；(3)把每天三餐的氣氛加以改變，因而這個孩子把注意力轉移到飯桌上的言談嬉笑，而不再過份關切自己口腔的活動；(4)每頓飯後安排一些有趣的活動讓這個孩子積極地參與，因而他飯後不再因為坐在飯桌前無所事事而把胃中的食物翻出來重新咀嚼。孩子的反芻有相當的改善後，食物就不必再剁碎。其他三個項目則無取消的必要。

　　異食症的案例不多，卻是相當棘手的行為問題。孩子吃下樹皮、花草、紙張、鐵釘、刀片等等就算不構成生命的危險，對正常的飲食也有重大的妨礙。更嚴重的是這種行為的消除相當困難，因此孩子經

常受到嚴密的監視，不但大人耗費時間，孩子也喪失自由而生活在一個監禁式的環境中。尬隨利（Guthrie, 1935）把異食症當做孩子的壞習慣來處理。他把習慣界定為反覆出現而且形式大同小異的行為。這種行為往往是自動出現，個人不容易隨意掌握。習慣的形成是在某種情況中或某一種刺激出現時，個人的行為出現了，而且得到了增強。這種行為在此刺激因素之下一再出現，也一再受到增強，結果它受到這種刺激的控制。經過長時間的聯合和變遷，個人內在的提示取代了外在的刺激，開始左右這種行為，甚至外來的增強已經消失，行為還會反覆出現。尬隨利處理異食症的策略是讓孩子接觸他可能吞食的東西，他可以觸摸、拿起來玩，甚至把東西拿到嘴邊來。這種作法是讓引發習慣性行為的刺激或是內在的提示增加其威力；在這種強烈的刺激中，孩子不把東西放入口中，而是要放回原來的地方。放回原來的地方與放入口中是完全不能同時存在的行為。這種新行為在原有的刺激情況中一再出現，就會打破原來刺激與反應之間的關係，因而破除壞的習慣。不過，從事這種破除習慣的訓練時，大人要具備高度的警覺性，一旦發現孩子把東西拿起來，就要做好介預的準備工作，所以在孩子把東西放入口中之前的一刹那，立刻出手制止，才會避免危險情況的發生，也才能收到革除異食症的效果。

肆 結語

健康是人生最大的瑰寶。但大部份的人並不知道健康的可貴，往往要等到失去了它，才會對它珍惜。飲食是人生最大的享受，也是常保健康最主要的因素。不幸的是有些人，包括孩子在內，飲食沒有節制而造成肥胖；另有些人則矯枉過正，因為怕胖而過度節食，結果形成厭食症或狂食症。孩子營養缺乏、發育不良則是另一種飲食異常的症狀。這些飲食問題形式不同，但都會威脅到孩子身心的健康，更給

幼小的生命帶來嚴重的威脅。

　　飲食異常與過胖過瘦往往有遺傳與生理的潛在因素。例如生來就有新陳代謝率過高過低、消化系統的故障、生長賀爾蒙分泌過多過少，或是肥細胞數量與質量的差異。飲食問題也可能是源自認知的錯誤，尤其青少年有的已餓得骨瘦如柴還嫌身材不夠苗條，在健康與外表美觀之間完全迷失了方向。孩子的情緒問題如憂鬱、焦慮、憤怒等等也與飲食問題息息相關；有的孩子因此茶飯無心，有的則是藉吃來驅除心中不愉快的感受。孩子的行為與生活型態也不容忽視。例如只求口福而暴飲暴食卻又少做運動，自然會造成肥胖；偏食、異食或反芻則會造成營養的偏失。家庭環境與父母養育子女的技能更在飲食異常症狀的形成中，扮演重要的角色。事實上，孩子飲食問題的形成往往是先天與後天各種因素交互影響的結果。

　　孩子飲食問題棘手之處是這種症狀往往深藏不露；因此，父母或其他養育人員必須敏銳地覺察孩子的成長，及早發現問題，處理問題。處理孩子飲食問題最基本的要素是父母的愛心、關切以及無條件的接納，同時建立了一個和諧而愉快的環境，讓孩子自由而且無憂無慮的成長。當然，有些父母對孩子營養的知識以及行為處理的技巧也有重新教育的必要。孩子認知的改造、行為的訓練與控制、生活型態的改變以及緊急情況中的醫療措施都不可偏廢。

第十一章

藥物濫用 •

藥物濫用不但是個人悲劇，也是家破人亡的主因。中國清朝末年的慘痛經驗就是最好的見證。當時因為國民吸食鴉片，整個國家淪為軟弱無能的國度，國民則被譏為東亞病夫。不幸的是這種悲劇一再重演於今日社會的每一個角落；就以軍事與科技超強的美國而言，罪犯的猖獗和藥物的濫用，已變成內在最大的殷憂。

梅爾門等人（Millman et al., 1980）特別指出一九六○和七○年代是美國與藥物搏鬥最激烈的時期，甚至六、七歲的孩子就開始吸煙、喝酒、吸食強力膠以為麻醉。近二十年來，這種問題方興未艾，尤其大都市的居民，幾乎是生活在藥物與犯罪的惡夢中。

將斯頓等人（Johnston et al., 1988）在一九八七年的全國性調查中，發現高中三年級的學生百分之五十七曾經試過非法藥物，其中百分之三十六的學生使用過大麻煙之外更強烈的毒品。高中三年級的學生百分之九十二喝過酒，百分之六十六經常喝酒，百分之五的學生天天喝酒。高中學生抽煙的比例大約是百分之二十五到三十三。霍登等人（Holden et al., 1990）認為目前大人已經覺察到抽煙對健康的威脅，抽煙人數年年減少；孩子抽煙的人數卻是日漸上升，開始抽煙的年齡則一再下降。所謂抽煙泛指吸紙煙和咀嚼煙葉。貝克等人（Beck et al., 1993）提出一個相當駭人的數目，十二歲以上的美國人當中，百分之二點三因為吸食毒品而需要治療。成人使用藥物的比例根據貝克等人的統計，四個人中有一個人抽煙，十個人中有一個人酗酒成性，另外三十五個人中有一個人吸食毒品。

霍登等人明白指出：兒童與青少年開始抽煙、喝酒或是吸食毒品，毫無疑問的會造成學業荒廢、行為問題、情緒惡化以及社會關係決裂的現象。有些孩子一旦走入歧途，就與犯罪結上不解之緣。對成人而言，藥物濫用不但造成身心的傷害，而且導致財務困難、失業、人際關係決裂以及家庭的離散，至於身陷囹圄的情形更是屈指難數。霍登等人把藥物的特殊為害分類加以說明。他們特別強調，青少年因為抽煙致死的人數多於其他死亡因素的總和。抽煙是造成心臟病、肺病以及癌症的重要因素。因為抽煙引發火災致死的統計數目也絕非少數。至於喝酒造成心臟、肝、腎、胃以及腦部各種生理器官的傷害是眾所皆知的事實。因酒醉開車造成的悲劇則是屢見不鮮。毒品的使用除了造成神經系統的錯亂和傷害之外，對心臟和呼吸系統也有重大的危害。近十五年來愛滋病的蔓延與針筒注射毒品更有直接的關連。

　　由於藥物的濫用，對整個社會而言，其付出的代價是鉅大無比。政府為了掃蕩毒品，使用的警力軍力、法庭的訴訟，其經費支出總以億萬計。此外，意外事件的發生、生產能力的減低，無不給社會帶來相當沉重的負擔。家庭與學校為此問題所帶來的困擾更是無計其數。根據美國疾病控制中心（Centers for Disease Control, 1991a）的報告，全美國每年大約有四十三萬四千人因為抽煙致死，每年七到二十萬人因酗酒喪生，至於吸毒致命或與販毒有關的死亡案件更以千萬計。貝克等人進一步指出：搶劫案件中百分之二十五與吸食毒品有關，另外百分之十五的暴力事件和百分之十四的謀殺都與販毒有關。總計大約百分之八十的犯罪案件與藥物的濫用有直接或間接的關連。

壹　藥物濫用的界定

　　藥物在此是指刺激心理狀況的化學因素。它直接影響一個人的中樞神經系統，改變其思考、情緒和行為。這種藥物的使用如果造成學

業、工作、健康以及人際關係的障礙，則是濫用。

美國精神病協會在一九九四年把這種引發心理症狀的化學藥物分為十三類（請見表11-1）。除了咖啡鹼，這些藥物都會造成藥物的依賴和藥物的濫用（成人抽煙吸用尼古丁不算濫用）。其中依其藥物性質分別會引起不同的心理症狀，包括中毒症（Intoxication）、戒斷症（Withdrawal）、中毒症的意識紛擾（Intoxication Delirium）、戒斷症的意識紛擾（Withdrawal Delirium）、智能退化（Dementia）、健忘（Amnestic Disorders）、精神症狀（Psychotic Disorders）、情緒障礙（Mood Disorders）、焦慮症（Anxiety Disorders）、性功能失常（Sexual Dysfunctions）以及睡眠失常（Sleep Disorders）。這十三類是藥物濫用的犖犖大者；其他用來刺激身心的藥物則不計其數，例如合法而正當的藥品常被歪用以求麻醉；強力膠等化學藥品，或是含有酒精的工業產品都曾被孩子廣泛地用來改變心理狀態。

貝克等人（Beck et al., 1993）把主要的藥物對人體的影響做簡要的介紹。酒類開始飲用時會引起麻醉的功能，輕微地影響一個人的思考、推理以及判斷的功能。血液中的酒精份量增加時，不但思考和判斷受影響，肢體的功能也引發故障，個人進入神志昏迷的狀態。酒量過多時，一個人會陷入沉睡或因呼吸器官的壓縮而致死。其他的麻醉劑、鎮定劑以及催眠劑都有相似的功能。以古柯鹼（Cocaine）為首的非法毒品主要是刺激中樞神經系統，產生安樂、警覺或是美滿的錯覺，同時降低焦慮的情緒和社會的忌諱。另一方面，它也會增進一個人的活力、自尊自信以及性欲望。抽煙是成人的合法行為，「飯後一根煙快樂似神仙」的說法，表示抽煙的人常借此來放鬆緊張的情緒，提高警覺，增強注意力和記憶力。有些孩子尤其女孩子以抽煙來防止增胖。

使用藥物對個人而言是產生虛幻的幸福感、麻醉人生、去除煩惱。問題是使用這種藥物所付出的代價千百倍於所得到虛無飄渺的感

表11-1 藥物的分類與心理症狀

心理症狀 / 藥物	依賴	濫用	中毒症	戒斷症	中毒症的意識紛擾	戒斷症的意識紛擾	智能退化	健忘	精神症狀	情緒障礙	焦慮症	性功能失常	睡眠失常
酒　類	X	X	X	X	I	W	P	P	I/W	I/W	I/W	I	I/W
安非他命	X	X	X	X	I	—	P	—	I	I/W	I	I	I/W
咖啡鹼	—	—	X	—	—	—	—	—	—	—	I	—	I
大麻煙	X	X	X	—	I	—	—	—	I	—	I	—	—
古柯鹼	X	X	X	X	I	—	—	—	I/W	I/W	I/W	I	I/W
迷幻藥	X	X	X	—	I	—	—	—	I	I	I	—	—
吸食劑	X	X	X	—	I	—	P	—	I	I	I	—	—
尼古丁	X	—	—	X	—	—	—	—	—	—	—	—	—
鴉片合成物	X	X	X	X	I	—	—	—	I	I	—	I	I/W
麻醉劑	X	X	X	—	I	—	—	—	I	I	I	—	—
鎮靜劑/催眠劑	X	X	X	X	I	W	P	P	W	I/W	W	I	I/W
多重藥物	X	—	—	—	—	—	—	—	—	—	—	—	—
其　他	X	X	X	X	I	W	P	P	I/W	I/W	I/W	I	I/W

附註：(1)此表譯自DSM-IV

(2)X、I/W、I、W、P表示這種心理症狀獲得DSM-IV的承認。此外，X表示這種藥物引發這種心理症狀；I表示在中毒（Intoxication）之中這種心理症狀；W表示在戒斷症（Withdrawal）之中這種心理症狀會出現；I/W表示這種心理症狀在中毒或戒斷症中會出現；P表示這種心理症狀會持續出現（Persisting）。

受。藥物的使用對個人對社會的危害在本章緒言中已提過，在此特別根據 DSM－IV 的報告，就心理上所產生的幾個主要現象加以界定。

一、藥物依賴

藥物的依賴（Substance Dependence）是指一個人使用藥物後發生了與此藥物有關的問題，卻不顧一切繼續使用藥物，因此產生一連串認知、行為以及生理上的症狀。這個人反覆地使用藥物已形成一種行為模式，結果造成耐藥力、戒斷症以及強迫性的藥物使用行為。依賴是指這三種症狀在十二個月中伴隨出現。

㈠耐藥力

耐藥力（Tolerance）是指一個人長期使用某一種藥物後，必須增加藥物的使用量才能達到神志昏迷（Intoxication）的狀態（如酒醉），或是滿足其身心的要求；否則繼續使用同量的藥物，其效果大為減低。耐藥的程度因不同的藥物而異。使用鴉片合成物或其他刺激性的藥物會造成相當高度的耐藥（需要十倍的藥量才會滿足），這種藥量對初次使用的人可能會有致命的危險。酒類的耐藥力也相當明顯但不如安非他命的高度耐藥力。開始抽雪茄的人，一枝就會弄得神魂顛倒，但久抽雪茄的人一天十枝以上並不足為奇。至於使用大麻煙的人一般不會覺察到自己有什麼耐藥力。

㈡戒斷症

戒斷症（Withdrawal）是指一個人長期使用藥物之後，一旦血液中或肌肉中藥物濃縮數量減少，就會造成這個人行為、生理以及認知的不適應或惡化的現象。一發生不愉快的戒斷症狀，這個人很可能會重新使用這種藥物來減輕或避免這種症狀，甚至一早醒來就開始全天候使用藥物。戒斷症狀的程度也因不同的藥物而有差別。酒類、鴉

片合成物、鎮定劑、麻醉劑以及催眠劑的長期使用很容易造成生理戒斷的症狀。古柯鹼、安非他命、以及尼古丁的刺激性藥品也會引發戒斷症狀，但不如酒類的明顯。至於迷幻藥則少有戒斷症的後果。

㈢強迫性的藥物使用行為

強迫性的藥物使用行為（Compulsive Drug – Taking Behavior）是指一個人長時間使用大量的藥物，其時間與數量已遠超過原來預期的程度。例如一個人原來只想喝一杯啤酒，但一喝就無法停止而至爛醉如泥。這個人可能下定決心要減少使用或控制用量，結果都是白費心機。有些人可能花費相當時間和精神來取得藥物、使用藥物或是掙扎於藥物所帶來的痛苦。有些人甚至一天到晚為藥物使用而忙碌，因而重要的事情如社交來往、工作或學業、娛樂活動等等都擺在一邊。一旦強迫性的行為模式建立起來，這個人明知使用藥物的結果會造成身心的嚴重傷害，例如嚴重的憂鬱或身體器官的傷害，還是照常使用。

㈣DSM－Ⅳ的診斷標準

藥物的依賴是指藥物的使用變成病態的形式，造成臨床上嚴重的障礙或壓力。這些症狀包括下列標準中的三種以上，而且在十二個月中一齊出現。

1. 耐藥力是下列兩種情況之中的一種：

(1)必須大量的增加藥物的使用來達到神志昏迷或滿足身心的需要。

(2)繼續使用同等數量的藥物，其效果大為減少。

2. 戒斷是下列兩種情況之中的一種：

(1)出現藥物使用後的戒斷症狀如社會關係、工作或學業以及生理上的障礙；或是停止使用這種藥物後會出現身心不適應的現象。

(2)必須使用同一種或其他相關的藥物來減輕或避免戒斷的症狀。

3. 藥物大量而長時間的使用，遠超出原來預期的程度。

4. 有意而且一再嘗試減少或控制藥物的使用，都徒勞無功。

5. 耗費大量的時間來獲得或使用藥物。例如看不同的醫師以取得大量的藥品、大量使用藥物如連續抽煙或是耗費相當精神處理藥物使用的善後和痛苦。

6. 由於使用藥物，重要的社交活動、工作或學業或是娛樂活動大為減少或完全放棄。

7. 明知使用藥物會不斷地造成生理上和心理上的問題，還是一再使用。例如古柯鹼造成憂鬱情緒，酗酒會造成肝臟和胃腸的傷害；但這些病態並不會遏止藥物的使用。

二、藥物的濫用

藥物的濫用（Substance Abuse）是指一個人使用藥物已變成病態的形式，並且造成不良的後果。這種後果包括無法履行個人的責任、身體的傷害、法律的觸犯以及人際關係的決裂。藥物的濫用與藥物的依賴最大的不同點是它沒有耐藥力、戒斷症狀以及強迫性藥物使用的行為，而局限於反覆使用藥物所引起的傷害。藥物濫用通常是指使用藥物的歷史不久，而未產生藥物的依賴；然而，有些人長期濫用藥物，但不一定會產生藥物的依賴。尼古丁（抽煙）的使用在成人不算濫用，但孩子抽煙可診斷為藥物濫用。

孩子使用藥物的結果可能導致神志迷亂而無法做功課，無法上學，無法從事課外活動，被學校處罰或退學。另一方面，這個孩子可能因醉酒開車而肇事、販賣毒品而入獄、與父母發生嚴重的衝突、與家庭離散，變成無家可歸，或是因而為非作歹。

DSM－IV的診斷標準是：

1. 藥物的使用變成病態的形式，造成臨床上嚴重的傷害或壓力，而且在十二個月中，發生下列情況中的一種以上：

(1)一再地使用藥物，因而在工作場合、學校或是家中無法履行重要的職責。例如因為藥物的使用而致無法上班或上學、工作或功課品質不佳、被人開除或退學、在家中不負擔家務。

(2)一再地使用藥物，造成危險的情況。例如使用藥物而神志迷亂卻又開車或操作機械。

(3)一再出現與濫用藥物有關的法律問題。例如醉酒肇事或販賣毒品被捕。

(4)雖然在人際關係上一再出現問題，還是繼續濫用藥物。例如孩子被學校處罰、被父母責備、夫婦吵架、朋友打鬥等等。

2.使用藥物的結果並未達到藥物依賴的診斷標準。

三、藥物引發的症狀

藥物引發的症狀（Substance – Induced Disorders）根據美國精神病協會的界定，共分為藥物引起的中毒症（Substance Intoxication）、藥物引起的戒斷症（Substance Withdrawal）、藥物引發的意識紛擾（Substance – Induced Delirium）、藥物引發的持續智能退化（Substance – Induced Persisting Dementia）、藥物引發的持續健忘（Substance – Induced Persisting Amnestic Disorders）、藥物引發的精神症狀（Substance – Induced Psychotic Disorders）、藥物引發的情緒障礙（Substance – Induced Mood Disorders）、藥物引發的焦慮症（Substance – Induced Anxiety Disorders）、藥物引發的性功能失常（Substance – Induced Sexual Disorders）以及藥物引發的睡眠失常（Substance – Induced Sleep Disorders）。在此只擇要介紹藥物引起的中毒症和藥物引起的戒斷症，其他八種心理症狀不另做解釋。

㈠藥物引起的中毒症

藥物引起的中毒症是指在新近食用或接觸到某種藥物，造成某種特殊的症狀，而這種症狀在個人淸醒後就會消失。中毒症因藥物不同而有別，但大致包括沉睡、好鬥、情緒不穩、認知模糊、判斷力受損以及社交與課業功能的失常等等行爲與心理的變化。這些變化是在使用藥物之後，藥物影響中樞神經系統所致。藥物引起的中毒症，如酒醉等等，與藥物的依賴及藥物的濫用有關。DSM－Ⅳ對藥物引起的中毒症提出下列診斷標準：

1.新近食用或接觸到某種藥物，引起某種特殊但事後會消失的症狀。不同的藥物引起不同的症狀，但也有可能引起相似或相同的症狀。

2.在藥物使用中或使用後，這種藥物影響到中樞神經系統，因此造成臨床上嚴重行爲與心理的變化如沉睡、認知模糊、判斷力受損等等。

3.這些症狀的發生並不是一般醫藥問題所引起，也不是其他心理或精神的症狀，如精神分裂、腦部受傷或智能障礙等等。

㈡藥物引起的戒斷症

藥物引起的戒斷症是指在長期而大量地使用藥物之後，如果停止或減少這種藥物的使用，就會產生行爲、認知以及生理上的病態。這種病態會造成個人的極端困擾，或在社會關係、工作、學業以及日常生活中造成重大的妨礙。一個人一旦有藥物引起的戒斷症，就會渴望這種藥物的重新使用以減除身心的病態和困擾。DMS－Ⅳ對藥物引起的戒斷症提出下列診斷標準：

1.在長期而大量的使用藥物之後，如果停止或減少使用這種藥物，就會產生某種特殊的症狀。

2.與藥物相關的特殊戒斷症狀會造成臨床上嚴重的困擾，或是在

社會關係上、工作上、學業上以及其他生活功能上的妨礙。

　　3.這些症狀的發生並不是一般醫藥問題所引起，也不是其他心理或精神的症狀。

貳　藥物濫用的病源

　　藥物濫用的病源眾說紛紜。自從一九六〇年代後期美國士兵在越戰中普遍吸毒，再加今日毒品氾濫的問題日益惡化，近三十年來各種病源論如雨後春筍般的出現在研究文獻中。奧庭和必巴斯（Oetting & Beauvais, 1986）把這些文獻綜合為六種主要的理論：(1)疾病與上癮的理論（Disease－Addiction Theories）明顯地指出藥物的威力以及它對個人、對社會的危險性；(2)通道的理論（Gateway Theories）強調使用某種藥物等於敞開大門，鋪出一條道路，讓其他藥物接二連三地使用下去；(3)社會的理論（Social Theories）強調外來的力量迫使或誘使個人開始使用藥物；(4)心理的理論（Psychological Theories）認為個人的心理問題使孩子容易染上使用藥物的惡習；(5)心理社會的理論（Psychosocial Theories）指出個人的特質與社會環境的交互影響使個人步入歧途；(6)生活型態的理論（Life－Style Theories）強調藥物與個人生活型態的關連，尤其是青少年的生活型態如果與四周圍的人臭味相投或是與幫派組織同流合污，就很難擺脫藥物的濫用。上述六種理論是從各種不同的角度來分析問題的起源，但總括而言，可以用生物心理社會的因素（Biopsychosocial Factors）來解釋。這一節分六方面來介紹藥物濫用的起源、上癮以及舊病復發的因素。

一、社會化的過程

社會化的過程是塑造個人行為最有力的因素。它猶如一般洪流，把渺小的個人帶入整個時代與社會文化的潮流中。這個過程包括家庭的背景與教養、同伴的相互影響、經濟情況的容許或驅使以及社會文化的鼓舞和默許。個人求得生存的最佳途徑是溶入社會的潮流中。不幸的是有些人生長於不良的社會環境中，隨波逐流，感染了使用藥物的惡習和症狀。

(一)模倣

梅爾門等人（Millman et al., 1980）特別指出孩子在成長過程中，要能在複雜的社會關係中繼續生存，跟上時代的潮流，順應社會文化的需求，都要仔細觀察別人的言行舉止，尤其倣效大人的行為。其中父母兄長和學校老師自然是最好的行為榜樣。每一個孩子都有強烈的慾望模倣大人的行為，或是在日常生活中耳濡目染，自然跟著大人學著抽煙喝酒。至於煙酒廣告也常借用體壇風雲人物做為宣傳，或是利用色情的故事來引起孩子抽煙喝酒的動機。這種廣告也是利用孩子善於模倣的心理，引其上勾。父母在家中飲酒作樂，而且提供孩子垂手可得的機會，因此孩子自小染上酒癮並非不可能的事。孩子在外也會模倣其他孩子的行徑，從抽煙喝酒而進入非法毒品的使用。

(二)社會文化的影響

貝克等人（Beck, 1993）根據歷史的記載，指出中國和埃及兩個文化古國，自從有歷史就有國民使用鴉片的記載。在古老的社會中，吸毒是有錢有勢特權人物的專利。越戰中美國士兵普遍吸毒似乎形成一股歪風也變成一種新的文化，把部份士兵帶入軟弱無能的地步。目前美國的中學裡，一股吸毒的暗流或是小集團則不斷吸收新成員，把

孩子推入萬劫不復的地步。從另一個角度來分析，東方女性少用煙酒，男人抽煙的比率則多於西方人，足見社會因素對藥物使用的影響。

(三)同伴的壓力

與友伴同流合污是造成青少年使用藥物的最大因素。霍登等人（Holden et al., 1990）認為社會文化的影響，個人的心理因素和生理的需求固然是重要的因素，但同伴的媒介才是孩子染上用藥惡習的直接病源。霍登等人所謂的同伴是指一小撮志同道合的青少年，彼此扶持，彼此影響。從好的方面講是有親密的友誼，從壞的方面講是成羣結黨為非作歹。這種小集團的成員都有認同和彼此接納的感覺，而且往往採取一致的行動，包括抽煙喝酒吸毒等不良行為。加入這種組織的唯一條件是和他們一起吸毒或飲酒作樂。在這種組織中，彼此影響，彼此助長，但也受到組織的控制，一旦進入就難脫身。因為這些成員都是藥物的消費者也是藥物的販賣者；為了維持昂貴的用藥惡習，他們會向其他孩子施加壓力，促其使用藥物，吸收為小集團的新成員，從中獲取利益，維持吸毒的生活方式。

(四)眾樂樂的心態

「酒逢知己千杯少」的說法，道盡了同好一起使用藥物的心態。史庭謀（Stimmel, 1991）指出孩子使用藥物不但在於造成自己飄飄欲仙的感覺，而且在於和同伴分享一份刺激和歡樂。孩子以藥物做為媒介來增進彼此的情感、鞏固幫派的組織或是控制組織的成員。但這種社會化的過程反過頭來助長藥物的使用。卡羅等人（Carroll et al., 1991）從色情的角度來分析藥物濫用的病源。他們認為酒與色常結不解之緣；色情與求偶常與藥物有關。有些青少年在發生超友誼的關係以前，常邀約對方喝兩杯或是使用其他非法毒品來激發情緒，排除畏縮和顧慮。

二、滿足身心的需求

　　學齡兒童開始使用藥物大都是學大人的模樣，或是由於好奇心的驅使。青少年使用藥物大都是用以滿足身心的需要。霍登等人認為青少年一方面用以陶醉於虛幻的自我滿足和短暫的快感；一方面則是用以驅除內在的壓力與不安，彌補現實生活中的不足。他們強調社會化的過程自然是重要的肇因，但使用藥物時所帶來的短暫歡樂，是使孩子上勾的主要原因。

㈠尋求歡樂

　　「飯後一根煙，快樂似神仙」描述抽煙的人把抽煙當成人生的一大享受。同樣的道理，喝酒或使用其他藥物來刺激中樞神經系統，改變思考和情緒，因而陶醉在「現實生活」中無法體驗的快樂和興奮。貝克（Beck, 1993）指出有些藥物產生振奮的效果，使人感到飄飄欲仙；有的藥物給人帶來額外的精力和體力；另有些藥物則有鎮靜的功能，掃除心理的壓抑與禁忌，在沉醉中肆無忌憚地做出平時不敢做的事；更有些藥物會產生虛幻的感受，給個人帶來額外的刺激，因而驅除無聊和沉悶的情緒。涉世未深的青少年開始使用古柯鹼之類的毒品之後，發現思潮洶湧澎湃，創造力大增，個人的能力有如天賜，因此對此藥物趨之若鶩，殊不知一旦上勾就很難脫逃。

㈡借酒澆愁的心態

　　貝克等人認為孩子開始使用藥物是在尋求歡樂，但一上勾之後，用藥的目的轉為逃避現實生活中的壓力，以藥物做為短暫的避風港。一般青少年處於從兒童進入成人的轉變時期，面對著層出不窮的壓力：學校功課、人際關係、校規與家庭規範的順從與抵觸、獨立與依賴的衝突、競爭、疾病或其他身心障礙。這些壓力給孩子帶來不少焦

慮、憂傷、挫折、憤怒、疑慮以及緊張的情緒。孩子發現使用藥物可以暫時把人世間的煩惱擺在一邊，不愉快的情緒一掃而光。他們深信現實生活太痛苦而無法承擔時，用藥物來麻醉是最好的解脫。配理（Peele, 1985）發現吸食毒品的青少年如果是生長在惡劣的生活環境中，比較容易上癮。所謂惡劣的生活環境要看個人如何解釋，因此這又涉及認知的因素。上了毒癮的孩子只求暫時的解脫，至於現實生活中的種種問題都變成次要。處於這種情境的孩子，藥物完全控制了他們的生命，所謂人生的目標與人生的價值都與藥物使用相抵觸因而完全置於腦後。他們的生活情況日漸惡化，內外壓力不斷增加，因此更需要藥物來求得解脫。一旦惡性循環的情況產生，孩子時時刻刻都在設法得到藥物、使用藥物，甚至為非作歹來滿足用藥的需要也在所不惜。

三、個人的心理特質

每個孩子多少都會體認到現實生活中的壓力；人際關係的適應也要一再地調整，才能得到父母、同學以及朋友的接納。但為什麼只有少數的孩子會走入歧途，染上使用毒品的惡習？捷碩等人（Jessor et al., 1986）認為這與孩子的心理和行為的特質有相當密切的關係。他們根據問題行為的理論，特別指出這種孩子的行為和正軌社會的規範背道而馳，使用藥物來麻醉自己是一連串行為問題中的一個環節。

㈠行為傾向

有的孩子一旦陷入用藥的泥沼中就無法自拔，自然有其特殊的行為傾向。根據配理的研究，這種孩子往往缺乏自尊自信，無法吃苦或不能承當挫折，感到人生沒有什麼希望，或是存有反抗的心理，言行與學校和家庭的規定背道而馳。一旦染上了毒癮，把藥物視為人生當中最有價值的事物，至於學校功課、家庭的責任、正當的娛樂、父母

老師的教導都視為次要。

貝克（Beck, 1993）從認知理論的觀點來分析孩子從事藥物濫用的行為傾向。他發現有些孩子在未使用藥物之前就開始顯示出某些心理特質。這是父母特別需要觀察和防範的地方。這些特質包括：(1)對於不愉快的事物特別敏感，甚至自己的情緒稍有變化都不能忍受；(2)缺乏控制自己行為的動機，凡事要獲得立即的滿足；(3)缺乏控制自己行為的技能，或是應付生活壓力的方法不妥當；(4)凡事採取自動化的立場，任由衝動主宰自己的行為；(5)蓄意尋找刺激，無法容忍空虛無聊；(6)由於認知與信念的歪曲，無法忍受挫折；(7)對於未來已不存遠見，一切都在求取眼前心理上生理上的滿足；對於眼前行動所可能帶來的嚴重後果完全不予理會；(8)無法把心中的積鬱做適當的表達，往往採用不適當的方法以求發洩；(9)缺乏果敢的行為，無法理直氣壯地抵擋外來的誘惑和同伴的壓力。

(二)心理症狀

心理與情緒的病態與藥物的濫用唇齒相關。根據隆斯維爾等人（Rounsaville et al., 1991）的統計，無酒不能過日子的人中，百分之十三有心理症狀；使用非法毒品的人中，百分之二十六有心理症狀；至於使用古柯鹼等強烈毒品的人中，百分之三十一有心理與情緒的重大問題。

貝克和他的同事發現憂鬱症狀是最常見的心理異常（有關憂鬱症的詳細症狀請見第四章）。他們認為使用藥物的孩子覺得自己掉入一個黑洞中或是無法逃脫的陷阱中；也可以說是被一股負面的認知所淹沒，對自己、對目前的環境、對未來完全喪失了希望。他們總是感到悲傷，考慮到自殺，感到精疲力竭；對於建設性的活動毫無興趣，甚至日常生活中的一切都感到索然無味。有了這種心理和處事的態度，一切都變得無所謂，也因而容易被人牽著鼻子走，把藥物視為一生中最珍貴的救星。

憤怒與焦慮是另外兩種與藥物濫用糾纏不清的情緒問題（有關憤怒與焦慮的情緒，請見第三和第五章）。貝克認爲有些孩子慣於小題大作，只要遇到一點不如意的事就大爲光火，甚至對別人造成身心的傷害。憤怒的情緒不單單會導致藥物的使用，更危險的是在藥物使用之後，神志失去控制的情況下，會產生強烈的敵意和暴力，構成用毒與犯罪的溫床。焦慮的症狀與藥物的使用有直接的關係。借酒裝瘋或借酒壯膽都是在酒精的影響之下，克服了焦慮、恐懼以及世俗的約束。焦慮包括特殊的恐懼、社會恐懼、強迫性的行爲、創傷後壓力症等等。患有這種情緒問題的孩子，比較容易因藥物而上癮；對他們而言，藥物是獲得心理解脫的捷徑。

〔三〕人格的症狀

人格的症狀是指情緒、認知以及行爲長期而固定的型態；這種型態不但產生不適當的言行舉止，而且不容易加以改變。根據貝克等人的臨床經驗，人格異常的患者具有四種共同的特質：(1)他們最常見的心理病態是「自我和諧」，從不承認自己有任何錯處。他們處處爲自己著想，做事不負責任，缺乏良知和對別人的關切，利用和操縱別人，以暴力解決問題，以及向權威挑釁。這些不適當的想法和作法對他們來講都是正正當當的行爲。(2)他們的行爲和態度對別人來講是有害無益。他們只知道自己心中的痛苦，但無視於自己的勾當會對別人帶來多少苦難。(3)這種人的觀念和行爲都很難改頭換面。他們不會客觀地分析自己的長短處，也無意於改變自己的態度和行爲，更無法忍受改變過程中發生的不便和挫折。(4)患有人格異常的人常會固執己見，沒有遠見或睿智來尋找更適當的途徑。

根據上述四種人格異常的特質，貝克等人舉出六種與藥物濫用關係最密切的人格症狀：

1. 逃避型人格異常（Avoidant Personality Disorder）是指患者具有長期的緊張和恐懼；他們一直感到生理上心理上都面臨著傷害的

威脅。使用藥物使他們感到安全而且具有信心，也不必面對生活中日日艱難的現實。

2. 依賴型人格異常（Dependent Personality Disorder）的患者有一種想法：沒有藥物就無法過日子。這種患者尤其會使用強烈的毒物來引發刺激，製造歡樂。青少年的患者尤其需要友伴的接納，因此非常容易掉入同伴的壓力，甚至老師和父母的警告都是充耳不聞。

3. 強迫型人格異常（Obsessive–Compulsive Personality Disorder）的患者總是自以為對，而且一切事物都要掌握在自己的手中。這種人一旦陷入用藥的圈套中，很難自我覺醒。他們對自己太過自信，絕對不會承認自己有什麼差錯；用藥對這種人而言只是一時的權宜措施，船到橋頭自然直。這種過度的自信常使他們愈陷愈深，終致無法自拔。

4. 自戀型人格異常（Narcissistic Personality Disorder）患者總認為自己是特權人物，可以享受種種特殊的優待，而且不必像一般人要受到種種規範的限制。他們認為自己可以為所欲為，酗酒吸毒也沒有人可以管得著。這種人也不會承認自己犯了重大的錯誤。

5. 劇化型人格異常（Histrionic Personality Disorder）的特性是不甘寂寞，最不能忍受孤單無聊。他們處處要出風頭，充老大。這種個性與藥物刺激所產生的神志飄忽狀態一拍即合。青少年階段的孩子經常透過藥物來建立與異性的親密關係。

6. 妄想型、分裂型及分裂病型人格異常（Paranoid, Schizoid, Schizotypal Personality Disorder）都帶有精神分裂的人格傾向。他們常借用藥物的迷醉來獲得短暫的安全感。這種患者對別人帶有濃重的猜疑心態，處處設防。同時，他們很難建立親密的人際關係，總是認為別人會佔自己的便宜或是乘機攻擊。這種人平時總是獨來獨往，使用藥物時也是關起門來享有一份清靜和安全。

四、上癮與復發的由來

上癮（Addiction）是指一個人使用藥物之後就很難永遠停止使用。貝克等人特別指出大部分的人開始使用藥物完全出於自己的意願，但一旦上癮，就無法停止或不願意停止。例如有人喝酒上癮之後，發現身體出了毛病，財源有困難，人際關係出現裂痕；但他們無視於這種種嚴重的後果，或把問題歸因到其他人的身上，如父母不能體諒、太太亂花錢等等。這種無法停止的情況往往超出個人意願，顯然他們已失去了控制。另有一些人則會把藥物使用的利弊做個分析，結果發現利多於弊，因此心甘情願地讓藥物主宰一生。復發（Relapse）是指一個人停止使用藥物之後，再度回復到使用藥物期間的行為型態。馬賽等人（Mackay et al., 1991）的統計顯示：使用藥物的人矢志戒煙戒毒之後，三分之二的人在三個月之內就會舊病復發，重新使用藥物。上癮與復發是使用藥物最危險的陷阱。這種情形的由來可以從五個方面來解釋：

㈠認知的因素

有人一上癮就難以脫身是因為他們有一個常見的信念，誤以為戒斷（Withdrawal）必然會帶來相當的痛苦，因此不願輕嚐戒斷的滋味；殊不知戒斷的症狀因藥物不同而有相當的差別，每一個人的反應也不盡相同。尤有甚者，心理作用實際上勝過生理上的症狀。心存恐懼是戒除藥物的大敵。貝克等人發現有些使用古柯鹼的人停止使用後，反而感到舒坦而且有成就感。只是這種感覺會很快被其他身心的症狀所取代，因此在治療上必須一步跟著一步，絕對不可鬆懈。另一種錯誤的想法是不使用藥物就無法過日子，有如在高空走繩索而地上安全網已經撤走的感覺；只有一枝煙在手中或一杯酒在身邊才會感到安全和滿足。有些人則對自己戒煙戒酒從未寄以重望，他們甚至不願

想像自己渴望藥物的情況。

馬烈特（Marlatt, 1985）認為這些認知和信念與四種心理準備有關：(1)自我效能是指一個人面臨著藥物的誘惑時，對自己應付危機情況的能力到底做何估計；他到底是要貪圖一時的快樂，還是要咬緊牙關迎接挑戰？(2)行為後果的期望是指這個人對於用藥的利弊得失做何種評判；他是不是只考慮到藥物的好處而把嚴重的後果完全拋諸腦後？(3)用藥的歸因是指這個人把上癮歸自外在或是內在的因素？例如一個孩子這麼想：「我的同學都在抽煙，我當然也可以抽。」（外在因素）或是這麼想：「我已有了酒癮，沒有酒我的身體就會受不了。」（內在因素）。一個人如果有這種想法，戒除藥物就相當困難。(4)選擇與決定是指個人行動的選擇與決定往往與藥物使用有關。例如明知和酒肉朋友外出必然是不醉不歸，卻選擇與他們日夜為伍；明知看人抽煙就會煙癮發作，上餐館時偏偏選在吸煙的座位區，自然會手指發癢。

㈡惡性循環的結果

借酒澆愁的結果往往是愁更愁，從此造成惡性循環而至飲鴆止渴。很多人面對著日日不斷的生活壓力，終於獲得了暫時逃脫的機會；在爛醉如泥當中一切痛苦、煩惱和憂慮一掃而空。從行為分析的觀點看，這是最強有力的負增強。不幸的是一覺醒來之後，內在外在的壓力加倍而來。諸如錢財的問題、工作或學業的問題、父母或家庭的問題、法律與犯罪的問題，在在逼著他重蹈覆轍。基於先前獲得增強的經驗，這個人毫無疑問會一試再試。一個人感到焦慮、無助、自信心自尊心低落或是其他不愉快的情緒時，常使人輕易地嘗試藥物，結果都是捲入惡性循環的漩渦，愈陷愈深。

㈢藥物習慣

貝克把上癮又名為「藥物習慣」（Drug Habit）。但藥物習慣

與一般所稱的習慣大不相同。他認為孩子稍不如意就嘟著嘴巴，或是把衣鞋到處亂放是屬於「壞習慣」；老張開車非常小心，每到路口都會轉頭觀望是屬於開車的「好習慣」。不管是好是壞，都是經常反覆出現的行為；但是這種行為並不涉及渴望或是身心的需求。「藥物習慣」是指藥物使用人在某種情況中會渴望而且急須滿足藥物的需要。這種滿足的渴望具有激烈的強迫性，驅使個人陷入不正常的行為型態。再者，一般習慣都是出自一個人的意願，但「藥物習慣」不容個人有自做決定的自由。此外，由於刺激的類化，「藥物習慣」會一再擴大到更廣泛的情況。例如嗜酒如命的人原來只在週末邀幾個好友在家暢飲，但「藥物習慣」會擴展到不分晝夜，不管有沒有人陪伴，在家中或在任何場合都會因酒癮來襲而暢飲不止。

四意志力和應付技能的缺乏

浮沉於用藥漩渦中的人難道不知道他終究要沉入谷底？難道他不會下定決心痛改前非？這些問題的答案都是肯定的。真正的問題是單單靠意志力與藥物搏鬥實在毫無招架的餘地。根據貝克等人的解釋，意志力是指經過深思熟慮之後，在意識狀態下所做的決定。這種決定帶有相當的動力，照說可望遏止或拖延對藥物的需求和渴望。他們認為一個人對藥物的渴望並不很強烈的時候，意志力的確有阻擋用藥的效果。但是一個人面臨著強烈的誘惑，內在的需求也相當迫切時，意志力很快就會崩潰。這種現象的發生主要是用藥的人，尤其涉世未深的青少年，還沒有建立解決問題和應付壓力的技能。沒有適當的技能做後盾，意志力完全無濟於事。再者，孩子的認知、信念以及對藥物的態度如果沒有改變，他們自認為無法抵擋用藥的誘惑，也往往只顧眼前歡樂的尋求和痛苦的避免；「下次一定」要下決心戒除使用藥物的惡習，但「下一次」從未實現。

㈤復發的因素

藥物濫用的一大特色是戒除一段時期之後，抵擋不住誘惑，在一年半載之內就會復發。根據馬烈特和戈登（Marlatt & Gordon, 1985）的模式，個人戒除藥物之後，建立了一種能夠自我控制的感覺。但是，一旦遇到高度危險的情況時，這種感覺會受到考驗，甚至整個防衛系統完全崩潰。此地所謂高度危險的情況包括內在的刺激，如憂鬱、孤獨、無聊、憤怒、挫折或是生理上的病痛；外在的刺激則包括足以觸發用藥的人、地、事、時。例如考試不及格、與女朋友鬧翻、被父母責罵等等。不過，所謂高度危險性往往因人而異。例如有的人口袋一有幾個錢就會喝得爛醉如泥，另有些人則因為沒錢而懊惱而開始喝酒。因此，同樣的刺激會產生不同的反應。

馬烈特和戈登認為有些人遇到高度危險的情況就借用藥物來麻醉自己，或是抵擋不住誘惑而重蹈覆轍，主要是這種人缺乏應付的能力。例如考試不及格沒有東山再起的雄心毅力、與女朋友鬧翻缺乏社會技能來重修於好，或是無法收拾被學校開除的殘局。在極度憂傷的情況下，借藥物重溫於虛無的慰藉中。另一個重要的因素是這個孩子還殘存著歪曲的信念：用藥的好處還是多於壞處。這種基本的態度如果不加改變，縱使有高度的應付技能，隨時都會重燃渴求藥物的火花。有些人並未遇到特殊的危險情況，還是不由自主的重回用藥的舊路。馬烈特和戈登的解釋是一個人的自我控制慢慢地鬆懈，渴望藥物的強度在不知不覺中日益增高；一旦這種比例失去平衡，這個人就會回到原先的生活型態。他們特別指出一個人失去控制的原因是身心的疲憊，原先戒除藥物的動機和戒心逐漸鬆弛，或是當初使用藥物時所遭遇到的慘痛經驗，已在記憶中逐漸褪色。基於這種種因素，他們認為戒除藥物的時候，就要把舊病復發的預防策略考慮在內。

五、通道與過站的理論

侃多和羅根（Kandel & Logan, 1984）早在十幾年前提出的過站理論（Stage Theory）與通道理論（Gateway Theory）強調藥物的使用會從軟性的藥物開始，例如孩子開始學抽煙，跟著大人喝酒。一旦上了癮，等於打開大門，可能會一步步地進入非法毒品的濫用。不過，這種逐步漸進的過程並不完全適用於每一種孩子。侃多和羅根認為有的孩子淺嘗即止，有些孩子則會步步高昇，使用藥物的強度一再加劇。對後一種孩子而言，也不見得每一個孩子都會經過一致的階段。但他們提供一個重要的概念：一旦使用藥物的大門一開，五花八門的藥物就更有可能接踵而來。

六、疾病的模式

疾病的模式強調藥物對個人生理上的衝擊，使這個人產生病態的反應，亦即一旦上癮生理上就非有這種藥物不可。捷琳克（Jellinek, 1960）發現有些人戒除藥物後，只要再喝一杯酒再抽一枝煙，立刻引發舊病，證明這種人的生理結構已經感染了用藥的疾病。

叁 藥物濫用的評量

處理青少年濫用藥物的問題，必先了解這個孩子身心各種錯綜複雜的因素。這包括孩子成長的歷史與背景、對濫用藥物以及人生百態所持的信念、應付生活壓力的技能和策略、容易陷入用藥漩渦的心態、自動化的思考方式以及不良行為等等與藥物濫用有關的因素。兒童與青少年無論採用那一種藥物都犯了家庭和學校的禁忌，父母和老

師都會三令五申告誡孩子不可嘗試藥物。因此，孩子一旦誤入歧途，自然會躲藏隱瞞；就是被人發現，孩子也常不願吐露實情。霍爾等人（Hall et al., 1990）發現有些人自動要求治療，但在節骨眼上對隱情還是會有相當的保留。因此，藥物濫用的評量必須從多方面搜集資料，包括孩子的自我報告、關係人提供的線索、警方或校方的報告以及身體檢查的結果，相互對照印證，才能找出事情的原委和眞相。（有關行爲背景的評量請參見第二章。）

一、評量的項目

貝克和他的同事（Beck et al., 1993）認爲評量藥物濫用的主要目的在於了解幾個根本的問題，這些謎題有了答案才能據以設計處理和介預的策略。這些問題是：這個孩子爲什麼開始使用藥物？這個孩子如何從藥物的使用進入藥物的濫用和依賴？如何從軟性的煙酒進入非法的毒品？這個孩子爲什麼自己沒有辦法戒除藥物？這個孩子對藥物採取什麼態度？這種態度和信念是如何形成的？這個孩子在未使用藥物之前，功課、體能和娛樂活動、人際關係以及一般行爲是什麼樣子？高度危險性的情況與這個孩子的用藥行爲有什麼特殊關係？爲了回答這些問題，評量的範圍要包括十一個基本的項目。

㈠兒童時期有關的資料

兒童時期的資料是指孩子在幼年成長過程中，塑造特殊想法和信念的經驗。基於這些經驗，孩子對自己建立一些正面和負面的想法，也對外面的世界和人間世事產生某種特殊的觀念。例如十六歲的小東從小成長在一個很不穩定的家庭；他的父親是一個酒鬼，對家庭對子女總是喜怒無常，小東從此建立一個錯誤的觀念：一個人出了問題，喝酒就可以把人引入安全的避風港；這個世界多變化，還是今朝有酒今朝醉最實在。再如十五歲的小西出生於一個完美的家庭，父母都是

傑出的科學家，但對孩子的要求是一絲不苟。因此，他和其他三個兄姊都深深感到自己是不得緣和沒人要的壞孩子，既然是壞孩子，就可胡作非爲。

(二)目前所面臨的問題

孩子目前所遭遇到的問題如功課不好、觸犯校規、與父母爭執、與朋友翻臉或情緒與行爲有了問題，可能是開始使用藥物的導因，也可能是使用藥物的結果，更有可能互爲因果。治療藥物濫用務必連根拔起。因此，生活中的問題必須一一清點出來並加以改善。

(三)孩子對自己的中心信念

孩子一旦陷入使用藥物的泥沼中，大部份會出現兩種關鍵性的信念：「我是一個沒有希望的人」；「我是一個被人唾棄的人」。孩子這種自暴自棄的想法會摧毀回頭是岸的信心和動機，因此要把它指點出來並加以改變。孩子在評量當中可能會說：「我一點辦法也沒有」、「我已經陷入太深了」、「我的能力太差」，或是「我試過幾次都沒有用處」都表示放棄了希望。孩子也可能會說：「沒有人會喜歡我」、「我是一個壞蛋」，或是說：「每個人都討厭我」，這表示他認爲他已遭唾棄。

(四)應付中心信念的假設

孩子有了遭人唾棄或自認沒有希望的中心信念，可能會產生有條件的假設。這種假設可能是正面的也可能是負面的。但這些假設可能都還未經過印證。例如小西常這樣想：「我如果每一次都考第一名爸媽就會疼我。」或是說：「如果我不能每次考試都得到一百分，我就是一個沒有用的孩子。」

㈤補償的策略

孩子不但產生一些正反兩面的假設，也會製造一些行動來應付或補償他們的中心信念。使用藥物的孩子所製造出來的應付行為或補償的策略本身可能出現很多漏洞。例如其行為型態常是出於衝動、一成不變、不識時物、耗費精力而且缺乏效能。這種孩子最常用的補償策略是使用藥物來增加信心，幻想自己是一個有價值的人。當然，使用藥物的目的是多方面的，尋歡作樂是其中之一，用以驅除無助與無望的感覺又是另外一種目的。到頭來這種策略使用的結果產生更多的疑慮和負面的自我觀念。這種短暫與長遠的效果以及策略的運用要評量出來，也要指明讓孩子知道。

㈥高度危險的情況

孩子處於某些情況中，自暴自棄的中心信念以及涉及藥物的不當觀念就會油然產生。這種情況很容易把孩子捲入漩渦中，因此務需一一指點出來，儘量讓孩子涉足其間，並訓練孩子處身於這種情況中要能挺身抵擋高度的誘惑。例如小南戒除古柯鹼已經有好幾個月，由於朋友邀約，又回到以前經常購買藥物的小巷，立刻回想到上次在這個角落買藥的情形。接著他會回憶到吸毒之後快樂如神仙的感覺，這是高度危險的內外刺激。如果小南受過相當的行為訓練，他要改為這樣想：「上次在這個地方買了一包古柯鹼，錢都用光了，結果向一個老太太搶錢被人捉到，在監獄關了六個月。好辛苦才把它戒掉，如果重新開始，至少要關上一年才會放出來。」

㈦自動化的思考

使用藥物的人大多在使用前未能深思熟慮；他們只顧眼前的需要，卻不從長遠的後果考慮藥物的使用。這種自動化的思考常出於自暴自棄的中心信念。孩子自動化的思考大多是：「已經這麼久滴酒不

沾，我實在想死了！我實在受不了了！」，「只喝兩杯有什麼大關係？」，「這個禮拜我太用功了，考試每一科都及格，喝兩杯爸媽也不會生氣。」這種種自動的想法引起孩子用藥的渴望和衝動，也鬆弛了防衛的系統，很容易使孩子步入歧途。這種未經深思熟慮的自動化思考要設法評量出來。

㈧情緒的作祟與認知的因素

一個人情緒的發展和自動化的思考息息相關。但是濫用藥物的孩子常不知自己強烈的情緒產生之前都有認知的過程，亦即受到自動化思考的左右。例如小忠每在動怒、焦急、悲傷、失望之前都是先想到他父親以前打他的情景，或是在一次遠足當中別的孩子都帶了好吃的東西，獨有自己兩手空空。透過心理的評鑑和治療，孩子可以了解到情緒與認知的關係；從修正認知的過程和自動化的思考，孩子可控制自己的情緒而不致依賴藥物來麻醉自己。這種認知與情緒的關連是事關緊要的評量項目。

㈨孩子的行為

孩子的所作所為，一言一行都是起因於危險情況、中心信念、對藥物的想法、自動化的思考以及情緒因素所帶來的反應。孩子一陷入用藥的漩渦中，其常見的行為是一天到晚設法弄到他所需要的藥物，使用並迷醉於藥物，以及從事相關的行為如性活動、販毒圖利等。由於這些不正常的行為，直接間接造成人際間的衝突，周旋於法律的邊緣，同時造成學業的荒廢和身心各方面的退化。行為的評量相當廣泛，藥物濫用本身自然要鉅細靡遺地清查，其他相關的日常活動和吸毒行為的結果也要徹底了解。

㈩戒除藥物濫用的動機

孩子到底是主動要求協助來戒除藥物濫用，還是被迫而接受治

療，對治療的步驟與效果有重大影響。孩子戒除藥物濫用的動機可以分為五個階段，在動機的評量中要斷定這個孩子是處於那種階段，然後據以設計治療的策略。根據玻切斯卡等人（Prochaska et al., 1992）的經驗，戒除藥物濫用的動機依序分為下列階段：(1)茫然無知的階段。這個孩子從未想到根除用藥的問題，也沒有戒除的動機。(2)考慮的階段。這個孩子分析過與用藥有關的種種問題，也體驗到情況應該有所改變，但還沒有具體的行動計劃。這個階段的孩子對戒除藥物還是模稜兩可，但對外來的要求或教育措施已能開始接納。(3)預備的階段。這個時候孩子的確有求變的願望，而且希望能得到外來的協助以解決目前的困境。不過這個階段的孩子還是會認為忍受戒毒戒酒的痛苦是得不償失的作法。(4)行動的階段。這個階段的孩子已下定決心痛改前非，也採取具體的行動，改變用藥的行為。這個時期的孩子必須咬緊牙關，忍痛犧牲才能達成排除藥物的目的。因此，這個階段的孩子最需要外來的支援和鼓勵。(5)維護的階段。孩子擺脫藥物使用的生活方式後，會繼續思考用藥和戒藥的種種問題，也掙扎於一身清淨或回復用藥生活型態的邊緣。這個時候預防舊病復發的策略要積極派上用場。

(土)評量的統合

根據上述十種評量所得到的資料，可以把一個孩子的生活型態和行為問題做個統合的判斷。針對其自暴自棄的信念、用藥的行為以及惡性循環的形成，設計可行的治療策略，改變其信念、行為以及生活方式，徹底粉碎惡性的循環。

二、評量的方法

大部份的孩子接受治療都是迫不得已，其合作的態度自然可疑。孩子在評量過程為了避免將來受到處罰，避重就輕或刻意掩飾在所

難免，因此訪問孩子所得到的資料往往虛實難辨。因此，除了直接評量孩子的言行之外，多方查證是不可或缺的一環。

(一)臨床的訪問

探尋孩子使用藥物的行為以及潛在的認知因素時，由於孩子的蓄意隱瞞或自己根本不知所以然，臨床的訪問不能長驅直入，必須使用迂迴誘發的策略。奧法霍設（Overholser, 1987）主張採用蘇格拉底的方法（Socratic Method）來引導孩子發掘隱藏在心底深處的想法和觀念。他認為無論從事治療或行為評量，都要採取刺探性的問題，追問孩子的看法；以假設的情況引發孩子的思考，測驗他們的信念和自動化的想法。在臨床的訪談中，鼓勵孩子沉思、評估自己的信念和行為、以推演和歸納的方法自己做成結論。孩子要能深思熟慮，做理性的抉擇，因此能發掘內心的思緒也能據實透露真情。

孩子的自我報告不但會避重就輕，而且會加油添醋誇大其辭。因此，在臨床的訪問中，要針對孩子在各種量表中的作答，進一步做追蹤詢問以探虛實，同時也供孩子有反省的機會。霍爾等人（Hall et al., 1990）認為求證的過程是不可忽略的評量方法。在臨床的訪問中還要告訴孩子，他所提供的消息和資料都要經過第三者的對證，而且要做生理的檢查，所以要據實報告，以免露出馬腳。霍爾和他的助手發現這種作法和提示可以使孩子提供真實的報告。

(二)驗證的過程

除了直接詢問使用藥物的孩子之外，父母、老師、同學、朋友以及警方都可對這個孩子的背景、想法、行為、情緒等提供可靠的資料。然而，第三者的報告往往以偏概全或流於主觀的判斷，尤其父母親更可能因有切身的關係而歪曲事實。因此，一再地驗證直到水落石出，才能收到真正的評量效果。

霍爾等人認為查證孩子是否使用藥物，可以使用生理的檢驗如驗

血、驗尿以及口液和呼氣的檢驗來查出使用藥物的情形，並對證孩子自我報告的虛實。

㈢量表的使用

除了臨床的訪談，自我報告的量表是標準化的評量工具，有組織有結構地評量情緒、態度、認知、信念以及藥物渴望的情況。貝克等人建議採用下列的問卷和等級量表：

1. 貝克憂鬱量表(Beck Depression Inventory; Beck et al., 1961)包括二十一個項目，用來評量憂慮症狀的嚴重性。

2. 貝克焦慮量表（Beck Anxiety Inventory; Beck et al., 1988）包括二十一個項目，用來評量各種焦慮症狀的嚴重性。

3. 貝克無望的等級量表(Beck Hopeless Scale; Beck et al., 1974)包括二十個項目，用來評量一個人對未來所寄存的期望，尤其是這個人認為無法克服的困境或是生活當中不愉快的事件。

4. 功能失常的態度等級量表（Dysfunctional Attitude Scale; Weissman & Beck, 1978）包括一百個項目，用來評量一個人對人生的態度和信念，尤其是負面而且不適應的態度。

5. 藥物使用信念量表（Beliefs about Substance Use Inventory; Beck et al., 1993）包括二十個項目，每個項目分為一到七的等級，看一個人從最同意到最不同意來評量這個人對藥物使用的信念。這二十個項目是：

- 生活中不用藥物就太無聊。
- 用藥是我增加創造力和工作效能的唯一途徑。
- 我不用藥就無法過日子。
- 用藥是我應付痛苦的唯一途徑。
- 我還不想停止用藥。
- 我是在渴望和衝動時才使用藥物。
- 就算我戒了藥物，這一生也好不到那裡去。

．使用藥物是我處理憤怒的唯一方法。

．我如果停止用藥，生命就太憂鬱了。

．我就是註定這一生要使用藥物來過日子。

．我沒有魄力和毅力來停止用藥。

．我停止用藥就沒有辦法和別人來往。

．使用藥物對我來講不是個問題。

．如果我不用藥，心中的渴望和壓迫就沒法除掉。

．我的用藥是別人造成的。（例如學校功課的壓力、父母的責備或是同伴的唆使）。

．如果有人發生用藥的問題，都是先天的因素。

．我不用藥，心情就無法放鬆下來。

．我有了用藥的問題，基本上我是一個壞孩子。

．我如果不用藥，就無法控制焦慮的情緒。

．除非繼續用藥，我的一生就無樂趣可言。

6. 渴望藥物的信念問卷（Craving Beliefs Questionnaire; Beck et al., 1993）包括二十個項目，每個項目分爲一到七的等級，看一個人從最同意到最不同意來評量這個人渴望用藥的現象，這二十個項目是：

．渴望是一種生理的反應，我毫無控制的餘地。

．我如果不制止這些渴望，就會愈變愈糟。

．渴望藥物會使人發狂。

．我是因爲渴望才用藥。

．我總是會有對藥物的渴望。

．我對渴望沒有控制的能力。

．一旦有了渴望，我就無法控制我的行爲。

．我這一生免不了會渴望藥物。

．我一有渴望就無法忍受生理上的症狀。

．渴望是對我使用藥物的懲罰。

・你如果沒有用過藥物，就不知道渴望是怎麼一回事，所以你就不能要我空手抵擋渴望。

・在渴望當中，我的想像和思考完全超出我的控制之外。

・渴望使我緊張得要死，我怎能忍受。

・我再也沒有辦法處理渴望的現象。

・因為我這一生根本沒有辦法逃脫渴望，乾脆就放心地用藥。

・當我正在渴望藥物的時候，我完全無法過日子。

・我不是渴望就是相安無事，兩者分得清清楚楚。

・如果渴望太厲害，使用藥物是應付這種感受的唯一途徑。

・當我渴望著強烈的藥物時，喝兩杯老酒來解困並無不對。

・渴望總是強過我的意志力。

肆　藥物濫用的治療

　　無知的兒童基於一份好奇、屈從於同伴的唆使、感到孤單無聊，或是想學大人的模樣，可能在六七歲就開始使用強力膠、吸進汽油、學大人抽煙喝酒，啓開了使用藥物的人生序幕。針對孩子使用藥物的人數愈來愈多，年齡愈來愈小的事實，梅爾門等人（Millman et al., 1980）特別強調預防措施的重要性。他們認爲孩子在未涉及用藥的階段就要傳授有關藥物的知識，以及避免掉入用藥陷阱的特殊技能。這種預防的教育不但要呈現事實，更要激發孩子的思考，從根本改變孩子的觀念和行爲。

　　陷入用藥漩渦中的孩子接受治療大多出於被迫而非心甘情願的戒除惡習。再者，戒除藥物是一段長時間的掙扎過程；多少人要一試再試，屢經挫折、失敗、跌倒再站起來，戒了藥物又舊病復發。只有能夠拿出勇氣，以堅韌不拔的意志，堅持到底，才有眞正重見天日的一天。因此，治療的過程必須透過教育與心理治療，徹底改變孩子的認

知、信念、態度、情緒、生活環境以及行爲的模式，才能達到最後的目的。

這一節首先介紹預防與教育的策略，包括最低限度的介預，然後依序討論認知的治療、行爲的策略、渴望的應付技能、危機情況的處理、復發的預測與控制以及情緒與社會的支援。

一、教育的策略

青少年時期一般而言是開始使用藥物的危險期，因此，教育措施早在小學五六年級就該著手，以收預防的效果。教育孩子有關藥物的使用切忌造成孩子一知半解或半信半疑。這種半生不熟的知識反使孩子躍躍欲試。教育的原則在於應用多重資源，徹底建立孩子對藥物的認識和正確的態度，不但能抵制藥物的誘惑，還能應付日常生活的壓力，以免掉入陷阱。

㈠生活技能訓練的教育課程

霍登等人（Holden et al., 1990）認爲學校有關藥物的教學課程應該在小學階段就開始，孩子進入中學以後才有適當的技能抵擋來自四面八方的壓力，不向藥物低頭。這些技能包括人際關係的應付、問題的解決、溝通與果敢的行爲以及應付高度危險性的情況。

1.使用藥物前因與後果的研討。孩子大都生長在藥物使用的社會中，耳濡目染自然容易上勾。他們看到煙酒的廣告，目睹成人尤其是自己父母喝酒抽煙，再加同伴的百般唆使，自然躍躍欲試。但是孩子大多看不到使用藥物的黑暗面。因此，教育的功能是在孩子未接觸到藥物之前，對藥物的危險性以及誘發的因素詳加解釋。霍登和他的同事所提供的課程特別強調使用藥物對身心健康、社會關係、學校功課、法律問題所產生的嚴重結果。他們認爲老師還要根據統計數目來警告孩子有多少青少年使用藥物，其結果又是如何悲慘。再者，孩子

要了解到電視和報章雜誌的煙酒廣告，同伴的強力推銷等等都是可怕的陷阱，必須嚴密防範，不要受騙。

2. **問題的解決**。在急遽變化中的社會，每一個人都遭遇到巨大的壓力，生活問題層出不窮，孩子也不例外。這種壓力是導致用藥的一大因素。教育的功能是把孩子裝備起來，面對現實，解決問題。孩子們首先在老師的指導下，把長久性的問題一一列舉出來，然後共同設想各種不同的解決途徑。接著把這些辦法依據其可行性和預期的效果一一按順序排列出來。孩子可以把這些辦法當作家庭作業，帶回家去解決生活中的實際問題，然後把結果帶回教室與老師共同檢討得失，力求精進，或是慶賀問題解決的成效。有了一技在身，就不會輕易借用藥物來麻醉人生。

3. **自我教導的技能**。五歲以後的孩子就會以自我語言來控制自己的行為。自我教導的技能，是把這種生而具有的本能系統化組織化，凡是遇到重大的事情，就要按照五個步驟來做：停止、設想變通的辦法、經過深思熟慮後做成決定、採取適當的行動、讚賞自己明智的作法。老師可以一面解釋，一面出聲自我教導做為示範，然後要孩子一一預演練習。這種自我語言教導的技能一旦學會，凡事都能三思而後行，才不致被衝動帶入萬劫不復的地步。

4. **應付的技能**。使用藥物原來是要解除人生的痛苦和生活的壓力。但是長久使用藥物，效果日益減退，生活壓力一層又一層的增加，用藥泥沼愈陷愈深，終至無法自拔。涉世未深的青少年和兒童從小就要培養應付生活壓力的技能。教育的內容包括教孩子預期可能的壓力和痛苦的情況，並能嚴陣以待，克服困難，迎接逃戰。應付的技能包括內在與外在兩種；孩子這兩種技能都要運用自如。內在的應付技能是指孩子的認知過程，遇到壓力時能夠認清問題，設想萬全的應付策略。外在的應付技能是實際的言行舉動，排解和消除壓力，並犒賞自己成功的化解危機而不讓危機蠶食自己的身心。

5. **溝通能力與果敢的行為**。經過一再的演練，孩子要鍛鍊伶俐的

口才，不但乾淨俐落地表達自己的意願，並且理直氣壯地保衛自己的權益。這種技能可以協助孩子達成課業、人際關係以及領導上更高的成就，建立信心，驅除壓力。它更可以協助孩子抵擋同伴的壓力，把藥物拒於千里之外。溝通的技能包括語言和非語言的表達。孩子在每天生活中，要不斷與同學和老師切磋琢磨，才能用來得心應手，變成生活技能中重要的一環。

(二)以討論的方法改變孩子的態度和行為

單單靠知識的灌輸，往往會流於形式，言者諄諄聽者藐藐。格林伯格和德波搭（Greenberg & Deputat, 1978）發現傳統的教育方法只能傳授知識，並未改變孩子的態度，也無法改變孩子的行為。他們認為透過討論的方式，激發孩子的思考，才能真正改變孩子的態度和行為，預防藥物的使用。

1. 學齡兒童藥物的討論。謝德勒和蒂拉德（Sadler & Dillard, 1978）設計一個孩子教孩子的價值觀念澄清方案，有效地改變六年級學童對藥物的態度。他們認為還未進入中學的孩子最需要特別的指引才不會誤入歧途。同時，讓高中學生來當學童的導師不但彼此容易接近，而且學齡兒童比較能接受大哥大姊有關藥物的看法。這個方案首先是選取學業中上的高中學生，授予有關藥物的訓練，包括毒品、煙酒、法律問題、兒童情緒的發展以及人生觀價值觀的論斷。經過訓練的高中學生，分組到小學六年級的班級中和小孩子講解討論有關藥物使用的問題。每次三十分鐘，一星期一次，總共八個星期有四個小時的討論。這個方案實施的結果不但小孩子反應熱烈，進入中學後使用藥物的情形比未參加討論的孩子少得很多。

2. 高中學生預防藥物使用的討論課程。格林伯格和德波搭把價值觀念的澄清、同伴的支援活動、分組討論以分擔彼此感受，以及檢討彼此的態度與行為綜合成為一套教育的討論課程。他們發現這種新課程遠比知識的傳播有效。他們設計的課程包括溝通技能的訓練與價值

觀念的批判，用來預防和遏止藥物的使用。在老師的引導下，學生分組討論各種不同藥物對人體各部分所造成的傷害，然後把這一序列的害處編印出來，分寄給親戚朋友。同時，學生要扮演長期抽煙得到肺腫瘤在臨終前的懺悔，把這種悲劇戲劇化。學生也要參觀實驗室中「抽二手煙」致癌而掙扎於生死邊緣的動物，然後寫下他們的觀感，開頭是「假使我是那隻動物……。」然後相互傳閱，共同討論彼此的心得。另外一個課程是學生要畫出一個大心臟，並分為四個心房。其中一個心房要畫上一個孩子用藥時的得意狀；第二個心房要畫上一個孩子用藥後的悽慘狀況；第三個心房要畫上一個對這個青少年最關心的人；第四個心房要寫出三五個字，表示這個關心的人對這個青少年所說的話。這個短句是用來告訴這個青少年停止用藥，或繼續用藥。高中學生要把自己的圖畫和同學共享，並相互討論。格林伯格和德波搭認為這種討論的方式才能激發學生的思考。七個星期七個小時的討論確實促成了孩子態度和行為的改變。

㈢大眾的宣傳

除了學校教育之外，大眾傳播的反宣傳，讓國民尤其是青少年認識藥物給人類帶來的傷害是可行也是必要的措施。這包括電視和報章雜誌一再報導有關藥物使用造成傷害的實例，以及科學研究的統計和新的發現，給社會大眾有深切的警惕。此外，受害者以及受害者家屬的奔走呼籲、大眾的反藥物遊行、以街頭標語向藥物宣戰、民意機構的立法、政府的掃蕩非法毒品都可挽青少年於藥物的狂瀾中。

霍爾等人（Hall et al., 1990）認為青少年使用軟性藥物如抽煙喝酒之後，有的頗有浪子回頭的意願，但又不敢公開這種錯誤而尋求協助。對於這種孩子使用「最低限度的介預」是一個很好的辦法。這種方法的好處是：孩子不必公開出面，花費不多甚至毫無費用，而且可以根據自己的意願，一試再試。這種方法是把戒除藥物的好處、戒除的步驟以及行為的要求清楚而具體地寫出來，編印成小手冊，分送給

中小學生，或放在醫療機構免費供人取用。事實上，防癆協會、心臟病協會、癌症協會都出版過各種不同的小冊子。霍爾等人認為這種「最低限度的介預」效果有待驗證，但很多人根據這種小冊的指引嚐試戒除煙酒無效後，才體驗到戒除藥物孤立奮鬥的艱難以及事態的嚴重，因而心甘情願地尋求專家的協助。

二、認知的治療

孩子自知使用藥物嚴重的違反了家庭、學校以及社會的禁忌，但又無法革除惡習，因此用藥的行為大多轉入地下。他們之出面接受治療常非出於己願，而是在迫不得已的情況下，非戒藥不可。例如酗酒駕車肇事、酒後鬧事或與人鬥毆、販賣毒品被捕或是使用藥物被父母老師發覺，強制移送治療機構戒除藥物。在完全戒除藥物的初期由於生理上的戒斷反應，可能出現癲癇、身體抽搐、精神病發或是生理器官的絞痛，需要醫藥的介預，以緩和生理上的反應。例如使用抗癲癇藥、止痛藥或是鎮定劑之類的藥品，協助孩子渡過最困難的期間，然後移送心理治療機構，接受長期的心理和復健治療。這種孩子通常是對治療採有敵意，或是敷衍塞責，渡過一段時期，取得自由身，又回到用藥的舊生活。另外一種孩子，尤其年紀較大的青少年，由於使用藥物備嘗嚴重的後果，例如被學校開除、與父母拆散、生理與財力的支援都走入窮途末路、心理上的痛楚如憂鬱、焦慮、恐懼、精神症狀更層出不窮。他們出面求助往往只限於緩和眼前的痛苦，並無戒除藥物的遠見。

基於上述形形色色的事實，貝克等人（Beck et al., 1993）認為從事心理治療的第一步，是由治療專家與患者共同商定治療的目標。他們特別指出治療目標的重要性；唯有建立一個具體而明確的目標，治療過程中才有一個固定的方向，也給患者一個具體可期的希望。另一方面，根據這個目標可以隨時評鑑治療的進度，修正治療的策略，

並增進治療人員與患者攜手合作的治療關係。貝克和他的同事特別強調治療的目標要具體明確而正面，如一年之內回到學校、找到一個工作、繼續升學、回到父母身邊、脫離幫派組織，與藥物有關的人物、地方、事情完全絕緣等等。這種目標不要用含糊籠統的字眼或是重在消極的減除痛苦。例如不再擔心被人抓到、要重新做人、迎接光明的前途、不再為非作歹等。為了達成正面的治療目標，治療人員與患者要密切合作，共同消除孩子使用藥物的行為，並且建立更積極更有效的解決問題技能。

貝克等人根據多年臨床的經驗，認為說教的方法，對孩子而言既不新鮮也無效果。他們從事認知治療多用蘇格拉底的方法（Socratic Method），透過問答與深思，引導患者發現自己混沌而歪曲的思考和行為模式，讓孩子自我評判、分析、下結論，從而改變認知、信念、態度，進而帶動行為的改變。

㈠好處與壞處的分析

被藥物勾引住的孩子對使用藥物的好處往往誇大其辭，對害處則避重就輕。從事好處與壞處的分析是認知治療中非常有用的技術，用來引導孩子正視使用藥物的得失。這種分析是把一張紙分為四格，第一格要孩子寫下使用藥物的好處，第二格寫下使用藥物的壞處，第三格寫下不用藥物的好處，最後一格寫下不用藥物的壞處。使用非法毒品已有四年的高中學生小龍在治療人員的指導下，做下列的分析：（摘錄其中一部份）

‧使用藥物的好處：感到像是一個超人，感到充滿了自信，不再害羞也不再害怕，很容易和人親近，容易與女友有性關係，感到很放鬆。

‧使用藥物的壞處：生理上精神上受到很大打擊，被父母趕出家門，被學校開除，身上一貧如洗，隨時都會被人捉入監獄，遲早會得病。

‧不用藥物的好處：不再擔心，思考清淅，可以完成學校的功課，將來有希望升大學，不再被視爲不成器的孩子，感到有自信有成就，有充分的時間和家人相聚而且可多做往日喜歡的運動。

‧不用藥物的壞處：在別人面前感到羞怯，感到孤單，很多問題纏在身上永遠除不掉，感到暴躁，一想到藥物就引起渴望而且使人很難忍受，朋友都離散了，生活中一點也沒有樂趣。

孩子花費很長的時間，把好處與壞處鉅細靡遺地列出來之後，一一做比較。孩子經過這種分析，大都會建立客觀、正確而且平衡的看法，能夠綜觀藥物使用的全貌而不再有所偏倚。

(二)找出對藥物的信念並加以改變

使用藥物的孩子常有自暴自棄的想法，總認爲自己不受父母的疼愛，不受同學的喜愛，人生沒有什麼指望。他們誤以爲藥物是惟一的救星，認爲只有成羣結黨抽煙喝酒才有樂趣。孩子常會這麼想：父母兄姊都是天天醉爲什麼我不可以？人生就是這個樣子難道還會壞到那裡去？然而，這種孩子都不知道這種歪曲的想法和認知是無法自拔的主因。同樣的道理，他們會歸罪於外來的因素如父母的嘮叨苛責、學校功課的壓力，或是同伴的唆使。認知治療的功能是協助孩子點破自己內在歪曲的信念才是使用藥物的罪魁禍首。貝克等人主張採用箭頭向下的技術（Downward Arrow Technique）來引導孩子直搗心底深處，找出根本的信念。他們還是採用蘇格拉底的方法來層層剝開孩子的信念。例如：在喜宴中不喝兩杯怎麼行？（自動化的思考）→不喝酒怎麼會有喜氣？→不喝酒就談不來。→不跟人喝兩杯他們這些人就會說我不識抬舉。→我的社會關係就會完全中斷。→我的人生就這樣白費了。→人生活著還有什麼意義？（根本而誇大其辭的信念）。經過有系統而且反覆的挖掘，孩子學會監督自己自動化的思考以及與藥物有關的根本信念，然後頓然了解自己爲什麼會陷入自己思考的陷阱中。例如在喜宴中不喝兩杯人生就沒有意義？有了這種認識，孩子就

可以重新評估誇大其辭的想法，改變重大災難的信念。這種「解除重大災難」（Decatastrophize）的技術很有助於孩子解除非用藥物不能過日子的想法。

(三)正確的歸因

使用藥物的孩子，總是把行為的責任推得乾乾淨淨。他們的確認為造成這種地步都是外來的因素；不是被人拖下水，就是在家中得不到溫暖必須在外面找樂趣。認知治療的目標是協助這個孩子捫心自問：我該不該對此負責？只有從事態度的轉變才會面對現實，改變自己的想法和行為。正確的歸因還是用蘇格拉底的問答法，引導孩子發掘真正的原因是自己不正當的信念、尋求歡樂的心態，或是不能面對現實的作法。例如十八歲的小吉喝酒已有一年半的歷史，直到最近因為酒後打傷女友才被強制戒酒。他在治療過程中，一再把自己喝酒鬧事歸罪他女友對他時好時壞，他只有為此苦悶時才會喝酒。另一方面，他認為與女友在一起也要喝酒才有樂趣。總而言之，都是為了女友才喝酒。經過一再的探問，他才吐露真實的情形：他在醉醺醺的時候，他女友嫌他醉態難看，他就出手打她；女友一離開他，他就愈喝愈厲害。經過進一步的探問，小吉終於領悟到喝酒是所有問題的來源，而不是解決問題的好辦法；他的女友更不是造成自己喝酒的肇因，而是自己尋歡作樂和借酒澆愁的心態所致。打開心結之後，他知道態度、信念以及待人接物的根本改變才是最佳途徑。

(四)思考日記

思考的日記是協助孩子客觀而有系統的反省，審查自己對藥物的思考和信念的可靠性，從而引發改正信念的動機。此外，當孩子有了使用藥物的渴望時，可以產生時間的緩衝，讓孩子三思，甚至因而減低用藥的衝動。同時，當孩子產生負面的情緒如沮喪、氣憤、失望、無聊時，會設想積極的辦法來應付而不致訴諸藥物的麻醉。

思考日記分爲五個項目：(1)情況的發生包括：實際發生的事件，這種事件引起不愉快的情緒反應；自己的思考、回憶或白日夢，這種內在的刺激也會引起不愉快的情緒反應；或是身體上特殊的感覺。(2)自動的思考包括：某種情緒發生之後所產生原始而混沌的思考。(3)情緒的出現包括：悲傷、焦慮、憤怒等等；而且要用百分比來表示情緒的強烈度。(4)理性的反應是指孩子把自動的思考加以理性化，並把新的思考寫下來，例如拿出事實的證據來支持或反駁自動的思考；對情況的發生做另一種解釋，如塞翁失馬的想法；然後分析解答：事情發生了，最壞會壞到那裡？最好會好到那裡？現實的情況又是如何？對此情況應該有什麼建設性的想法和作法？我改變思考後有什麼好的結果？有什麼不良後果？(5)思考的結果是指重新評量自動思考所帶來的新信念；經過理性分析以後所產生的新情緒如自信、和平、樂觀、放鬆等等；而且要用百分比來表示新情緒的強烈度。

　　小馬每到星期六和星期天就是使用藥物的危險時期。根據治療人員的指示，他把週末的思考日記拿回家做爲治療的家庭作業。他的日記是：星期六晚上學校功課都做完了，不但感到孤單而且很惱怒，因爲父母禁止他外出和朋友打球。孤單和惱怒這兩種不愉快情緒的強度分別列爲百分之八十和七十五。這些情緒來自下列自動思考：「爸媽就只會管我。」「別人都可以出去玩，我爲什麼要守在家裡？」「爸媽要我多做功課，我就偏不做。」「他們就是不能信任我。」「我悶在家裡怎麼打發時間？」在治療專家的指導下，小馬把這些想法重新加以理性化：「爸媽眞的是關心我的前途。」「下星期一有月考他們才不准我出去。」「其實我也該利用這一段時間把房間整理一下。」小馬經過一再的刺激和指導，以變通的辦法和理性的思考來取代混沌的思考，以建設性的行爲來替代用藥的行爲。最後是情緒的轉變，走向愉快健康的人生。

㈤想像

想像的技術是教孩子反覆想像自己能夠控制和改變自動思考、有關藥物的歪曲信念，以及對藥物的渴望。這種想像是要孩子閉起眼睛，「看到」自己英勇地和藥物博鬥。例如孩子想像遇到同伴的邀飲或推銷藥物，理直氣壯地嚴辭拒絕；想像正面而好玩的娛樂活動來取代用藥；想像積極進取的生活方式來替換醉生夢死的頹廢生活。更具體的說，在治療專家的指導下，孩子可以想像自己一個人自由自在地漫跑在田野之間，欣賞秀麗的山川景色，傾聽鳥鳴水流，把現實生活中的煩惱完全丟在腦後。喜愛體能活動的孩子可以想像跑了一個多小時後，汗流夾背，一瓶汽水在手，喜見體力日漸增強，精神愈來愈抖擻，以及來日無限的新希望。這種想像毫無止境，孩子可以想像獨自垂釣於海邊、馳騁於運動場上、在卡拉OK場合高歌一曲，贏得好友的喝采。這種有益身心活動的想像可以把人帶入另一個高超的境界，如果確能在實際生活中付諸實施，則人生觀和生活型態可以完全扭轉過來。

三、行為的治療

行為與認知的治療要雙管齊下，絕對不可偏廢。認知治療在於改變自動的思考和使用藥物的歪曲信念；行為治療的策略則把新的認知化為實際的行動，以新的生活技能應付日常生活中的艱難，克服個人對藥物的渴望，並以實際行動來考驗和改正自己歪曲的信念。

㈠日常活動的記錄與安排

貝克和他的同事發現使用藥物的孩子不但其自動的思考與歪曲的信念糾纏不去，他們的行為和日常活動也都環繞在藥物使用中，因而無法建立良好的人際關係，做好學校功課，從事有益身心的休閒活

動。孩子自己監視有關使用藥物的行為，有助於對這種行為的了解，並以積極進取的行為來取而代之。日常活動的記錄是提供孩子一張記錄表，從星期一到星期日共有七天，每天二十四小時從早上六點到次日六點，除了睡覺的時間外，每一個小時要把從事的活動寫下來，並從零到十之間選取一個數目來代表這種活動的滿足程度和自己能夠掌握的程度。

孩子把日常活動的記錄當成家庭作業，然後每星期和治療專家共同檢討活動的利弊得失，並安排新的健康的活動。透過這種記錄和檢討，孩子可以了解自己到底一星期當中有什麼活動？好壞的比率有多少？然後以此為修正的指針，拿出另一張空白的記錄表，設計下一個星期應該有的活動。接下來的治療會面，可以就上次安排的理想活動與這一個星期實際的活動做對照比較，評鑑孩子是否能夠控制自己的行為，照預定的日程表行事。如果孩子原性不改，或無法徹底革除舊習，就要從信念和態度重新打基礎。如果孩子顯示重大的進步，不但能安排健康的活動，而且按照預定的日程表從事日常活動，治療專家則可大大的獎勵，指出他前途充滿了新的希望，他已能掌握自己的生活，不再依賴藥物來「解決」問題。

(二)行為的試驗

行為的試驗是指以實際的行動來驗證自暴自棄的中心信念以及使用藥物的歪曲信念。例如學業與體能活動都遜人遠甚的小邁一向自認為一無是處，但是遇到抽大麻煙的機會他就能招兵買馬，找來一大堆同伴一起「共樂」並充當老大。行為的試驗是要小邁出面邀集同伴打球、烤肉或是一起做功課，證明不用大麻煙一樣可以當龍頭、得人緣，而且可以使學業與體能活動大有進步。不管這種實驗是否成功，孩子總會得到寶貴的經驗。例如小邁找同學一起做功課，但沒人理睬，他可以體會到這一輩不過是一些「酒肉朋友」；寧願放棄這種朋友也不可犧牲自己的前途。另一個行為試驗的技術是採用假裝的方

式。例如要小邁假裝已完全戒除吸用大麻煙，他要在一整個星期之中，完全不涉足於使用大麻煙的場所，不和吸食大麻煙的同伴講話。如果有人邀約，也要明確告訴對方，自己已經完全戒除這種惡習。這種試驗不但可以改變信念，也有助於建立改變行為的信心。

㈢行為的演練

人與人之間的衝突是引起不愉快情緒的主要因素，也是間接引發藥物使用的罪魁禍首。化解衝突和憤怒的有效途徑是從事社會技能與溝通的訓練。溝通的技能包括適當地表達情意、果敢地訴說和抗議（但不可和粗魯頂撞同日而語）、理性的辯解和說服，以及傾訴的技術。此外，人際關係問題的解決能力如磋商、協調、讓步、與人建立親密的關係、對別人的真心讚美、虛心地檢討自己，以及開懷接受批評等等都是化解人際衝突的有效工具。這種溝通與社會技能的訓練有賴於講解示範，以及孩子本身反覆的演練。孩子要扮演各種不同的角色如父母、老師、同伴、男朋友（或女朋友），體會各種立場，培養適當的言行舉止。

㈣放鬆訓練

很多人抽煙喝酒甚至使用毒品目的在排除焦慮的情緒。工業化社會的生活型態給人帶來無限的壓力，大人小孩都不例外。最普遍的心理反應是產生焦慮的情緒，甚至使用藥物的人在準備喝酒或使用藥物之前也會有焦慮緊張的情緒。放鬆的訓練是目前最風行的技術，用以驅除焦慮的情緒。如果效果良好也可取代藥物品的使用，而不會造成任何副作用。布格蘭和洽爾（Bergland & Chal, 1972）使用放鬆的訓練來消除青少年因為使用毒品而隨時處於備戰狀態中的緊張情緒。他們首先讓孩子看一段四十分鐘的示範影片，並解釋放鬆的基本步驟。接著要孩子坐在一張舒服的沙發中，來幾次深呼吸，然後伸出雙手，緊握雙拳，大約十秒鐘，然後完全放鬆，讓雙手自然地「掉」在

自己的雙腿上。這時可以提醒孩子注意到雙手握緊和放鬆的對比。根據同樣的步驟，逐一收緊和放鬆身體各部份的肌肉，收緊十秒鐘，放鬆十秒鐘（放鬆訓練的詳細步驟請參見第三章）。全身各部份肌肉順序收緊再放鬆之後，要孩子再做幾次緩慢的深呼吸，整個身心完全進入放鬆與無憂的地步。如果有需要，可以加上悅耳的音響，教孩子想像清靜美好的景色，或是以沈思的方式一再提醒自己放鬆、沉著、平靜。

㈤生活型態的徹底改變

對某些孩子而言，行為模式和生活型態戲劇性的改變是必要的措施，否則無法徹底擺脫用藥的惡習。例如一向與同伴成羣結黨抽煙喝酒又為非作歹的孩子必須完全脫離他們的社會圈，同時重新安排課餘的活動，才不會重蹈覆轍。這種完全改頭換面的作法自然不簡單，但孩子要有決心和勇氣朝向這種目標去努力，以分期分段的方式來達成預定的治療目標。在這種改變的過程中，父母和老師的行為支援是絕對的必要。

㈥運動

適當的體能活動是使用藥物的剋星。運動是一個人保持健康不可缺少的因素；對使用藥物的青少年而言，運動可以讓孩子提高對健康的意識，而這種意識與用藥的信念適得其反。貝克等人特別強調孩子的運動是治療和復健的重要部份。因此，治療專家要指定家庭作業，並要孩子把每天的體能活動記錄在日常活動的表格中。他們認為最適於這種孩子的運動是慢跑、疾走、體操以及其他健身活動。這種活動的特別益處是孩子一面運動，一面從事與健身有關的思考，尤其是關切到身心的健康和真正快樂的人生。

㈦刺激的操縱

　　為了避免接觸到引發藥物濫用的刺激，青少年要在專家的指導下把這些刺激找出來。十七歲的小寧經過一再的思索和追憶，發現她自己吸大麻煙的內在刺激是感到無聊、焦慮、傷心等等。十三歲的小羅則認為高興、興奮或是覺得很得意的時候，就會想去吸汽油來製造高潮。另有些青少年則認為刺激因素是來自外在的事物，例如與朋友聚餐時、看到同伴使用藥物時、週末較空閒時，或是在某些特殊場合。一旦內在外在的因素找出來，就要設法避免接觸到這些刺激。要是完全無法避免，就要採取必要的措施，應付這些情況。（有關應付的策略請見下一部份「對渴望的處理」）

㈧嫌惡的刺激

　　基於古典制約的原理原則，原來喜悅的刺激與嫌惡的刺激一再的聯合出現，喜悅的刺激也會具有嫌惡的特性，因而使人退避三舍。從操作制約的觀點來推理，一種行為一再導致嫌惡刺激的出現，這種行為由於受到處罰而一再消弱終至消失。根據行為制約的原則，嫌惡的刺激曾廣泛地用來抑制藥物的使用。霍爾等人（Hall et al., 1990）介紹兩種常用而有效的方法來消除抽煙喝酒的行為。抽煙本身可以做為嫌惡的刺激。採用這種策略青少年要從事快速抽煙，亦即每六秒鐘要吸一口煙，一直到感覺身體不舒服，如頭暈或想嘔吐。對於喝酒的人，嫌惡的刺激也是來自所喝的酒。由於酒中攪入吐藥，每次喝酒都會造成相當難受的嘔吐。霍爾等人特別指出這種方法的使用，要在治療專家的指導和嚴密的監督下進行，而且要和其他認知與行為的治療同時並進。另一方面，醫師事先的身體檢查是必要的措施。例如孩子的心臟和胃腸如果有毛病，這種戒除煙酒的方法就不能使用。

四、渴望藥物的處理

對藥物的渴望或俗稱毒癮發作和酒癮發作是造成一個人戒除藥物之後舊病復發的主因。這種問題必須在戒除藥物的治療中一併處理，才能真正地達到徹底戒除的效果。根據霍巴斯（Horvath, 1988）的定義，渴望是指生理上和情緒上的激動，產生強烈的需要和慾望，渴望以藥物來改變其心理狀態。貝克等人（Beck et al., 1993）把藥物的渴望分為四類：(1)由於停止藥物使用而產生生理上的脫癮症狀，病人有類似感冒的種種病痛，因此渴望以恢復用藥來驅除生理的病痛。(2)停止使用藥物後，病人感到空虛無聊，不知如何填補空虛，因此想用藥物來重燃生命的光輝。(3)由於長年使用藥物，與藥物有關的人、地、時、物都對病人產生制約的刺激，一再勾引自動的思考，並有不再用藥手就發癢的感受，但生理上和心理上並無特殊的症狀。(4)病人慣於藉藥物強化歡樂，戒除藥物後覺得一切都索然無味。例如吃飯時不喝兩杯老酒就無法下嚥、朋友相聚不敬煙敬酒就無法暢談、如果不用毒品助興性生活就了無生氣等等。面對著內外的刺激，青少年必須學會一套應付的技能，包括前述日常活動的重新安排和放鬆的訓練。在此簡要介紹貝克等人所使用的基本策略：

㈠分散注意力

分散注意力的策略是把孩子的注意力從內在的渴望刺激如自動的思考、對藥物的回憶、生理上的激動等等移轉到外在非藥物的刺激。下列是幾種常用的方法：

1.指示孩子把心思放在身邊的事物，並把這種事物如車子、人物、家庭、學校等等做詳細的描述。訓練的開始是在治療專家的辦公室口頭形容當天所看到的事物。技能熟練之後，就可注意日常生活中的一事一物，而漸漸地少注意到內在的感受。一旦渴望的情況出現，

更可派上用場，把注意力轉移到身邊的事物。

2.使用交談的策略。孩子一有渴望的情況，立刻找他的知心好友、父母、老師或是治療專家，傾吐心中的苦悶。這些人必定要能洗耳恭聽。

3.盡快地避開引發渴望的刺激。例如戒煙的孩子在公共汽車上看見有人吸煙，立刻換個看不見煙、聞不到煙味的座位，甚或下車迴避。此外，孩子本身產生無可抵禦的渴望時，立刻到外面去散步，找朋友聊天，或是開車兜風都可以減少渴望的干擾。

4.從事其他的活動，如清理房屋、唱歌吟詩、看電影、玩電動玩具等等體能和心智的活動，常可引開一個人的注意力。

㈡設想和記錄應付的策略

要是孩子的渴望太過強烈，已經超出了他理智思考的範圍，上述分神脫逃的策略無法奏效，可以指導孩子平時就設想應付危機的策略，並一一記錄下來以渡過難關。孩子最好把這些策略記錄在小卡片上，不但可以應付目前的需要，隨身攜帶可以供未來緊急情況的參考。這張小卡片記錄的策略可以添加和修正，但基本上是寫下戒除藥物的好處和逃脫渴望的方法。例如：我只有戒除大麻煙頭腦才會清晰；看我現在多健壯；我一定可以克服煙癮；現在實在無聊，最好到圖書館去找兩本書來看；上次出去騎腳踏車碰到小莉談得很愉快，這次運氣如果不錯說不定還會再碰到她。

㈢想像的策略

面對著外來形形色色的誘惑，孩子平時就要想像應付這些誘惑的策略，到時才能派上用場。貝克把想像的策略分為五種：

1.重新調整重點的想像。平時反覆想像如何運用上述分散注意力的方法，消除心中對藥物的渴望。這種想像還涉及思考的停止與思考轉變的方法（請參見第四章）。自己口授「停止」的指示，亦即自己

在心中「大聲喝令停止」渴望的思考並立刻轉入正面的思考。例如想像在一個喜宴中親戚朋友都在飲酒聊天，多麼寫意，但想到這裡立刻自己叫停，改為想像和戒酒的朋友在一起，大家喝清茶下棋聊天依然樂趣無窮。如果無法一下子把思考改變過來，可以想像警察來抓走喝酒鬧事的醉鬼或是酒後開車的危險性。

2. 負面後果的想像。因為戒除藥物的人總是對往日用藥的情形念念不忘，把藥物想成救星，甚至在夢中也會出現用藥的美景。為了革除頹廢的生活方式，孩子平常就要經常想像使用藥物的嚴重後果。例如被父母趕出家門、被學校開除、被關入監獄等實際上會發生的結果。因此隨時自我警惕，以免重蹈覆轍。

3. 正面後果的想像則用來取代頹喪悲觀的想法。孩子平常就想像戒除藥物後的種種好處，如不再生病、學校功課進步、心中充滿了自信和振奮的情緒等等。隨時提醒自己，不可再涉足用藥的場所，否則前功盡棄，目前的愉快情況和未來的希望都會付諸東流。

4. 實際行動的想像是把應付危機的技能一再地在腦中反覆預演。例如參加喜宴之前，一定先要想像自己如何應付親友的勸酒。孩子可以想像自己告訴親友：「因為年紀還小，已經完全戒除喝酒，謝謝大家的好意。以茶代酒來表示賀意和謝意。」這一套想法和作法事先演練得滾瓜爛熟，因此到宴會中可以果敢地阻擋勸酒的壓力。

5. 想像超拔的控制力以應付強烈的誘惑和渴望。孩子想像自己有超絕的決心和自我控制的技能，來遏止內外的刺激。例如想像一個美麗的女人提供毒品與色情，對青少年而言是相當難以抵擋的誘惑，再加上本身的渴望，自然容易上勾。因此，孩子平常就要想像這種非常的危機，並想像自己有非凡的技能嚴辭堅拒內外的壓力。除了想像應付的策略外，還要想像擺脫這種誘惑之後的滿足感和成就感，並且慶賀戰勝渴望的超凡舉動。

㈣對自動思考的理性反應

　　孩子在日常生活中遇到不如意的事，不愉快的情緒油然產生。他們感到生氣、不安、悲傷，或是無聊的時候，一些使用藥物的自動思考跟隨而來。例如：「如果不跑出去抽一枝煙，晚上怎麼睡得著？明天考試怎麼辦？」「我今天一直緊張兮兮，難過死了，非來一針（古柯鹼）不可？」等等。這種思考把孩子引入行動，開始使用藥物。把這種自動思考理性化的第一步是訓練孩子「監視」自己自動的思考。所謂「監視」是要孩子隨身攜帶小本子和鉛筆，每次感到對藥物的渴望或是體驗到不愉快的情緒時，立刻反問自己：「我現在到底有什麼想法？」然後把這些想法寫下來。遇到生理上感到特別不舒服的情況，也照樣把自己對此生理病痛的想法寫下來。然後把這些記錄拿去和治療專家共同研討。

　　孩子搜集一些自動思考的資料後，可以從中找出某些固定的思考模式，然後進入第二步的訓練，亦即要孩子向這些思考挑戰，以理性的反應取而代之。這種訓練要孩子依序提出五個重要的問題：⑴對自己自動的思考有什麼支持或推翻的證據？⑵對情況的發生能不能有其他的解釋或其他的想法？⑶如果這種自動思考並無不對，實際的結果又如何？⑷如果讓這種思考繼續盤據我的心，對我有什麼壞處？⑸我有什麼建設性的行動可以解決這個問題？例如小吉每在週末就會毒癮發作想要使用古柯鹼。他的自動想法是：「我實在悶死了，週末晚上不輕鬆一下，還有什麼事可做？」他對此想法要反問自己：「這種想法的證據在那裡？」他冷靜的思考一下就可以立刻推翻原先的想法；「可以做的事太多了，找朋友聊天，去打球，看電視，或打個電話給治療室的張先生都是可行的」。接下來要自問：「星期六晚上無事可做有沒有其他的解釋？」孩子重新解釋後產生了另一種想法：「說起來並不是真的如此，只是空虛寂寞使人太痛苦，所以什麼也不想做，更想不出有什麼好辦法。」接下來要問：「如果真的是太痛苦，頭腦

不清楚，那麼實際的結果又是如何？」孩子的回答是：「太痛苦太無聊實在難受，不過這也不是世界末日，挨過去也就好了。」接下來再問：「如果繼續想這種痛苦和無聊的事，會有什麼不良後果？」孩子考慮的結果是：「我就會覺得失去了控制，我會想要來一針，結果我就會舊病復發。」最後他要反問自己：「我有什麼健康而且保險的辦法來驅除苦悶？」他說他可以「找一份報紙看舊車的廣告，打幾個電話探聽行情，明天好和女朋友一道去看車。想到買第一部自己的車，實在是很使人興奮的事。」

渴望藥物的自動思考並不全都像小吉的想法那麼單純。有的孩子會出現重大災難的思考。例如想到：「如果不抽兩口（大麻煙）我就要發瘋了！」「如果現在不喝兩杯，到晚上喝一整瓶也不會過癮。」等等。遇到這種天災地變式的思考方式，則要從認知改造的策略來破除固定而歪曲的想法。前述「思考的日記」可以和上述理性反應的策略相互呼應，消除渴望藥物的自動思考。

五、危機的處理

藥物濫用的行為本身是一個嚴重的問題。因為這種行為而牽引出來的問題也值得關切。一個人陷入用藥的漩渦中，其人生突然變得紊亂複雜，危機四伏。根據貝克等人（Beck et al., 1993）的界定，危機是指沒有計劃的、突發的情況，而且致使一個人的生活產生極惡劣的變化。他們引用中文「危機」（Crisis）兩字來解釋這種緊急的情況具有相當的「危險」但也提供良好的「機會」。危機提供個人學習的「機會」，只要能夠渡過難關，建立堅強的信心，就能學習更高超的技能來應付未來無法預測的緊急情況。從「危險」的角度來看，危機是指濫用藥物的青少年在戒除毒物一段時期後舊病復發；財力拮据的情況下可能挺而走險，偷搶行騙無所不用其極；因為人際關係的惡化而出現暴行，最常見的是販毒集團的爭奪地盤而發生火拚，或是家

庭中引起的暴力行為；孩子因嚴重觸犯校規被學校開除或失去工作機會；財源缺乏生活發生困難；一再地周旋於法律邊緣；確實違反了法令，例如販毒和詐欺等等；生理上的傷害，如藥物中毒或胃腸和肝臟病發等等；自殺的傾向；或是突然失蹤。貝克等人從五個方向處理濫用藥物的危機情況：

㈠及早發現危機的徵兆

處理危機的上上策是防範於未然。孩子日常生活中的枝節問題如果不及早處理，積少成多甚至超越了他們解決的能力之外，常會逼使他們走回用藥的舊途以求解脫。一旦問題重重疊疊，情況就很難處理。扣斯田等人（Kosten et al., 1986）認為孩子的父母或其他重要的監護人員，要特別注意幾個危機的徵兆，並盡速謀求補救。要是孩子突然逃學、不去上班或錯過重要的約會，如每週例行的治療會談，就表示他可能恢復使用藥物或在生活中遭遇重大困難。碰到這種情形不但要儘快找回孩子而且要追根究底，才能避免情形的重複出現。孩子情緒與行為重大的變化也是值得注意的徵兆。例如孩子突然口齒不清、談話內容顛三倒四、思考雜亂無章、對人充滿了敵意、情緒變化無常、精神和身體疲憊無力，或是日常活動越出常軌，都已亮起紅燈，顯示孩子與藥物又發生接觸，有關的監護人員必須嚴加戒備，並加強治療的訪談。

㈡預防舊病復發

孩子面臨生活中的危機情況，很可能以使用藥物的下下策來應付目前的艱難。這表示孩子的緊急情況已超出其能力所能掌握的範圍，不得已而出此下策。因此，孩子的父母和其他關係人除了給予同情和支援，還要深入地了解生活中的危機情況，以及這個孩子是否有恢復使用藥物的企圖。大人可以盡一切力量協助孩子應付目前的情況，渡過危機，但再度使用藥物則絕不寬容。如果用藥的大門再度啟開，後

果愈難收拾。

(三)消除聽天由命的想法

孩子在走投無路的時候，思考已失去了理性，為求達到目的，就會不擇手段。在這種情況下，大人要緊急地了解孩子是不是有絕望或是聽天由命的想法。例如孩子這麼想：「再壞也不過是這個樣子，好也好不到那裡去，管他三七二十一。」「這都是命裡註定的，再怎麼做還是回到這個老調調，要我怎麼辦？」這是引入危機情況的危險想法，不但會再度濫用藥物，拒絕治療，而且會變本加厲的為非作歹。如果找出這種想法，要全力協助孩子辯駁和抵抗這種非理性的思考。

(四)轉變危機為良機

得到一次教訓學一次乖。如果孩子能利用這個機會為跳板，永遠走出藥物陷阱，就是把危機轉為良機。但是，大人要能善用這種機會，教孩子把平常學習到的應付技能在這個危機情況中以及暴風雨過去之後好好派上用場，避免採取用藥的下策。大人可以幫助孩子把目前的危機看成自己應付技能的試金石，勇敢地面對挑戰。如果孩子確實渡過難關，表示他已能經得起考驗，也給孩子帶來無限的信心和勇氣。

(五)徹底追究歪曲的信念

危機過去並不表示孩子的一生就此一帆風順。為了防止危機的一再出現，孩子根本的信念和行為必須一再地追究，一直到斬草除根而後止。例如孩子功課的問題、人際關係的問題、環境的因素、做事不負責任的習性、貪圖享受和尋歡作樂的態度，都要利用這一次危機，徹底清理，給孩子舖上平坦的道路，走向光明的人生。

伍. 結語.

藥物濫用是個人的行為問題，也是嚴重的社會問題。其結果輕者使人一生完全灰暗，重則家破人亡，甚至使整個社會瀕臨重重的危機。一個孩子濫用藥物，個人的環境、思考、信念、情緒以及行為彼此環環相扣。有效的治療策略必須結合整體的力量，兼顧所有的因素，才能徹底解決這種行為問題。下列以認知與行為治療為重心來拯救布朗尼的實例做為本章的結語。

布朗尼是一個十三歲的男孩，成長在一個破碎的家庭中。他的父母從分居到正式離婚已有十年之久。過去十年當中，他和他的弟弟由母親一手帶大。但他們的母親是一個酒鬼，天天喝得爛醉如泥，對家庭大小事則不聞不問。

年紀小小的布朗尼已經有長久而嚴重的藥物濫用問題。他八歲開始服用毒品，在過去五年中經常性的使用大麻煙、海洛因、南美仙人掌毒鹼、古柯鹼，以及其他強烈的毒品。他從小遊蕩街頭，充當販毒集團的把風。他除了可以免費得到毒品，還有充裕的零用錢供應小他兩歲的弟弟。

他的母親對他的行為已經失去控制，只好把他移送感化院管訓並強制戒毒。三個月後經過法院的裁決，布朗尼和他弟弟都歸父親教養。但他父親以開長途貨車為業，經常在外，事實上也很少有管教的機會。他在學校中根本無心做功課；平常情緒相當不穩定，總是顯得緊張、焦慮、心神不定，而且常發脾氣；在行為方面經常對他父親和老師咆哮，對待同學稍不如意就加以暴力。

面對此嚴重的行為問題，社會工作人員很快地召集一個處理小組，包括布朗尼本身、他的父親、醫師、學校輔導人員、治療藥物濫用的專家，以及青年會的代表。這個小組決定採取完全戒毒的辦法，

絕對不容布朗尼有任何沾上藥物的機會。同時，處理小組要分頭展開治療的活動，集合各方面的力量挽回布朗尼的一生。

布朗尼就讀的中學指派一名輔導人員，在藥物濫用治療專家的協助下，一星期輔導布朗尼兩次，每次一小時，一對一的檢討布朗尼的功課、行為、情緒、認知、對藥物的渴望、生理的變化，以及新生活型態的適應。有關毒品的教育、生活技能和應付技能的訓練也是輔導人員的職責。由於布朗尼過去五六年經常在街頭與警察捉迷藏，在三個月的管訓期間與管理人員經常敵對，他對學校的輔導人員頗有反感和戒心，並對輔導工作頑強抗拒。輔導人員在不施加壓力的情況下，激勵他從事自發性的思考，設法破除偏見和隔閡，建立彼此的信賴。由於他呈現緊張焦慮的情緒，在從事心理治療之前先以抗焦慮劑來控制他的情緒，並且從事五個星期放鬆的訓練，每天半小時。放鬆技能熟練後，改為每天午後固定做十分鐘放鬆。如果自覺心神不定，隨時可以做十到二十分鐘的放鬆。抗焦慮症的藥使用兩個月後，完全改由放鬆來控制焦慮的情緒。

每天放學之後布朗尼留校兩個小時。其中一個小時由一名高中三年級學生輔導他做功課，另一小時則做體能活動。他自己選擇游泳、騎腳踏車、長跑，或是偶而充當球隊的助理。每天兩小時額外的校內活動，不但改進他的功課和體能，隔絕與藥物的接觸，並幫助他建立信心和成就感。傍晚由當地青年會派人把他從學校接到青年會吃晚飯，然後和一羣不使用藥物的孩子一起做功課和休閒活動，到晚上九點才送回家睡覺。

在行為的管束方面，社會工作人員、布朗尼以及他的父親三人共同簽定一項行為契約，規定布朗尼如果照規定的作息時間來從事活動，接受治療和輔導，準時上學，每週週末他可以選擇正當的戶外活動，由他父親安排。他的父親每週週末必須負責管教布朗尼，而且參加每個月處理小組的檢討會議。如果他完全盡到責任，布朗尼和他弟弟就能獲得政府的生活津貼。此外，布朗尼也答應他父親和社會工作

人員的要求，好好照顧他的弟弟，不能讓他染上不良的習慣。

　　布朗尼每個星期驗尿一次，確保他已杜絕用藥。連續六次檢驗的結果都證明他已不再使用藥物，因此改為一個月檢驗一次。學校老師的報告認為布朗尼功課大有進步，不但上課時能夠專心，家庭作業也如期交卷，他的情緒和行為也有長足的進步，他在學校中和青年會也結交不少親密的朋友。處理小組經過一整年的努力，已經親眼目睹布朗尼的轉機，但是基於過去治療藥物濫用功敗垂成的經驗，小組成員一致認為不可就此鬆懈下來。布朗尼並未完全脫離險境，小組的成員包括布朗尼自己，都決定還要長期的與藥物做完全而徹底的「抗戰」。

中文參考書目

林惠真，民85.07，從家庭功能談兒童的情緒困擾，教育資料與研究，第11期，頁
　　　10－11。

林炫沛，民85.06，兒童的情緒性問題與疾痛，健康世界，126＝246，頁12－14。

馮觀富等，民85，兒童偏差行爲的輔導與治療，心理出版社。

高強華，民84.01，青少年的情緒調適與教育，北縣教育，第6期，頁23－27。

毛連塭、許素彬，民84.12，情緒／行爲異常學生的融合教育，特殊教育，第57
　　　期，頁18－21。

施顯烇，民84，嚴重行爲問題的處理，五南出版社。

林朝夫，民84，偏差行爲輔導與個案研究，心理出版社。

吳武典，民84，青少年問題與對策，張老師文化。

林崇德編，民84，當代兒童青少年心理學的進展，五南出版社。

邱紫穎譯，民84，孩子鬧情緒怎麼辦，生命潛能。

楊妙芬，民84.06，單親兒童理性情緒教育，國教天地，第110期，頁32－36。

段秀玲，民84.02，學習不良適應的情緒、環境及教育因素，諮商與輔導，第110
　　　期，頁31－34。

周金春、蘇建文，民83.08，兒童理解多重情緒的能力—對兩種情緒同時存在的理
　　　解，家政教育，12：6，頁65－72。

魏麗敏，民83.06，國小兒童庭因素、情緒困擾對成就與適應之分析研究，初等教
　　　育研究集刊，第2期，頁149－175。

游福生，民83.06，孩子情緒困擾之輔導，國教月刊，40：9／10，頁46－47。

吳就君等，民83.05，青少年家庭親子關係中之情緒表露行爲研究，衛生教育論文
　　　集刊，第7期，頁27－58。

鄧繼強，民83，兒童心理的輔導，五南出版社。

劉安彦、陳英豪，民83，青年心理學，三民書局。

游福生，民83，孩子行為的輔導，師大書苑。

劉念肯，民82.11，情緒不良適應與情緒障礙的輔導，諮商與輔導，第95期，頁12
　　　－19。

徐大偉，民82.12，理情團體諮商對國小情緒困擾兒童情緒反應之效果研究，教育
　　　資料文摘，32：6＝191，頁143－155。

蘇欣霞，民82.05，單親家庭聽障學生「社會─情緒」發展之輔導，高市文教，第
　　　48期，頁61－64。

游福生，民82.04，師長對於情緒困擾學生之輔導，國教園地，第45期，頁22－
　　　23。

呂翠夏，民82.06，婚姻衝突對幼兒社會情緒發展之影響，臺南師院學報，第26
　　　期，頁255－275。

章淑婷，民82.05，幼兒情緒教育之探討，幼兒教育學報，第2期，頁139－165。

章淑婷，民82.05，幼兒對情緒世界的認知，幼兒教育年刊，第6期，頁261－
　　　284。

吳純純，民82.03，情緒─行為障礙兒童與動作教育，國小特殊教育，第14期，頁
　　　19－24。

游恆山譯，民82，情緒心理學，五南出版社。

董媛卿，民82，如何教養情緒障礙的小孩，師大書苑。

黃清榮，民81.12，青少年的情緒問題與控制，師友，第306期，頁53－55。

董媛卿，民81.06，如何善用情緒的起伏轉變來激發創造思考，創造思考教育，第4
　　　期，頁13－14。

章淑婷，民81.06，兒童情緒發展之探討，幼兒教育學報，第1期，頁35－56。

王大延，民81.03，資優學生與情緒困擾，資優教育，第42期，頁11－15。

林璧珠，民81.03，情緒障礙學生的個案研究，特殊教育，第42期，頁15－20。

劉念肯，民81.03，「情緒障礙」的基本認識及其輔導，諮商與輔導，第75期，頁7
　　　－10。

吳筱琴，民80.08，認識情緒障礙，師友，第290期，頁27－29。

阮淑宜，民80.04，學前兒童情緒與認知之探討，幼兒教育年刊，第4期，頁87─
　　94。

王淑俐，民80.01，國中階段實施「情緒指導」的目的及策略，教育資料文摘，
　　27：1＝156，頁116─124。

施顯烇，民79，認知與行為治療，幼獅文化。

胡永崇，民79.06，學習障礙兒童社會情緒行為的發展及其輔導，特教園丁，5：
　　4，頁8─13。

張春興，民79.06，從情緒發展理論的演變論情意教育，教育心理學報，第23期，
　　頁1─12。

英文參考書目
REFERENCES

Altemeier, W.A., O'Connor, S., Sherrod, K., & Vietze, P.M. (1985). Prospective study of antecedents for non — organic failure — to — thrive. Journal of Pediatrics, 106, 360—365.

Altmann, E., & Gotlib, I. (1988). The social behavior of depressed children: An observational study. Journal of Abnormal Child Psychology, 16, 29—44.

Amaya—Jackson, L., & March, J. (1995). Post—traumatic stress disorder. In J. March (Ed.), Anxiety disorders in children and adolescents. New York: Guilford Press.

Anastopoulos, A.D., & Barkley R.A. (1989). A training program for parents of children with attention deficit — hyperactivity disorder. In C.E. Schaefer & J.M. Briesmeister (Eds.) , Handbook of parent training: Parents as co — therapists for children's behavior problems. New York: John Wiley & Sons.

Azrin, N., Carr, E., Foxx, R., & Lovaas, O. et al. (1982). The treatment of self—injurious behavior. Behavior Therapy, 13, 529—554.

Barkley, R. (1981). Hyperactive children: A hardbook of diagnosis and treatment. New York: Guilford Press.

Beck, A.T., Wright, F.D., Newman, C.F., & Liese, B.S. (1993). Cognitive therapy of substance abuse. New York: Guilford Press.

Beck, A.T. (1967). Depression: Clinical, experimental and theoretical aspects. New York: Harper & Row.

Beck, A.T. (1976). Cognitive therapy and the emotional disorder. New York: International Universities Press.

Beidel, D.C., Turner, S.M., & Morris, T.L. (in press). The social phobia and anxiety inventory for children: Psychometric characteristics. Psychological Assessment.

Beidel, D.C., & Morris, T.L. (1995). Social phobia. In J. March (Ed.), Anxiety disorders in children and adolescents. New York: Guilford Press.

Beidel, D.C. (1991). Social phobia and overanxious disorder in school — age children. Journal of the American Academy of Child and Adolescent Psychiatry, 3, 545—552.

Bellack, A.S., & Mueser, K.T. (1990). Schizophrenia. In A.S. Bellack, M. Hersen & A.E. Kazdin (Eds.), International handbook of behavior modification and therapy. New York: Plenum Press.

Bergland, B.W., & Chal, A.H. (1972). Relaxation training and a junior high behavior problem. The School Counselor, 19, 288—293.

Berlin, I.B., & Critchley, D.L. (1989). The therapeutic use of play for mental ill children and their parents. In C.E. Schaefer & J.M. Briesmeister (Eds.), Handbook of parent training: Parents as co — therapists for children's behavior problems. New York: John Wiley & Sons.

Berney, T., Bhate, S., Kolvin, I., Famuyiwa, O., Barrett, M., Fundudis, T., & Tyrer, S. (1991). The context of childhood drpression: The Newcastle Childhood Depression Project.British Journal of Psychiatry, 159, 28—35.

Beumont, P.J.V. (1995). The clinical prevention of anorexia and bulimia nervosa. In K.D. Brownell & C.G. Fairburn (Eds.), Eating disorders and obesity. New York: Guilford Press.

Biederman, J., Rosenbaum, J., & Bolduc — Murphy, E. (1993). A three year follow — up of children with and without behavior inhibition. Journal of the American Academy of Child and Adolescent Psychiatry, 32,

814—821.

Biederman, J. (1991). Sudden death in children treated with a tricyclic antide-
pressant. Journal of the American Academy of Child and Adolescent
Psychiatry, 31, 968—972.

Bithoney, W., & Rathbun, J. (1983). Failure — to — thrive. In W.B. Levine,
A.C. Carey, A. Crocker, & R. Gross (Eds.), Developmental behavior-
al pediatrics. Philadelphia W.B. Saunders.

Black, B. (1995). Separation anxiety disorder and panic disorder. In J. March
(Ed.), Anxiety disorders in children and adolescents. New York: Guil-
ford Press.

Black, D.R. (1987). A minimal intervention program and a problem — solving
program for weight control. Cognitive Therapy and Research, 11, 107
—120.

Blue, S., Madsen, C., & Heimberg, R. (1981). Increasing coping behavior in
children with aggressive behavior: Evaluation of the relative efficacy
of the components of a treatment package. Child Behavior Therapy,
3, 51—60.

Bornstein, P.H., & Quevillon, R.P. (1976). The effects of a self — instructional
package on overactive preschool boys. Journal of Applied Behavior
Analysis, 9, 179—188.

Bouchard, C. (1995). Genetic influences on body weight and shape. In K.D.
Brownell & C.G. Fairburn (Eds.), Eating disorders and obesity. New
Yourk: Guilford Press.

Bray, G.A. (1992). An approach to the classification and evaluation of obesity.
In P. Bjorntorp & B.N. Brodoff (Eds.), Obesity. Philadelphia: Lip-
pincott.

Brownell, K.D. (1995). Exercise in the treatment of obesity. In K.D. Brownell
& C.G. Fairburn (Eds.), Eating disorders and obesity. New York:

英
文
參
考
書
目

Guilford Press.

Brubakken, D.M., Derouin, J.A., & Morrison, H.L. (1988). Treatment of psychotic and neurologically impaired children: A system approach. New York: Van Nostrand Reinhold.

Bryant－Waugh, R., & Lask, B. (1995). Childhood－onset eating disorders. In K.D. Brownell & C.G. Fairburn (Eds.), Eating disorders and obesity. New York: Guilford Press.

Burke, P., Kocoshis, S.A., Chandra, R., Whiteway, M., & Sauer, J. (1990). Determinants of depression in recent onset pediatric inflammatory bowel disease. Journal of the American Academy of Child Psychiatry, 29, 608－610.

Cantor, S. (1988). Childhood Schizophrenia. New York: Guilford Press.

Caplan, R. (1994). Though disorder in childhood. Journal of the American Academy of Child and Adolescent Psychiatry, 33, 605－615.

Carpenter, W., Heinrichs, D., & Alphs, L. (1985). Treatment of negative symptoms. Schizophrenia Bulletin, 11, 440－452.

Carr, E. (1977). The motvation of self － injurious behavior. Psychological Bulletin, 84, 800－816.

Carroll, K.M., Rounsaville, B.J., & Gawin, F.H. (1991). A comparative trial of psychotherapies for ambulatory cocaine abusers: Relapse prevention and interpersonal psychotherapy. American Journal of Drug and Alcohol Abuse, 17, 229－247.

Carroll, J., & Rest. J. (1981). Development in moral judgement as indicated by rejection of lower － stage statement. Journal of Research in Personality, 15, 538－544.

Centers for Disease Control. (1991b). Cigarette smoking among adults: United States, 1988. Morbidity and Mortality Weekly Report, 40, 757－765.

Chapunoff, A. (1992). Test － retest reliability of heart response in children with phobia disorder. Unpublished master's thesis, Florida International University, Miami.

Christopher, J., Hansen, D., & MacMillan, V. (1991). Effectiveness of a peer — helper intervention to increase children's social interaction. Behavior Modification, 15, 22—50.

Clark, D. (1993). Assessment of social anxiety in adolescent alcohol abusers. Presented at the Anxiety Disorders Association of American Annual Convention, Charleston, SC.

Cole, D. (1991). Preliminary support for a competency — based model of depression in children. Journal of Abnormal Psychology, 100, 181—190.

Colvin, B. (1988). Procedures for preventing serious acting out behavior in the classroom. Unpublished manuscript, Lane Education Service District, Eugene, OR.

Cone, J. (1978). The behavior assessnent gril (BAG): A conceptual framework and a taxnonmy Behavior Therapy, 9, 882—888.

Cooper, P.J. (1995). Eating disorders and their relationship to mood and anxiety disorders. In K.D. Brownell C.G. Fairburn (Eds.), Eating disorders and obesity. New York: Guilford Press.

Cooper, Z. (1995). The development and maintenance of eating disorders. In K.D. Brownell & C.G. Fairburn (Eds.), Eating disorders and obesity. New York: Guilford Press.

Costello, E., & Angold, A. (1995). Epidemiology. In J, March. (Ed.), Anxiety disorders in children and adolescents. New York: Guilford Press.

Costello, E., Angold, A., & Burns, B. (in press). The Great Smoky Mountains Study of Youth: Prevalence and correlates of DSM — III — R disorders. Archives of General Psychiatry.

Costello, E. (1989b). Developments in child psychiatric epidemiology. Journal of the American Academy of Child and Adolescent Psychiatry, 28,

英文參考書目

836－841.

Crabtree, L. (1967). A psychotherapeutic encounter with a self－mutilating patient. Psychiatry, 30, 91－100.

Crittenden, P.M. (1987). Non－organic failure－to－thrive: Deprivation or distortion. Infant Mental Health Journal, 8, 51－64.

Culp, R., Little, V., Letts, D., & Lawrence, H. (1991). Maltreated children's self－concept: Effects of a comprehensive treatment program. American Journal of Orthopsychiatry, 61, 114－121.

Cummings, J., & Cunningham, K. (1992). Obsessive－compulsive disorder in Huntington's disease. Biological Psychiatry, 31, 263－270.

Dietz, W.H. (1995). Childhood obesity: Prevalence and effects. In K.D. Brownell & C.G. Fairburn (Eds.), Eating disorders and obesity. New York: Guilford Press.

Dodge, K., & Murphy R. (1984). The assessment of social competence in adolescents. In P. Karoly & J. Steffan (Eds.), Adolescent behavior disorders: Foundations and contemporary concerns. Lexington, MA: Lexington Books.

Douglas, J. (1989). Training parents to manage their child's sleep problem. In C.E. Schaefer & J.M. Briesmeister (Eds.), Handbook of parent training: Parents as co－therapists for children's behavior problems. New York: John Wiley & Sons.

Drotar, D., Wilson, F., & Sturm, L. (1989). Parent intervention in Failure－to－thrive. In C.E. Schaefer & J.M. Briesmeister (Eds.), Handbook of parent training: Parents as co－therapists for children's behavior problems. New York: John Wiley & Sons.

Eastman, M. (1994). Taming the dragon in your child: Solutions for breaking the chycle of family anger. New York: John Wiley & Sons.

Edelman, E., & Goldstein, A. (1981). Moral elucation. In A. Goldstein, E.

Carr, W. Davidson & P. Wehr (Eds.), In response to aggression. New York: Pergamon Press.

Eggers, C. (1978). Course and prognosis of childhood schizophrenia. Journal of Childhood Schizophrenia, 8, 21−36.

Ellis, A. (1962). Reason and emotion in psychotheraop. New York: Lyle Stuart.

Eyberg, S., & Boggs, S. (1989). Parent taining for oppositional−defiant pre-schooler. In C. Schaefer and J. Briesmeister (Eds.), Handbook of parent training: Parents as co − therapists for children't behavior problems. New York: John Wiley & Sons.

Fairbank, J., & Nicholson, R. (1987). Theoretical and empirical issues in treatment of post−traumatic stress disorder in Vietnam veterans. Journal of Clinical Psychology, 43, 44−55.

Fairburn, C.G. (1995). The prevntion of eating disorders. In K.D. Brownell & C.G. Fairburn (Eds.), Eating disorders and obesity. New York: Guilford Press.

Fairburn, C.G. (1995). Short term psychological treatment for bulimia nervosa. In K.D. Brownell & C.G. Fairburn (Eds.), Eating disorders and obesity. New York: Guilford Press.

Falloon, I., Mueser, K., Gingerich, S., Rapaport, S., McGill, C., & Hole, V. (1988). Workbook for behavioral family therapy. London: Barns.

Feindler, E., Marriott, S., & Iwata, M. (1984). Group anger control training for junior high school delinquents. Cognitive Therapy and Research, 8, 299−311.

Feldman, R., Caplinger, T., & Wodarski, J. (1983). The St. Louis conundrum: The effective reatment of antisocial youths. Englewood Cliffs, NJ: Prentice−Hall.

Feurer, I.D. & Mullen, J.L. (1986). Measurement of energy expenditure. In J.

Rombeau & M. Caldwell (Eds.), <u>Clinical nutrition, vol 2: Parental nutition</u>. Philadelphia: Saunders.

Fleming, J.E., & Offord, D.R. (1990). Epidemiology of childhood depressive disorders: A critical review. <u>Journal of the American Academy of Chid Psychiatry.</u> 29, 571–580.

Forehand, R., & McMahon, R. (1981). Helping the noncompliant child. New York: Guilford Press.

Foreyt, J.P. (1987). Issues in the assessment and treatment of obesity. <u>Journal of Consulting and Clinical Psychology</u>, 55, 677–684.

Foxx, R., & Lovaas, O. (1982). The treatment of self – injurious behavior. <u>Behavior Therapy</u>, 13, 529–554.

Francis, G., & Beidel, D. (1995). Cognitive–behavioral psychotherapy. In J. March, (Ed.), <u>Anxiety disorders in children and adolescents</u>. New York: Guilford Press.

Francis, G. & Ollendick, T. (1990). Behavior treatment of social anxiety. In E. Feindler & G. Kalfus (Eds.), <u>Casebook in adolescent behavior therapy</u>. New York: Springer.

Francis, G. (1990). Anxiety disorder. In A.S. Bellack, M. Hersen, & A.E. Kazdin (Eds.), <u>International handbook of behavior modification and therapy</u>. New York: Plenum Press.

Francis, G. (1988). Assessing cognition in anxious children. <u>Behavior Modification</u>, 12, 267–280.

Freeman, T., Cameron, J.L., & McGhie, A. (1973). <u>Chronic schizophrenia</u>. New York: International Universities Press.

Freud, S. (1955). Analysis of a phobia in a five–year–ole boy. In J. Strachey (Ed. and Trans.), <u>The standard edition of the complete psychological works of Sigmund Freud</u>. London: Hogarth Press.

Friedman, M. (1988a). PTSD and carbamazepine. <u>American Journal of</u>

Psychiatry, 145, 281—285.

Fyer, A., Mannuzza, S., & Gallops, M. (1990). Familial transmission of simple phobias and fears: A preliminary report. Archives of General Psychiatry, 47, 252—256.

Garber, J., Zeman, J., & Walker, L. (1990). Recurrent abdominal pain in children: Psychiatric diagnoses and parental psychopathology. Journal of American Academy of Child Psychiatry, 30, 398—406.

Garner, D.M. (1995). Measurement of eating disorder psychopathology. In K.D. Brownell & C.G. Fairburn (Eds.), Eating disorders and obesity. New York: Guilford Press.

Garner, D.M., & Rosen, L.W. (1990). Anorexia nervosa and bulimia nervosa. In A.S. Bellack, M. Hersen, & A.E. Kazdin (Eds.), International handbook of behavior modification and therapy. New York: Plenum Press.

Garner, D.M., & Fairburn, C.G. (1988). Relationship between anorexia nervosa and bulimia nervosa: Diagnostic implication. In D.M. Garner & P.E. Garfinkel (Eds.), Diagnostic issues in anorxia nervosa and bulimia nervosa. New York: Brunner/Mazel.

Geiger, K., & Turiel, E. (1983). Disruptive school behavior and concepts of social convention in early adolescence. Journal of Educational Psychology, 75, 677—685.

Geller, B., Cooper, T.B., Graham, D.L., Marsteller, F., & Bryant, D. (1990). Double—blind placebo—controlled study of nortriptyline in depressed adolescents using a "fixed plasma level" design. Psychopharmacology Bulletin, 26, 85—90.

Goldstein, A., & Keller, H. (1987). Aggressive behavior: Assessment and intervention. New York: Pergamon Press.

Goldstein, A., & Rosenbaum, A. (1982). Aggress—less. Englewood Cliffs, NJ:

英文參考書目

503

Prentice—Hall.

Gordon, T. (1970). Parent effectiveness training. New York: P.H. Wyden.

Gottman, J.M., & Levenson, R.W. (1986). Assessing the role of emotion in marriage. Behavioral Assessment, 8, 31—48.

Graziano, A., & Mooney, K.C. (1980). Family self—control instruction for children's nighttime fear reduction. Journal of Consulting and Clinical Psychology, 48, 206—213.

Greenberg, J.S., & Deputat, Z. (1978). Smoking intervention: Comparing three methods in a high school setting. Journal of School Health, 1978, 498—502.

Griffin, N., Webb, M.G., & Parker, R. (1982). Single case study: A case of self—inflicted eye injuries. Journal of Nervous and Mental Disease, 170, 53—56.

Grunebaum, H., & Klerman, G. (1967). Wrist slashing. American journal of Psychiatry, 124, 527—534.

Guthrie, E.R. (1935). The psychology of learning. New York: Harper.

Hagopian, L., & Ollendick, T. (1993). Simple phobia in children. Handbook of Behavior Therapy with Children and Adults. Needham Heights: Allyn & Bacon.

Hall, S.M., Hall, R.G., & Ginsberg, D. (1990). Cigarette Dependence. In A.S. Bellack, M. Hersen, & A.E. Kazdin (Eds.), International handbook of behavior modification and therapy. New York: Plenum Press.

Hallam, R.S. (1974). Extinction of rumination: A case study. Behavior Therapy, 5, 565—568.

Harrington, R. (1993). Depressive disorder in children and adolescence. New York: John Wiley & Sons.

Hartman, L. (1983). A metacognitive model of social anxiety: Implications for treatment. Clinical Psychology Review, 3, 435—456.

情緒與行為問題

504

Herman, J. (1992). Complex PTSD: A syndrome in survivors of prolonged and repeated trauma. Journal of Traumatic Stress, 5, 377－391.

Heshka, S., & Heymsfield, S.B. (1995). Pharmacological treatment of obesity. In K.D. Brownell & C.G. Fairburn (Eds.), Eating disorders and obesity. New York: Guilford Press.

Holden, G.W., Moncher, M.S., & Schinke, S.P. (1990). Substance Abuse. In A.S. Bellack, M. Hersen, & A.E. Kazdin (Eds.), International handbook of behavior modification and therapy. New York: Plenum Press.

Hollander, E., DeCaria, C.M., & Aronowitz, B. (1991). A pilot follow－up study of childhood soft signs and the development of psychopathology. Journal of Neuropsychiatry and Clinical Neuroscience, 3, 186－189.

Horvath, A.T. (1988). Cognitive therapy and the addictions. International Cognitive Therapy Newsletter, 4, 6－7.

Israel, A.C. (1990). Childhood Obesity. In A.S. Bellack, M. Hersen, & A.E. Kazdin (Eds.), International handbook of behavior modification and therapy. New York: Plenum Press.

Jellinek, E.M. (1960). The disease concept of alcoholism. New Jersey: Hillhouse Press.

Jenike, M. (1992). Pharmacologic treatment of obsessive－compulsive disorders. Psychiatric Clinics of North American, 15, 895－919.

Jessor, R., Donovan, J.E., & Costa, F. (1986). Psychosocial correlates of marijuana use in adolescence and young adulthood: The past as prologue. Alcohol, Drugs and Driving, 2, 31－49.

Johnson, J., & McGlynn, F. (1988). Simple phobia. In M. Hersen & C. Last (Eds.), Child behavior therapy casebook. New York: Plenum Press.

Johnston, L.D., Bachman, J.G., & O'Malley, P.M. (1988). Summary 1987 drug study results. University of Michigan News and Information

Services Press Release.

Kagan, J., Reznick, J., & Clarke, C. (1984). Behavior inhibition to the unfamiliar. Child Development, 55, 2212—2225.

Kahan, J., & Pattison, E. (1984). Proposal for a distinctive diagnosis: The deliberate self — harm syndrome. Suicide and Life — Threatening Behavior, 14, 17—35.

Kandel, D.B., & Logan, J.A. (1984). Patterns of drug use from adolescence to young adulthood: Periods of risk for initiation, continued use, and discontinuation. American Journal of Public Health, 74, 660—668.

Kashani, J., & Orvasched, H. (1990). A community study of anxiety in children and adolescents. American Journal of Psychiatry, 147, 313—318.

Kaslow, N., Rehm, L., & Siegel, A. (1984). Social — cognitive and cognitive correlates of depression in children Journal of Abnormal Child Psychology, 16, 163—175.

Kaye, W.H. (1995). Neurotransmitter and anorexia nervosa. In K.D. Brownell & C.G. Fairburn (Eds.), Eating disorders and obesity. New York: Guilford Press.

Kazdin, A. (1990). Conduct disorders. In A.S. Bellack, M. Hersen & A.E. Kazdin (Eds.), International handbook of behavior modification and therapy. New York: Plenum Press.

Kazdin, A., Esveldt — Dawson, K., & French, N. (1987). Problem — solving skills training and relationship therapy in the treatment of antisocial child behavior. Journal of Consulting and Cilnical Psychology, 55, 76 —85.

Kazdin, A., Esveldt — Dawson, K., Sherick, R., & Colbus, D. (1985a). Assessment of overt behavior and childhood depression among psychiatrically disturbed children. Journal of Consulting and Clinical Psychology, 53, 201—210.

Kearney, C.A., & Silverman, W.K. (1990). A preliminary analysis of a functional model of assessment and treatment for school refusal behavior. Behavior Modification, 14, 340—366.

Keesey, R.E. (1995). A set—point model of body weight regulation. In K.D. Brownell & C.G. Fairburn (Eds.), Eating disorders and obesity. New York: Guilford Press.

Keesey, R.E. (1986). The set—point theory of obesity. In K.D. Brownell & J.P. Foreyt (Eds.), Handbook of eating disorder: Physiology, psychology, and treatment of obesity, anorexia and bulimia. New York: Basic Books.

Keller, M.B., Lavori, P.W., & Wunder, J., et al. (1992). Chronic course of anxiety disorders in children and adolescents. Journal of the American Academy of Child and Adolescent Psychiatry, 31, 595—599.

Kendall, P. (1977). On the efficacious use of verbal self—instruction procedures with children. Cognitive Therapy and Research, 1, 331—341.

Kendall, P., & Korgeski G. (1979). Assessment and cognitive—behavioral interventions. Cognitive Therapy and Research, 3, 1—21.

Klein, R., & Last, C. (1989). Amxiety disorder in children. Developmental Clinical Psychology and Psychiatry, 20, 76—83.

Klein, S.A., & Deffenbacher, J.L. (1977). Relaxation and Exercise for hyperactive impulsive children. Perceptual and Motor Skills, 45, 1159—1162.

Koeppen, A.S. (1974). Relaxation training for children. Elementary School Guidance and Counseling, 9, 14—21.

Kohlberg, L. (1969). Stage and sequence: The cognitive—development approach to socialization. In D. Goslin (Ed.), Handbook of socialization theory and research. Chicago: Rand McNally.

Kohlberg, L. (1976). Moral stages and moralization: The cognitive—developmental approach. In T. Lickona (Ed.), Moral development and behavior: Theory, research and social issues. New York: Holt, Rinehart & Winston.

Kosten, T.R. Rounsaville, B.J., & Kleber, H.D. (1986). A 2.5 year follow—up of depression, life events, and treatment effects on abstinence among opiate addicts. Archives of General Psychiatry, 43, 733—738.

Kovaca, M. (1986). A developmental perspective on methods and measures in the assessment of depressive disorder: The clinical interview. In M. Rutter, C. Izard, & R. Read (Eds.), Depression in young people: Developmental and clinical perspectives. New York: Guilford Press.

Kral, J.G. (1995). Surgical intervention for obesity. In K.D. Brownell & C.G. Fairburn (Eds.), Eating disorders and obesity. New York: Guilford Press.

Kranzler, E., Shaffer, D., Wasserman, G., & Davies, M. (1990). Early childhood bereavement. Journal of the American Academy of Child Psychiatry, 29, 513—520.

Kuczynski, L., Kochanska, G., Radke—Yarrow, M., & Girnius—Brown, O. (1987). A developmental interpretation of young children's noncompliance. Developmental Psychlolgy, 23, 799—806.

Last, C., Hersen, M., & Kazdin, A. (1993). Prospective study of anxiety—disordered children. Manuscript submitted for publication.

Last, C., Perrin, S., & Hersen, M. (1992). DSM—III—R anxiety disorders in children: Sociodemographic and clinical characteristics. Journal of the American Academy of Child and Adolescent Psychiatry, 31, 1070—1076.

Last, C., Hersen, M., & Kazdin, A. (1991). Anxiety disorder in children and their families. Archives of General Psychiatry, 48, 928—934.

Last, C., Francis, G., & Strauss, C. (1989). Assessing fears in anxiety—disordered children with the Revised Fear Survey Schedule for Children.

Journal of Clinical Child Psychology, 18, 137—141.

Lazar, J.B., & Rucker, W.L. (1984). The effectiveness of manipulating setting factors on the ruminative behavior of a boy with profound retardation. Paper presented at the annual conference of the Association for Persons with Severe Handicaps, Chicago.

Leonard, H., Goldberger, E., & Rapoport, J. (1990). Childhood rituals: Normal development of obsessive—compulsive symptoms? Journal of the American Academy of Child and Adolescent Psychiatry, 29, 17—23.

Lesch, M., & Nyhan, W.L. (1964). A familial disorder of uric acid metabolism and central nervous system function. American Journal of Medicine, 36, 561—570.

Lewinsohn, P. (1974). A behavior approach to depression. In R. Friedman & M. Katz (Eds.), The psychology of depression: Contemporary theory and research. Washington, DC: Winston.

Lohman, T.G. (1995). Measurement of body energy stores. In K.D. Brownell & C.G. Fairburn (Eds.), Eating disorder and obesity. New York: Guilford Press.

Luria, A. (1961). The role of speech in the regulation of normal and abnormal behavior. New York: Liveright.

MacDonald, K. (1987). Parent—child physical play with rejected, neglected, and popular boys. Developmental Psychology, 5,705—711.

Mackay, P.W., Donovan, D.M., & Marlatt, G.A. (1991). Cognitive and behavior approaches to alcohol abuse. In R.J. Frances & S.I. Miller (Eds.), Clinical textbook of addictive disorders. New York: Guilford Press.

Mahoney, M.J., & Mahoney, K. (1976). Permanent weight control: A total solution to a dieter's dilemma. New York: W.W. Norton.

Mansdorf, I., & Lukens, E. (1987). Cognitive—behavior psychotherapy for separation anxious children exhbiting school phobia. Journal of the American Academy of Chid and Adolescent Psychiatry, 26, 222—225.

March, J. (in press). Cognitive — behavior psychotherapy for children and adolescents with obsessive — compulsive disorder: A review and recommendations for treatmont. Journal of the American Academy of Child and Adolescent Psychiatry.

March, J. (1995). Anxiety disorder in children and adolescents. New York: Guilford Press.

March, J., Leonard, H.L., & Swedo, S. (1995). Obsessive — compulsive disorder. In J. March (Ed.), Anxiety disorders in children and adolescents. New York: Guilford Press.

March, J., Mulle, K., & Herbel, B. (1994). Behavioral psychotherapy for children and adolescent with obsessive — compulsive disorder: An open trial of a new protocol driven treatment package. Journal of the American Academy of Child and Adolescent Psychiatry, 33, 333 — 341.

March, J. (1992). The stressor "A" criterion in DSM — IV post — traumatic stress disorder. In J. Davidson & E. Foe (Eds.), Post — traumatic stress disorder: DSM — IV and beyond. Washington, DC: American Psychiatric Press.

Marlatt, G.A. (1985). Cognitive factors in the relapse process. In G.A. Marlatt & J.R. Gordon (Eds.), Relapse prevention: Maintenance strategies in the treatment of addictive behaviors. New York: Guilford Press.

Marlatt, G.A., & Gordon, J.R. (1985). Relapse prevention: Maintenance strategies in the treatment of addictive behavior. New York: Guilford Press.

Martini, D.R., Strayhorn, J.M., & Puig—Antich, J. (1990). A symptom self—

情緒與行為問題

report measure for preschool children. Journal of the American Academy of Child Psychiatry, 29, 594–600.

Massman, P., Nussbaum, N., & Bigler, E. (1988). The mediating effect of age on the relationship between child behavior checklist hyperactivity scores and neuropsychological test performance. Journal of Abnormal Child Psychology, 16, 89–95.

McCarthy, P., & Foe, E. (1988). Obsessive – compulsive disorders. In M. Hersen & C. Last (Eds.), Child behavior therapy casebook. New York: Plenum Press.

McFarlane, A. (1987). Post–traumatic phenomena in a longitudinal study of children following a natural disaster. Journal of the American Academy of Child and Adolescent Psychiatry, 26, 764–769.

Meichenbaum, D. (1977). Cognitive behavior modification. New York: Plenum Press.

Menninger, K. (1935). A psychoanalytic study of the significance of self – mutilations. Psychoanalytic Quarterly, 4, 408–466.

Meyer, L.H., & Evans, I.M. (1986). Modification of excess behavior: An adaptive and functional approach for educational and community contexts. In R. Horner, L.H. Meyer, & H. Fredericks (Eds.), Education of learners with severe handicaps: Exemplary service strategies. Baltimore: Paul H. Brooks Publishing Co.

Mikulas, W.L., & Coffman, M.F. (1989). Home – based treatment of children's fear of the dark. In C. Schaefer & J. Briesmeister (Eds.), Handbook of parent training: Parents as co–therapists for children's behavior problems. New York: John Wiley & Sons.

Millman, H., Schaefer, C., & Cohen, J. (1980). Therapies for school behavior problems: A handbook of practical interventions. San Francisco: Jossey–Bass Publshers.

Mills, H., Agras, W., Barlow, D.H., & Mlls, J. (1973). Compulsive rituals treated by response prevsntion: An experimental analysis. Archives of General Psychiary, 38, 524—529.

Mintz, I, (1960). Autocannibalism: A case study. American journal of Psychiatry, 120, 1017.

Morgan, D.P., & Jenson, W.R. (1988). Teaching behavioral disordered students: Preferred practice. Columbus, OH: Merrill.

Morgan, H.G. (1979). Death wishes? Chichester, England: Wiley.

Murphy, H., Hutchison, J., & Bailey, J. (1983). Behavioral school psychology goes outdoors: The effect of organized games on playground aggression. Journal of Applied Behavior Analysis, 16, 29—36.

Muse, N. (1990). Depression and suicide in children and adolescents. Austin, TX: PRO—ED.

Novaco, R.W. (1975). Anger control: The development and evaluation of an experimental treatment. Lexington, MA: Lexington.

Nussbaum, N., & Bigler, E. (1990). Identification and treatment of attention deficit disorder. Austin, TX: PRO—ED.

Oetting, E.R., & Beauvais, F. (1986). Peer cluster theory: Drugs and the adolescent. Journal of Counseling and Development, 65, 17—22.

Offer, D., & Barglow, P. (1960). Adolescent and young adult self—mutilation incidents in a general psychiatric hospital. Archives of General Psychiaty, 3, 194—204.

Ollendick, T., & Cerny. J. (1981). Clinical behavior therapy with children. New York: Plenum Press.

Olmsted, M.P., & Kaplan, A.S. (1995). Psychoeducation in the treatment of eating disorders. In K.D. Brownell & C.G. Fairburn (Eds.),Eating disorders and obesity. New York: Guilford Press.

Oster, G., & Caro, J.E. (1990). Understanding and treating depressed adolessents and their families. New York: John Wiley & Sons.

Overholser, J.C. (1987). Facilitating autonomy in passive—dependent persons: An integrative moded. Journal of Contemporary Psychotherapy, 17, 250—269.

Parker, G. (1992). Early environment. In E.S. Paykel (Ed.), Handbook of affective disorder, 2nd edn. Edinburgh: Churchill Livingstone.

Patterson, G. (1982). Coercive family process. Eugene, OR: Castalia Press.

Patterson, G., & Bank, L. (1986). Bootstrapping your way in the nomological thicket. Behavioral Assessment, 8, 49—73.

Pattison, E., & Kahan, J. (1983). The deliberate self — harm syndrome. American Journal of Psychiatry, 140, 867—872.

Peele, S. (1985). The meaning of addiction: Compulsive experience and its interpretation. Lexington, MA: Lexington Books.

Perlmutter, I., Greenhill, L., Chambers, W., & Kestenbaum C. (1989). Childhood schizophrenia: Theoreical and treatment issues. Journal of the American Academy of Child and Adolescent Psychiatry, 28, 956 — 962.

Perry, B. (1995). Neurobiological sequelae of childhood trauma: Post — traumatic stress disorders in children. In M. Murberg (Ed.), Catecholamines in post — traumatic stress disorder. Washington, DC: American Psyohiatric Press.

Perry, G., & Orchard, J. (1992). Assessment and treatment of adolescent sex offenders. Sarasota, FL: Professional Resource Press.

Peterson, L. (1987). Not safe at home: Behavior treatment of a child's fear of being alone at home. Journal of Behavior Therapy and Experimental Psychiatry, 18, 381—385.

Pfeffer, C. (1992). Relationship between depression and suicidal behavior. In M. Shafii & S. Shafii (Eds.). Clinical guide to depression in children and adolescents. Washington: American Psychiatric Press.

Pi—Sunyer, F.X. (1995). Medical complications of obesity. In K.D. Brownell & C.G. Fairburn (Eds.), Eating disorder and obesity. New York: Guilford Press.

Poehlman, E.T. & Horton, E.S. (1995). Measurement of energy expenditure. In K.D. Brownell & C.G. Fairburn (Eds.), Eating disorders and obesity. New York: Guilford Press.

Prior, M. (1992). Childhood temperament. Journal of Child Psychology and Psychiatry, 33, 249—279.

Prochaska, J.O., DiClemente, C.C., & Norcross, J.C. (1992). In search of how people change: Applications to addictive behaviors. American Psychologist, 47, 1102—1114.

Putallaz, M., & Heflin, A. (1990). Parent—child interaction. In S. Asher & J. Coie (Eds.), Children's status in the peer group. New York: Cambridge University Press.

Pynoos, R., & Eth, S. (1986). Witness to violence: The child interview. Journal of the American Academy of Child and Adolescent Psychiatry, 25, 306—319.

Ravussin, E., Lillioja, S., & Knowler, W.C. et al. (1988). Reduced rate of energy expenditure as a risk factor for body—weight gain. New England Journal of Medicine, 318, 462—472.

Rimm, D.C., & Masters, J. (1979). Behavior therapy (2nd ed.), New York: Academic Press.

Rimm, D.C. (1973). Thought stopping and covert assertion in the treatment of phobias. Journal of Consulting and Clinical Psychology, 41, 466—467.

Rohde, P., Lewinsohn, P.M., & Seeley, J.R. (1991). Comorbidity of unipolar depression. II: Comorbidity with other mental disorders in adolescents and adults. Journal of Abnormal Psychology, 100, 214−222.

Rosen, J.C. (1995). Assessment and treatment of body image disturbance. In K.D. Brownell & C.G. Fairburn (Eds.), Eating disorders and obesity. New York: Guilford Press.

Rosen, D., & Hoffman, A. (1972). Focal suicide: Self − mutilation by two young psychotid individuals. American Journal of Psychiatry, 128, 1367−1368.

Ross, J. (1988). Group treatment approaches. In Proceedings of the Training Intensive for the Treatment of Adolescent Sex Offenders Workshop May/88, Toronto, Ontario, Canada: Child Welfare Association.

Ross, R., & McKay, H. (1979). Self − mutilation. Lexington, MA: Lexington Books.

Rounsaville, B.J., Carroll, K., Budde, D., Prusoff, B.A., & Gawin,F. (1991). Psychiatric diagnoses of treatment−seeking cocaine abusers. Archives of General Psychiatry, 48, 43−51.

Rutter, M., & Giller, H. (1983). Juvenile delinquency: Trends and perspectives. New York: Penguin Books.

Sadler, O.W., & Dillard, N.R. (1978). A description and evaluation of TRENDS: A substance abuse education program for sixth graders. Journal of Educational Research, 71, 171−175.

Saigh, P. (1992). The behavior treatment of child and adolescent post − traumatic stress disorder. Advances in Behavior Research and Therapy, 14, 247−275.

Saigh, P. (1987). In vitro flooding of a childhood post−traumatic stress disorder. School Psychology Review, 16, 203−211.

Saigh, P. (1986a). In vitro flooding in the treatment of a 6 − year − old boy post − traumatic stress disorder. Behavior Research and Therapy, 6, 685−688.

Scarboro, M., & Forehand, R. (1975). Effects of two types of response — contingent time — out on compliance and oppositional behavior of children. Journal of Experimental Child Psychology, 19, 252—264.

Schmitt, B.D. (1977). Letter to editor. Pediatrics, 60, 387.

Schoen, S. (1986). Decreasing noncompliance in a severely multihandicapped child. Psychology in the School, 23, 88—94.

Seligman, M.E.P. (1975). Helplessness: On depression, development and death. San Francisco: Freeman.

Seligman, M.E.P., & Peterson, C. (1986). A learned helplessness perspective on childhood depression: Theory and research. In M. Rutter, C. Izard & R. Read (Eds.), Depression in young people: Developmental and clinical perspective. New York: Guilford Press.

Siegel, K., Mesagno, F., & Christ, G. (1990). A prevention program for bereaved children. American Journal of Orthopsychiatry, 60, 168—175.

Silverman, W.K. & Ginsburg, G. (1995). Specific phobia and generalized anxiety disorder. In J. March (Ed.), Anxiety disorders in children and adolescents. New York: Guilford Press.

Silverman, W.K., & Rabian, B. (1994). Specific phobia. In T. Ollendich, N. King, & W. Yule (Eds.), International handbook of phobia and anxiety disorders in children and adolescents. New York: Plenum Press.

Solomon, S., Gerrity, E., & Muff, A. (1992). Efficacy of treatment for post — traumatic stress disorder: An empirical review. Journal of the American Medical Association, 268, 633—638.

Spivack, G., Platt, J., & Shure, M.B. (1976). The problem — solving approach to adjustment. San Francisco: Jossey — Bass.

Stark, K.D. (1990). Childhood depression: School — based intervention. New York: Guilford Press.

Stimmel, B. (1991). The facts about drug use. Coping with drugs and alcohol in your family, at work, in your community. New York: Consumer Reports Books.

Strain, P., Lambert, D., Kerr, M., Stagg, V., & Lenkner, D. (1983). Naturalistic assessment of childen's compliance to teacher's requests and consequences for compliance. Journal of Applied Behavior Analysis, 16, 243—249.

Strauss, C., & Last, C. (1993). Social and simple phobias in children. Journal of Anxiety Disorders, 1, 141—152.

Strauss, C. (1990). Overanxious disorder in childhood. In M. Hersen & C. Last (Eds.), Handbook of child and adult psychopathology: A longitudinal perspective. New York: Pergamon Press.

Striegel—Moore, R.H. (1995). A feminist perspective on the etiology of eating disorders. In K.D. Brownell & C.G. Fairburn (Eds.), Eating disorders and obesity. New York: Guilford Press.

Strober, M. (1995). Family — genetic perspectives on anorexia nervosa and bulimia nervosa. In K.D. Brownell & C.G. Fairburn (Eds.), Eating disorders and obesity. New York: Guilford Press.

Stunkard, A.J., Sorenson, T.I., & Hanis, C. (1986). An adoption study of human obesity. New England Journal of Medicine, 314, 193—198.

Stunkard, A.J. (1984). The current status of treatment of obesity in adults. In A.J. Stunkard & E. Stellar (Eds.), Eating and its disorders. New York: Raven Press.

Stunkard, A.J. (1982a). Obesity. In A.S. Bellack, M. Hersen, & A.E. Kazdin (Eds.), International handbook of behavior modification and therapy. New York: Plenum Press.

Suomi, S., Kraemer, G., & Baysinger, C. (1981). Inherited and experiential factors associated with individual difference in anxious behavior displayed by Rhesus monkeys. In D. Klein & J. Rabkin (Eds.), Anxiety:

New research and changing concepts. New York: Raven Press.

Swedo, S., Leonard, H.L., & Kiessling, L. (1994). Speculations on anti — neuronal antibody — melicated neuropsychiatric disorders of child-hood. Pediatrics, 93, 323—326.

Swedo, S., Rapoport, J., & Leonard, H.L. (1989). Obsessive—compulsive dis-order in children and adolescents: Clinical phenomenology of 70 con-secutve cases. Archives of General Psychiatry, 46, 335—343.

Tarrier, N., Barrowclough, C., Vaughn, C., Bamrah, J.S., Porceddu, N., Watts, S., & Freeman, H. (1989). A community trial of a behavioral intervention with families to reduce relapse. British Journal of Psychiatry, 154, 625—628.

Terr. L. (1991). Childhood traumas: An outline and overview. American Jour-nal of Psychiatry, 148, 10—19.

Terr. L. (1990). Too scared to cry. New York: Harper Collins.

Toth, M.K. (1990). Understanding and Treating Conduct Disorders. Austin, TX: PRO—ED.

Turner, S., & Beidel, D. (1993). Children at Risk for Anxiety Disorder. Un-published manuscript, Medical University of South Carolina.

Vandereycken, W. (1995). The family of patients with an eating disorder. In K.D. Brownell & C.G.Fairburn (Eds.), Eating disorders and obesity. New York: Guilford Press.

Van Itallie, T.B. (1985). Health implication of overweight and obesity in the United States. Annals of Internal Medicine, 103, 983—988.

Vietze, P.M., Falsey, S., O'Connor, S., Sandler H., Sherrod, K., & Altemeier W.A. (1980). Newborn behavioral and interactional characteristics of nonorganic failure—to—thrive infants. In T. Field, S. Goldberg, D. Stern, & A.M. Sostek (Eds.), High risk infants and children, adult and peer ineractions. New York: Academic Press.

Vitousek, K.B. (1995). Cognitive—behavioral therapy for anorexia nervosa. In K.D. Brownell & C.G. Fairburn (Eds.), Eating disorders and obesity. New York: Guilford Press.

Volkmar, F. (1992). Childhood Schizophrenia. American Academy of Child & Adolescent Psychiatry 17th Annual Review.

Wadden, T.A. & Bell, S.T. (1990). Obesity. In A.S. Bellack, M. Hersen, & A.E. Kazdin (Eds.), International handbook of behavior modification and therapy. New York: Plenum Press.

Walker, H., & Walker, J. (1991). Coping with noncompliance in the classroom: A positive approach for teachers. Austin, TX: PRO—ED.

Walker, H., Todis, B., Holmes, D., & Horton, G. (1987). The Walker social skill curriculum: The ACCESS program (Adolescent curriculum for communication and effective social skills). Austin, TX: PRO—ED.

Walsh, B. (1995). Pharmacotherpy of eating disorders. In K.D. Brownell & C.G. Fairburn (Eds.), Eating disorders and obesity. New York: Guilford Press.

Walsh, B., & Rosen, M. (1988). Self—mutilation. New York: Guilford Press.

Watson, J.B., & Rayner, R. (1920). Conditioned emotional reactions. Journal of Experimenta Psychology, 3, 1—14.

Weinsier, R.L. (1995). Clinical assessment of obese patients. In K.D. Brownell & C.G. Fairburn (Eds.), Eating disorders and obesity. New York: Guilford Press.

Wender, P.H. (1987). The hyperactive child, adolescent, and adult: Attention deficit disorder through the lifespan. Oxford University Press: New York.

Williams, C., & Forehand, R. (1984). An examination of predictor variables for child compliance and noncompliance. Journal of Abnormal Child Psychology, 12, 491—504.

Wilson, G.T. (1995). Behavior approaches to the treatment of obesity. In K.D. Brownell & C.G. Fairburn (Eds.), Eating disorders and obesity. New York: Guilford Press.

Wilson, G.T. (1995). Eating disorders and addictive disorders. In K.D. Brownell & C.G. Fairburn (Eds.), Eating disorders and obesity. New York: Guilford Press.

Wilson, G.T., Rossiter, E., Kleifeld, E.I. & Lindholm, L. (1986). Cognitive – behavioral treatment of bulimia nervosa: A controlled evaluation. Behavior Research and Therapy, 24, 277–288.

Wolpe, J. (1969). The practice of behavior therapy. New York: Pergamon Press.

Wonderlich, S.A. (1995). Personality and eating disorders. In K.D. Brownell & C.G. Fairburn (Eds.), Eating disorders and obesity. New Yoek: Guilford Press.

Wooley, S.C. (1995). Feminist influences on the treatment of eating disorders. In K.D. Brownell & C.G. Fairburn (Eds.), Eating disorders and obesity. New York: Guilford Press.

Wooley, S.C., & Kearney – Cooke, A. (1986). Intensive treatment of bulimia and body image disturbance. In K.D. Brownell & J.P. Foreyt (Eds.), Handbook of eating disorders. New York: Basic Books.

Wright, F. (1993). Cognitive therapy of substance abuse. New York: Guilford Press.

Yule, W. (1989). Parent involvement in the treatment of school phobia child. In C.E. Schaefer & J.M. Briesmeister (Eds.), Handbook of parent training: parents as co – therapists for children's behavior problems. New York: John Wiley & Sons.

Zionts, P., & Simpson, R.L. (1988). Understanding children and youth with emotional and behavioral problems. Austim, TX: PRO–ED.

情緒與行為問題

Zubin, J., & Spring, B. (1977). Vulnerability: A new view of schizophrenia. Journal of Abnormal Psychology, 86, 103—126.

國家圖書館出版品預行編目資料

情緒與行為問題：兒童與青少年所面臨與呈現
的挑戰／施顯烇著. -- 二版. -- 臺北市：
五南圖書出版股份有限公司, 2020.06
　面；　公分
　ISBN 978-986-522-016-7（平裝）

1.情緒　2.行為心理學　3.兒童心理學
4.青少年心理

176.5　　　　　　　　　109006343

1B97

情緒與行為問題：
兒童與青少年所面臨與呈現
的挑戰

作　　　者 ― 施顯烇

發 行 人 ― 楊榮川

總 經 理 ― 楊士清

總 編 輯 ― 楊秀麗

副總編輯 ― 王俐文

責任編輯 ― 金明芬

封面設計 ― 王麗娟

出 版 者 ― 五南圖書出版股份有限公司

地　　　址：106台北市大安區和平東路二段339號4樓

電　　　話：(02)2705-5066　　傳　真：(02)2706-6100

網　　　址：https://www.wunan.com.tw

電子郵件：wunan@wunan.com.tw

劃撥帳號：01068953

戶　　　名：五南圖書出版股份有限公司

法律顧問　林勝安律師事務所　林勝安律師

出版日期　1998年10月初版四刷
　　　　　2020年 6 月二版一刷
　　　　　2021年 6 月二版二刷

定　　　價　新臺幣630元

經典永恆・名著常在

五十週年的獻禮——經典名著文庫

五南，五十年了，半個世紀，人生旅程的一大半，走過來了。

思索著，邁向百年的未來歷程，能為知識界、文化學術界作些什麼？

在速食文化的生態下，有什麼值得讓人雋永品味的？

歷代經典・當今名著，經過時間的洗禮，千錘百鍊，流傳至今，光芒耀人；

不僅使我們能領悟前人的智慧，同時也增深加廣我們思考的深度與視野。

我們決心投入巨資，有計畫的系統梳選，成立「經典名著文庫」，

希望收入古今中外思想性的、充滿睿智與獨見的經典、名著。

這是一項理想性的、永續性的巨大出版工程。

不在意讀者的眾寡，只考慮它的學術價值，力求完整展現先哲思想的軌跡；

為知識界開啟一片智慧之窗，營造一座百花綻放的世界文明公園，

任君遨遊、取菁吸蜜、嘉惠學子！